憲法学読本

第3版

安西文雄
巻美矢紀
宍戸常寿

有斐閣

第3版はしがき

不易を知らざれば基立がたく、流行を辨へざれば風あらたならず。不易は古によろしく、後に叶う句なれば、千歳不易といふ。流行は一時ゝの變にして、昨日の風今日よろしからず……

松尾芭蕉が俳諧に求めたものを，その門弟，向井去来が書き留めた『去来抄』の一節である。「千歳不易を知らなければ，詩の根本が確立しないし，一時流行ということを心得ていなければ，句の姿や調子に新しみが生まれて来ない」（岩田九郎『去来抄評解』〔1951〕），という立場である。

変わらざるものと変わりゆくもの，それは顧みれば憲法の世界においても通用する。変わらざる基本原則のもと，ときを経て学説・判例は展開し，その姿を変えてゆく。まことにそれは，雪だるまを転がすようなものである。新しい議論，これまでなかった論理枠組みの判例などをのみ込みつつ，新たな層が次々と加えられ，より大きな雪だるまが形づくられてゆく。

こういった憲法の在りようを私たちなりに読みとり，「物語的おもしろさをいささかなりとも加味しつつ」（初版はしがき）解き明かし，多くの人々に読んでもらいたい，というのが憲法学"読本"に込めたねらいであるが，幸いにして本書は多くの読者の手にとっていただけた。しかもその読まれ方は，多様であったようである。あるいは初学者にも分かりやすいものとして，あるいは憲法をひととおり学んだ方々に対する知的チャレンジを織り込んだものとして，さらには，憲法学のエッセンスを一冊にまとめたコンパクトな著作として，というごとくに。

今回，第2版以降の展開をとり込み，さらなる改訂を加えた第3版を刊行することができた。本書が「不易」を押さえ，「流行を辨へ」たものとして，引き続き多くの方々に読まれることを願ってやまない。

第 3 版はしがき

　前回同様，今回の改訂作業においても有斐閣書籍編集担当の藤本依子さん，栁澤雅俊さんに支えられた。周到なチェック，読みやすい記述とするためのアドヴァイスなど，裨益するところ大であった。ふり返れば初版の企画以来，長きにわたる同行者となっていただいているが，そのご尽力にあらためて深く感謝申し上げる。

　2018 年 9 月

著 者 一 同

初版はしがき

　はしるはしる、わづかに見つつ、心も得ず心もとなく思ふ源氏を、一の巻よりして、人もまじらず几帳のうちにうち臥して、引き出でつつ見る心地、后の位も何にかはせむ。昼は日ぐらし、夜は目の覚めたるかぎり、灯を近くともして、これを見るよりほかのことなければ、おのづからなどは、そらにおぼえ浮かぶを、いみじきことに思ふ

　今から千年ほど前，更級日記の作者が，源氏物語を耽読したときの心のときめきを伝える，比較的よく知られた一節である。物語のおもしろさに没入して読書を進めるときの楽しさは，ときを経ても変わることがない。

　本書を執筆する際，常に念頭にあったことのひとつは，物語的おもしろさをいささかなりとも加味しつつ憲法の全体像を解き明かしてみたい，という思いである。憲法の規定の背後にある基本的な考え方を抉り出す，あるいは歴史的な含意を探求する，さらにはその領域における判例の動きを全体として把握する視点を提示するなど，法学の世界の作法に従ったものであっても，さまざまな手法で憲法の世界のありようを提示しようと試みた。本書が，憲法学"読本"と題されるゆえんである。

　また，以上のような執筆姿勢をとったことの当然の結果であるが，現在の理論を一歩深める探究の書，あるいは批判的検討を展開する挑戦の書であることをも企図するものとなっている。憲法"学"読本と題することの含意である。

　本書はこういったものであるがゆえに，読者それぞれの憲法的関心に応じた読みとりがなされる書であろうかと思う。学部学生にとっては憲法学の基礎を提示するものとして，法科大学院生にとっては憲法学の理解をもう一歩深めるものとして，そして一般読者にとっては憲法の啓蒙書として。

　本書の企画は，数年前にはじまる。各章の担当者が原稿を作成し，皆が事前に読んで検討会を開催する作業を幾度となく積み重ねた。活発な議論のなかでお互いに学ぶことも多かった楽しい時間であった。もちろん相互の議論の成果を踏まえ，原稿の内容上の修正をしたことも頻繁であった。最終的に各章の内容は担当者の判断に任せつつも，緩やかな意味における内容的まとまりを追求した次第である。

　思うに，単著は執筆者の考え方で憲法全体を描ききる点に醍醐味があり，共著は

第 2 版はしがき

幾人かの執筆者の共同によってバランスのとれた理解を提示する点にメリットがある。本書は，形式上は共著であるが，検討会を頻繁にもつことによって，共著，単著双方のメリット，つまり，憲法の全体像をバランスよく，かつ，体系的に一歩踏み込んで描くことをねらったものでもある。

　本書がなるにあたっては，その企画段階から終始，有斐閣書籍編集第一部の藤本依子さん，栁澤雅俊さんに支えられた。検討会には毎回出席していただき，読者の視点を交えて，さまざまな意見をいただいた。知的緊張に満ちた作業を共有していただけたことに，深く感謝申し上げる。

2011 年 10 月

著 者 一 同

第 2 版はしがき

　　いなといえど強ふる志斐のが強語この頃聞かずて朕恋ひにけり　（持統天皇）

　　いなといえど語れ語れと詔らせこそ志斐いは奏せ強語と詔る　（志斐）

　いまから千数百年前の，万葉集に収録された相聞歌であるが，ここに出てくる志斐という女性は，どうやら持統天皇お気に入りの女官のようである。持統天皇のほうから，「聴きたくないというのに，聴きなさいと言って強いてくる志斐の話だけれど，この頃聴いていない。また聴きたくなった」と歌いかけたのに対し，志斐は「私は申し上げたくないのに，語ってくれ，語ってくれとおっしゃるのでお話ししているのです。それを無理に聴きかせている“強語”とおっしゃるとは……」と，すねたふりをしつつ切り返している（上村悦子『万葉集入門』〔1981〕参照）。
　なごやかに軽妙洒脱な会話が交わされた楽しげな日常生活の様相，それがひとつの物語となり，やまとうたというタイムカプセルに込められ現代に鮮やかに伝えられる。いや，その情景が伝えられる“鮮度”にたじろぎ，物語的叙述の吸引力に瞠目させられる。

第2版はしがき

　憲法学読本も物語仕立てで，憲法学を分かりやすく読者に提示する，というねらいの下に書かれたものである。物語仕立ての分かりやすさをもって叙述することによって，初学者にも手に取ってもらえる書でありたい，内容的には憲法"学"の探求であるがゆえに，ある程度学習が進んだ読者にとっても豊かな知的刺激のある書でありたい，そういう欲張った複層的な企図を秘めたものであったが，幸いにして多くの読者に読んでいただけた。われわれとして，これにすぐる幸福はない。

　ただ，最高裁判所がさまざまな手法を用いて憲法判例の進展に意を用いるようになっていることはときに指摘されることであり，そういった判例の展開，さらには学説の状況変化を叙述のなかに取り入れ，今まさに生きている憲法学の相貌を読者に提示する，そうすることによってこの読本の生命力を輝かせる，という企画のもと，ここに版を改めることとした。

　改訂作業にあたって私たちは打合せの会合を複数回にわたり開催したが，長時間にわたる，なごやかで楽しい議論であった。その学問の楽しさがこの読本に込められ，読者に伝えられることを願ってやまない。

　今回の改訂作業にあたっても，有斐閣書籍編集第一部の方々，とりわけ藤本依子さん，栁澤雅俊さんに作業の全段階にわたって支えていただいた。初版以来の同行者として知的緊張に満ちた作業を共有していただけたことに，深く感謝申し上げたい。

　　2014 年 10 月

　　　　　　　　　　　　　　　　　　　　　　　　　　　　著 者 一 同

著者紹介

安 西 文 雄 (やすにし ふみお)
明治大学教授
執筆分担：第1章，第2章，第6章，
　　　　　第7章，第14章，第17章

巻 美 矢 紀 (まき みさき)
上智大学教授
執筆分担：第3章，第4章，第5章，
　　　　　第9章，第12章，第15章

宍 戸 常 寿 (ししど じょうじ)
東京大学教授
執筆分担：第8章，第10章，第11章，
　　　　　第13章，第16章，第18章

目　　次

□第1部　憲法総論

第*1*章　総論・憲法史─────────────────────3

Ⅰ　憲法の基礎‥‥‥‥‥‥‥‥‥‥‥‥‥‥‥‥‥‥‥‥‥‥3

1 憲法のとらえ方　3
(1) "国家" を手がかりに　3　　(2) "基本法" を手がかりに　4

2 憲法の分類　6
(1) 形式的意味の憲法と実質的意味の憲法　6　　(2) 固有の意味の憲法と立憲的意味（近代的意味）の憲法　6　　(3) 成文憲法と不文憲法　7
(4) 硬性憲法と軟性憲法　7　　(5) 欽定憲法，民定憲法，君民協約憲法　8

3 憲法の法源　8

Ⅱ　大日本帝国憲法（明治憲法）‥‥‥‥‥‥‥‥‥‥‥‥‥ 9

1 明治憲法制定の経緯　9

2 明治憲法の内容　10

3 明治憲法の運用　11

4 明治憲法の解釈に関する理論的対立　11

5 明治憲法体制の終焉　12

Ⅲ　日本国憲法成立史‥‥‥‥‥‥‥‥‥‥‥‥‥‥‥‥‥‥13

1 制定の過程──終戦から松本委員会まで　13

2 制定の経緯──マッカーサー・ノートから新憲法の制定まで　14

3 憲法生誕の法理　14

Ⅳ　日本国憲法における近代と現代‥‥‥‥‥‥‥‥‥‥‥‥16

1 "近代" の実現　16

2 "現代" への対応　16

vii

目　次

第2章　象徴天皇制 —————————————————— 19

Ⅰ　歴史の展開のなかで ……………………………………………… 19

　1　君主制の類型　19

　2　わが国の場合　20

Ⅱ　天皇の地位 ……………………………………………………… 21

　1　天皇は象徴である　21

　2　象徴という概念の含意　22

　3　天皇の地位は何に基づくか　23

　4　天皇の地位の継承——女性天皇論議および退位　24

Ⅲ　天皇の権能 ……………………………………………………… 25

　1　国事行為　25

　2　象徴としての地位に基づく行為　27

　3　天皇の権能と象徴　28

　4　天皇の権能の代行　29

Ⅳ　新旧両憲法の対比 ……………………………………………… 30

　1　新旧両1条　30

　2　新旧両2条　30

　3　新旧両3条　31

　4　新旧両4条　32

Ⅴ　皇室自律主義から国会の関与へ ……………………………… 32

Ⅵ　天皇の憲法尊重擁護義務 ……………………………………… 33

Ⅶ　天皇・皇族の人権享有主体性 ………………………………… 34

第3章　平和主義 —————————————————— 36

Ⅰ　平和主義の歴史的・原理的背景 ……………………………… 36

　1　立憲主義の継承を超えて　36

　2　憲法9条の制定経緯　37

　(1) 占領政策の基本原則と幣原・マッカーサー会談　37　　(2) 芦田修正　37

Ⅱ　憲法9条の解釈 ………………………………………………… 38

目　次

　　1　法規範性　38

　　2　戦争放棄　39

　　3　戦力不保持　40

　　4　交戦権の否認　41

　　5　政府解釈　41
　　　(1) 政府解釈の変遷　41　　(2) 政府解釈による歯止め　43

　Ⅲ　安保体制 ……………………………………………………………44

　　1　日米安全保障条約　44

　　2　安保条約と憲法 9 条　45
　　　(1) 駐留米軍の「戦力」該当性　45　　(2) 集団的自衛権行使の禁止との抵
　　　触可能性　45

　Ⅳ　自衛隊関連立法……………………………………………………47

　　1　有事関連立法の成立　47

　　2　「国際貢献」という新たな論理による自衛隊の海外派遣　48

　Ⅴ　平和的生存権の裁判規範性………………………………………49

　Ⅵ　平和主義に関する司法の消極性…………………………………50

　　1　自衛隊に関する裁判例　50
　　　(1) 警察予備隊違憲訴訟　50　　(2) 恵庭事件　50　　(3) 長沼事件　50
　　　(4) 百里基地訴訟　51　(5) イラク特措法に基づく自衛隊のイラク派遣の
　　　合憲性　51

　　2　安保体制に関する裁判例──砂川事件　52

□第 2 部　基本的人権

第4章　人権総論───────────────────────57

　Ⅰ　人権と「憲法上の権利」……………………………………………57

　　1　人権の思想と歴史　57
　　　(1) 人権の思想的淵源　57　　(2) 人権と国家観の歴史　58　　(3) 人権の根
　　　拠──「人格」　59

　　2　解釈対象としての「憲法上の権利」　60
　　　(1)「憲法上の権利」と人権との区別　60　　(2)「公共の福祉に基づく権
　　　利」　61　　(3)「憲法上の権利」と客観法の区別　62

ix

目　次

3　「憲法上の権利」の類型化 63
(1) 不作為請求権／作為請求権の区別　63　　(2) 区別の相対性　64

Ⅱ　「憲法上の権利」の主体と適用範囲 ………………………………… 65

1　「憲法上の権利」の主体 65
(1)「憲法上の国民」65　　(2) 外国人　66　　(3) 法人・団体　69　　(4)
女性と子ども　71　　(5) 天皇・皇族　73

2　「憲法上の権利」の適用範囲──私人間適用 73
(1) 問題の所在　73　　(2) 学説および判例　73

Ⅲ　憲法上の権利の限界 ………………………………………………… 76

1　憲法上の権利の規制方法 77
(1)「法律の留保」の積極的意義　77　　(2) 刑事収容施設被収容関係，公
務員関係　77

2　憲法上の権利の規制根拠──公共の福祉 79
(1) 通説形成までの学説の状況　79　　(2) 最近の学説の状況──一元的内
在制約説に対する根底的批判　80

3　合憲性審査方法 81
(1) 審査基準論　81　　(2) 三段階図式　83　　(3) 審査基準論と比例原則
84　　(4)「憲法上の権利の規制」の該当性判断　86

第5章　包括的基本権 ──────────────────── 88

Ⅰ　憲法上の明文なき権利 ……………………………………………… 88

1　憲法上の明文なき権利の承認とその意味 88

2　幸福追求権（13条） 89
(1) 幸福追求権の性格　89　　(2) 幸福追求権の保障範囲──人格的利益説
vs 一般的自由説　90

Ⅱ　プライバシー権 ……………………………………………………… 92

1　プライバシー権論の展開 92
(1) 伝統的プライバシー権　92　　(2) プライバシー権の再構成──自己情
報コントロール権の意味の深化　93　　(3) 保障範囲と審査基準　95

2　判例の展開 96

Ⅲ　人　格　権 …………………………………………………………… 98

1　名　誉 99

2　生命・健康 99

Ⅳ　自己決定権 …………………………………………………………… 100

目　次

第6章　法の下の平等──────────────────── 102

Ⅰ　平等のとらえ方··· 102

1　歴史的経緯　102

2　平等の二層構造　103

Ⅱ　わが国における平等論··· 104

1　法適用の平等か，法内容の平等か　104

2　絶対的平等か，相対的平等か　105

3　形式的平等か，実質的平等か　105

4　例示列挙か，限定列挙か　106

5　単なる例示か，特別な意味を認めるか　106

6　わが国の学説がとらえてこなかった視点　107

Ⅲ　司法審査のあり方··· 107

1　判例の伝統的な立場　107

2　学説の立場　108

Ⅳ　わが国における判例の展開····································· 109

1　尊属殺重罰規定違憲訴訟（最大判昭 48・4・4 刑集 27 巻 3 号 265 頁）　109

2　議員定数不均衡訴訟（一票の重みを争う訴訟）　110

3　サラリーマン税金訴訟（最大判昭 60・3・27 民集 39 巻 2 号 247 頁）　110

4　国籍法違憲訴訟（最大判平 20・6・4 民集 62 巻 6 号 1367 頁）　110

5　婚外子に対する法定相続分差別訴訟（最大決平 25・9・4 民集 67 巻 6 号 1320 頁）　112

6　再婚禁止期間違憲訴訟（最大判平 27・12・16 民集 69 巻 8 号 2427 頁）　113

Ⅴ　間接差別·· 114

Ⅵ　アファーマティブ・アクション······························ 115

1　アファーマティブ・アクションとは何か　115

2　アファーマティブ・アクションの分類　116

3　アファーマティブ・アクションの憲法適合性　116

Ⅶ　家族生活における平等·· 117

xi

目　次

第7章　思想・良心の自由および信教の自由――――― 119

I　思想・良心の自由…………………………………………… 119

1　保障の位置づけ　119

2　保障の内容・程度　120

3　制約の態様　121
(1) 思想強制あるいは思想に基づく不利益処遇　121　　(2) 告白の強制（沈黙の自由）　121　　(3) 内心に反する行為の強制　122

II　信教の自由…………………………………………………… 124

1　保障の意味，内容　124
(1) 保障の意味　124　　(2) 明治憲法下におけるあり方　125　　(3) 現行憲法における信教の自由の保障　126

2　狭義の信教の自由　127
(1) 保障の内容　127　　(2) 信教の自由に対する制約　128　　(3) 規制の類型分け　129　　(4) 具体的検討　130

3　宗教上の人格権　133

4　政教分離　134
(1) 国家と宗教との関係　134　　(2) 政教分離の根拠　134　　(3) 政教分離の程度　135　　(4) 政教分離を考える際の指導理念　135　　(5) 判例の立場　135

第8章　表現の自由・集会結社の自由・学問の自由――――― 141

I　表現の自由…………………………………………………… 141

1　表現の自由の意義　141
(1) 思想の自由市場論　141　　(2) 自己実現の価値と自己統治の価値　142　　(3) 保障根拠の複合的・経験的性格　142　　(4) 憲法上の権利としての表現の自由　143

2　検閲・事前抑制の禁止　143
(1) 検閲禁止の意義　143　　(2) 検閲の概念　144　　(3) 事前抑制の原則的禁止　144

3　表現の自由の保護範囲――表現類型からのアプローチ　145
(1) 憲法上保護される「表現」　145　　(2) せん動　146　　(3) 性表現　147　　(4) 名誉毀損・プライバシー侵害　148　　(5) ヘイトスピーチ　150　　(6) 営利広告　150

4　表現内容を規制する法令の文面審査　151
(1) 漠然故に無効の法理　151　　(2) 過度に広汎故に無効の法理　151

5　表現の自由の制限の合憲性――規制類型からのアプローチ　152

目　次

(1) 表現内容規制・内容中立規制二分論　152　　　(2) 表現内容規制
153　　　(3) 時・所・方法の規制　154　　　(4) 間接的・付随的規制
156　　　(5) 国公法二事件と判例の比較衡量論　157

Ⅱ　表現の自由の現代的問題 ……………………………………………… 158

1　国民の「知る権利」　158
(1) 情報を受領する自由　159　　　(2) 情報公開　159　　　(3) アクセス権　160

2　マス・メディアの表現の自由　161
(1) 二つの見方　161　　　(2) 報道の自由と取材の自由　162　　　(3) 放送の自由　163

3　通信とインターネット　164
(1) 通信の秘密　164　　　(2) インターネット　165

4　表現活動に対する公権力の給付の憲法問題　166
(1) 規制・給付二分論と違憲の条件の法理　166　　　(2) パブリック・フォーラム論と，その応用の可能性　167

Ⅲ　集会結社の自由 ………………………………………………………… 168

1　集会の自由　168
(1) 集会の自由とその制限　168　　　(2) 集団行進の自由　169　　　(3) 公共施設による集会の利用拒否　170

2　結社の自由　171
(1) 立憲主義と結社の自由　171　　　(2) 結社の自由の保護範囲と制限
172　　　(3) 結社の内部紛争と司法権　173

Ⅳ　学問の自由 …………………………………………………………… 174

1　学問の自由の意義　174
(1) 学問の自由の伝統的理解　174　　　(2) 現代における学問の自由　175

2　学問の自由の保護範囲と制限　176
(1) 先端科学技術研究の制限　176　　　(2) 教師の教育の自由　177

3　大学の自治　177
(1) 人事に関する問題　177　　　(2) 施設・学生管理に関する問題　178

第9章　経済的自由 ─────────────────────── 180

Ⅰ　経済的自由の歴史と原理 …………………………………………… 180

1　近代憲法における経済的自由の意義　180

2　社会に対する国家の役割　180

Ⅱ　職業選択の自由（22条1項）……………………………………… 181

目　次

     1　保障範囲　181
     (1) 職業遂行の自由　181　　　(2)「営業の自由」論争とその影響　182

     2　判例法理　182
     (1) 規制目的二分論　182　　　(2) 二分論に対する批判　184　　　(3) 判例の展開——二分論との整合性　185

     3　判例法理の再考　187
     (1) 社会的相互関連性と憲法 22 条 1 項の「公共の福祉」　187　　　(2) 立法裁量とその統制　187　　　(3) 人格アプローチ　188

Ⅲ　財産権（29 条）‥‥‥‥‥‥‥‥‥‥‥‥‥‥‥‥‥‥‥‥‥‥‥190

     1　財産権の保障（29 条 1 項）　190
     (1) 国家による自由　190　　　(2) 財産権を憲法上保障することの意味　191

     2　財産権の規制（29 条 2 項）　194
     (1) 規制の法的根拠　194　　　(2) 審査方法　194

     3　損失補償（29 条 3 項）　198
     (1) 根　拠　198　　　(2) 補償の要否　198　　　(3)「公共のために用いる」の意味　199　　　(4)「正当な補償」の内容　199　　　(5) 補償規定を欠く法令の効力　200　　　(6)「国家補償の谷間」　201

Ⅳ　居住・移転の自由（22 条 1 項），外国移住の自由，国籍離脱の
    自由（22 条 2 項）‥‥‥‥‥‥‥‥‥‥‥‥‥‥‥‥‥‥‥‥202

     1　居住・移転の自由（22 条 1 項）　202

     2　外国旅行の自由　203

     3　国籍離脱の自由　204

第 *10* 章　刑事手続上の権利―――――――――――――――― 205

Ⅰ　総　説‥‥‥‥‥‥‥‥‥‥‥‥‥‥‥‥‥‥‥‥‥‥‥‥‥‥205

Ⅱ　適正手続の保障‥‥‥‥‥‥‥‥‥‥‥‥‥‥‥‥‥‥‥‥‥‥206

     1　保障の内容　206

     2　適正手続の保障と非刑事手続　207

Ⅲ　被疑者の権利‥‥‥‥‥‥‥‥‥‥‥‥‥‥‥‥‥‥‥‥‥‥‥207

     1　身体の拘束に対する保障　207
     (1) 憲法 33 条　207　　　(2) 憲法 34 条　208

     2　不当な捜索・押収からの自由　209

Ⅳ　被告人の権利‥‥‥‥‥‥‥‥‥‥‥‥‥‥‥‥‥‥‥‥‥‥‥209

目　次

 1　公平な裁判所の迅速な公開裁判を受ける権利　209

 2　証人審問権・喚問権　210

 3　弁護人依頼権　211

 4　不利益供述強要の禁止　211

 5　自　白　211

Ⅴ　拷問・残虐な刑罰の禁止……………………………………………212

Ⅵ　事後法と二重の危険の禁止…………………………………………212

第*11*章　参政権・国務請求権————————————————————214

Ⅰ　参　政　権……………………………………………………………214

 1　参政権の意義　214

 2　選　挙　権　215
  (1) 選挙権の法的性格　215　　(2) 選挙の公正と選挙権の制限　216　　(3) 選挙の基本原則　216

 3　一票の重みの較差　217
  (1) 衆議院中選挙区制　218　　(2) 衆議院小選挙区制　219　　(3) 参議院都道府県選挙区制　220

 4　選挙運動の制限　220
  (1) 公職選挙法による制限　220　　(2) 戸別訪問の禁止　221　　(3) 「政党本位」の選挙運動　221　　(4) インターネット選挙運動　221

 5　被選挙権　222

Ⅱ　国務請求権……………………………………………………………222

 1　請　願　権　223

 2　裁判を受ける権利　223
  (1) 基本権を確保するための基本権　223　　(2) 実効的な権利救済を受ける権利　224　　(3) 非訟事件と裁判を受ける権利　225

 3　国家賠償請求権・刑事補償請求権　226
  (1) 国家賠償請求権　226　　(2) 刑事補償請求権　227

第*12*章　社　会　権————————————————————————228

Ⅰ　生存権（25条）………………………………………………………228

 1　意義と性格　228

 2　生存権の裁判規範性　229

xv

目　次

　　　　(1) 法的性格　229　　(2) 判例の展開　231
　　　3　立法裁量の統制方法　232
　　　　(1)「最低限度の生活」／「より快適な生活」の区別による立法裁量の広狭
　　　　232　　(2) 平等原則による統制　233　　(3) 制度後退の統制　234

　Ⅱ　教育を受ける権利（26条）………………………………………236
　　　1　意義と性格　236
　　　2　公　教　育　237
　　　　(1) 公教育制度　237　　(2) 教育内容決定権の所在　238
　　　3　教師の教育の自由　239
　　　　(1) 根拠条文および性格　239　　(2) 学習指導要領の法的拘束力　240
　　　4　公教育と教育の私事性　241

　Ⅲ　勤労の権利（27条）………………………………………………242

　Ⅳ　労働基本権（28条）………………………………………………243
　　　1　意義と性格　243
　　　　(1) 団結権　244　　(2) 団体行動をする権利　244
　　　2　公務員の労働基本権に対する制限　245
　　　　(1) 現行法　245　　(2) 判例の展開　245

　Ⅴ　環　境　権…………………………………………………………248

□第3部　統治機構

第13章　統治の基本原理──────────────── 251

　Ⅰ　はじめに……………………………………………………………251
　　　1　統治機構の「総論」は必要か　251
　　　2　統治の基本原理の抽象性　251
　　　3　統治の基本原理の歴史性　252

　Ⅱ　権力分立……………………………………………………………253
　　　1　権力分立のイメージ　253
　　　　(1) 身分制社会と権力分立　253　　(2) 近代立憲主義の核心としての権力分
　　　　立　254
　　　2　国家作用の分立と国家機関の分立　255
　　　　(1) 国家作用の分立　255　　(2) 国家機関の分立　256

目　次

3　日本国憲法における権力分立　256

Ⅲ　法の支配 ………………………………………………………257

1　法の支配と法治国家　257
(1) 法の支配の伝統的理解　257　　(2) 法治国家　258

2　「法治国家から法の支配へ」？　258

3　法の支配の現代的理解　259

Ⅳ　国民主権 ………………………………………………………260

1　国家の主権と国民の主権　260
(1) 国民主権か君主主権か　260　　(2) 国民主権か国家主権か　261

2　「主権の存する国民」とはどういうことか　263
(1) 人民主権説　263　　(2) 憲法制定権力としての主権　263　　(3) 正当性の契機と権力性の契機　264

3　国民主権からデモクラシーへ　265

Ⅴ　デモクラシー …………………………………………………266

1　公共性と世論　266
(1) 共和主義と多元主義　266　　(2) 世論の意義　266

2　選挙制度　267
(1) 選挙の方法　267　　(2) 公職選挙法のしくみ　268

3　政　党　268
(1) 政党の法的規律　268　　(2) 政党，選挙制度とデモクラシー　270

Ⅵ　むすび——三つの基本原理の関係………………………………271

1　デモクラシーと法の支配　271

2　デモクラシーと権力分立　272

第14章　国　会 ————————————————— 274

Ⅰ　歴史の流れのなかで——日本国憲法下の国会の位置づけ ………274

1　歴史的経緯　274

2　明治憲法下の帝国議会　275

3　日本国憲法下での国会の位置づけ　276
(1) 国権の最高機関　276　　(2) 唯一の立法機関　277　　(3) 全国民の代表　278

Ⅱ　国会の権能 ……………………………………………………279

1　概　観　279

xvii

目　次

    2　立法の権限　280

    3　立法プロセスと内閣の法律案提出権　281

    4　立法の委任　282

    5　法律改廃に関するレファレンダム　283

Ⅲ　国会の構成，運営‥‥‥‥‥‥‥‥‥‥‥‥‥‥‥‥‥‥284

    1　二 院 制　284
    (1) 比較憲法的にみた類型論　284　　(2) 民主的二院制型の存在理由　284

    2　衆参ねじれ現象　285

    3　国会の運営　287

Ⅳ　議院の権限‥‥‥‥‥‥‥‥‥‥‥‥‥‥‥‥‥‥‥‥‥288

    1　議院自律権　288
    (1) 意義・内容　288　　(2) 警察法無効事件　289

    2　国政調査権　290
    (1) 意義・本質　290　　(2) 範 囲　291　　(3) 予備的調査制度　292
    (4) 国会に設置された東京電力福島原子力発電所事故調査委員会　292

Ⅴ　議員の特権‥‥‥‥‥‥‥‥‥‥‥‥‥‥‥‥‥‥‥‥‥292

    1　不逮捕特権　292

    2　発言表決の免責　293

第*15*章　内　閣 —————————— 295

Ⅰ　「政治」の位置づけ‥‥‥‥‥‥‥‥‥‥‥‥‥‥‥‥‥295

Ⅱ　議院内閣制‥‥‥‥‥‥‥‥‥‥‥‥‥‥‥‥‥‥‥‥296

    1　議会と政府との関係　296

    2　議院内閣制　297
    (1) 歴 史　297　　(2) 議院内閣制の「本質」——規範的モデル
    299　　(3) 国民内閣制——「政治」の位置づけ　299

Ⅲ　行 政 権‥‥‥‥‥‥‥‥‥‥‥‥‥‥‥‥‥‥‥‥‥300

    1　行政権の概念　300
    (1) 従来の学説　300　　(2) 近年の学説　301

    2　独立行政委員会の合憲性　303

Ⅳ　内閣の組織‥‥‥‥‥‥‥‥‥‥‥‥‥‥‥‥‥‥‥‥304

    1　内閣の構成　304

（1）内閣総理大臣の地位および権能　304　　　（2）国務大臣　306　　　（3）文民条項　306

2　内閣の消滅　306
（1）憲法 70 条の場合　306　　　（2）憲法 69 条の場合──内閣の議会に対する政治責任　307

V　内閣の権限 ……………………………………………………………307

1　憲法 73 条に列挙された権限　307
（1）「法律を誠実に執行し，国務を総理すること」（1 号）　308　　　（2）外交関係の処理（2 号・3 号）　308　　　（3）官吏に関する事務の掌理（4 号）　308　　　（4）予算の作成・国会提出（5 号）　308　　　（5）政令の制定（6 号）　308　　　（6）恩赦の決定（7 号）　309

2　その他の権限（衆議院の解散権を中心に）　309
（1）解散の実質的決定権の所在　309　　　（2）69 条所定以外の場合の解散の可否　310　　　（3）解散権の限界　311

3　内閣の権限行使の手続　313

第16章　裁 判 所 ──────────────── 314

I　裁判所の地位と機能 ……………………………………………… 314

1　「裁判」と「司法」　314
（1）社会と裁判　314　　　（2）近代国家と司法　314

2　大陸型と英米型　315
（1）法治国家と行政裁判所制度　315　　　（2）法の支配と司法裁判所の優位　316

3　日本における司法権　316
（1）明治憲法から日本国憲法へ　316　　　（2）日本国憲法における裁判所の機能　317

II　裁判所の組織と司法権の独立 ……………………………………… 318

1　特別裁判所の禁止　318

2　最高裁判所　318
（1）「憲法の番人」と判例の統一　318　　　（2）規則制定権と司法行政事務　319　　　（3）最高裁判所の裁判官　319

3　司法権の独立　320
（1）裁判官の職権行使の独立　320　　　（2）裁判官の任免と身分保障　321　　　（3）司法権の独立が問題となった事例　322

III　司 法 権 …………………………………………………………… 323

1　司法権の概念　323

目　次

　　　　(1) 法律上の争訟　323　　(2) 客観訴訟・非訟事件の裁判と司法権　324

　　2　司法権の範囲　324
　　　　(1) 民事事件　324　　(2) 刑事事件　325　　(3) 行政事件　325　　(4) 憲法
　　　　事件　325

　　3　司法権の限界　325
　　　　(1) 議院の自律権や内閣の内部事項　326　　(2) 自由裁量行為　326　　(3)
　　　　統治行為　326　　(4) 団体の内部事項　327

　　4　裁判の手続　328
　　　　(1) 対審と判決　328　　(2) 公　開　328

第17章　憲法訴訟 ————————————————— 330

I　制度のあり方 ………………………………………………… 330

　　1　法令等の合憲性審査の担当機関　330

　　2　付随的審査制と抽象的審査制　331

　　3　違憲審査の対象　333

II　憲法判断回避のルール ………………………………………… 333

　　1　内　容　333

　　2　憲法判断回避のルールは，「ルール」か　335

III　第三者の憲法上の権利の援用 ………………………………… 335

　　1　学　説　335

　　2　判　例　336

IV　合憲限定解釈 …………………………………………………… 337

　　1　内　容　337

　　2　合憲限定解釈の限界　338

V　司法審査のあり方，法令違憲と適用違憲 …………………… 339

　　1　司法審査基準　339

　　2　法令違憲と適用違憲　340

VI　違憲判断の効力 ………………………………………………… 342

　　1　個別的効力説と一般的効力説，判決の事実上の拘束力　342

　　2　将　来　効　343

　　3　司法の優越か，ディパートメンタリズムか　344

VII　さまざまな憲法訴訟の形態 …………………………………… 344

目 次

 1 国家賠償請求訴訟 344

 2 確認訴訟 346

Ⅷ 司法のあり方・・346

 1 司法積極主義と司法消極主義 346

 2 近時の最高裁判所による違憲審査のあり方 347

第*18*章 財政・地方自治・国法の諸形式―――― 348

Ⅰ 財 政・・348

 1 財政国会中心主義 348

 2 租税法律主義 349

 3 予算と決算 350

 4 公金支出の制限 351

Ⅱ 地方自治・・・352

 1 地方自治の意義 352

 2 地方公共団体の組織 353
  (1) 憲法上の地方公共団体 353　　(2) 長と議会 354　　(3) 住民の直接参
  加 354

 3 地方公共団体の権能 355
  (1) 地方公共団体の事務 355　　(2) 条例制定権 355　　(3) 自治財政権
  357

Ⅲ 国法の諸形式・・・358

 1 条 約 358
  (1) 条約の意義 358　　(2) 条約の成立手続 359　　(3) 条約の国内法的効
  力 360　　(4) 国際法の間接適用 361

 2 憲法の保障と変動 361
  (1) 憲法保障 361　　(2) 憲法改正の手続 362　　(3) 憲法改正の限界
  362　　(4) 憲法変遷 363

 年 表 365　　参考文献 368　　事項索引 371　　判例索引 383

> 本書のコピー，スキャン，デジタル化等の無断複製は著作権法上での例外を
> 除き禁じられています。本書を代行業者等の第三者に依頼してスキャンや
> デジタル化することは，たとえ個人や家庭内での利用でも著作権法違反です。

凡　例

本書中で用いる略号は，下記の例によるほか，慣例にならった。

1　法令（有斐閣刊六法全書収載順）

憲	日本国憲法	行　訴	行政事件訴訟法
明　憲	大日本帝国憲法（明治憲法）	道　交	道路交通法
典	皇室典範	刑	刑　法
皇　経	皇室経済法	刑　訴	刑事訴訟法
国　籍	国籍法	民	民　法
国　会	国会法	民　訴	民事訴訟法
議院証言	議院における証人の宣誓	家　審	家事審判法（現在は，
	及び証言等に関する法律		家事事件手続法）
公　選	公職選挙法	民　保	民事保全法
裁	裁判所法	銀　行	銀行法
公　証	公証人法	郵　便	郵便法
国　公	国家公務員法	電　波	電波法
地　自	地方自治法	放　送	放送法

2　判例・裁判例

最大判（決）　最高裁判所大法廷判決（決定）
最一判（決）　最高裁判所第一小法廷判決（決定）
高判（決）　　高等裁判所判決（決定）
地判（決）　　地方裁判所判決（決定）
簡判（決）　　簡易裁判所判決（決定）

3　判例集・雑誌

民　集	最高裁判所民事判例集	裁　時	裁判所時報
刑　集	最高裁判所刑事判例集	東高民時報	東京高等裁判所民事判
裁判集民	最高裁判所裁判集 民事		決時報
裁判集刑	最高裁判所裁判集 刑事	東高刑時報	東京高等裁判所刑事判
行　集	行政事件裁判例集		決時報
高民集	高等裁判所民事判例集	訟　月	訟務月報
高刑集	高等裁判所刑事判例集	判　時	判例時報
下民集	下級裁判所民事裁判例集	判　タ	判例タイムズ
下刑集	下級裁判所刑事裁判例集	労　判	労働判例

第1部 憲法総論

第1章 総論・憲法史

I 憲法の基礎

1 憲法のとらえ方

(1) "国家"を手がかりに

そもそも憲法とは，いかなるものとして把握すべきであろうか。

最も基本的な理解によれば，それは，国家統治の基本法である。この定義に含まれる"国家"，および"基本法"という二つの概念を手がかりにして，憲法の基礎にあるものを探ってみよう。

まず，"国家"である。

歴史上，国家の正当性の説明の仕方，あるいは国家の統治権の根拠づけの方法は，さまざまに存在した。わが国の憲法史を考える上で有益なものをいくつか検討してみよう。

(a) 宗教的・神学的構成 国家を神の創設にかかるもの，神の摂理によって存在するもの，ととらえる。さらに，君主は神の恩寵によってその地位にあると理解する。こういった把握は，ふりかえれば歴史上一般的にみられる。とりわけ近世絶対王政期の王権神授説は，王権を神の授けたものとし，そうであるがゆえに王への服従は神の命令である，と説く点で，この構成を典型的に明示するものといえよう。

わが国の場合をみても，大日本帝国憲法（以下，明治憲法という）下の国家体制は，天皇の統治権の根拠を，その祖先神である天照大神〔あまてらすおおみかみ〕の神勅（神のことば）──日本は天照大神の子孫である天皇が永遠に治めるものとする（→II2。天壌無窮の神勅）──においていたのであり，まさに宗教

3

第1章　総論・憲法史

的・神学的構成をとる国家像を体現するものであった。

(b)　家族論的構成　　家族に国家の起源を求め，拡大された家族として国家をとらえる見解である。ここでは，君主は拡大家族の家父長として，国家構成員の上に君臨する。

この把握も歴史上みられるが，とりわけ明治憲法下のわが国において，天皇を宗家（総本家）の家長とし，臣民を天皇の赤子とする家族国家観が主張されていたことが留意される*。

＊　わが国がファシズムに傾斜していった1937（昭和12）年，当時の文部省が編纂した『国体の本義』は，「我が国は一大家族国家であつて，皇室は臣民の宗家にましまし，国家生活の中心であらせられる。臣民は祖先に対する敬慕の情を以て，宗家たる皇室を崇敬し奉り，天皇は臣民を赤子として愛しみ給ふのである」と論じている。

(c)　社会契約論的構成　　以上の説明枠組みに対し，近代以降顕著になるのが社会契約論である，ここではまず，国家が設立される以前の状態，つまり自然状態が前提におかれる。各人は生まれながらにして権利（自然権）をもつが，それは必ずしも十分に保障されることはない。自らの力によることになるので，力の弱い者は権利を実現することができないし，力の強い者はゆき過ぎに至る危険を伴う。

そこで諸個人が合意して自然状態から脱却すべく，社会契約が結ばれる。この契約の内容にしたがって国家が構築されるのであり，かつその国家の下で権利の保障が確保される。

このように社会契約論は，本来自由かつ平等な諸個人が，その自由な同意をもとに国家を形成すると説明するものであり，これが近代以降の憲法の基底となる。

(2)　"基本法"を手がかりに

憲法の基礎にあるものを探る第二の手がかりは，"基本法"である。

そもそも通常の法の上位に，高次の法，したがって基本法と称すべきものがあるという認識は，ヨーロッパ中世において既にみられる。ただしこの時代，

4

その高次法は，封建領主の奪いがたい権利を認め，それを国王からも擁護する内容をもつものであった。

近代以降，社会契約論により基本法が把握される。自然状態にある人々が社会契約を結び国家を設立・形成するのであるが，憲法はこの契約の文書として，基本法たる性格を獲得する。このような理解から，次の諸点が導出される。

第一に，国家があって憲法があるのか，それとも憲法があって国家があるのか，という論理的先後関係に関する考察である。憲法という社会契約文書にしたがって国家が設立・形成されるのだから，まず憲法があって，しかるのちに国家が存立する，と考えるべきである。憲法の制定される前にあるのは，論理的には自然状態である。

第二に，憲法をつくる権力（憲法制定権力）と，憲法によってつくられた諸権力の区別である。人々が社会契約を締結して，国家を設立・形成する，と考える以上，人々に憲法制定権力があることになる。これに対し国家の諸権力（立法権，行政権，司法権など）は，憲法のもとで，憲法によってつくられた諸権力，と位置づけられる。

第三に，以上のような理解から，憲法が最高法規であることも当然に導出される。国家の諸権力のうち，立法権が法律を，行政権が命令を，それぞれ制定するが，立法権も行政権も，ともに憲法によってつくられた諸権力である。つまりこれらはその存立の基盤を憲法におくのであって，憲法を母胎とする。そうだとすれば，憲法に反する法律や命令は，その存立の基盤に反するものとして無効となる。つまり憲法が諸法令に優位し，最高法規たる地位を占める*。

第四に，憲法は授権規範であると同時に，制限規範としての性格を有する，という点である。憲法が国家の諸権力をうみだすのであるから，これら諸権力

第1章　総論・憲法史

に権限を授けるのは憲法である。こうして憲法に授権規範たる性格が認められる。また，諸権力は憲法によってつくられたものであるから，存立の基盤である憲法の枠内でのみ権限は行使されるのであって，憲法の枠を超えた行使は認められない。憲法が制限規範とされるゆえんである。

　＊　このように理解すれば，通常用いられる「六法」という言い回しは，誤解誘発的であることがわかる。憲法は国家の諸権力をうみだす最高法規であるのに対し，民法，商法，刑法，民事訴訟法，刑事訴訟法は，国家権力のひとつである立法権の制定にかかる。両者のレベルは異なるのである。

2　憲法の分類

　憲法はさまざまな視点により分類される。これを押さえておくことは，憲法理解の入門として有効である。

(1)　形式的意味の憲法と実質的意味の憲法

　形式的意味の憲法とは，憲法という名称を付された法典を意味する。たとえば 1947（昭和 22）年 5 月に施行された「日本国憲法」という名の法典が挙げられる。これに対し，実質的意味の憲法とは，その内実において先に述べたような憲法の実質を有する規範を意味する。

(2)　固有の意味の憲法と立憲的意味（近代的意味）の憲法

　憲法を，その規範内容によって分類してみよう。

　固有の意味の憲法とは，本章冒頭で述べたように，国家統治の基本法のことである。この意味における憲法であれば，およそ国家があるところ，必ず存在する。「社会あるところ法あり」というのは，ローマ法以来の法諺であるが，これに準拠していうならば，「国家あるところ憲法あり」といえる。

　立憲的意味の憲法とは，固有の意味の憲法のうち，近代立憲主義の要請をとりいれた憲法のみを指称する。1789 年のフランス人権宣言 16 条は「権利の保障が確保されず，権力の分立が定められていない社会はすべて，憲法をもつものではない」と規定するが，これが近代立憲主義の要請の骨格部分を端的に表明するものと受けとめられている。人権保障と権力分立という内実が伴わなければ，たとえ国家統治の基本法であっても，立憲的意味の憲法とはいえない。

さらにこの規定が示すように，近代以降の憲法は，人権（権利保障）と統治（権力分立など）という二つの要素により構成されることとなる。

　ちなみに立憲的意味（近代的意味）の憲法についても，その保障する権利の内容によって，さらに近代型と現代型に分類される。近代憲法は，近代資本主義の憲法的表現として，自由権中心であり，所有権の神聖不可侵を謳う。これに対し現代憲法は，資本主義の高度化，貧富の格差に対応すべく，自由権のみならず生存権等の社会権を保障する反面，経済活動の自由には制約を課し，所有権を神聖不可侵ととらえない。

　(3)　成文憲法と不文憲法

　憲法の形式によって，成文憲法と不文憲法とが分類される。前者は，憲法典の条文の形式で存在する憲法のことであり，後者は，そういう形式で存在するわけではない憲法である。

　イギリスは不文憲法の国といわれるが，権利章典，王位継承法，国会法などの基本的な諸法律が実質的意味の憲法を構成するので，条文の形で存在するものがないわけではない。したがって成文・不文の区別は，条文の形で存在するか否かではなく，憲法典の形で存在するか否かによると理解すべきであろう。成典憲法と不成典憲法という区別がときになされるが，用語としてはこちらの方が妥当であろう。

　なお，近代以降の憲法は成文憲法であることが多いが，そこに社会契約論の影響を多分に認めうることが指摘される。憲法は国家を設立・形成する社会契約であるから，契約として文章化しておくことが適切，という考え方である。

　(4)　硬性憲法と軟性憲法

　憲法の改正のしやすさによる分類である。軟性憲法とは，法律と同程度の手続要件で改正しうる憲法をいう。イギリスの場合，実質的意味の憲法のかなりの部分は法律の形式をとるので，法律としての手続要件によって改正しうる。したがって軟性憲法といえる。

　これに対し硬性憲法とは，改正に際し法律より加重された手続要件を課す憲法である。日本国憲法は，典型的な硬性憲法である。法律は衆議院および参議院における過半数の賛成，または衆議院における3分の2以上の賛成によって改正しうる（59条）が，憲法の場合，衆議院および参議院の総議員の3分の2

第1章　総論・憲法史

以上の賛成があってはじめて発議ができ，さらに国民投票で過半数の賛成を得なければならない（96条1項）。

硬性憲法に関しては，硬性の度合い（硬性度）という概念を認めうるが，この概念によるならば，日本国憲法は比較憲法的にいって硬性度の高い憲法といえる。

なお，硬性・軟性の区別は，改正の手続要件に着目した法的概念であって，現実にしばしば改正されているか否かという実情に着目した概念ではない。また，近代以降の諸国の憲法は硬性であることが多いが，それは，憲法が国家設立・形成に関する社会契約であり基本法的性格をもつがゆえに，改正には慎重な検討を要するという認識を背景とする。

(5)　欽定憲法，民定憲法，君民協約憲法

憲法制定権力の所在による分類である。欽定憲法とは，憲法制定権力が君主にあり，したがって現実に君主が制定した憲法である。明治憲法は欽定憲法の典型である。これに対し，民定憲法とは，憲法制定権力が国民にあり，したがって国民が定めた憲法をいう。日本国憲法はこの例である。

なお，君主主権から国民主権への過渡期において，君主と国民（市民階級）が憲法制定権力を共有する場合，両者の妥協の産物として憲法が制定されうる。これが君民協約憲法である。

3　憲法の法源

法源とは，法の存在形式のことである。したがって憲法の法源とは，実質的意味の憲法の存在形式を指す。

憲法の法源としては，まず成文の憲法典*が挙げられる。これが憲法の法源の中心をなしている。さらに憲法典に付属する諸々の法律，わが国の場合であれば皇室典範，国事行為の臨時代行に関する法律，国会法，内閣法，裁判所法，国籍法，公職選挙法，男女共同参画社会基本法，教育基本法，日本国憲法の改正手続に関する法律など，が挙げられる。これら憲法典付属諸法律は，確かに実質的憲法を構成するが，憲法典と異なり硬性ではなく，法律の手続によって改正される。

憲法判例は法源性を認めうるか，議論される。判決の結論を導くのに必要な

8

Ⅱ　大日本帝国憲法（明治憲法）

部分（判決理由）――これは，結論を導くのに必ずしも必要といえない部分である傍論と区別される――は，確かに法それ自体ではない。したがって正式の法源性を認めるわけにはいかない。しかし，同様の事案を解決する際に，法的安定性や平等取扱いの要請からして，裁判所のよるべき「よすが」にはなる。そうだとすれば事実上の法源性を認めることができるであろう。

　さらに，憲法慣習の法源性を認めうるかも問題となる（→第18章Ⅲ2(4)）。

　＊　日本国憲法の「前文」は，表題の後におかれていることからみても，憲法の構成
　　部分をなすことは疑いない。そしてここには，国民主権，基本的人権の尊重，平和
　　主義という憲法の三原則が述べられており，重要な法的意味をもつことも承認され
　　る。しかし，その規定内容の抽象性からして，直ちに裁判規範としての意味をもつ
　　とは考えられない，とするのが通説である（→第3章Ⅴ）。

Ⅱ　大日本帝国憲法（明治憲法）

1　明治憲法制定の経緯

　わが国初の成文憲法は，1889（明治22）年発布の明治憲法である。この憲法制定の背景にあったのは，江戸時代の末期，わが国が欧米列強と締結させられた不平等条約を改正すべき要請であった。条約改正交渉のためには，法制度の整備が必要であり，憲法制定はその一環と位置づけられた。

　憲法制定に関しては大きく二つ，すなわちイギリス流の議会政治の方向とドイツ流の君主権強化の方向とがありえた。明治14年の政変――開拓使官有物払下げ事件を契機として，イギリス流のあり方を範とする大隈重信らを，伊藤博文，井上毅らが政府部内から追放した事件――以降は，ドイツ流の方向に大きく傾斜していった。1882（明治15）年，伊藤博文は憲法調査のためヨーロッパに渡り，主としてドイツ系の憲法を学んだが，帰国後，井上毅，伊東巳代治，金子堅太郎らと草案を作成した。さらに新たに設置された枢密院での審議を経て，天皇から発布されたのが，明治憲法である。

第1章　総論・憲法史

2　明治憲法の内容

本章の冒頭で，国家につきさまざまな説明の仕方があることを指摘したが，明治憲法下の国家体制は，典型的な宗教的・神学的構成によっていた。

天皇が統治権をもつ建前がとられたが，その根拠は日本神話の伝える天孫降臨である。天皇家の直系の祖先神・天照大神が，天孫・瓊瓊杵尊*（ににぎのみこと）を高天原から日本国へ降臨せしめた際，三種の神器（八咫鏡〔やたのかがみ〕・八尺瓊勾玉〔やさかにのまがたま〕・草薙剣〔くさなぎのつるぎ〕）を与えて，次のような「みことのり」を賜与したとされる。

　　葦原の千五百秋の瑞穂の國は，是，吾が子孫の王たるべき地なり。爾皇孫，就でまして治せ。行矣。寶祚の隆えまさむこと，當に天壌と窮り無けむ。

(日本書紀)

日本国は天照大神の子孫たる天皇が代々永遠に治めるところであり，皇統は，天や地が無限であるように，末永く栄えるであろう，という趣旨である。

この天壌無窮の神勅をもとにして国家が組み立てられたのであり，したがって統治は天皇の大権中心主義をもって構成された。統治大権（4条），行政命令の大権（9条），官制大権，任官大権（10条），統帥大権（11条），軍編制大権（12条），外交大権（13条），戒厳大権（14条）などである。そもそも天皇は統治権の総攬者（4条）であり，統治権は窮極的にすべて天皇に帰属するものと理解された。帝国議会，国務各大臣，裁判所は，それぞれ統治権の各部分を，翼賛する**ものとされたので，ことばの真正な意味における権力分立ではなく，翼賛権能の分立であった。

もっとも民主的契機が明治憲法になかったわけではない。帝国議会は貴族院と衆議院をもって構成され，衆議院議員の民選は憲法上の要請であった（35条）。法律の制定には帝国議会の協賛と天皇の裁可が必要であり，予算にも帝国議会の協賛が必要であったから，これらの権限を介して，帝国議会，とりわけ衆議院が国政上の影響力を行使する可能性が留保されていた。

また，臣民の権利保障に関しては，天皇の恩恵による保障という性格が強く，天賦人権の保障とはいいがたいものであった。そして，その保障のあり方は，

「法律による保障」であって，日本国憲法下におけるような，「法律からの保障」ではなかった。すなわち，保障内容は法律の定めるところによるのであって，法律の定めた内容が憲法に適合するか否かのチェックは考えられていなかった。

> ＊　瓊瓊杵尊は，天照大神の孫にあたり，初代の神武天皇の曽祖父にあたる。
> ＊＊　翼賛するとは，お助けするという意味。

3　明治憲法の運用

明治憲法は「国務各大臣」を規定するのみで，内閣につき規定していない（55条参照）。しかし天皇の定めた勅令である「官制」により内閣が設置され，これが天皇のもとで現実的な政務担当機関となった。そしてこの内閣を，いかなる政治勢力がコントロールするかによって憲政のあり方が左右されていった。

憲法制定当初，薩摩・長州など明治維新に功労のある有力藩の出身者グループ（藩閥）が，内閣を掌握した。政党に基礎をおかない超然主義である。しかし，明治憲法自身が帝国議会の法律および予算の協賛権を認め，かつ帝国議会の構成部分として民選の衆議院を設置する以上，予算や税制をめぐって内閣と政党（自由党などの民党）が対立するのみでは円滑な国政運営ができないことは明らかである。

そこで次第に，衆議院における有力政党による内閣掌握が進んでいく。明治憲法の中心的起草者である伊藤博文自身，1900（明治33）年立憲政友会を結成し，この状況に対応した。そしてのちの大正デモクラシーの時代には，衆議院の有力政党による内閣運営がなされるようになった。

4　明治憲法の解釈に関する理論的対立

明治憲法の解釈に関しては，上杉慎吉らの神権学派（正統学派）と，美濃部達吉らの立憲学派が対比される。

上杉によれば，天皇は統治権の主体である。したがって天皇は，自らの判断に基づいて統治権を行使しうるし，憲法で禁じられていない限り広範な権限行使が可能である。これは天皇の権限拡大の方向に作用し，能動的天皇像に結び

第1章　総論・憲法史

つくであろう。これに対し美濃部によれば，国家という法人こそが統治権の主体であって，天皇はその最高機関である。したがって天皇は，国家のために権限を行使することになるし，そもそも憲法が国家に認めた枠内でしか権限行使ができない。これは権限制限の方向に作用し，憲法に枠づけられた天皇像に結びつく。

　このように，上杉が天皇主権論に忠実な解釈を追求したのに対し，美濃部は解釈改憲に近いところまで天皇権限の制約を推し進め，大正デモクラシーを憲法解釈論からも擁護した。

　しかし，1935（昭和10）年，貴族院において美濃部の天皇機関説が批判され，軍部・右翼による批判運動も高まり，ついに政府は天皇機関説を国体（天皇主権の国家体制）にもとるとして否定するに至った。

5　明治憲法体制の終焉

　先に，内閣をいかなる勢力が支配するかによって憲政のあり方が左右されるという視点を提示した。明治憲法体制の末期においては，藩閥でも政党でもない，軍部の勢力が内閣のあり方を左右することとなり，この体制は終焉を迎えた。

　このようになった背景として，ひとつには統帥権の独立がある。陸海軍の統帥（その中心は，作戦，用兵）は，天皇の大権事項とされ（11条），陸軍参謀本部，海軍軍令部が天皇を補佐するのであって，内閣は関与できないとされた。軍部の行動を内閣がチェックできないこと——ここに明治憲法体制の内包した難点があった。

　もうひとつ，軍部大臣現役武官制，つまり陸・海軍大臣は現役の大将，中将でなければならないとする要請の存在も指摘される。軍部の意にそぐわない内閣の場合，軍部は陸・海軍大臣を出さない，あるいは引きあげるという方法により，その成立は妨げられ，あるいは倒閣された。

　こうして，統帥権の独立が，軍部の動きに対する内閣からの関与を抑止する機能を果たしたのに対比すれば，軍部大臣現役武官制は，軍部の意向によって内閣の存立そのものを左右するという機能を果たした。これらが相俟って，憲法体制そのものが正常に機能しなくなり，第二次世界大戦に突入し，終戦を迎えることとなった。

III　日本国憲法成立史

1　制定の過程──終戦から松本委員会まで

　第二次世界大戦の末期，連合国側（アメリカ，イギリス，中国。のちソ連が加わる）はポツダム宣言を発し，日本に対して降伏の条件を提示した。この宣言のうち特に重要な意味をもつのは，次の2項目である。

　　第10項「……日本国政府ハ日本国国民ノ間ニ於ケル民主主義的傾向ノ復活強化ニ対スル一切ノ障礙ヲ除去スヘシ　言論，宗教及思想ノ自由並ニ基本的人権ノ尊重ハ確立セラルヘシ」
　　第12項「前記諸目的カ達成セラレ且日本国国民ノ自由ニ表明セル意思ニ従ヒ平和的傾向ヲ有シ且責任アル政府カ樹立セラルルニ於テハ連合国ノ占領軍ハ直ニ日本国ヨリ撤収セラルヘシ」

　この第12項は「国民ノ自由ニ表明セル意思」に従った政府樹立を要請しているので，それが明治憲法体制に反しないか，日本国内で疑義が提起された。若干の国際的なやりとりはあったが，結局日本側はこれを受けいれる（1945〔昭和20〕年8月）。

　ポツダム宣言の受諾後，東京に連合国軍最高司令官総司令部（GHQ）が設置され，総司令官ダグラス・マッカーサーのもとで，占領がはじまった。ただしGHQは，日本国政府に対し指示を与えて，日本国政府を介して占領を行うという間接統治方式を原則的にとったことには留意が必要である。

　さて，占領がはじまって間もない10月4日，マッカーサーは，当時の東久邇宮内閣の近衛文麿国務大臣に憲法改正の示唆を与え，さらに内閣交代後の幣原喜重郎首相にも憲法自由主義化の示唆を与えた。内閣としてはこれを受けとめ，松本烝治国務大臣を長とする憲法問題調査委員会（松本委員会）を設け作業にあたったが，それは明治憲法の基本論理を維持する枠内で修正を検討するにとどまった*。

第1章　総論・憲法史

＊　松本委員会における検討の骨子は，次のようなものであった。

①天皇が統治権を総攬するという明治憲法の基本原則には，変更を加えない。

②議会の権限を拡充する。

③国務大臣の責任は国務全般に及び，かつ議会に対して負うものとする。

④人民の権利・自由を拡大し，侵害に対する救済を完全なものとする。

2　制定の経緯——マッカーサー・ノートから新憲法の制定まで

　1946（昭和21）年2月1日，毎日新聞が松本委員会で検討されていた改正案の一つをスクープするという憲法史上の一大事件が起き，憲法自由化作業に転機が訪れる。GHQ側は新聞掲載された改正案をみて，あまりに保守的であることに驚き，自ら憲法改正の原案を作成する方針に転じた。その際，マッカーサーは，①天皇の地位を憲法に基づくものとすること，②戦争を放棄すること，③封建制度を廃止すること，という三原則を示し（いわゆるマッカーサー・ノート），この方針に従ってGHQ民政局内部で草案が作成された（いわゆるマッカーサー草案）。

　2月13日，外務大臣官邸において，GHQ側（ホイットニー民政局長ら）からこの草案が日本政府側（松本国務大臣，吉田茂外務大臣ら）に示された。日本政府側は大変驚いたが，結局これを基本的に受け入れることとし，3月6日，憲法改正草案要綱として国民に提示した。4月に予定されていた衆議院議員総選挙において，新しい憲法案につき国民の意思を問うという意味を込めた措置であった。

　総選挙後，招集された第90回帝国議会において，憲法改正草案要綱をもとに作成された憲法改正草案が審議された。衆議院および貴族院において若干の修正はあったが，圧倒的多数の賛成を得て通過し，枢密院の審議を経，11月3日，「日本国憲法」として天皇によって公布され，半年後の1947（昭和22）年5月3日，施行されるに至った。

3　憲法生誕の法理

　日本国憲法は以上のように，形式的には明治憲法73条の改正手続を遵守し，憲法の改正という形で制定された。現実に日本国憲法の「上諭」——これは憲

Ⅲ　日本国憲法成立史

法の構成部分ではないが——に「枢密顧問の諮詢及び帝国憲法第73条による帝国議会の議決を経た帝国憲法の改正」である旨，記されている。

　しかしながら，その実質においては，明治憲法の神勅主権主義から国民主権主義へと，憲法の根本論理の大変革がなされている。明治憲法下においても現行憲法下におけると同じく，憲法改正には限界があるとされていたのであり，この改正限界説によれば，憲法の根本論理それ自体の変革は改正権によってもなしうるものではない，と解される。そうだとすれば，日本国憲法の生誕はどのように説明したらよいのであろうか。

　憲法学者・宮沢俊義は，この点につきいわゆる八月革命説を唱えた。ポツダム宣言12項は，「国民ノ自由ニ表明セル意思」にしたがった政府の樹立を求めるものであるが，これを受諾することによって「それまでの神権主義をすてて，国民主権主義を採ることに改めた」。これは「憲法の……定める改正手続によってなされることのできない変革であったという意味で……憲法的には，革命をもって目すべきもの」というのである。

　では，明治憲法はこの八月革命によって廃止されたとみるべきかといえば，そうではない。「それは引きつづき効力を有し，ただ，その根拠たる建前が変った結果として，その新しい建前に抵触する限度においては，明治憲法の規定の意味が，それに照応して，変った」と理解する。したがって憲法改正に関していえば，「表面上は，明治憲法第73条によりながらも，その民定憲法の原理に反する部分——天皇の裁可と貴族院の議決——は，たとえ形式的には規定が存しても，実質的には，憲法としての拘束力を失っていた」（宮沢「日本国憲法生誕の法理」『憲法の原理』）とするのである*。

*　宮沢の唱えた八月革命説は有力説であるが，これに対しては批判もある。そのなかで，法哲学者・尾高朝雄による議論，そしてそれに対する宮沢の反論（いわゆる尾高・宮沢論争）が興味深い。
　　尾高は，国民主権は「常に正しい国民の総意」を政治の最高の指針とし，天皇の統治は「常に正しい大御心」を政治の範とするもので，ともにノモス（法の理念）の主権を承認する。したがって明治憲法から日本国憲法へのうつりかわりを「『国体の変革』であるとして，天地鳴動する問題のように捉える必要はない」と批判した。

第1章　総論・憲法史

これに対し宮沢は,「ノモスの具体的な内容を最終的にきめるのは誰であるか」
ということこそが問題であって,ノモス主権論はこの問題に答えていない,と反論
する。

Ⅳ　日本国憲法における近代と現代

1　"近代"の実現

近代的意味の憲法であるための要素を示すものとして,先にフランス人権宣
言16条に言及した。権利の保障と権力の分立という内実が必要とされる。こ
の視点から明治憲法をみるとき,権利の保障が,天賦人権ではなく天皇の恩恵
に依拠する臣民権であったこと,真正の権力分立ではなく,翼賛権能の分立に
すぎなかったこと,という両点において,近代的意味の憲法と称するに不十分
な点があったといわざるをえない。

これに対し日本国憲法は,天賦人権を保障し,かつ真正な権力分立を確保す
るものである以上,近代的意味の憲法として位置づけることに抵抗はない。す
なわち,この憲法をもって遅れていた近代の十全たる実現がなされたもの,と
いってよいのではなかろうか。

2　"現代"への対応

日本国憲法は,しかし,それにとどまらず,現代に対応する側面をも併有す
る。この間の事情をアメリカとの対比のなかで探ってみたい。

アメリカにおいては,19世紀後半から資本主義が高度化し,貧富の格差拡
大など,さまざまな社会問題が生じ,労働者保護立法(労働時間制限,最低賃金
制度など)をはじめとする社会政策立法が制定されるようになった。とりわけ,
1929年に始まった世界大恐慌への対処を課題としたフランクリン・ルーズベ
ルト政権のニューディール政策は,その色彩を強めたが,これに対し,裁判所
は経済的自由を過度に擁護し,これら政策立法を違憲と判断することがしばし
ばであった。その際に根拠となったのが,合衆国憲法修正5条および修正14
条の適正手続条項(due process clause)―― 何人も,法の適正手続によらずし

て，生命，自由もしくは財産を剥奪されない，と規定——であった。この条項から契約の自由を導出し，労働時間の制限，最低賃金の規定などは，労使双方の契約によって労働時間や賃金を定める自由を制約するものとして，違憲と判断されたのである。

こうして，現代への対応を試みる政治部門と，経済的自由を過度に擁護し社会政策立法にストップをかける司法部門との対立が深刻化した。ところが1937年，司法部門（連邦最高裁）は突如その立場を変更し，経済的自由に対する規制に関しては，政府の判断に敬譲を払い，司法審査を抑制する立場をとるに至った——いわゆる1937年の憲法革命＊。かくして政治部門も司法部門もともに，経済的自由の過度の擁護を慎み，社会経済政策を推進する立場をとることとなった。

こうしたニューディール期の憲法経験は，GHQのスタッフを介して，日本国憲法制定の際にも参照されていると推測される。

第一に，アメリカの適正手続条項に対応する日本国憲法の条文（31条）をみてみよう。アメリカの適正手続条項は，人権一般に関わる規定であるが，日本国憲法31条は，基本的には刑事手続上の人権規定である。また，アメリカの適正手続条項は，「法の適正手続」を求めるが，日本の31条は「法律の定める手続」と規定し，「適正（due）」を意味する文言が削除されている。こうしてみると日本においては，アメリカにおける反省も“込み”で，適正手続条項が限定的に参酌されている。

第二に，経済的自由，財産権を明示的に保障する日本国憲法の条文（22条・29条）をみてみよう。「何人も，公共の福祉に反しない限り，居住，移転及び職業選択の自由を有する」（22条1項），「財産権の内容は，公共の福祉に適合するやうに，法律でこれを定める」（29条2項）。ともに注意深く，「公共の福祉」という権利制約用語が被せられていることが留意される。

第三に，1937年憲法革命以前のアメリカにおいてしばしば違憲として否定された労働者保護立法につき，日本国憲法は特に明文をもって，その許容性を保障している（「賃金，就業時間，休息その他の勤労条件に関する基準は，法律でこれを定める」〔27条2項〕）。

以上の諸条文は，先に言及した現代への対応である。日本国憲法は，一方で

第1章 総論・憲法史

遅れていた近代を実現し，かつ，他方で——他に，生存権保障条文（25条）などを含め——現代への対応もこなすという，困難な課題を背負い込んだものとなっている。

* West Coast Hotel Co. v. Parrish, 300 U.S. 379（1937）が重要な転機をなしている。なお，この判決の翌年，United States v. Carolene Products Co., 304 U.S. 144（1938）の脚注4において，連邦最高裁が立ち入って審査しうる領域（憲法の特定的な禁止に当たる場合，政治プロセスを制約する法令，多数者から切り離され孤立している少数者〔discrete and insular minorities〕に対する偏見がある場合など）を明示したことも注目される。

第*2*章　象 徴 天 皇 制

I　歴史の展開のなかで

1　君主制の類型

　17世紀の初頭，スチュアート朝時代のイギリスにおいて，国王ジェームズ1世（James I）と裁判官クック（Edward Coke）との間で有名な論争がたたかわされた。国王の権限は神に由来するという王権神授説を信奉するジェームズ1世が，「国王は法の下にあると主張することは，大逆罪*である」と論じたのに対し，クックは次のように反駁した。「国王は何人の下にもあるべきではない。しかし神と法の下にあるべきである」。

　この論争は，そもそも君主を法との関係でいかに位置づけるかという，国法上の重要論点に関わる。ここから君主制は大きく二つに分けられる。君主の権力は神など超越的なものに由来するとして，それを法の上に位置づける専制君主制が一方にある。これに対し，君主の権力を法の下におき，それを法によって規律する立憲君主制が他方にある。そして歴史の趨勢として，専制君主制の方が姿を消していく。

　ところが，ひとくちに君主の権力を法の下におくといっても，君主が法の下でどれだけの権力を掌握するかにより違いが生ずる。そして概していえば，君主権力は縮小・名目化の過程をたどる。たとえばイギリスで国王は首相を任命する権限をもつが，現実には下院の多数党の党首を任命するだけであるから，この権限は名目化している。また国王は，議会を通過した法律を認めるか否か決する法律裁可権も有するが，不裁可とした例は1707年を最後として約300年間存在せず，この権限も名目化している。

19

第2章 象徴天皇制

　さらに君主の権限が何に依拠するのか，という点でも興味深い変遷がみられる。かつて，君主の権限は君主固有のものととらえられていたが，国民主権が採用されるようになると，そのような君主権限の理解は困難となる。たとえばベルギー憲法は，「すべて権力は国民に由来する」（同憲法34条）として国民主権を明言しつつ君主を認める。こういった体制の下では，君主は，自己固有の権限というより，国民に由来する権限を行使すると理解される。そしてそれは，伝統的な君主制の理解からは距離をおくこととなる。

　　＊　大逆罪とは，君主に対して反逆を企て，あるいはその企てを実行することを内容
　　　とする犯罪である。

2　わが国の場合

　法を超越する君主権力ではなく法の下におかれる君主権力へ，そしてその権力の縮小・名目化という歴史的展開のなかで，わが国の場合はどう位置づけられるのであろうか。

　明治憲法下の天皇制は，専制君主制と立憲君主制という二つの，そしてあい矛盾しうる相貌を併有するものであった。これに対し，現行憲法下の象徴天皇制は，上記の歴史的展開をさらに推し進めたところに位置する。現存するヨーロッパの君主制は，建前上は実質的権力を保有しながら，しかし現実にはそれを行使しないのが普通であり，そこから権限の名目化が語られる。ところがわが国の象徴天皇制においては，後にみるように，建前からして実質的権力を保有しないものとされる。形式的・儀礼的権能のみを有する。ヨーロッパなどの場合よりもさらに権限の名目化が進められたものといえるだろう＊。

　　＊　現行憲法下の天皇に関し，君主と把握すべきか否かがときに論じられることがあ
　　　る。独任機関であること，一般国民とは異なった身分の者がその位につくこと，な
　　　どの特色は認められる。しかし国民主権の下での象徴天皇制である以上，天皇の権
　　　限は主権者国民に由来するのであって，かつての君主のように固有の権限を有する
　　　わけではない。したがってこれを君主制と称するか否かは，君主制という概念の定
　　　義によるということになろう。
　　　　なお，憲法7条は，天皇は「国民のために」国事行為を行うと規定するが，それ

は国民主権の下で，天皇の国事行為の究極の根源が国民にあることを示すことにより，国民主権と象徴天皇制を接合するものといえよう。

Ⅱ　天皇の地位

1　天皇は象徴である

憲法1条は，「天皇は，日本国の象徴であり日本国民統合の象徴であ」ると規定する。象徴とは，抽象的・観念的な事物を，具体的・具象的なもので表現するものであり，平和を鳩が，学校を校旗が，愛をハートが，それぞれ象徴することが，その例として挙げられる。ちなみに日本国憲法以前に法の世界で象徴という概念を用いた例は稀である。わずかに第一次世界大戦後のウエストミンスター憲章の前文が，イギリス国王をイギリス連邦の「自由な結合の象徴」としていたことが注目される。

天皇が象徴とされることは，解釈上何を意味するのであろうか。憲法学の有力学説は「引き算の論理」を展開する。明治憲法下の天皇は，統治権の総攬者であると同時に象徴であった。およそ国家の君主は国の象徴なのである。ところが当時の天皇は統治権の総攬者でもあり，こちらの方が重要であったから，象徴という側面は影に隠れていた。ところが現行憲法の下で国民主権となり，天皇は統治権の総攬者ではなくなった。「統治権の総攬者＋象徴－統治権の総攬者＝象徴」という引き算の結果として，象徴が天皇の位置づけとされた，と論ずる。君主制に関する歴史的展開を先にみたが，君主権限の縮小・名目化という流れを推し進めた先に，象徴という概念が位置づけられる。

この引き算の論理から解釈の方向性が示唆される。つまり1条は，天皇は統治権の総攬者ではなくなったという消極の方向で解釈を施すべきことになる。天皇は象徴であるから，これこれの権限をもつ，しかじかの特別扱いを受けるべきであるというように，積極の方向で解釈をすべきではない。

さらに引き算の結果である象徴という概念が，積極的な意思活動を意味しないことからしても，天皇の積極的権限行使を認めないという方向性が示唆される。

第2章　象徴天皇制

2　象徴という概念の含意

　天皇は，象徴としての役割以外を原則的にもたないとしても，その象徴という概念自体にいかなる意味が込められるのかは，一つの問題である。象徴であるから，それとしての処遇あるいは優遇が認められるとされ，かつそれが極端に至れば，象徴という概念を媒介として，明治憲法の構想した神聖不可侵な天皇像の復活になりかねない。まことに象徴という概念は複雑な力学の交錯点である。それは君主権限の縮小・名目化というベクトルの所産であると同時に，伝統的な君主制が帯有した神聖不可侵性への復帰を希求する隠れたベクトルを包摂しかねない概念である。

　この点に関連して検討されるべきなのが，次の事例（最二判平元・11・20民集43巻10号1160頁）である。昭和の末，昭和天皇が重篤な病状にあるとき，千葉県が病気快癒を祈願するため，県民記帳所を公費で数か月間設置した。同県の住民がこれを違法と考え，費用相当額の不当利得返還請求を，昭和天皇の相続人である現天皇に対し求めたのが本件住民訴訟である（さらに知事に対する請求もあるがここでは省略する）。最高裁は，「天皇は日本国の象徴であり日本国民統合の象徴であることにかんがみ，天皇には民事裁判権が及ばないものと解するのが相当である」と判示し，下級審における却下判決を是認した。

　この判決は，天皇が象徴であることから直接に，民事裁判権の否定という結論を導出している。どうして象徴であることと民事裁判権の否定が直結するのか，説明はなされていない。民事裁判権を認めることと象徴であることとは，両立できないわけではなさそうである。察するに，訴訟に関与して法廷で当事者の立場に立ち，あるいは証人として証言をすることは，天皇の神聖不可侵なイメージにそぐわないという認識が作用しているのではなかろうか。そうだとすると，象徴という概念が，無意識のうちに神聖不可侵性とオーバーラップしている可能性がある[*]。

　また，象徴である天皇に対する名誉毀損行為を特に重く処罰する刑事法の可否が論じられることがある（たとえば象徴侮辱罪）。明治憲法時代には，刑法に「皇室ニ対スル罪」の章があり，そのなかに不敬罪の規定があったが，現行憲法下でこれが削除され，現在こういった犯罪類型を定める規定はない。しかし，仮にそういったものを法律で定めるとすれば許容されるか，という問題である。

22

私人としての天皇に対する名誉毀損である場合，特定の私人をとりわけ厚く保護することはできない。また公人としての天皇に対するものであれば，公的問題に関する表現の自由の重要性が強調されざるをえず，したがって名誉保護の要請が後退することになろう。そうだとすると，象徴天皇に対する名誉毀損を特に重く処罰する理由は見出し難い**。

* 天皇の民事責任については，上記の判例があるが，学説は一般に天皇の民事責任を認める。また刑事責任については，皇室典範 21 条で，摂政は在任中訴追されないとしているので，この規定の類推解釈から否定的に解するのが一般である。さらに政治的責任に関しては後述するが，天皇は内閣の助言と承認に応じて国事行為をするのみであるから，責任自体が発生しない仕組みになっている。

  なお，皇室典範とは，皇位継承や皇族に関し規定する法典である。明治憲法下においてこういう名称の法があったが，現行憲法下においても，法体系上の位置づけおよび内容は変更されているものの，こういう名称の法自体は存在する（→Ⅳ）。

** ちなみに，1946（昭和 21）年 5 月に生じた行為に関し，不敬罪で立件された事案がある。最高裁は，1946 年 11 月 3 日の新憲法公布に伴う大赦令によって公訴権は消滅したとして，実体判断を行わなかった（最大判昭 23・5・26 刑集 2 巻 6 号 529 頁）。

3　天皇の地位は何に基づくか

第 1 章でみたように，明治憲法の時代，天照大神の天壌無窮の神勅に基づいて，その直系の子孫と観念される天皇の主権者たる地位が根拠づけられた。そして，天皇がその地位に基づいて憲法（欽定憲法）を制定した。この理解からすれば，天皇の地位は憲法に先行する。

明治憲法 1 条は，天皇が国家の主権者である旨，規定するが，しかし，この 1 条があるから天皇の主権者たる地位が創設されるのではない。天皇の地位は，天壌無窮の神勅によるのであって，それは憲法の規定の有無にかかわらない。明治憲法 1 条は，既にある天皇の地位を，単に確認するだけの規定である（確認規定*）。

これに対し，現行憲法 1 条は，天皇の「地位は，主権の存する日本国民の総意に基く」と規定する。主権の存する日本国民の総意は，憲法に体現されるの

第2章 象徴天皇制

で，したがって，憲法に基づいて天皇の地位があると考えることになる。憲法
1条があるからこそ，天皇の象徴たる地位があるわけであるから，現行憲法1
条は，天皇の地位を創設している（創設規定）。

＊　ある規定があることによってはじめて，特定の制度，権限が作り出される場合，
その規定を創設規定といい，既にあるものを確認するだけの規定の場合，それを確
認規定という。

4　天皇の地位の継承──女性天皇論議および退位

憲法2条は，皇位，つまり天皇の地位は世襲であると定める。世襲とは親か
ら子へ，子から孫へと受け継がれていくことを意味するが，皇室に関しては単
なる世襲というだけではなく，天照大神の神代から現在に至るまで万世一系で
あるという神話がある。

ところで，血統が長きにわたり継承されることを考えるとき，天皇と皇后と
の間に出生した嫡出の男性皇子，およびその男子孫だけを皇位継承者とするの
では，必ずしも十分でないことが認識される。

これを補充するために，伝統的には嫡出でない男性皇子等に皇位継承を認め
てきた。この方法がとりえないとすれば，女性の天皇を認めることになろうが，
伝統との関わりで賛否の両論がある（もっとも現在の法制度の下では，皇室典範1
条が男性による世襲を要請している）＊。

また，天皇の地位の承継は，「天皇が崩じたとき」（典4条）に限られるのか，
も問題点である。憲法自体としては「世襲」（2条）を規定するのみで，この問
題点に関し言及しておらず，皇室典範に定めるところに委ねている。

2016（平成28）年8月，退位の意向をにじませた天皇のメッセージが公表さ
れたことを契機に国内で議論がわき起こり，国会において「天皇の退位等に関
する皇室典範特例法」が制定されるに至った。国会としては，皇室典範の定め
る「天皇が崩じたとき」に皇位の継承がなされることを建前としつつも，特例
法により退位も認める，とする立場をとったことになろう。将来の天皇につい
ては，皇位継承者との年齢差，その時の政治経済状況などを考慮して決めるべ
きであるとし，退位を恒久的な制度とはしなかった。

24

ただし憲法2条は,「国会の議決した皇室典範の定めるところにより」皇位を継承するとしているので,皇室典範自体の改正ではなく特例法により継承することは憲法上許容されるか,議論の余地がある。憲法2条のポイントは「国会の議決した」というところにあるのであって,皇位継承に関する定めが皇室典範という名称の法典に一元的に規定されることまで要求しているわけではない,と解すれば,今回のような特例法も許されることとなろう。あるいは,皇室典範という名称の法典のみならず,それに付随する特例法をも含め,それら全体を包括したものを指して,憲法2条は皇室典範といっていると解することもできよう。

* 奥平康弘『「萬世一系」の研究』136頁は,女系反対論に関し,次のように解説する。「皇族女子が天皇に就任し独身にとどまることなく民間人から夫をむかえて入り婿（＝皇婿＝皇夫）とするばあいには,両者に生まれた子孫は,男性たる夫の氏姓を名乗るのが当然だから,異姓＝他姓となる。萬世一系の系統に異姓が入り込むというのは,一統がくずれ皇統が途絶えたことになるのであって,こういう事態があり得てはならない——簡単にいえば,これが明治支配層の抱懐する男系イデオロギーであった」。

Ⅲ　天 皇 の 権 能

1　国 事 行 為

憲法4条は,天皇は憲法の定める国事に関する行為のみをおこない,国政に関する権能を有しない,と規定する。国政に関する権能を有しないという点は,要は天皇が政治的決定権限をもたないということであり,いわば天皇の権能に関する「質的な限定」をなす。

これに対して,天皇が憲法の定める国事に関する行為のみをおこなうという点は,天皇の権限を憲法に限定的に列挙*された国事行為に限るという「量的な限定」をなす。憲法は,6条に内閣総理大臣の任命と最高裁判所長官の任命の2個の国事行為を,7条に,憲法改正,法律,政令及び条約の公布（1号）,

第2章　象徴天皇制

国会の召集（2号），衆議院の解散（3号），国会議員の総選挙の施行を公示すること（4号），国務大臣及び法律の定めるその他の官吏の任免の認証，並びに全権委任状及び大使，公使の信任状の認証（5号），大赦，特赦，減刑，刑の執行の免除及び復権の認証（6号），栄典の授与（7号），批准書及び法律の定めるその他の外交文書の認証（8号），外国の大使及び公使の接受（9号），儀式を行うこと（10号）の10個の国事行為を，それぞれ挙げている。憲法の定める国事行為はこの計12個とみることもできるし，あるいは4条2項で，「天皇は，法律の定めるところにより，その国事に関する行為を委任することができる」と規定しており，国事行為の委任もまた国事行為の一種として数えれば，総計13個あるとみることもできる。

そもそも国事行為という概念は，現行憲法がはじめて創出したものであるし，語義自体から何らかの意味が導出しうるものでもない。そしてこの国事行為のとらえ方に関しては，二通りの考え方がある。

ひとつのとらえ方（A説）は，国事行為のなかには，それ自体形式的・儀礼的なもののみならず，それ自体としては実体的権限を内包するものもあるとみる。儀式をおこなうことなどは，それ自体として形式的・儀礼的な国事行為であるが，衆議院の解散などは，それ自体としては重大な政治的権限を内包する。ところが，憲法はすべての国事行為に関し内閣の助言と承認を必要とし（3条），それに応じて天皇が国事行為をおこなうとする。このことにより，実体的権限が内包される行為であっても，その権限は内閣に帰属せしめられる。そして天皇には形式的・儀礼的な行為のみが残る，と考える。衆議院の解散であれば，いつ解散するかを決定するのは内閣である。その内閣の助言と承認に基づいて，天皇は衆議院を解散する旨の形式的な宣示行為をおこなうのである。

もうひとつのとらえ方（B説）は，国事行為はすべて，本来的に形式的・儀礼的行為である，とする。たとえば衆議院の解散が国事行為とされているが，ここに規定されている衆議院の解散とは，実質的決定権限を控除した形式的な宣示行為のみであると理解する。では実質的決定権限がどこにあるのか。それは憲法の他の箇所（たとえば69条や，憲法の定める権力分立や議院内閣制などの制度など）にあるとみる。このように国事行為が本来的に形式的・儀礼的であるとすると，ではなぜ内閣の助言と承認が必要なのか，疑問が提起される。これ

26

については，天皇がおこなう公的行為であることに鑑み，内閣によるチェックを徹底する趣旨であると答えることになろう。

憲法上規定された国事行為には，実質的権限を内包するものもあるとみる（A説）か，すべて本質的に形式的・儀礼的行為であるとみる（B説）かにより，天皇の権能に実際的な違いを生ずるわけではない。ただし先にみた君主制の歴史的展開のなかで位置づけてみれば，A説よりもB説の方が，権限の縮小・名目化の傾向を徹底したものと評価されるであろう。そういうメリットがB説にはあるが——というよりそういうメリットを狙ってB説は論じられるが——，国事行為のなかには，それ自体としては実質的権限を内包しているとみるしかないものがあり，条文の素直な理解はA説ではなかろうか。

> ＊ 列挙の意味であるが，多くのもののうち主要なもののみ例として列挙したという場合，例示列挙という。このとき，列挙されていないものも存在することが含意される。これに対し，列挙されたものだけしかないという場合，限定列挙という。この対比を用いるならば，天皇の国事行為の列挙は限定列挙である。

2 象徴としての地位に基づく行為

天皇は，憲法上列挙された国事行為ではないが，しかし公的性格を帯びた行為を現実におこなっている。たとえば，国会の開会式に参列し，いわゆる「おことば」を述べる行為，国民体育大会などの公式行事に参列する行為，外国公式訪問などである。これらをどのようにとらえたらよいのであろうか。

ちなみに憲法7条10号の「儀式を行ふこと」は，かなり一般的な規定であり，これで国会開会式における「おことば」などが説明できないだろうか。有力学説は，この規定は文理からして，天皇が主催者となって儀式をおこなうことを意味するのであり，他者が主催する儀式に参列することは含まない，と解する（国会開会式の主宰者は，国会法9条1項によれば衆議院議長）。

実務は，いわゆる三行為説の立場に立つ。すなわち天皇の行為類型には，私的行為（私的な散歩，会食など），公的行為としての国事行為のほかに，象徴としての地位に基づく行為（これも公的行為の一種）が認められるとする。なぜならば，象徴としての天皇は人間である以上，一定の行為をすることは，もとも

27

第2章　象徴天皇制

と憲法が予定しているのであるから，と説明する。そして，この象徴としての
地位に基づく行為という行為類型のなかに，国会開会式における「おことば」
などが含まれると解する。

　この三行為説は，象徴としての地位に基づく行為を公的行為として認めるの
で，それに関する内閣のチェックが可能となるし，その経費は公金たる宮廷
費*でまかなうこととなり会計監査が可能となる，などのメリットがあると主
張する。しかし，この三行為説には深刻な問題点がある。憲法4条は，天皇は，
公的行為としては「この憲法の定める国事に関する行為のみ」をおこなうとし
ており，この文理に反する。

　これに対し，いわゆる二行為説は，天皇の行為類型として，私的行為のほか
には公的行為としての国事行為しか認めない。ではこの見解のもとで，国会開
会式における「おことば」などはどうとらえることになるのだろうか。違憲で
あると解する立場もある。しかし，準国事行為としてとらえる可能性もあろう。
それぞれの国事行為に密接に関連した行為であれば，国事行為に準ずるものと
して認容していくのがこの説の立場である。

　たとえば，国会開会式での「おことば」であれば，天皇の国事行為である国
会の召集に応じて集まってきた国会議員に対する挨拶の意味にとらえ，国事行
為に密接に関連した準国事行為として理解する。また国民体育大会などの公式
行事に参列することは，儀式を主宰しておこなうことが国事行為ならば，他者
が主宰する行事に参加することも，それに密接に関連する行為として認めうる
ととらえる。

　　＊　皇室関係の経費としては，宮廷費，内廷費，皇族費がある。これらに関しては，
　　　→Ⅴ参照。

3　天皇の権能と象徴

　天皇はいかなる"とき"に象徴かは，ひとつの関連問題である。通念的な見
方によれば，天皇は人的存在そのものが象徴である。公的行為をおこなってい
ようと私的行為をおこなっていようと象徴である。この立場の下では，人的存
在そのものが象徴であるから，したがって象徴としての地位に基づく行為が可

28

能であるとして，三行為説をとることが可能である。しかし，人的存在そのものが象徴であるが，天皇のおこないうる公的行為は，憲法の下で国事行為のみに限定されるとする二行為説も，ありうる選択肢である。

もうひとつの見方によれば，天皇は国事行為をなしうるが，その国事行為をなすときのみ象徴としてとらえられるべきであり，私的行為をなしているときは，あくまで私人であり象徴としてとらえるべきではない，と考える。この立場の下では，象徴であるから，国事行為以外の公的行為をなしうると解することはできず，二行為説に結びつく。

4　天皇の権能の代行

天皇が「成年に達しないとき」または「精神若しくは身体の重患又は重大な事故により，国事に関する行為をみずからすることができないとき」（典 16 条），法定代理機関として摂政がおかれる。また，それに至らない「疾患又は事故があるとき」（国事行為の臨時代行に関する法律 2 条 1 項），天皇の委任にもとづく代理機関として，国事行為の臨時代行者が選任される*。摂政に関しては日本国憲法下で実例はないが，国事行為の臨時代行は，天皇の外国旅行等の際に，相当数の実例がある。

では，摂政または国事行為の臨時代行者のおこないうる権能の範囲は，どう理解したらよいのであろうか。摂政または国事行為の臨時代行者は象徴ではありえない。したがって，三行為説のもとで考察すれば，私的行為および国事行為はおこないうるが，象徴としての地位に基づく行為はなしえないのではなかろうか。これに対し二行為説によれば，私的行為と国事行為をおこないうる以上，国事行為に密接に関連した準国事行為もおこないうるとする立場がありうる。

　＊　現行法の下では，摂政，国事行為の臨時代行者は，皇族に限定されている。皇室
　　典範 17 条，および国事行為の臨時代行に関する法律 2 条参照。

第2章 象徴天皇制

IV 新旧両憲法の対比

第1章でみたように，日本側のイニシャティブで憲法改正作業を進めていた
とき，作業を担当した松本委員会は，天皇が統治権を総攬するという原則は維
持する方針であった。しかし現行憲法は，その1条から4条において，明治憲
法の核心である1条から4条を，それぞれ覆すものとなった。天皇の地位およ
び権能に関し検討してきたことのまとめとして，各条ごとに考察を加えよう。

1 新旧両1条

新旧両1条は，主権の所在を定めている。明治憲法1条は，「大日本帝国ハ
万世一系ノ天皇之ヲ統治ス」として天皇が主権者であることを規定する。これ
に対し現行憲法1条は，「主権の存する日本国民」という一節において国民に
主権が帰属することを明示する。では天皇はどうなったか。主権者ではなく象
徴となったのである。こうして両1条は，主権の所在に関する明らかな対照を
なすのであるが，もうひとつ忘れてはならない点がある。それは現行憲法1条
が，天皇の「地位は，主権の存する日本国民の総意に基く」と規定している点
である。明治憲法時代，天皇の地位は天壌無窮の神勅に基づくものであった。
それを否定し，天皇の地位は主権者の総意に基づくと規定しているのであって，
ここに明治憲法の神話的な天皇観と対照的な天皇観が提示されている。

2 新旧両2条

新旧両2条は，皇位継承に関し規定する。ともに皇室典範に従って世襲する
ことを求めており，この点では共通する。しかし，明治憲法体制下においては，
皇室典範が憲法と同ランクの法典であったことに注意しなければならない。国
の政治に関する政務法の体系の頂点に位置するのが憲法であり，皇室関係のこ
とがらを定める宮務法の体系の頂点に位置するのが皇室典範であるとされ，両
者が並び立つと理解された。いわゆる二元主義的法体系であり，「典憲二範」
という言い方があった。そしてこれを支えるものとして，政務に対して皇室は
自律性を保持するという皇室自律主義の考え方があった。

30

現行憲法は，「国会の議決した皇室典範」と規定する。さりげない規定であるが，皇室自律主義，および二元主義的法体系を否定し，皇室典範を法律のレベルにおくという法秩序の大変革を意味していることに注意する必要がある。

また明治憲法2条は皇位継承を「皇男子孫」に限っていたが，これに対応する規定が現行憲法にない。新旧両2条が皇位継承に関する規定であることに鑑みれば，現行憲法2条のこの点に関する沈黙は意図的である。そして明治憲法時代，天壌無窮の神勅に基づく万世一系の神話的天皇観が，男系であることを要求していたことに対比するとき*，そういった天皇観をとらない現行憲法は，男系であることを要求する必然性がないことが理解される。

*　本章Ⅱ4において引用した奥平康弘『「萬世一系」の研究』を参照。

3　新旧両3条

新旧両3条は，天皇が政治的に責任を負わないこと（政治的無答責）の根拠に関わる規定である。明治憲法3条は，天皇が神聖不可侵であるとする。神聖不可侵な存在に対して責任を追及することはありえないから，したがって無答責が帰結される。これに対し現行憲法は，天皇は内閣の助言と承認に応じて国事行為のみをおこなうとする。内閣の助言と承認を要求することによって実質的決定権限は内閣に帰属することとなり，天皇は形式的・儀礼的行為をとりおこなう。そこで実質的権限の帰属する内閣が責任を負うのであって*，天皇に責任が生ずることはありえない。権限はあるが神聖不可侵であるから責任はないとするか，実質的権限がないので責任はありえないとするか，ここに新旧両憲法の相違がある。

*　現行憲法3条による内閣の責任について，代位責任と自己責任の対比がある。天皇の責任を内閣が代わって負うと考えるのが代位責任説であり，内閣のもつ実質的権限の行使につき，内閣が自分で責任を負うと考えるのが自己責任説である。この点に関しては自己責任説が妥当である。

第2章　象徴天皇制

4　新旧両4条

　新旧両4条は，天皇の権限に関する対比である。明治憲法4条は，天皇を統治権の総攬者と規定した。国家のすべての権力の究極的な帰属主体であり，比喩的にいえばオールマイティであった。これに対し現行憲法4条は，天皇は憲法の定める国事に関する行為のみをおこない，国政に関する権能を有しない，とする。量的および質的な側面から，天皇の権限に限定を付している。

　以上1条から4条まで，新旧両憲法の規定を対比した。現行憲法はその第1章を「天皇」として，明治憲法との継続性を図るような外観を呈しつつ，その実，1条から4条において，それぞれ基本的な変革を加えている。明治憲法の天皇制と現行憲法の象徴天皇制とを対比し，連続か非連続かを問うとき，一定の連続の外観を伴いつつ，しかしその実体は非連続に重点をおいたもの，とみるのが素直であろう。

V　皇室自律主義から国会の関与へ

　明治憲法下においては，宮中（皇室）と府中（政府）の別が論じられ，帝国議会や政府は宮中のことがらに関与することはできなかった。いわゆる皇室自律主義である。これを規範の側面で表現したのが，皇室典範と憲法の二元主義的法体系であり，財政の面で表現したのが，御料（天皇の財産）・皇族財産は帝国議会や政府の関与の外にあるという考え方であった。

　現行憲法はこの点を改め，皇室に対する国会の関与を大幅に認めた。本章の冒頭において君主制の歴史的展開を概観し，君主制はその権限の縮小・名目化とともに，国民主権との接合の問題に直面していることに言及した。現行憲法も国民主権の下での象徴天皇制を構想する以上，この問題に対処せざるをえないのであって，国会の関与を大幅に認めたのは，その処方箋といえる。

　皇室典範自体，既述のように国会の議決に基づくものとされたし（2条），皇室財産（御料と皇族財産）は国庫に帰属するものとされた（88条第1文）。こうなると，皇室の日常的な経済活動をどうするかが問題となるが，それに関わるの

32

が 8 条と 88 条第 2 文である。一般市民など皇室以外の者と皇室との経済面での関わりを規律するのが 8 条であり，「皇室に財産を譲り渡し，又は皇室が，財産を譲り受け，若しくは賜与することは，国会の議決に基かなければならない」と定める。つまり，経済面での関わりに国会の議決を要するものと位置づけ，皇室が大きな経済的実力をもつことや，影響力を行使することを防いだ（もっとも，すべての経済的行為について，その度ごとに国会の議決を要するとするのは現実的でないので，皇室経済法 2 条が一定の範囲で議決を要しないと定める）。

　国と皇室との経済面での関わりを規律するのが 88 条第 2 文であり，「すべて皇室の費用は，予算に計上して国会の議決を経なければならない」とする。ちなみに皇室の経費は 3 種に区分される（皇経 3 条）。公的事務としての宮廷の事務の経費に充当されるのが宮廷費であり，これは宮内庁の経理に属する公金である。天皇一家のいわゆる「お手元金」とされるのが内廷費であり，各宮家の「皇族としての品位保持の資に充てる」などのためにあるのが皇族費である。内廷費および皇族費は宮内庁の経理に属する公金ではない。

VI　天皇の憲法尊重擁護義務

　憲法は 99 条において，国務大臣，国会議員，裁判官などの他に，天皇，摂政に対し憲法尊重擁護義務を課している。では，天皇や摂政が負う憲法尊重擁護義務はいかなるものか。それは国会議員などが負う同義務と同質的なものであろうか。

　たとえば，内閣において，ある行為をするよう天皇に対し助言したと仮定する。ところがその助言には，憲法に反する行為を求める内容が含まれると考えられる場合，天皇としては，憲法尊重擁護義務を理由に，この内閣の要請を拒否できるだろうか。

　ここで，相対立するかにみえる二つの要請が認められる。3 条からして，天皇は内閣の助言に応ずべきこととなる。ところが 99 条からして，天皇は憲法を尊重し擁護しなければならないので，憲法に反する要請は拒否すべきようにみえる。これをどう考えたらよいのだろうか。

第 2 章　象徴天皇制

　基本的な視点は，3 条を機軸に据えることからでてくる。内閣が実質的決定
権を掌握するからこそ，内閣が責任を負うのであり，天皇は内閣の要請に応じ
て行為をおこなうがゆえに，一切の政治的責任を負わない。これが現行憲法に
おいて構想された天皇像である。したがって天皇としては，内閣の要請に応じ
て当該行為をすべきこととなる。

　では 99 条からはどう考えたらよいのか。99 条が列記する主体を分類する必
要があろう。国会議員など国政上の実質的判断権限を認められている者は，そ
の判断権限の行使に際して憲法に従うことが要求される。これに対し天皇，摂
政は，実質的判断権限を付与されていない。とすれば，内閣の要請に応ずるこ
とこそが，まさに憲法尊重擁護義務の内容と解される。こうして 99 条からし
ても，天皇としては内閣の要請に従うべきこととなる（その行為が憲法上の問題
を生じても，それは内閣の責任である）。

Ⅶ　天皇・皇族の人権享有主体性

　現在の法制度の下で天皇，皇族は，各種の権利を制限されている。選挙権・
被選挙権は，公職選挙法上，行使できない[*]。また天皇および皇族男子が婚姻
をするに際しては両性の合意だけでは成立せず，皇室会議の議を経る必要があ
る（典 10 条）。養子をすることもできない（同 9 条）。さらに例を挙げれば，経
済的行為をしようとする場合，既述のように国会の議決を要する。これらの制
限をどう考えたらよいのだろうか。

　これに関しては，大きく分ければ二通りの考え方がありうる。第一は，天皇，
皇族に人権享有主体性（人権を保障される資格）を認めつつ，権利制約の合理性
を論証する，という方向性である。人権とは人が人であることにより当然に認
められるもの，という認識がある。そうだとすれば天皇，皇族も人であるから
人権を保障されるはずである。ただし憲法が世襲制に基づく象徴天皇制を認め
ていることに鑑み，それに由来するやむをえない制約は憲法上許容される，と
考える。

　第二の方向性は，天皇，皇族には人権が妥当しないと考える。そもそも人権

は，身分的階層制を否定して，人をその所属する身分集団によって規定するのではなく，"人一般"の立場に立たせたとき，はじめて認められる。ところが世襲に基づく象徴天皇制は，この原則に対して憲法自身が認めた例外領域である，ととらえるのである（人権の基本的なとらえ方に関しては，→第4章参照）。

* 公職選挙法の附則は，「戸籍法（昭和22年法律第224号）の適用を受けない者の選挙権及び被選挙権は，当分の間，停止する」と規定する。天皇・皇族は皇統譜に記載され，戸籍法の適用を受けないので，この附則の適用を受け，選挙権・被選挙権が停止されている。

第*3*章 平 和 主 義

Ⅰ 平和主義の歴史的・原理的背景

1 立憲主義の継承を超えて

　日本国憲法は前文および憲法 9 条に示されているように，平和主義に立脚する。憲法による軍事力の統制は，日本国憲法に特殊なものではない。軍は実力組織の最たるものであることから，軍事力の統制は権力分立の要請であり，国家権力の統制を目的とする近代立憲主義の最大の関心事であった。

　近代立憲主義の嚆矢とされる 1689 年の権利章典は，前王ジェームズ 2 世の罪状として，「国会の同意なく平時に常備軍を徴集・維持し，かつ法に反して兵士を民家に舎営させた」ことを挙げている。また近代立憲主義の最初の成文憲法である合衆国憲法は，修正 3 条において法に反する兵士の民家への舎営を明文で禁止し，軍による市民の権利侵害に憲法で対処するとともに，議会に軍の維持・規律に関する権限や宣戦の権限を与えている。近代立憲主義に立脚する憲法は，軍の指揮権・編成権，開戦手続などを規定し，組織的・手続的制約を課しているが，軍の統制をとりわけ議会に委ねている。さらに，1791 年フランス憲法をはじめとして，1848 年フランス憲法，第一次世界大戦後の 1931 年スペイン憲法，第二次世界大戦後の 1946 年フランス憲法，1947 年イタリア憲法，1949 年西ドイツ基本法は，侵略戦争の放棄を規定し，軍事力に対する実体的な制約も課している。

　日本国憲法の平和主義は，軍事力の統制を課題とした近代立憲主義を継承し，国際法における不戦条約（1928 年）や国際連合憲章（1945 年）などの戦争違法化の流れをくむものであるが，他方憲法 9 条はそれを超えるもので，比較憲法

的にみて画期的なものである。憲法9条は通説によれば後述のとおり，自衛目的も含めた，戦争の全面放棄および一切の戦力の不保持を規定したものと解されている。この特殊日本的な平和主義は，軍事力の統制に失敗した戦前の議会政治に対する不信から，軍隊を消滅させることによって軍事力統制の課題そのものの解消を企図したものといえる。

2 憲法9条の制定経緯

(1) 占領政策の基本原則と幣原・マッカーサー会談

第二次世界大戦後の日本の占領に関する連合国側の基本方針を定めた，1941（昭和16）年の大西洋憲章，1945（昭和20）年のポツダム宣言は，軍国主義を排して民主主義を確立するために，軍隊の武装解除などを規定していた。もっとも，それは永久的非武装化には言及していなかった。しかし，その後，連合国軍総司令官ダグラス・マッカーサーにより，総司令部（GHQ）独自の新憲法草案の基本原則として示された第二原則（→第1章参照）[*]は，自衛戦争をも明示的に放棄し，非軍事化の徹底を図るもので，連合国側の意向を超えるものであった。

第二原則は，幣原首相がマッカーサーと日本の占領統治について会談した際，天皇を戦争裁判にかけようとする連合国側の一部の動きに対し，天皇制を護持するために必要不可欠なものとして，幣原が示唆したものといわれている。戦後間もなくは，国際連合の国連軍による集団的安全保障に期待がかけられていたことから，日本の非軍事化は，少なくともその時点においては政治的選択として現実的なものだったのである。

* 「国権の発動たる戦争は廃止する。日本は紛争解決の手段としての戦争，さらに自己の安全を保持する手段としての戦争をも放棄する。日本はその防衛と保護を，今や世界を動かしつつある崇高な理想に委ねる。日本が陸海空軍を持つ権能は将来も与えられることはなく，交戦権が日本軍に与えられることもない」。

(2) 芦田修正

憲法9条には，衆議院の審議段階で，1項の冒頭に「日本国民は，正義と秩

第3章 平和主義

序を基調とする国際平和を誠実に希求し」という文言，そして2項の冒頭に
「前項の目的を達するため」という文言が追加された。この修正は，衆議院憲
法改正特別委員会の委員長であった芦田均により提案されたもので，とりわけ
2項冒頭の修正は，芦田修正と称されている。芦田修正によって後述のとおり，
自衛のための戦争や軍備は許容されるとの解釈が可能となったとする向きが極
東委員会に存在したことから，総司令部の要請により，貴族院の審議段階で，
シビリアン・コントロールとして，66条2項の文民条項が追加された。

　もっとも，政府は審議中一貫して，芦田修正は「原案の趣旨をより説得的に
明確化するものにすぎない」と説明してきた。これに対し芦田は，当初は修正
の趣旨を明らかにしなかったものの，その後，修正は自衛のための戦争や軍備
を許容するものであるとの見解を明らかにしている。

　しかし，起草者や批准者が，仮に合議体ではなく，その意図が特定しうると
しても，憲法解釈の対象はあくまでテキストであり，起草者や批准者の意図は，
一つのありうる解釈として，解釈の参考資料にすぎないのである。

II　憲法9条の解釈

1　法規範性

　憲法9条について，そもそも法規範性を否定する見解がある。すなわち，9
条は国家の理想を示す「理想的規範」としての政治的マニフェストであり，政
治過程においても法的拘束力がないとする。この見解は，総司令部民政局のス
タッフもとっていたとされる。法規範性否定説は，自衛隊の合憲性という，戦
後最大の憲法問題を解消するもので興味深い。

　しかし，9条は後述のとおり，政治過程においてまさに法規範として扱われ，
一定の歯止めの役割を果たしてきた。また最高裁判所も，自衛隊の合憲性につ
いて憲法判断を回避してきたものの，9条の法規範性自体は肯定しているので
ある*。

　　*　9条は法規範であるとしても，それは「原理」か「ルール」かで，議論が分かれ

38

ている。「原理」とは，法的問題に対する答えをある方向へ導く力として働くもので，他の原理と衝突する場合，その調整がなされる。これに対し，「ルール」とは法的問題に対する答えを一義的に決めるもので，適用されるか，適用されないかである。

2　戦 争 放 棄

　憲法9条1項は，「国権の発動たる戦争と，武力による威嚇又は武力の行使」を放棄すると規定しており，あらゆる戦争を放棄しているように思われる。もっとも，この規定には，「国際紛争を解決する手段としては」という留保が付されており，この留保をいかに解するか，また，前段で戦力不保持，後段で交戦権否認を規定する2項との関係をいかに解するかにより，9条の解釈として，一切の戦争を放棄したと解する全面放棄説と，侵略戦争のみを放棄したと解する限定放棄説に分かれる。

　「国際紛争を解決する手段として」の戦争とは，1928年の不戦条約を典型とする，国際法上の通常の用語例によれば，侵略戦争のことである。通説はそれを前提に，1項で放棄されているのは侵略戦争であり，自衛や制裁を目的とした戦争は放棄されていないと解する。もっとも，2項において一切の戦力の保持が禁止され，交戦権も否認されていることから，その結果として，自衛のための戦争等も含めた一切の戦争をおこなうことができなくなるとして，通説は2項全面放棄説を主張する。

　他方，既に1項において一切の戦争が放棄されているとする，1項全面放棄説も有力である。およそ戦争はすべて国際紛争を解決する手段としておこなわれること，また戦争は自衛目的と称しておこなわれるのが常であること，さらに，日本国憲法には開戦規定など戦争を想定した規定がないことから，「国際紛争を解決する手段として」の戦争を，日本国憲法独自の意味として，すべての戦争と解するのである。

　これら全面放棄説に対し，9条は侵略戦争のみを放棄しているとする限定放棄説は，1項について通説と同様，侵略戦争を放棄したものと解した上で，芦田修正を利用する。すなわち2項冒頭の「前項の目的を達するため」という文言を，侵略戦争放棄の目的を達するためと解し，2項は自衛のための戦力の保

第3章　平和主義

持は禁止していないと解するのである。もっとも，同じく自衛隊の合憲性を主張する政府解釈は後述のとおり，芦田修正を利用することなく，通説と基本的な枠組みを共有していることに注意する必要がある。

3　戦力不保持

　憲法9条2項前段は，「戦力」の不保持を規定しており，自衛隊の合憲性，および日米安全保障条約に基づく駐留米軍の合憲性をめぐり，政治的に激しい議論が展開され，憲法改正論議の本丸と位置づけられてきた。

　「戦力」とは通説によれば，陸海空軍，あるいはそれに相当するような，外敵の攻撃に対して実力をもって抵抗し，国土を防衛することを目的として設けられる人的および物的手段の組織体をいう。同じく実力である警察力と区別する必要があるが，戦力はその目的と実体（人員，編成方法，装備，訓練，予算など）において警察力を超えるものである。

　戦力不保持の解釈の焦点は，自衛のための戦力保持の許否であることから，既述の戦争放棄の解釈，換言すれば自衛戦争の許否と密接に関連している。戦争放棄に関する1項全面放棄説は，1項により一切の戦争が放棄されていると解することから，2項前段はあらゆる戦力の保持を禁止したものと解する。他方，通説である2項全面放棄説は，1項は侵略戦争のみを放棄したものと解するが，2項を一切の戦力を放棄したものと解する結果，あらゆる戦争を放棄したものと解する。2項をこのように解する理由は，自衛のためのものも含め一切の戦力を放棄しない限り，前項の目的である，正義と秩序を基調とする国際平和の実現は達成しえないし，また日本国憲法に自衛のための戦争や軍備の存在を想定した規定が存在しないからである。こうした非武装平和主義*は，自衛隊から正統性を剥奪することにより，軍事力を統制して，国家機構における権力バランスを維持してきたと評される。

　これに対し，戦争放棄に関する限定放棄説は，芦田修正を侵略戦争放棄の目的を達するためと解し，2項前段で保持が禁止されているのは，侵略戦争のための戦力で，自衛のための戦力の保持は許容されると解する。極東委員会はまさにこうした解釈の可能性を想定して，シビリアン・コントロールを要請し，66条2項の文民条項が追加されたのである。しかし，この解釈に対しては，

40

戦争については侵略目的とそれ以外を区別しうるとしても，戦力について両者を区別することはきわめて困難であるとの批判がなされている。

* 有力説によれば，9条をとりわけ絶対非武装平和主義を定めた「ルール」（→1）と解すことは，国が個人に特定の「善き生き方」を強制することを意味し，立憲主義の基本的前提に反するとされる。「穏和な平和主義」からすれば，9条は，対立する他の原理と調整される「原理」と解され，自衛のための最小限度の実力の保持は合憲と解される。9条は，国内の政治過程が非合理な決定を行う危険，そして個々の国家にとって合理的な行動が国際社会全体としては非合理な軍拡競争をもたらす危険に対処するために，合理的自己拘束，すなわち，その時々の政治的多数派によっては容易に動かしえない，憲法による政策決定の枠として設定されている（長谷部恭男）。

4　交戦権の否認

憲法9条2項後段は，「交戦権」を否認しており，戦争放棄の解釈と関連して，「交戦権」の意味について争いがある。多数説は，国際法の用例に従い，国際法上交戦国に認められている諸権利，具体的には，占領地の行政権，船舶の臨検・拿捕権，あるいは敵の兵力を兵器で殺傷する権利などと解する。これに対し少数説は，交戦権を文字通り，戦争をする権利そのものと解する。

戦争放棄に関する全面放棄説はいずれの意味に解することも可能であるが，限定放棄説は，芦田修正が前段にしか及ばないことから，多数説の意味に解さなければならない。しかし，自衛戦争が許容されるのであれば，国際法上交戦国に認められている諸権利がなにゆえ否認されるのか疑問である。

5　政府解釈

(1)　政府解釈の変遷

非軍事化された日本の安全保障は当初，国際連合の集団的安全保障によることが期待されたが，東西冷戦により，それが困難であることが次第に明らかとなる。そんな中，1950（昭和25）年に朝鮮戦争が勃発し，朝鮮戦争に従事せざるをえない占領軍に代わって，日本の安全保障を担うべく，警察予備隊が総司令部の要請により創設された。政府は警察予備隊を，あくまで警察を補うもの

第3章　平和主義

で合憲と説明した。1952（昭和27）年には，警察予備隊は保安隊と警備隊に改組され，保安隊は増強された。そこで，政府は「戦力」を「近代戦争を有効適切に遂行しうる装備，編成を備えるもの」と定義し，保安隊は戦力にはあたらず合憲と説明したのである。

　1951年，日本はサンフランシスコ平和条約締結と同時に，日米安全保障条約を締結し，それに伴い，1954（昭和29）年には，日米相互防衛援助協定（MSA協定）を結ぶ。この協定により，日本は防衛力を増強する法的義務を負い，それを受けて自衛隊法が制定され，保安隊と警備隊は自衛隊に改組，増強され，治安維持ではなく，防衛目的が正面から掲げられるに至る。

　もはや自衛隊の合憲性の説明は困難となったことから，時の政府である鳩山一郎内閣は憲法改正を試みるが，総選挙において憲法改正の発議に必要な3分の2の議席を獲得できず，憲法改正を断念し，あくまで解釈により自衛隊の合憲性を説明せざるをえなくなる。政府が解釈の拠り所としたのが，「国家固有の自衛権」という超憲法的概念である。

　自衛権とは，外国からの急迫または現実の不正な侵害に対して，自国を防衛するためにやむをえず行う一定の実力行使の権利であり，国際法上，主権国家であれば自衛権をもつと解され，国連憲章51条もその旨規定している。政府解釈によれば，自衛権は憲法によっても制限しえず*，自衛権がある以上，憲法9条2項は，「自衛のための必要最小限度の実力」については保持を禁止しておらず，それは「戦力」には該当しない。自衛隊は自衛のための必要最小限度の実力であり，合憲とされる**。

　興味深いことに，政府はあくまで「戦力」概念の操作により自衛隊を合憲とするのであり，憲法制定の審議段階以来一貫して，9条2項前段は一切の戦力の保持を禁止したものと解しており，その点では非武装平和主義と基本的理解を共有しているのである。9条の存在，そして，それを強力な梃子とする市民による護憲運動が，政府の足かせとなっているものと思われる。

　＊　政府解釈だけでなく，学説の多くも，主権国家である以上，自衛権は憲法によっても放棄しえないと解している。もっとも，そうした学説は，自衛権行使の方法として，あくまで外交交渉による侵害の未然回避，警察力による侵害の排除，群民蜂

起などを許容するのであって，9条2項について，警察力を超える実力である「戦力」や「武力」は禁止するものと解している（「武力なき自衛権」論）。

＊＊ 自衛隊と軍隊との違いが，憲法改正論議等で指摘されている。自衛隊は行政機関として位置づけられ，「法律による行政」の原理の下，その行動につき法律の根拠が必要であるため，「ポジティブリスト方式」によって「してよいこと」を定めざるをえない。これに対し，軍隊は対外的作用につき，原則として国際法に違反しない限り行動しうることから，「ネガティブリスト方式」により「してはいけないこと」を定めることになる。また軍隊の場合，通例，軍紀の維持のために，市民法と区別される軍法があり，軍人等の規律違反や犯罪行為は，通常裁判所と別系統の軍法会議で裁かれる点で異なる。

(2) 政府解釈による歯止め

政府見解によれば，「自衛のための必要最小限度の実力」は，その時々の国際情勢や軍事技術の水準などの諸要因によって変化するとされることから，最終的には政策的判断に帰することになる。もっとも，政府解釈を前提としても，自衛権発動には三要件（①′急迫不正の侵害，②′他の適当な排除手段の不存在，③′必要最小限度の実力行使）が必要とされる他，ⓐ攻撃的武器の禁止＊，ⓑ集団的自衛権行使＊＊の禁止，ⓒ武力行使を伴う自衛隊の海外派遣の禁止が導かれ，少なくともⓑⓒは後述のとおり，政治過程において一定の歯止めとして機能していた。

しかし2014（平成26）年7月，第二次安倍内閣は，首相の私的諮問機関である「安全保障の法的基盤の再構築に関する懇談会」（安保法制懇）の報告書をふまえ，従来の政府解釈を変更し，次の三要件の下で集団的自衛権の行使などを容認し，法案整備を進めるとの閣議決定を行った＊＊＊。憲法上許容される「武力の行使」の新三要件とは，①わが国に対する武力攻撃が発生した場合のみならず，わが国と密接な関係にある他国に対する武力攻撃が発生し，これによりわが国の存立が脅かされ，国民の生命，自由および幸福追求の権利が根底から覆される明白な危険がある場合に，②これを排除し，わが国の存立を全うし，国民を守るために他に適当な手段がないときに，③必要最小限度の実力を行使すること，というものである。新三要件と旧三要件との違いは，限定的な集団的自衛権行使の容認として，①の後半の「場合」が追加されたことにある。

第3章 平和主義

　そして 2015（平成 27）年 4 月に政府は，日米安保体制の運用のための新指針の合意を発表し，それを具体化する法案を提出した。同年 9 月に平和安全法制整備法（通称）と国際平和支援法が成立し，2016（平成 28）年 3 月に施行された。

　前者は，限定的な集団的自衛権の行使に必要となる，自衛隊法，武力攻撃事態法，周辺事態法，PKO 法等の関連法律 10 法の一括改正を行ったものである。後者は，自衛隊の海外派遣につき，従来の限時法である特別法に代えて恒久法を制定し，閣議決定による派遣を可能にしたものである。

　＊　政府見解によれば，攻撃的武器として禁止されているのは，ICBM（大陸間弾道ミサイル），長距離戦略爆撃機，攻撃型空母だけであり，核兵器でさえ，防衛的な性格をもつものであれば憲法上禁止されているわけではない。現在，核兵器を保有していないのは，非核三原則，原子力基本法および核兵器不拡散条約といった，政府および国会のあくまで政策決定によるものである。

　＊＊　国連憲章 51 条は，集団的自衛権を個別的自衛権とともに国家固有の権利と規定しているから，日本国憲法は集団的自衛権の行使を禁止したものと解されていた。

　＊＊＊　いったん有権解釈によって設定された基準については，憲法の文言に格別の根拠がない以上，踏みとどまるべき適切な地点はどこにもないのであるから，その基準を守るべきであり，従来，政府見解として否定されてきた集団的自衛権の行使を容認することは違憲である（長谷部恭男）。

III　安保体制

1　日米安全保障条約

　1951（昭和 27）年，日本に主権を回復させるサンフランシスコ平和条約の締結と同時に，非軍事化された日本の防衛を目的として，引き続き米軍が駐留することを取り決めた，日米安全保障条約が締結される。

　このときの安保条約は日本の一方的基地提供という片務的なものであったことから，1960（昭和 35）年には新安全保障条約（以下，「安保条約」と略す）が締結される。それによれば，第一に，日米の相互防衛の体制を確立し，一方当事国への武力攻撃に共同して対処すること，第二に，日本に対する武力攻撃があ

った場合の防衛，さらに極東における国際の平和と安全の維持を目的として，日本はアメリカに基地を提供し，駐留軍を国内に滞在させる義務を負うこととされた。

2 安保条約と憲法9条

(1) 駐留米軍の「戦力」該当性

安保条約に基づいて日本に駐留する米軍は，憲法9条2項で保持が禁止される「戦力」に該当しないか問題となる。この点，条約の締結という政府の行為に基づいて駐留している以上，違憲であるとする違憲説と，わが国に指揮監督権のない外国の軍隊が駐留することは違憲ではないとする合憲説が対立している。後述の砂川事件において，一審判決は違憲説を，これに対し，検察の飛躍上告を受けた最高裁判決は合憲説をとっている。

(2) 集団的自衛権行使の禁止との抵触可能性

2014年7月の閣議決定による変更前の政府解釈によれば，個別的自衛権は憲法によっても制限しえないが，日本と密接な関係にある他国が武力攻撃を受けた場合，それを日本への攻撃とみなして共同して防衛にあたる集団的自衛権については，憲法が許容する自衛のための必要最小限度の実力行使を超えるものとして，その行使が禁止されていた。この点，安保体制は，日本をアメリカの戦争に巻き込む危険性があるものとして，集団的自衛権行使の禁止に抵触するのではないかが議論されていた。

(a) 共同防衛行動義務の合憲性　安保条約5条は，「日本国の施政の下にある領域における，いずれか一方に対する武力攻撃」に対し相互防衛を義務づけているが，駐留米軍基地が攻撃を受けた場合の共同防衛行動が，政府解釈によっても禁止される集団的自衛権の行使に該当しないか問題とされた。

政府は共同防衛行動義務について，あくまで個別的自衛権のロジックにより，駐留米軍基地に対する攻撃は日本の領土侵犯であり，日本に対する攻撃に他ならないとして説明してきた。しかし，個別的自衛権の発動には既述の三要件が必要であるが，日本の領海内のアメリカ戦艦が攻撃された場合，日本との関係で三要件が常に充たされるかどうかは疑問であるとされていた。

(b) 周辺事態法による後方支援の合憲性　冷戦終結後の国際情勢の変化

第3章 平和主義

により，日米安保の見直しが必要となり，1996（平成8）年，日米両首脳による日米共同宣言が出され，安保条約を改定することなく，安保条約の目的である「極東における国際の平和及び安全の維持」における「極東」の範囲が，「アジア太平洋地域」に拡大され（「安保再定義」），安保体制がさらに強化された。これを受けて1997（平成9）年，「日米防衛協力のための指針（新ガイドライン）」が策定され，その国内における具体化として，1999（平成11）年，「周辺事態に際して我が国の平和及び安全を確保するための措置に関する法律」（以下，「周辺事態法」と略す）が制定された。

　周辺事態法は，安保条約下の日米共同行動のあり方を明確化するもので，いわゆる周辺事態（「我が国周辺の地域における我が国の平和及び安全に重要な影響を与える事態」〔法1条〕）における，日本政府が米軍に対して行う支援や捜索救助活動等について規定している。もっとも，同法は，集団的自衛権行使の禁止に抵触しないよう，支援等を直接戦闘行為がおこなわれることのない「後方地域」に限定し，また支援の一環としての「物品の提供」に弾薬等の「武器の提供」を含まないものとしている。しかし，「前線」と「後方」の区別は困難であるなどと批判されていた。

　以上のように，安保体制は旧政府解釈としての集団的自衛権行使禁止との関係で問題を孕んでいたが，第二次安倍内閣は従来の政府解釈を変更して，集団的自衛権行使容認を閣議決定した。

　その後，2015（平成27）年9月に制定された既述の平和安全法制整備法により，周辺事態法は「重要影響事態安全確保法」に変更された。これにより，後方支援の要件が緩和され，「我が国周辺の地域」という限定が外され，「重要影響事態」（「そのまま放置すれば我が国に対する直接の武力攻撃に至るおそれのある事態等我が国の平和及び安全に重要な影響を与える事態」）に変更された。また，アメリカ以外の国への支援も可能となり，戦闘の現場でなければよいとされた。

Ⅳ　自衛隊関連立法

1　有事関連立法の成立

　日本国憲法には，自衛のものであれ警察を超える実力組織を想定した規定はなく，また自衛隊の合憲性が争われてきたことから，有事立法，すなわち外国による武力侵攻や国内の武力蜂起といった軍隊の出動が要請される緊急事態に関する立法について，長年国民の反対が強く，仮に有事となれば，自衛隊は超法規的に対応せざるをえなかった。

　しかし，冷戦終結後の日米安保の強化や，近隣諸国の軍事化に対する懸念等を背景に，2003（平成15）年に，有事に関する基本法として，「武力攻撃事態等における我が国の平和と独立並びに国及び国民の安全の確保に関する法律」（以下「武力攻撃事態法」）が制定される。それによれば，武力攻撃を受けた場合だけでなく，武力攻撃の危険が高度に予測される場合にも，内閣がとるべき措置と手続が定められ，自衛隊に防衛出動を命ずる際は，原則として国会の承認が必要とされている。また2004（平成16）年には，武力攻撃事態に際し，住民を避難させる仕組みを定めた「武力攻撃事態等における国民の保護のための措置に関する法律」等の関連立法が整備された。

　その後，2015（平成27）年9月に制定された既述の平和安全法制整備法により，武力攻撃事態法は「事態対処法」に変更された。これにより，限定的な集団的自衛権行使が容認される場合（新三要件①の後半の「場合」）として，「存立危機事態」が追加された。

　2013（平成25）年，安全保障会議設置法が改正され（平成25年12月4日法律第89号），国家安全保障に関する重要事項を審議する機関として，内閣に国家安全保障会議が置かれた。司令塔として平素より開かれる「四大臣会合」（首相・官房長官・外相・防衛相）のほか，必要に応じて開かれる「九大臣会合」，緊急事態に開かれる「緊急事態大臣会合」がある。また国家安全保障会議を恒常的にサポートする事務組織として，国家安全保障局が内閣官房に新設された。

第3章 平和主義

2 「国際貢献」という新たな論理による自衛隊の海外派遣

冷戦終結により国際情勢が変化し，国際紛争解決における国連の役割が重視
されるようになると，「国際貢献」という新たな論理により，自衛隊の海外派
遣を認める立法が次々となされている。

まず，1991（平成3）年の湾岸戦争後，経済的貢献だけでなく「人的貢献」
を求める内外の圧力が強まり，1992（平成4）年に「国際連合平和維持活動
（PKO：Peace Keeping Operation 筆者注）」への自衛隊の参加を可能にする，「国
際連合平和維持活動等に対する協力に関する法律（PKO協力法）」が制定され
た。政府は，紛争当事国の合意があり，武力行使を目的としないことから，同
法を合憲と説明している。

つづいて，2001（平成13）年9月11日に発生したアメリカ同時多発テロを
契機に，テロ撲滅のために国連などが行う軍事的活動の「後方」支援を目的と
する「テロ対策特別措置法」*が制定され，米軍の対アフガン戦争に対する後方
支援として，自衛隊の艦船がインド洋上の公海に派遣され，給油活動がおこな
われた。また，2003（平成15）年には，イラクのフセイン体制の崩壊を契機に，
イラクの人道復興支援活動を目的とする「イラク復興支援特別措置法」が制定
され，「安全確保支援活動」として，米・英の多国籍軍による対イラク戦争の
支援がおこなわれた。

自衛隊の海外派遣は**，旧政府解釈の下では，他国による武力行使と一体化
した場合には集団的自衛権との関係で問題になることから，自衛隊の活動範囲
について，「非戦闘地域」という限定が付されている。もっとも，そもそも，
「自衛のための最小限度の実力」である自衛隊を，海外派遣することの正当性
が問題となる。この点，2006（平成18）年に改正された自衛隊法は，自衛隊の
主たる任務を日本の防衛としつつ（3条1項），新たに，「周辺事態」に「対応
して行う我が国の平和及び安全の確保に資する活動」（同条2項1号）とともに，
「我が国を含む国際社会の平和及び安全の維持に資する活動」（同条同項2号）
を本来任務と位置づけ，「国際貢献」という新たな論理は，少なくとも自衛隊
法上の地位を獲得した。2015（平成27）年9月，既述のとおり，自衛隊の海外
派遣に関する恒久法として，国際平和支援法が成立した。

＊　テロ対策特措法は時限立法であり，2007（平成19）年11月にねじれ国会の下で
失効し，洋上給油活動は一時中断したが，2008（平成20）年1月に新テロ対策特
措法が制定され，給油活動は再開された。その後，政権交代により同法は延長され
ず，派遣は終了した。

＊＊　自衛隊の海外派遣という点では，既述の周辺事態法による後方支援も同じであ
るが，周辺事態法の場合は，「国際貢献」ではなく，「我が国の平和及び安全の確
保」を目的としており，個別的自衛権の論理に一応おさまっている点が異なる。

　　また，ソマリア沖の海賊から日本関係船舶を護衛するために，2009（平成21）
年3月，政府は自衛隊法82条に基づく海上警備行動を発令し，海上自衛隊の護衛
艦を派遣した。その後，同年6月に「海賊行為の処罰及び海賊行為への対処に関す
る法律（海賊対処法）」が制定されたが，同法によれば日本関係船舶以外も警護し
うることから，集団的自衛権との関係で問題が指摘されていた。

V　平和的生存権の裁判規範性

　憲法の前文2項に規定されている「全世界の国民が，ひとしく恐怖と欠乏か
ら免かれ，平和のうちに生存する権利」は，「平和的生存権」と称され，裁判
規範性について議論されている。

　肯定説は，平和的生存権は人権の基礎にあってそれを支える権利であり，こ
の権利を客観的制度として保障した規定が憲法9条であり，平和的生存権は新
しい人権として，9条や13条などにより保障されるとする。この説の実践的
意味は，自衛隊の合憲性を争う訴訟において，基地付近の住民に訴えの利益を
基礎づけうることにある。しかし，平和的生存権はその抽象性ゆえ，主体・内
容・性質・実現方法などの点でなお不明確であり，理念的権利にすぎないと批
判されている。

　もっとも，下級審の裁判例には，平和的生存権の裁判規範性を肯定したもの
がある。後述の長沼事件において，一審判決は，平和的生存権を訴えの利益の
一つの根拠として認めている。また，イラク特措法に基づく自衛隊のイラク派
遣の合憲性が争われた事件において，控訴審判決は，9条に違反する国の行為
によって個人の生命・自由が侵害されたような場合などには，平和的生存権の

第3章 平和主義

自由権的な態様の表れとして，違憲行為の差止めや損害賠償等の方法により裁判所に救済を求めうると判示した。結論としては，本件における損害賠償を認めるに足る被侵害利益を否定したものの，平和的生存権の具体的権利性を承認して注目された（名古屋高判平 20・4・17 判時 2056 号 74 頁）。

Ⅵ　平和主義に関する司法の消極性

1　自衛隊に関する裁判例

(1)　警察予備隊違憲訴訟

本件は，日本社会党の代表者が，自衛隊の前身である警察予備隊の違憲無効確認を求め，最高裁を憲法裁判所として出訴したものであるが，最高裁は，付随的審査制（→第17章）の下では，具体的な争訟を前提にしなければならないとして，請求を却下した（最大判昭 27・10・8 民集 6 巻 9 号 783 頁）。

(2)　恵庭事件

本件は，北海道恵庭町にある自衛隊演習場付近において，自衛隊の演習騒音に悩まされた被告人が，自衛隊の基地内の演習用電信線を切断して，自衛隊法 121 条の防衛用器物損壊罪違反で起訴されたというものである。札幌地裁判決は，121 条の「その他の防衛の用に供する物」を限定的に解し，電信線はそれに該当しないとして被告人を無罪とする一方，自衛隊の合憲性については，無罪の結論が出た以上，憲法判断に立ち入るべきでないとして，「憲法判断回避の準則」（→第17章）により，自衛隊法に関する憲法判断それ自体を回避した（札幌地判昭 42・3・29 判時 476 号 25 頁）。

(3)　長沼事件

本件は，北海道夕張郡長沼町の山林に航空自衛隊のナイキミサイル基地を建設するため，農林大臣が保安林の指定を解除した処分について，基地建設に反対する住民がその取消しを求めた行政訴訟である。一審判決は，既述のとおり平和的生存権を一つの根拠として，住民に訴えの利益を認め，自衛隊は自衛のためであれ一切の戦力の保持を禁止した憲法 9 条 2 項に違反し無効であるとして，注目を集めた（札幌地判昭 48・9・7 判時 712 号 24 頁）。これに対し，控訴審

判決は，平和的生存権を否定し，住民に訴えの利益はないとして原判決を取り消すとともに，自衛隊の合憲性について，後述の砂川事件上告審判決流の統治行為論に依拠し，自衛隊は一見きわめて明白に違憲無効ではなく，司法審査の範囲外であるとした（札幌高判昭51・8・5判時821号21頁）。また最高裁は，本件については訴えの利益が失われたとして，自衛隊の合憲性にまったく言及することなく，上告を棄却した（最一判昭57・9・9民集36巻9号1679頁）。

(4)　**百里基地訴訟**

本件は，航空自衛隊基地予定地を基地建設反対派に売ったところ，土地の代金が完済されなかったために，売主が売買契約を解除して，国に土地を売り渡し，反対派住民の買主に登記抹消等を求めて国とともに訴えを提起したものである。上告審判決は，国が私人と対等な立場で締結する私法上の契約については憲法の直接適用はなく，憲法は民法90条を介して間接的に適用されるにすぎないとし，私法解釈の中で憲法9条を相対化した（最三判平元・6・20民集43巻6号385頁）。

(5)　**イラク特措法に基づく自衛隊のイラク派遣の合憲性**

本件は，イラク特措法に基づく自衛隊のイラク派遣を，「戦争や武力行使をしない日本において生存する権利」（平和的生存権）の侵害として，人格権侵害を理由に損害賠償と差止めを求めた民事訴訟である。控訴審判決は，イラク戦争の実態，および自衛隊の活動に関する綿密な事実認定に基づいて，現在のイラクは「戦闘地域」に該当し，「安全確保支援活動」の名目でおこなわれる航空自衛隊の空輸活動（多国籍軍の武装兵員のバグダッド空港への輸送）は，他国による武力行使と一体化した行動で，自らも武力行使をおこなったとの評価を受けざるをえず，イラク特措法の合憲性を前提としても，武力行使を禁止し，活動地域を「非戦闘地域」に限定したイラク特措法2条2項，3項違反，かつ憲法9条1項違反であるとして，自衛隊イラク派遣の一部を違憲と判断して注目された。しかし，結論としては，本件においては，損害賠償請求を認めるに足る被侵害利益は生じていないとして，控訴人の請求を棄却し（前掲名古屋高判平20・4・17），9条違反の判断は傍論にとどまる。

第3章　平和主義

2　安保体制に関する裁判例──砂川事件

本件は，駐留米軍が使用する立川飛行場の拡張工事を始めた際，基地反対派のデモ隊が，正当な事由がないのに飛行場内に 4.5 メートルにわたって立ち入ったとして，旧安保条約に基づく刑事特別法違反として起訴されたものである。東京地裁判決は，日本と直接関係のない武力紛争に巻き込まれるおそれがある旧条約を締結した政府の行為は，平和主義に反する疑いがあり，日本が自衛の目的で駐留を許容している米軍は，指揮権の有無等にかかわらず，憲法9条2項の「戦力」に該当するとして，駐留米軍を違憲であると判断し，注目された（東京地判昭 34・3・30 判時 180 号 2 頁）。

これに対し，検察側の飛躍上告を受けた最高裁は，安保条約は「主権国としてのわが国の存立の基礎に極めて重大な関係をもつ高度の政治性を有する」ものであって，「一見極めて明白に違憲無効であると認められない限りは，裁判所の司法審査権の範囲外のもの」であると判示し，裁量論の混在した統治行為論を展開した上で，戦力とは，「わが国がその主体となってこれに指揮権，管理権を行使し得る戦力をいうものであり，結局わが国自体の戦力を指し，外国の軍隊は，たとえそれがわが国に駐留するとしても，ここにいう戦力には該当しない」ことから，安保条約が違憲無効であることが一見極めて明白であるとは到底認められないと判示した（最大判昭 34・12・16 刑集 13 巻 13 号 3225 頁）[*]。この特殊な統治行為論は，その後の平和主義に関する裁判例において，先例として引用されることが多い[**]。

---

[*] 2008 年に公開されたアメリカ側の外交文書によれば，日米安保条約改定を控えた当時，田中耕太郎最高裁長官はアメリカ側に対し，判決まで「少なくとも数か月」かかる，また判決では「少数意見を回避」したいと述べた等とされている。

　上記公開を受けて，砂川事件の元被告人は再審を請求し，憲法 37 条で保障される「公平な裁判所」による「裁判を受ける権利」が侵害されたとして免訴判決を求めた。これに対し，東京地裁は「不公平な裁判をする虞があると認めるに足る事情を合理的に疑わせることはでき」ないと判断して，再審請求を認めない決定をした（平 28・3・8）。また東京高裁は，刑事訴訟法は免訴を時効完成などに限定していることを理由に，上記権利の侵害について判断することなく，再審請求を認めなかった原審の判断を支持した（平 29・11・15）。

52

Ⅵ　平和主義に関する司法の消極性

＊＊　沖縄代理署名訴訟において最高裁は，「日米安全保障条約及び地位協定が違憲
無効であることが一見極めて明白でない以上，裁判所としては，これが合憲である
ことを前提として駐留軍用地特措法の憲法適合性についての審査をすべきである」
と判示している（最大判平 8・8・28 民集 50 巻 7 号 1952 頁）。

第*2*部　基本的人権

第4章　人権総論

人権総論は人権各論の前提となる議論であり，それゆえ抽象的な議論であるが，また重要である。

I　人権と「憲法上の権利」

1　人権の思想と歴史

人権の思想と歴史は，「憲法上の権利」の解釈論に入る前の儀式としての，単なる前提知識ではなく，憲法上の権利の解釈論を展開する基礎であることに注意が必要である。もっとも，その基礎は，そこから解釈論が演繹的に導かれるようなものではないことに同時に留意すべきである。

(1)　人権の思想的淵源

人権は「人が人であることのみを理由として，生まれながらに有する権利」であり，自然権思想および社会契約論を思想的淵源としている。それによれば，自然状態において人は生まれながらに自然権を有する。しかし，自然状態においては，自然権が衝突した場合にそれを調整する共通の第三者的裁判官が存在しないため，最終的には強者が勝つことになってしまう。そこで自然権をよりよく保障すべく，社会契約を結んで政府を設立することになる*。そして，この政府を設立するルールこそが，憲法である。

　＊　政府を設立する社会契約の目的は自然権保障であるから，政府が自然権を侵害した場合，社会契約違反として国民は抵抗権を行使し，新たな政府を設立しうる。抵抗権は，違憲審査制をはじめ「法の支配」を担保する様々な制度的メカニズムが機

第4章　人権総論

能しなかった場合に行使されるもので，究極の憲法保障と位置づけられている。

(2)　人権と国家観の歴史

　自然権を思想的淵源とする人権は「普遍性」をもつとされるが，歴史的には，近代・西欧において登場したものである。西欧といっても，国ごとに多様な展開がみられ，封建制が残存していたために市民社会への移行が国家の力づくでなされる「強い国家」の大陸系と，伝統的社会から市民社会への移行が自生的秩序として緩やかになされる「弱い国家」のイギリス，封建制の存在していなかったアメリカとでは，その展開に大きな違いがみられる。以下，「憲法上の権利」の解釈論において基礎となる人権の歴史を，図式的ながら説明することにしたい。

　(a)　近代揺籃期：「主権」と「人権」の相互連関　　封建制時代において，権利は「身分」ごとに異なっていた。その後，フランスを典型とする絶対王政は，「主権」を旗印にして中央集権化を進めるべく，封建制的身分的団体を解体していく。そして，この中央集権化を完成させたのが，近代国家である。近代国家はローマ法的な各種身分を，「国民」という均質な「身分」に転換し，そのような抽象的な個人に平等な「人格」を付与した。以上のように，「主権」にもとづく「強い国家」により，抽象的な「人一般」の権利である「人権」の主体としての「人格」が析出されたのであり，主権と人権には相互連関があるのである。

　このような連関は，人権主体の析出という基底的な次元だけでなく，具体的な自由の創出の次元でもみられる。たとえば，市民革命の担い手であったブルジョワジーによって強く要求された営業の自由は，初期独占を国家によって解体してもらうことにより実現した公序なのである。

　(b)　近代：消極国家，自由権，法律による人権保障　　ひとたび平等な「人格」が付与されると，対等な人格から構成される社会には，当事者の意思の合致を尊重する私的自治の原則が妥当するとされた。国家は社会に対する介入を原則として禁止され，国家／社会の二元論が成立する。国家は警察や消防等，最小限の秩序維持のためにのみ社会に対する介入が許される「消極国家」であった。

58

I 人権と「憲法上の権利」

　それに対応して，人権は「国家からの自由」としての自由権が中心であり，中でもブルジョワジーの要求する経済的自由が中心であった。

　人権保障の方法に関しては，違憲審査制を判例によりいち早く確立したアメリカを例外として，「法律による人権保障」がおこなわれた。国民の代表たる議会が，人権を侵害するような法律を制定するはずがないと考えられたからである。

　(c)　現代：積極国家，社会権の登場，違憲審査制の普及　　資本主義経済が進展し，貧富の差が拡大すると，法的には平等な「人格」であっても，事実上は不平等であることが暴露され，私的自治の原則の前提が疑問視される。こうして国家は社会的弱者保護のために，社会に積極的に介入するようになる。また，とりわけ第一次世界大戦後の世界恐慌を契機として，国家はケインズ主義に基づいて経済の舵取りまでおこなうようになる。国家が社会経済政策のために社会経済的領域に積極的に介入する「積極国家」登場である。

　消極国家から積極国家への転換を人権論からみると，近代において重視されていた経済的自由が社会経済政策の観点からも制約されるようになり，また国家の社会に対する積極的介入を憲法上要請する社会権まで登場するようになる。

　人権保障の方法に関しても，現代的な特徴がみられる。第二次世界大戦後，ナチスドイツの合法的な支配による苛烈な人権侵害に対する反省から，「法律による人権保障」だけでなく，法律の内容自体の合憲性を審査する違憲審査制がヨーロッパ諸国にも普及する。

　(3)　人権の根拠──「人格」

　人権は既述のとおり自然権思想を思想的淵源とするが，法実証主義の興隆により自然権思想が衰退し，まして究極的な価値観が対立する現代において，人権の根拠を自然権思想に求めるのはもはや困難である。したがって現在の有力説は人権の根拠を，「人格」に求める。「人格」とは，道徳哲学や政治哲学においても基礎となる規範的な概念で，成熟した判断能力を前提に，熟慮や反省に基づいて自律的に判断しうる主体としての，抽象的な個人のことである。人権は，自律的な個人にとって必要不可欠な利益を保障したものと解されるのである。日本国憲法も後述のとおり（→第5章），13条において，自律的な個人にコミットしているものと解される。

59

第4章　人権総論

2　解釈対象としての「憲法上の権利」

(1)　「憲法上の権利」と人権との区別

(a)　「憲法上の権利」と実定化前の人権との区別　　人権は，近代国家において憲法に規定され，さらに法実証主義の隆盛により自然権思想が衰退すると，「人一般の権利」というより「国民の権利」と考えられるようになる。憲法解釈の対象としての「憲法上の権利」は，それを「国民」に限定するかどうかは別として（→Ⅱ1参照），実定化前の人権と区別しなければならない。こうした区別は，実定化前の人権を決して軽視するものではない。「憲法上の権利」はあくまで実定化によって「飼い馴らされた」ものであるのに対し，人権は超実定法的・超制度的なものとして，政治的には，きわめて重要な意義をもっているのである。

　憲法に規定されている権利を，自由権のように国家成立前の自然状態でも保障される「前国家的権利」と，参政権や社会権など国家を前提とする「後国家的権利」に区別し，前者を人権，後者を憲法上の権利と位置づける見解がある。フランス人権宣言の正式名称「人及び市民の権利宣言」に典型的に示されているように，近代において，「人の権利」すなわち自由権と，「市民の権利」すなわち参政権は，質的に区別されていたのである。しかし，人権の根拠を現在の有力説は既述のとおり，自然権ではなく人格に求めており，この点，参政権や社会権も自由権と同様，自律的な主体にとって必要不可欠なものであることから，その意味では，それらを自由権と区別する必要はない。

(b)　「憲法上の権利」と「法律上の人権」との区別——「憲法の論理」による制約　　社会契約論によれば，自然権をよりよく保障するために国家が創設され，国家を組織するルールが憲法である。憲法は名宛人を国家とすることから，憲法に規定されている権利も，「憲法の論理」により国家に向けられたものになる。他方，国家設立の目的である私人間の自然権保障は，近代憲法においては，国民代表である議会により実現することが予定され，私人間の自然権は「法律上の人権」として実定化される[*]。

---

[*]　また，「国内人権」すなわち国内実定法により保障される人権を，「国際人権」と区別する必要がある。国際人権は裁判的救済が不十分で，国際機関による勧告など

Ⅰ　人権と「憲法上の権利」

を中心とした救済制度を前提にしているからこそ，多様な内容を盛り込みうるが，これに対し国内人権は，裁判的救済を中核とすることから，限定的な内容にならざるをえない（高橋和之）。

(2)　「公共の福祉に基づく権利」

「憲法上の権利」の中には，道徳的原理としての個人の自律を根拠とする「『切り札』としての人権」の他に，政策的見地から保障される「公共の福祉に基づく権利」があるとする見解が有力である。前者の権利は，個々人の具体的な行動の自由を直接に保障するというよりむしろ，政府が個人の人格の根源的平等性を否定するような理由に基づいて行動することを禁止するもので，社会全体の利益を理由とする政府の行為の正当性をくつがえす。これに対し後者の権利は，「社会生活のより根底にあり，社会に生きる人々の生き方や考え方の基礎をなすような」社会全体の利益の増大を根拠に，公共財として，その時々の議会多数派による安易な変更から保護すべく憲法上保障されるものである（長谷部恭男）。たとえば表現の自由は，個人の自律に資するだけでなく，民主主義の維持や寛容の精神の育成といった社会全体の利益にも資するのであり，「『切り札』としての権利」としての側面と，「公共の福祉に基づく権利」としての側面を併せもつ，複合的な性格を有している。

　解釈論として重要なことは，「『切り札』としての権利」は個人の自律を根拠とすることから，自然人にしか認められないのに対し，「公共の福祉に基づく権利」は法人・団体にも認められるということである。しかし，これに対し，憲法上の権利の保障根拠として，権利行使が他者の利益や公益を増進するということを挙げることは許されず，あくまで権利行使者本人にとっての価値でなければならないとする批判もある（高橋和之）*。

---

　*　具体的には，営利的言論の憲法上の権利としての位置づけをめぐって違いが生じる。アメリカでは営利的言論は，情報の受け手である消費者の利益，すなわち主体自身の利益とは異なる公共の福祉を理由に，表現の自由として保護されている。しかし，消費者の利益は彼らの情報を受け取る自由として保障すれば足り，営利的言論の主体にとっての本質は，あくまで経済活動である。経済活動の自由の規制につ

61

第4章 人権総論

いて，アメリカのゆるやかな審査と異なり中間審査基準を適用しうる日本において
は，営利的言論は経済活動の自由として保障すべきであるとされる。

(3) 「憲法上の権利」と客観法の区別

(**a**) 主観的権利と客観法　「第3章　国民の権利及び義務」に規定されて
いる条文の中には，主観的権利たる「憲法上の権利」とは法的性格を異にする
客観法が含まれている。客観法とは，客観的公益のために国家を義務づけるだ
けで，それによって国民の側に「反射的利益」が生じるとしても，その国家の
義務に対応する権利は国民に与えられていない法規範を意味する。これに対し
主観的権利は，客観法としての側面に，権利としての側面をプラスしたものな
のである。主観的権利／客観法の区別は，訴訟提起のあり方に関係する。主観
的権利の侵害があれば原告適格が認められるが，単なる客観法違反の場合，特
別な訴訟類型が法律上定められていない限り，原告適格は認められないのであ
る。たとえば，憲法20条1項後段・同条3項・89条によって規定されている
政教分離は，「憲法上の権利」を保障するものではなく，客観法と解されてお
り，政教分離違反があっても，地方自治法242条の2の定める住民訴訟を除い
て，裁判所では合憲性を争えないことになる。

(**b**) 制度保障　客観法の特殊なものとして，制度保障がある。制度保障
とは，制度の本質を変更するためには，単なる法律の改廃ではなく，憲法改正
を必要とするものである。たとえば，政教分離の法的性格について，判例（最
大判昭52・7・13民集31巻4号533頁〔津地鎮祭事件〕）はこれを「制度的保障」
と解している。判例はさらに，制度の本質を侵害しない限り，政治と宗教の関
わり合いは許されるとして，政教分離を緩和し，独自のニュアンスを付け加え
ている。

しかし，そもそもワイマール憲法の下で制度保障の概念を完成させたドイツ
の公法学者カール・シュミット（Carl Schmitt）によれば，それは，①公法上の
制度体保障，すなわち市民的法治国原理の例外として，封建制的身分の団体に
「特権」を憲法上保障するもの（たとえば，職業官僚制，地方団体の自治権など）と，
②私法上の法制度保障，すなわち伝統的な私法上の法制度をさらに憲法上保障
するもの（たとえば，所有権制度における，ローマ法以来の一物一権主義など）が区

別されるが（石川健治），いずれも，「人一般の権利」としての「普遍的人権」ではない，一種の既得権を憲法上保障しようとするものであった。この点，日本国憲法においてはじめて規定された政教分離はそれらに該当しないことから，単なる客観法であり，まして判例のようなニュアンスはもたないのである。

3 「憲法上の権利」の類型化

(1) 不作為請求権／作為請求権の区別

「憲法上の権利」についてはこれまで，さまざまな目的に基づいて多様な類型化論が提示されてきたが，その中でも，標準的な教科書の章立てにも利用されているのが，①自由権，②参政権，③国務請求権，の分類である。この分類は，ドイツの公法学者ゲオルグ・イェリネック（Georg Jellinek）の「国民の地位論」を換骨奪胎した，宮沢俊義による類型論に依拠したものである。

ここでは，上記類型化論の主軸の一つであり，解釈論にとって特に有意義な指標である，国家行為との関係による規範の分類に着目することにしたい。すなわち，①国家に不作為を義務づけ，それに対応して国民に国家に対する不作為請求権を与えるもの（いわば「国家からの自由」）と，②国家に作為を義務づけ，それに対応して国民に国家に対する作為請求権を与えるもの（いわば「国家による自由」）との区別である。

この区別は，「憲法上の権利」の法的性格と連動する。不作為請求権は裁判規範性を有する「具体的権利」であるのに対し，作為請求権は原則として立法による具体化をまってはじめて裁判規範性を有する「抽象的権利」である*。なぜなら，作為請求権は，実現方法が複数あることから，その具体化は第一次的には議会の役割と解されるからである。このように不作為請求権／作為請求権の区別は，国家機関の権限分配と密接に関連しているのである。

近代においては不作為請求権が中心であったが，作為請求権である，裁判を受ける権利などの国務請求権も保障されていた。その後，現代になると，社会国家理念を背景とした作為請求権である，社会権が登場するのである。上記区別は次の点で相対的なものであることに注意が必要である。

＊　憲法 26 条 2 項は作為請求権であるが，具体的権利と解されている（→第 12 章）。

第4章　人権総論

(2)　区別の相対性

第一に，一般に自由権として分類されているものの中には，後述する憲法13条後段で保障される「自己情報コントロール権」や21条で保障される「知る権利」のように，積極的な作為請求権としての側面も併せもつものもある。また逆に，社会権として分類されているものも，28条の労働基本権が刑事免責を含むように，不作為請求権としての側面を併せもつのであり，さらに社会権の総則とされる25条の生存権についても，「自由権的構成」が考えられる（→第12章 I 1）。

第二に，自由権の中には，国家による法制度の設営を前提とする権利，いわば「国家による自由」がある。たとえば，29条の財産権は所有権制度などの財産制度に依拠している（→第9章）。こうした自由権は，国家に法制度の設営を義務づけ，それに対応する権利を国民に与える一方（作為請求権としての側面），制度の内容に関する立法裁量を明文や解釈により限定するのである（不作為請求権としての側面）*。

以上は，国家行為との関係による分類であるが，さらにその国家行為自体に参与するという，参政権を区別する必要がある。またこれら実体的権利の他に，平等権や適正手続の保障など，国家が国民の権利を規制する場合に守るべき手続・方法に着目した，適正処遇権を区別することが有益である。

　　* 法制度の設営を前提とする権利は，法律による具体化に委ねられている「内容形成型人権」であり，立法裁量が認められ，裁判所としては立法裁量の逸脱または濫用の審査に限られる。もっとも，「内容形成型人権」の核心は，憲法上想定されていることから，その部分については精神的自由権を典型とする「内容確定型人権」と同様の審査方法がとられるべきである（高橋和之）。

II 「憲法上の権利」の主体と適用範囲

1 「憲法上の権利」の主体

(1) 「憲法上の国民」

「憲法上の権利」を規定する日本国憲法第3章の標題は,「国民の権利及び義務」となっており,憲法上の権利の主体は国民とされるが,国民の要件については,憲法10条が法律で定めると規定し,国籍法が国籍取得の要件を定めている。しかし,法律を統制するはずの憲法上の権利について,その主体を法律で定めるというのは,憲法上の権利を根底的に侵害しうる危険性がある。また国民主権との関係でも問題になりうる。たしかに,国籍取得の具体的要件の決定は,民法など他の法律との整合性を考慮せざるをえないし,また法技術的なものであることから,立法裁量に委ねざるをえないとしても,上記危険性を封じ込め立法裁量を統制するためには,「憲法上の国民」を想定する必要がある。

国籍法違憲判決（最大判平20・6・4民集62巻6号1367頁）は,国籍法3条1項（当時）が定める,生後認知を受けた子の,父母の婚姻による嫡出子身分の取得という要件を,憲法14条違反として違憲無効と判断したが,給付の局面における平等に関してしばしば問題となるように,ここでも救済方法が問題となった。多数意見は,原告が求める国籍付与を裁判所限りで行うために,立法者の合理的意思の名の下に,あくまで国籍法の解釈として,国籍法3条1項という一つの条文を,国籍付与とその制限を規定するものと解する苦しい解釈を行い,制限部分のみを違憲無効として,残りの部分により国籍付与を認めた。しかし,多数意見は反対意見によって立法権侵害と批判された。この点,たとえば,憲法上の国民を想定し,憲法上の国民には,憲法上の権利として,潜在的な国籍取得の権利があると解すると,国籍法3条の上記要件による制限は,この憲法上の権利を侵害する違憲無効なものであり,上記要件を除いた国籍法3条は制限のない状態で憲法上の権利が具体化されていると解することが容易となる（高橋和之）。

もっとも,日本国憲法上の国民とは何かが,まさに問題であるが,憲法上の権利に対する根底的侵害の危険性を封じ込めるためには,憲法理論を基礎にし

第4章　人権総論

つつ，この難問に取り組む必要があろう。

(2) 外　国　人

日本国籍をもたない外国人が，日本国憲法上の権利の主体たるか議論されてきた*。たしかに，憲法上の権利の思想的淵源である人権は，人が生まれながらに当然有する権利である以上，外国人にも認められる。しかし，憲法上の権利は実定化前の人権と異なり，国家にその保障を請求しうる権利であることから，その主体として，第一次的には国家の構成員を想定することが，権利保障としては実効的である**。日本国憲法もまた第3章の標題が示すように，憲法上の権利の主体として，第一次的には国民を想定しているものと解される。

もっとも，だからといって，外国人が憲法上の権利の主体としての地位を否定されるわけではない。国家権力は国民だけでなく領土に及ぶことから，日本国内にいる外国人にも及ぶ。この場合，実効的な人権保障の見地からすれば，少なくとも日本政府の権力に対抗する自由権が，外国人にも保障する必要がある。したがって，外国人にも，憲法上の権利の主体としての地位を肯定すべきである。

また，そもそも憲法上の権利の主体は，憲法上の国民であり，国籍保有者と同じではないことに留意する必要がある。日本で「外国人の人権」が問題となる場合の多くは，いわゆる在日韓国・朝鮮人などの特別永住者に関するものである。特別永住者は，歴史的経緯により一方的に日本国籍を剥奪された者およびその子孫で，生活の本拠が日本にあり，実質的には日本国籍をもつ者と変わらないことから，人権保障を日本に求めるのがまさに効果的であり，少なくとも憲法上の国民に準ずる者と解されるであろう。また日本に生活の本拠を置く定住外国人は，特別永住者に準じて議論されうる。

判例・通説は，権利の性質上，日本国民のみを対象としている憲法上の権利を除いて，外国人にも保障されるとする（最大判昭53・10・4民集32巻7号1223頁〔マクリーン事件〕）。そして通説は，権利の性質上，外国人には保障されない権利として，入国の自由・在留の権利や，社会権，参政権を挙げてきた。

　＊　「外国人の人権」の問題の検討にあたり注意しなければならないのは，国際法の次元／国内法の次元の区別である。この問題は，あくまで国内法の次元の問題であ

66

り，国内法では，憲法が国際法に優位すると解されていることから，「国際法では○○となっているから」という類の議論は，その内容がいかなるものであれ，そのままストレートに憲法解釈に持ち込むことはできない。もっとも，日本国憲法は前文・98条2項により国際協調主義を採用していることから，それを媒介にして，国際法の議論を参照しうるが，それはあくまで憲法解釈においてである。

**　海水浴客の救助を行うライフセイバーの例を用いれば，各ライフセイバーが海岸の一定の領域を担当することにより，無用の混乱を回避し，効果的な救助が可能になる。裏を返せば，国家が国民に対し実効的な人権保障を行いえないのであれば，その国民は外国に実効的な人権保障を求めうる（長谷部恭男）。

（a）　入国・在留・再入国の自由　　判例・通説によれば，国際慣習法上，入国の許否は国家の主権として自由裁量に属することから，外国人に入国の自由はなく，それゆえ在留の権利も保障されない（前掲最大判昭53・10・4〔マクリーン事件〕）。したがって，判例によれば，外国人には日本国外へ一時旅行する自由は保障されず，再入国の自由も保障されない（最一判平4・11・16裁判集民166号575頁〔森川キャサリーン事件〕）。

しかし，ここでも，国際法の次元／国内法の次元を区別すべきであり，国際法の議論をそのままストレートに憲法解釈に持ち込むことはできない。もっとも，実効的な人権保障の見地から，外国人が憲法上の権利の主体としての地位を認められるのは，日本に入国してからであると解すれば，入国の自由は保障されないであろう。また，この論理の延長として，在留の権利や再入国の自由も，法律上はともかく，憲法上の権利としては保障されないであろう。

もっとも，特別永住者については，入国の自由が問題になりえず，それゆえ在留の権利も当然有する以上，再入国の自由も保障される。また，そもそも特別永住者については，少なくとも憲法上の国民に準ずる者と解すべきであり，定住外国人についても，特別永住者に準ずる者と解すべきである。

（b）　社会権　　通説によれば社会権は，第一次的には自己の所属する国家により保障されるべきものであるが，法律により外国人に社会権を保障することは許される。これに対し有力説は，日本に生活の本拠をもち，税金等の社会的負担を負っている定住外国人については，社会権が憲法上保障されるとする。もっとも，1981（昭和56）年の「難民の地位に関する条約」の批准に伴い，社

第4章 人権総論

会保障関係法令の国籍要件が原則として撤廃されたので，現在では議論する実益はあまりない。81年改正前の国民年金法が，障害福祉年金の受給資格を廃疾認定日における国籍によって制限していたことの合憲性が争われた事件で，最高裁は，傍論として，本件原告は帰化による国籍取得者であるが，社会保障上の施策において，自国民を在留外国人より優先的に扱うことも許されると判示している（最一判平元・3・2判時1363号68頁〔塩見訴訟〕）。

（c）参政権　①　選挙権　かつての通説によれば，国民主権原理に由来する選挙権は，国民にのみ保障され，法律により外国人に選挙権を付与することは憲法上禁止されるとされた。しかし，外交・国防・通貨制度等を扱う国政と異なり，住民の日常生活に密接に関連する事務を扱う地方政治において，定住外国人に選挙権を付与することは，立法政策の問題であるとする説が近年有力であり，最高裁も傍論ながら同様の見解を示している（最三判平7・2・28民集49巻2号639頁）。定住外国人は既述のとおり，少なくとも憲法上の国民に準ずる特別永住者に準ずる者と解されることから，有力説が妥当である。

②　公務就任権　公務員になる資格である公務就任権について，政府の公定解釈によれば，「公権力の行使または国家意思の形成への参画にたずさわる公務員」は日本国民に限るとされていた（昭和28年3月25日内閣法制局第一部回答）。公務就任権はかつて，広義の参政権に含まれるとして，国民主権原理から外国人には保障されないと解されていた。しかし，公務員といっても，政策決定に従事する公務員と，それを執行する公務員とは，裁量の範囲が異なり，国民主権原理との関係で質的に区別される。後者の資格は，憲法22条1項の職業選択の自由として議論するのが適している。

公務就任権とは区別される問題として，公務就任を前提に，外国人であることを理由とした昇格差別の問題がある。この点，最高裁は，国民主権の原理から日本国民が就任することが想定される「公権力行使等地方公務員の職（住民の権利義務を直接形成し，その範囲を確定するなどの公権力の行使に当たる行為を行い，若しくは普通地方公共団体の重要な施策に関する決定を行い，又はこれらに参画することを職務とすると職）」と，「これに昇任するのに必要な職務経験を積むために経るべき職」とを包含する，「一体的な管理職の任用制度を構築して人事の適正な運用を図ること」も裁量の範囲内であり，このことは

在日韓国人等の特別永住者についても異ならないと判示した（最大判平17・1・26民集59巻1号128頁〔東京都管理職選考受験訴訟〕）。しかし，特別永住者は，少なくとも憲法上の国民に準ずる者と解されるから，より厳格な審査をおこなうべきであった。

（d）　自由権　　職業の自由や財産権等の経済的自由権には，現行法上いくつかの制限があるものの（公証12条，銀行47条，電波5条等），合理的な理由があり，合憲と解されている。他方，精神的自由権については，外国人も日本人と同様に保障されると解されているが，政治活動の自由については議論がある。

政治活動の自由は，憲法21条の表現の自由により保障されると解されているが，参政権的側面をもつことから問題とされる。しかし，政治活動は参政権そのものではないこと，外国人の政治的見解も日本の民主主義において有益であることから，政治活動の自由も外国人に保障すべきである。この点，最高裁は，在留中の政治活動（ベトナム反戦運動等）等を理由とした，在留期間更新の不許可処分が争われたマクリーン事件において，政治活動の自由についても，「わが国の政治的意思決定又はその実施に影響を及ぼす活動」などを除いて外国人にも保障されるとしながら，外国人に在留の権利が保障されていない以上，その保障は「外国人在留制度のわく内で与えられているにすぎない」として，憲法上の権利行使の消極的評価を裁量の範囲内とした。この判決の理解として，憲法上の権利行使の不利益評価を許し，実質的には外国人に憲法上の権利主体性を否定した判決と読む見解や，「出入国システム優位説」を採ったとみる見解もあるが，他方，外国人の政治活動の自由が制限されうるとした判決と読む見解もある。

（3）　法人・団体

（a）　問題の所在　　人権は「人が人であることのみを理由として，生まれながらに有する権利」であることから，「法人の人権」として，自然人ではない法人が，憲法上の権利の主体たるかが議論されてきた。もっとも，この文脈における法人とは，複数の自然人によって組織された団体を意味するのであり，法人格の有無は問わない。法人格の付与については法律が規律しているため，法人格の有無によって憲法上の権利の主体性が左右されるのでは，法律を統制

するはずの憲法上の権利が根底的に侵害されてしまうからである。

　判例・通説は，現代社会において法人も社会的実在として重要な機能を果たしていることなどから，法人にも性質上可能な限り，憲法上の権利が保障されるとする（最大判昭45・6・24民集24巻6号625頁〔八幡製鉄事件〕）。

　しかし，近時の有力説によれば八幡製鉄事件は，団体の人権主体性のリーディングケースとして不適切であると評されている。この事件は，株式会社がおこなった特定の政党への政治献金が，定款の定める「目的の範囲」外であり，株主や国民の参政権を侵害するなどとして争われたもので，最高裁は団体の人権主体性を肯定し，株式会社にも政治活動の自由の一環として政治献金の自由が憲法上認められると判示した。しかし，この判示部分は，法人の「目的の範囲」の解釈，すなわち政治献金が会社の「目的の範囲」に含まれるという解釈に関係なく，また，そもそも政治献金は国民一般の参政権を侵害するものではないと説示していることから，紛争解決に必要のない傍論にすぎない。

　また，通説が参照するドイツ憲法は，たしかに法人にも性質上可能な限り基本権が保障されると規定しているが，逆にいえば，法人にも基本権を認めるために，特別に憲法上の規定をおいているのである。既述のフランスを典型とする近代の「物語」の一つからすれば，国家権力が中間団体を力ずくで解体することにより，人権主体としての個人が析出されたのであり，その中間団体に人権を付与するというのは，人権史からすると倒錯している。しかも，現代においては，企業，労働組合，マスメディアなどの「社会的権力」による，構成員あるいは外部の私人に対する実質的な人権侵害が深刻化しているとすれば，なおさらである。

　(b)　**近年の有力説**　　そもそも，憲法上の権利の保障根拠は既述のとおり，第一次的には個人の自律である以上，自律的な主体たりえない法人・団体に，このような「憲法上の人権」の主体としての固有の地位を認めることはできない。団体が構成員と対立する場面で主張しうるのは，団体である以上，団結権の維持を保障するために社団法理として認められる，紀律権である。もっとも，団体は個人を抑圧しうるだけでなく，個人と国家との間に介在するまさに中間団体として，国家による介入の盾となり，個人を保護しうる両義的な存在であることにも留意する必要がある。したがって，団体が国家と対峙する場面では，

団体に構成員の憲法上の権利を代位主張する適格を認めることが，個人の自律に資すると解される（高橋和之）。この点，宗教法人の解散命令の合憲性が争われたオウム真理教解散命令事件において，宗教法人が信者の信教の自由を主張しうるかどうかにつき，原決定（東京高決平7・12・19判時1548号26頁）は「第三者の憲法上の権利の主張適格」の問題として構成し，主張適格を否定したが，最高裁決定（最一決平8・1・30民集50巻1号199頁）は，上記問題に言及することなく，信者の信教の自由の侵害について検討している。宗教団体にとって信者は第三者とはいえないことから，最高裁決定が妥当である。

　また，憲法上の権利には既述のとおり，個人の自律に依拠する「『切り札』としての権利」の他に，社会の根底にある利益を多数派から保護するために憲法上の権利として認められる「公共の福祉に基づく権利」もあるとする見解がある。それによれば後者の権利は，まさに社会全体の利益を理由に，法人・団体にも認められる。注意すべきなのは，こうした憲法上の権利の中には，個人ではなく，むしろ団体を想定したと解されるものがあるということである。たとえば，報道および取材の自由は，社会における基本的情報の提供とともに，民主主義への寄与という観点から，情報の収集力と発信力において個人と比にならない大きな力をもっているマスメディア自体に認められるものと解される（長谷部恭男）。

　この点，裁判所による取材フィルム提出命令の合憲性が争われた博多駅事件最高裁決定（最大決昭44・11・26刑集23巻11号1490頁）は，報道の自由が憲法21条により保障され，取材の自由が「憲法21条の精神に照らし，十分に尊重に値いするもの」とされる理由として，民主主義社会における国民の「知る権利」への奉仕を挙げ，これらの自由を「報道機関」の名のもとで語っていることが注目される。

　以上のように，法人・団体の憲法上の権利主体性について考察するためには，憲法上の権利の意義について探究するという理論的な作業が必要であるが，法人・団体に他ならぬ憲法上の権利を肯定することは，いかなる法的意味をもつかという，実践的な視点も併せて考慮する必要がある。

　(4)　女性と子ども

　近代においては，「市民の権利」だけでなく，「人一般」の権利として観念さ

第4章 人権総論

れた人権についてさえ，その完全な主体は，フェミニズムが指摘したように家長であり，そこには，女性や子どもは含まれていなかった（なお，アメリカにおいては，奴隷である黒人も含まれていなかった）。家族は近代においても残存した最後の基礎的な中間団体であり，女性や子どもは家長の庇護と抑圧の下にいたのである。それゆえ，自律的な主体に課すならば違憲となるような法律上の各種制限が女性に課されていたが，現代では，女性も自律的な主体として，憲法上の権利の主体であることに異論はない。

　日本においても戦前は「家制度」が存在し，妻の無能力制度や姦通罪など法律上の各種制限が課されていたが，戦後，憲法24条により結婚・家族関係における男女平等や，憲法14条により男女平等が国家に義務づけられた。もっとも，後述のとおり（→第6章），女性のみに課される再婚禁止期間（民733条）*など，違憲の疑いがある規制が現在でもある。

　他方，子どもには，自律的な主体に課すならば違憲となるような法律上の各種制限が，現在でも多く課されている。子どもの場合，自律的な主体の前提たる判断能力が未熟であることから，本人の利益のために，制限が合憲とされているのである。もっとも，子どもは，完全な自律的主体ではないとはいえ潜在的な自律的主体であることから，現在では憲法上の権利の主体としては承認されている。さらに，自律的主体としての判断能力は試行錯誤を通して涵養されることからすれば，たとえ本人の利益のための制限であっても，その合憲性については慎重に審査すべきである。

　　＊　女性のみに6か月の再婚禁止期間を定めていた民法旧733条1項は，最高裁による違憲判断（最大判平27・12・16民集69巻8号2427頁。→第6章Ⅳ6参照）を受け，禁止期間を100日間に短縮し（民733条1項），また同判決での共同補足意見を受け，前婚解消時に懐胎していないことの証明がある場合にも適用除外を拡大する（同条2項1号）法改正がなされた。しかし，父性推定の重複回避のための合理的手段として合憲と判断された100日間についても，極めて例外的な場合に対応するため，女性にのみ人格権的側面の強い結婚の自由を制限する規定であることから，適用除外が拡大されたとはいえ，法のメッセージ性に鑑みれば，違憲とすべきとの見解が主張されている。

(5) 天皇・皇族

　天皇には選挙権がないだけでなく，天皇・皇族男子の婚姻には皇室会議の同意が必要（典10条）など，自律的な主体に課すならば違憲となるような各種制限があり，天皇・皇族が憲法上の権利の主体たるか議論されている。多数説は，主体としての地位を肯定した上で，憲法が規定する皇位の世襲と職務の性質からして，必要最小限度の特例が許されるとする。しかし，既述のとおり身分制的団体を解体して「人格」の平等に立脚する立憲主義からすれば，世襲制であり（2条），義務だけでなくさまざまな「特権」も付与されている天皇・皇族は，憲法が例外的に認めた身分制の「飛び地」，日本国憲法における唯一の「公法上の制度体」（→Ⅰ2(3)(b)）であり，主体としての地位を否定される。

2　「憲法上の権利」の適用範囲——私人間適用

(1)　問題の所在

　憲法上の権利が，私人間にも適用されるか問題となる。なぜなら，伝統的な憲法学において憲法上の権利は，国家を名宛人とするものと考えられてきたからである。すなわち，社会契約論によれば，自然状態では人は自然権を万人に対して主張しうるが，第三者的裁判官がいないことから強者が勝利し，弱者の自然権は保障されない。そこで，自然権をよりよく保障するために，社会契約により政治権力を創設するのであり，国家を創設・組織するルールが，他ならぬ憲法である。そのため，憲法そして憲法上の権利は国家を名宛人とするのである。

　もっとも，国家創設の理由からして，国家は私人間において，自然権すなわち実定化前の人権を保護する義務があるが，近代憲法によれば，それは法律，換言すれば，国民代表としての議会に委ねられる。しかし，現実の議会は利害対立が激しく，人権を保護する法律が，迅速適切に制定されるとは限らない。そこで，裁判所が憲法を駆使して，私人間において人権を保護しようとするのが，私人間適用論である。

(2)　学説および判例

(a)　従来の学説　　無適用説は，その名のとおり，あくまで憲法上の権利の対国家性を維持する。しかし，私人間の人権侵害を放置するものとして，強

い批判が向けられる。そこで登場するのが，憲法上の権利は私人間にも妥当するとする，直接適用説である。しかし，この説は，私人をも憲法上の権利の名宛人とするもので，憲法上の権利観を根底的に転換し，私的自治を侵害するとともに，憲法上の権利を相対化する。

そこで，近代立憲主義の憲法上の権利観，私的自治の原則を維持しようとするものとして，通説的地位を占めるのが，間接適用説である。この説は，民法90条や709条といった，抽象的な規定である一般条項の解釈に憲法の趣旨を及ぼすものである。私人間適用のリーディングケースとされる三菱樹脂事件判決（最大判昭48・12・12民集27巻11号1536頁）も，間接適用説に立脚するものと解されてきた。この事件は，就職面接の際に学生運動への参加の事実を秘匿していたことなどを理由に，試用期間中に本採用を拒否されたことから，思想・信条の自由の侵害などを主張したものである。最高裁判決は，企業側の「契約締結の自由」に比し原告の人権を十分に考慮していないと学説から評され，憲法の価値充塡に関する指針を示さない間接適用説に，批判が向けられる。

（b）　保護義務論と新無適用説　　上記批判に対応するとともに，間接適用説の理論的再構成として注目されるのが，ドイツの保護義務論による説明である。保護義務論によれば，基本権（憲法上の権利）は国家に基本権を尊重する義務を負わせるとともに，基本権に由来する「基本権法益」を保護する義務も負わせる。保護義務を実現する選択肢は複数ありうることから，それは第一次的には立法府に課されるが，裁判所も保護義務を負う。したがって，裁判所は法律の解釈において上記二重の義務を果たすべく，法律の憲法適合的解釈*をしなければならず，それが間接適用説にあたる。この説明は，憲法の価値充塡に関する指針として，過剰侵害の禁止および過少保護の禁止を示すとともに，私人間適用の問題を対国家との関係，すなわち国家と侵害者，さらに国家と被侵害者との関係に組み換え，憲法上の権利の対国家性を維持しようとする。

しかしこれに対し，保護義務論，そして間接適用説も，憲法上の権利の対国家性の貫徹に失敗しているとして，その貫徹のために，無適用説を再評価するのが，新無適用説である。それによれば，保護義務論において全方位性をもつ基本権法益は，基本権が私人間にも妥当することを前提とする。また間接適用説も，国家と個人のタテの関係に妥当する憲法が，趣旨としてではあれ，いか

Ⅱ　「憲法上の権利」の主体と適用範囲

にして私人間のヨコの関係に妥当するのかの説明がない。実は両説とも，直接適用説と同様，憲法上の権利の観念を私人をも拘束するものとして根底的に転換させてしまっているのである。

　新無適用説は，私人間における人権侵害を放置するものではないということが重要である。それによれば，私人間には自然権，あるいは自然権思想が衰退した現代では自然権に代わるものとして，道徳哲学的価値としての個人の尊厳が妥当し，自然権の調整は既述のとおり法律によりおこなわれるが（→Ⅱ2(1)），法の一般条項は，その調整権限を議会が裁判所に委任したものであり，それにより裁判所は自然権を実定化・具体化する。したがって，結論としては，新無適用説は間接適用説とほとんど変わらないことが予想されるが**，裁判所は法の一般条項の解釈において，あくまで道徳哲学的価値を調整するのであり，憲法上の権利は参照されるにすぎない。また新無適用説によれば，既述の三菱樹脂事件判決も，あくまで法律による解決を判示しているのであり，無適用説に立脚したものと解されている。

＊　このような法律の憲法適合的解釈を，憲法の最高法規性により正当化するとともに一般化し，私人間適用という問題設定自体を解消する見解がある。

＊＊　無適用説によれば，私人間の問題は原則として憲法問題ではないから，上告理由にならないという実践的な違いがある。しかし，新無適用説も，たとえば強制加入団体と構成員との関係については，強制加入団体の紀律権の行使を，法律により授権された公権力の行使と解し，ステイト・アクション的に，憲法の適用を主張するなど，憲法問題として構成する方法を示している。

　　ステイト・アクションは，アメリカの判例理論であり，私人が州により特許や財政的援助を受けていたり，会社が私有し運営する会社町など高度に公的な機能を行使したりしている場合には，私人の行為を州の行為とみなして，憲法を適用するものである。この判例理論は，私人間における憲法の無適用を前提とすることから，無適用説と親和的である。

（c）　新無適用説の限界　　近代立憲主義が依拠する，憲法上の権利の対国家性は，普遍的に妥当するものではないとしても，自由権保障がいまだ不十分であり，また国家のパターナリスティック（後見的）な介入を忌避しない傾向

75

第4章 人権総論

にある日本においては，依然として固執すべきものと考えられ，新無適用説は
魅力的といえる。しかし，近代の憲法上の権利観に立脚する新無適用説には，
近代の基底的原理の貫徹という視点からの限界がある。

　近代は既述のとおり，国家権力による人格の平等，いわば基底的平等の確立
を前提とするが，一定の集団，具体的には，女性や被差別人種（たとえばアメ
リカにおける黒人奴隷）は，そこから排除されていた。これらの集団に属する個
人にも，後に法的には人格の平等が認められるものの，私的領域としての社会
においては事実上不平等のままであり，それは公私の連続性から，公的領域に
も事実上波及し，それが再び私的領域に波及するという，不平等の構造的再生
産に陥る。したがって，私的領域における近代の修正としてではなく，公的領
域における近代の基底的原理の貫徹，すなわち「民主主義社会の基本的前提」*
である市民的地位の平等の確立のために，上記集団の属性を基礎とした私人間
の差別には，公的領域の基本法としての憲法を適用する必要がある。この点，
女性の定年を男性より低く規定した就業規則を公序良俗に反し無効と判断し，
括弧書きながら憲法14条に言及した日産自動車事件判決（最三判昭56・3・24
民集35巻2号300頁）や，入会権の資格要件に関する性差別の慣習を「男女の
本質的平等を定める日本国憲法の基本的理念に照らし」公序良俗に反するとし
た最高裁判決（最二判平18・3・17民集60巻3号773頁）は，公的領域における
市民的地位の平等の確立という近代の基底的原理の貫徹として理解すべきであ
る。

　＊　私人間の名誉毀損における表現の自由など，私人間において「民主主義社会の基
　　本的前提」が侵害される場合には，個人の尊厳，換言すれば人格に還元しえない，
　　人格とは別個独立の，「憲法的公序」が問題となっているとする見解（宍戸常寿）
　　が注目される。

Ⅲ　憲法上の権利の限界

憲法上の権利は，個人の自律や社会の根底にある利益の確保に資することか

Ⅲ　憲法上の権利の限界

ら，最大限保障されなければならないが，絶対無制限ではない。規制が合憲とされるために，①形式的には，法律による制約であること，②実体的には，「公共の福祉」に基づく制約であること，が必要である。

1　憲法上の権利の規制方法

(1)　「法律の留保」の積極的意義

　憲法上の権利を規制するためには，形式的には，法律に基づかなければならない。これは「法律の留保」と称され，近代立憲主義の要請である。明治憲法においても，臣民の権利は「法律の範囲内」で保障され，法律の留保が妥当していたが，それは，形式的に法律さえあれば，その内容がいかなるものであれ，臣民の権利を制限しうるものとして，消極的にとらえられる傾向があった。しかし，法律の留保は，国民の権利を規制するためには，国民代表からなる議会の制定した法律によらなければならないという，積極的な意義を有しているということに留意する必要がある。日本国憲法において「法律の留保」は明示されていないものの，それは立憲主義の要請として，日本国憲法にも妥当するものと解されており，憲法41条の「立法」の実質的意味との関係でも議論されている。

(2)　刑事収容施設被収容関係，公務員関係

　立憲主義の要請として「法律の留保」が妥当するが，明治憲法においては，それが妥当しない特別権力関係があるとされた。特別権力関係とは，国家と国民との一般権力関係に対立する概念で，公務員や国公立大学の学生などのように同意により，あるいは在監者や強制入院された患者などのように法律により，国家の特別な支配に服する関係を意味する。特別権力関係においては，①法律の留保の排除，②広範な人権制限，③司法審査の排除が妥当するとされた。

　「法の支配」に立脚する日本国憲法の下では，もはや特別権力関係論のような，包括的に「法律の留保」や司法審査を排除する理論は認められない。もっとも，公務員関係や刑事収容施設被収容関係は，憲法自体がその制度の存在および自律性を予定する規定をおいていることから，その制度に内在する制限は許される。

　(a)　刑事収容施設被収容関係　　刑事収容施設被収容関係は，憲法18条や

第 4 章　人 権 総 論

31 条以下の刑事手続の諸規定により，憲法がその存在と自律性を認めている。刑事収容施設被収容者は 22 条の居住・移転の自由を制限されるが，憲法自体が刑事収容施設の存在を予定している以上，その制限については，法律の留保は不要である。

　もっとも，それ以外の権利制限については，憲法自体が刑事収容施設の存在を予定しているからといって，当然に制限が認められるわけではないから，法律の留保が必要である。しかし，在監者の喫煙は法律ではなく監獄法施行規則（平成 14 年改正前 96 条）によって制限されていたところ，最高裁はこれを問題とせず合憲と判断している（最大判昭 45・9・16 民集 24 巻 10 号 1410 頁）。喫煙の自由については憲法上明文がなく，それが憲法上の権利として保障されるかどうか争われているが（→第 5 章参照），憲法上の権利であると解すると，法律の根拠がないことは問題となる。

　また，未決勾留者に対する閲読の自由の制限の合憲性が争われた，よど号ハイジャック記事抹消事件では，監獄法 31 条 2 項（現在では，刑事収容施設法 70 条 1 項・71 条）という法律の根拠は一応あったものの，制限の理由は，監獄法施行規則，法務大臣訓令，局長通達を通覧してはじめて理解しうるものであり，法律の留保との関係で問題があった。しかし，最高裁判決は上記法令等を合憲解釈している（最大判昭 58・6・22 民集 37 巻 5 号 793 頁）。

　(b)　公務員関係　　現行法上，公務員は，政治活動の自由と労働基本権が大幅に制限されており，特別権力関係論の残滓と解されている（具体的に，政治活動の自由の制限については，第 8 章 I 5(4) の猿払事件を，労働基本権の制限については，第 12 章Ⅳの一連の判例を参照）。

　公務員関係は憲法 15 条，73 条 4 号等により，憲法がその存在と自律性を認めている。もっとも，公務員については，それを理由に法律の根拠が不要とされるような，憲法上の権利の規制はない。したがって，そもそも公務員関係という特別なカテゴリーを設ける必要はなく，人権の内在的限界として，その限界を具体的に検討する中で，公務員関係を個々具体的に考慮すればよいと思われる。

Ⅲ　憲法上の権利の限界

2　憲法上の権利の規制根拠——公共の福祉

　憲法上の権利の規制根拠は，「公共の福祉」と解されている。「公共の福祉」という文言は，12条・13条の人権総則と，22条・29条の経済的自由の計4か所に登場する。「公共の福祉」の解釈をめぐり，さまざまな学説が提示されてきた。

　(1)　通説形成までの学説の状況

　(a)　一元的外在制約説　　日本国憲法施行直後に提示された一元的外在制約説によれば，人権は12条・13条の「公共の福祉」により一般的に制約され，22条・29条の「公共の福祉」は特別の意味をもたない。しかし，一般的制約に対する歯止めがないことから，初期の判例のように，抽象的な「公共の福祉」により，人権が安易に制約される恐れがある。

　(b)　内在・外在二元的制約説　　一元的外在制約説の危険性に対処するものとして登場するのが，内在・外在二元的制約説である。この説によれば人権は，客観的に確定可能であり事後規制のみ許される，内在的制約に服する。もっとも，経済的自由や社会権は内在的制約のほか，政策的見地からなされる外在的制約である，22条・29条の「公共の福祉」にも服する。

　この説は，人権一般に対する内在的制約を客観的な制約とし，制約が広範となりうる外在的制約を経済的自由や社会権に限定することで，人権制約に二重の歯止めをかけつつ，社会国家原理も取り込む，巧みな説である。しかし，同説によれば，12条・13条の「公共の福祉」は，法的拘束力のない倫理的規定と解され，後述のように13条を明文のない「新しい人権」の法的根拠とすることができない（→第5章参照）。

　(c)　一元的内在制約説　　これら両説の難点を克服するものとして通説的地位を確立するのが，一元的内在制約説である。この説によれば，「公共の福祉」とは，憲法に規定されるかどうかにかかわらず，人権を各人に保障する限りすべての人権に論理必然的に内在している，「人権相互の矛盾・衝突を調整するための実質的公平の原理」であるとされる。「公共の福祉」はさらに，自由権を各人に保障するための制約を根拠づける「自由国家的公共の福祉」と，社会権を保障するために自由権の規制を根拠づける「福祉国家的公共の福祉」に分けられ，前者には「必要最小限度の規制」が，後者には「必要な限度の規

79

第4章　人権総論

制」が許される。

　この説は，人権制約が許されるのは，あくまで他の人権を保障するためであるとして，人権制約に対する強力な歯止めをかけつつ，「新しい人権」にも対応しうることから，通説化する。しかし，同説に対しても，人権の具体的な限界の判断基準としては抽象的で役立たないとする批判や，政策的な見地からなされる広範な制約をも，社会国家は予定しているとはいえ内在的制約とすることへの批判が提示される。

　(2)　最近の学説の状況──一元的内在制約説に対する根底的批判

　これらの批判に比し，一元的内在制約説の最大のメリットを批判し，同説を根底から揺るがす批判が近年提示されている。この批判は，人権制約が許されるのは他の人権を保障するためだけであるとする，人権制約に対する強力な歯止めを疑問視するものである。たとえば，表現の自由の規制理由として「街の美観」の維持が許されるが，一元的内在制約説によると，「街の美観」が人権ということになってしまう。しかし，それは個々人の利益には還元しえない社会全体の利益であろう。この説は，国家が「社会全体の利益」に基づいて行為するという明白な事実を無視するのである。また人権は本来，矛盾・衝突するものであるという同説の前提には，「あらゆることをなしうる一般的行動の自由」という人権観があり，そのような無限定な人権観は，制約もまた無制限としかねない。したがって，人権が社会全体の利益のために合憲的に規制しうることを，正面から認める必要がある（長谷部恭男）。

　さらに，一元的内在制約説では，後述の自己決定権（→第5章）との関係でとりわけ問題となる，パターナリズムによる制約を説明しえない。パターナリズムとは，本人の利益のために本人の行動を制限することであり，他者加害を観念することが困難な自己決定権の制約理由として議論されている。しかし，憲法は既述のとおり自律的な主体を想定していることから，まさに自律を侵害するパターナリズムは原則として許されない。もっとも，それはあくまで自律的な主体の場合であり，その前提となる成熟した判断能力が不十分な者，たとえば未成年者や精神障害者については，例外的にパターナリズムが許される。

　以上から，「公共の福祉」の抽象的な内容として，他の人権との調整のほか，社会全体の利益，さらに限定的なパターナリズムが提示される。もっとも，重

要なことは，たしかに「公共の福祉」は憲法上の権利の規制の法的根拠であり，抽象的な規制理由ではあるが，憲法上の権利の具体的限界を示す規制理由は，権利の重要性に応じて具体的に示されなければならないということである。そこで次に，憲法上の権利の具体的限界を審査する方法について説明することにしたい。

3　合憲性審査方法

　従来の学説は合憲性審査方法として，アメリカの判例理論である審査基準論の導入を主張してきた。これに対し近年，ドイツの憲法裁判所の判例をもとに定式化された「三段階図式」を導入しようとする見解が有力である。

(1)　審査基準論

　(a)　利益衡量と審査基準論　　審査基準とは，裁判官の主観的判断を拘束するための基準である。憲法上の権利の具体的規制に関する合憲性審査は，前述の「『切り札』としての権利」の侵害（政府が個人の根源的平等性を否定するような理由に基づいて行動すること）を除いて，基本的には利益対立の問題である以上，利益衡量，すなわち規制により得られる利益と失われる利益の衡量によることになる。もっとも，個別の事件ごとに利益衡量をおこなう「個別的利益衡量（ad hoc balancing)」は，質を異にする利益をはかる共通のものさしがないことから，裁判官の主観的判断を拘束しえず，予測可能性を低下させ法的安定性を害するとともに，結果として公益優先の判断に陥りやすい。したがって，利益衡量における裁判官の主観的判断を拘束する必要があり，そのために設定されるのが審査基準である。

　審査基準は，規制の目的および手段に関する審査を要求し，憲法上の権利の重要性などに応じて，目的と手段それぞれの審査の厳格度を変えるもので，目的と手段の審査それぞれをパスすれば，得られる利益の方が大きいとみなされる。アメリカの判例では後述のとおり，基本的には厳格度の異なる三つの審査基準，すなわち厳格審査基準，中間審査基準，合理性の基準が形成されている（→第6章）。

　(b)　二重の基準論　　具体的事案においてどの審査基準を適用するかの判断の基礎となるのが，二重の基準論である。この理論は，精神的自由に関する

第4章　人権総論

規制の場合は，経済的自由に関する規制の場合と異なり，裁判所は厳格な審査基準を適用するというものである。その根拠として，かつては，精神的自由の方が人格との関連性が強く，実体的価値において優越するとする見解があったが，自律という点では経済的自由も精神的自由に劣らず重要であることから，もはやこの根拠は適切ではない。その他の根拠としては，①裁判所の役割，および②裁判所の能力に着目したものがある。

　裁判所の役割に着目した論拠（民主的な政治過程論）によれば，裁判所の役割は民主的な政治過程の維持にあり，民主的な政治過程が正常に機能している限り，違憲の規制の是正はあくまで民主的政治過程に委ねるべきで，裁判所は介入すべきでないが，民主的な政治過程が正常に機能していない場合には，それを回復するために，裁判所は積極的に介入しなければならない。表現の自由を典型とする精神的自由は，民主的な政治過程を構成する権利であり（表現の自由の「優越的価値」），精神的自由に関する規制の場合は，民主的な政治過程それ自体が侵害されているおそれがあるので，裁判所が積極的に介入しなければならないが，経済的自由に関する規制の場合は，民主的な政治過程が正常に機能しているので，裁判所は介入すべきでないとされる。

　また，裁判所の能力に着目した論拠によれば，経済の日常的な舵取りまでおこなうようになった現代の積極国家においては，経済的自由について社会経済政策に基づく制約が許されるが，社会経済に関する資料収集や分析評価に適しているのは，裁判所ではなく内閣と議会からなる政治部門であり，それゆえ経済的自由の規制については政治部門の判断を尊重すべきとされる。たしかに，政治責任に裏打ちされた政治部門の積極的判断を尊重する必要はあるが，裁判所は判断過程を統制することはできる。

　（c）　審査基準論に対する批判　　以上のように，審査基準論は利益衡量における裁判官の主観的判断を拘束するもので，しかも二重の基準論に基づき，精神的自由の規制については厳格な審査を要求する。このような審査基準論に対し，1960年代の日本の学説は，当時の日本の判例——初期の観念的な「公共の福祉」論から個別的利益衡量論への転換を図ったとはいえ（→第12章），精神的自由について厳格な審査をおこなわない——を転換すべく，その導入を積極的に提唱し，近年までその導入に努めてきた。しかし，審査基準論に対し

82

ては近年，次のような批判がなされ，それに代わるものとして，ドイツ流の三段階図式が注目されている。

第一の批判は，審査基準論の機能的観点，すなわち権限分配論に対する批判である。それによれば，二重の基準論の主要な論拠である民主的政治過程論は，憲法上の権利の実現に関する，裁判所と議会の権限分配論に依拠するものであるが，合憲性審査においては，権限分配的考慮が必要であるとしても，それを基礎にすべきではなく，あくまで憲法上の権利という実体的権利を基礎にすべきとされる。そして，実体的価値としての人格的関連性という点では，経済的自由も精神的自由に劣るところはないのであるから，経済的自由の規制についても，人格アプローチに依拠して比例原則の厳格な適用により立ち入った審査をおこなう，ドイツ流の審査手法が支持される（→第9章）。

第二の批判は，審査基準論の硬直性に対するものである。この批判は本国アメリカにおいても有力なもので，どの審査基準を適用するかで，ほとんど結論が決まってしまい，具体的事案の性質に応じた緻密な法的分析が遮断されてしまうというものである。また，これと関連して，俗流化した審査基準論は，審査基準の選択にもっぱら関心を寄せ，そもそも，その前段階として，問題となる具体的規制が，合憲性審査が要求される，「憲法上の権利」の「規制」にあたるかどうかの判断を忘却していると批判されている。

第三の批判は，日本の判例との適合性という視点からの批判である。憲法上の権利の各論でみるとおり，日本の判例の中には，猿払判決（→第8章）や薬事法違憲判決（→第9章）のように，ドイツの比例原則に親和的と解されるものがあることから，むしろドイツ流の審査方法の本格的な導入を試みる方が実践的であるとされる。

(2) 三段階図式

三段階図式は，ドイツ憲法裁判所の判例をふまえ，ベルンハルト・シュリンクによって定式化された，防御権すなわち自由権の規制に関する「論証作法」であり*，硬直的・機械的な適用は戒められている。それによれば第一段階では，規制の対象となる行為が，憲法上の権利の「保護範囲」に入るかどうかが検討される。それが肯定されると，第二段階では，問題となる国家行為が，憲法上の権利を「侵害」するかどうかが検討される。そして，それが肯定される

第4章 人権総論

と，国家行為の違憲性が推定され，第三段階では，国家行為が正当化されるか
どうかが審査される。すなわち，この段階では形式的には法律の留保などにつ
いて審査し**，実体的には，目的の正当性，および手段の比例原則の充足につ
いて審査する，目的・手段審査をおこなう。比例原則とは，警察法の比例原則
に由来するもので，①合理性（手段が目的達成に役立つか），②必要性（手段が目
的達成にとって必要最小限度のものか），③規制により得られる利益と失われる利
益の均衡（狭義の比例性）を要求する。

　たしかに，第一および第二の段階の図式化は，正当化の段階の前提として，
問題となる規制が，「憲法上の権利」の「侵害」かどうかの判断をクローズアッ
プする。しかし，アメリカの合憲性審査においても，プラグマティックな観点
から第一および第二の段階が区別されていないものの，「憲法上の権利の規制」
にあたるかどうかの判断はおこなわれていることに注意する必要がある。そし
て，第三段階である正当化段階における実体的審査は，審査基準論に相当する
ものとされることから，したがって，審査方法に関するアメリカとドイツの大
きな違いは，審査基準論か比例原則（目的の正当性を前提）かという違いである。

　＊　ドイツの三段階図式が，法律の留保を正当化段階における形式的審査としてクロ
　　ーズアップし，合憲性審査の枠組みに取り込んだことは，評価されている。
　＊＊　平等原則，また作為請求権に関しては，異なる審査方法が用いられる。

(3)　審査基準論と比例原則

　日本においては審査基準論と比例原則のどちらを参考にすべきかを検討する
にあたり，両者の違いを確認することにしたい。

　第一の違いは，裁判官の主観的判断に対する拘束力の違いである。比例原則
は，「事の性質」に応じて，その適用の緩厳，すなわち審査密度が変化するス
ライディングスケールであり，それは両刃の剣たりうる。すなわち，審査基準
論の硬直性を排除し緻密な法的判断を可能にする一方，裁判官の主観的判断に
対する拘束としては弱いという問題がある。

　この問題は，とりわけ比例原則における(2)の③の狭義の比例性の存在に示
されている。すなわち，比例原則においては，上記①②をクリアーしても，す

84

なわち手段が目的達成にとって合理的かつ必要最小限度のものであっても，目的審査が実質的に機能していないことから，失われる利益の方が得られる利益より大きいということがあるために，③が必要になってくるとともに，決め手となる。要するに，比例原則は，基準のない「裸の利益衡量」なのである。これに対し，審査基準論では，憲法上の権利の重要性に応じて，手段だけでなく目的に関する審査の厳格度も変化し，目的審査において，失われる利益の重要性に見合うだけの目的，すなわち得られる利益の重要性が要求されることから，目的・手段審査をパスすれば，③は不要なのである（高橋和之）。もっとも，ドイツの比例原則においては，①さらに②がクリアーされた上で③が問題となる，すなわち審査基準論でいえば LRA（Less Restrictive Alternatives）をクリアーしてから③の個別的利益衡量が問題となるので，比例原則は，裁判官の主観的判断を拘束した上で，さらに緻密な法的判断を可能にするものと解することもできよう。

　いずれにせよ，比例原則が裁判官の主観的判断の拘束に成功しうるかどうかは，審査密度に関する今後の類型化にかかっているといえよう。

　両者の第二の違いは，審査方法の基礎に関する違い，換言すれば裁判所と政治部門の権限分配的考慮に関するウエイトの違いである。審査方法の基礎として，審査基準論は権限分配的議論をおくのに対し，比例原則はあくまで実体的権利をおき，権限分配的議論を審査密度の設定における一考慮要素とする。たしかに，二重の基準論は，ニューディール立法の合憲性をめぐる裁判所と政治部門の対立の激化，そして最終的には，裁判所の判例変更による経済的自由の規制に関するゆるやかな審査という，アメリカ特有の歴史に強く規定されたものである。また，権限分配的考慮に関するウエイトをアメリカとまったく同じにすることは，経済的自由に関する日本の判例とも適合しないし，既得権益保護につながり魅力的でもない（→第9章）。しかし，ドイツの実体的権利アプローチは，通常裁判所とは異なる憲法裁判所において，憲法判断の政治性を正面から前提にしているもので，アメリカと同じく司法権の行使に付随して憲法判断をおこなう付随的審査制を採用する日本に直輸入することには，慎重である必要があろう。

　今後の課題としては，日本の憲法，判例，制度に適合的であるとともに，日

本の立憲主義に関する歴史および現状をふまえ，将来をも視野に入れて，政治道徳的にも魅力的であり，裁判官の主観的判断を拘束しうる合憲性審査方法を探究していくべきであろう。

　もっとも，既述のとおり，ドイツおよびアメリカの審査方法ともに，少なくとも合憲性審査の前提として，「憲法上の権利の規制」にあたるかどうかを検討しており，日本の判例においても憲法上の権利の各論でみるとおり（たとえば，→第8章，第9章），この発想はみられることに留意する必要がある。

　(4)　「憲法上の権利の規制」の該当性判断

　(a)　憲法上の権利および利益

　①　「憲法上の権利」の要保護性　　憲法上の権利の保護範囲に含まれるとしても，要保護性，すなわち保護が必要とされる程度が問題となる。重要なことは，要保護性は合憲性審査において，審査の厳格度，あるいは審査密度を左右するということである。最高裁は，住基ネット判決（最一判平20・3・6民集62巻3号665頁）で，住基ネットで扱われるすべての情報につき，「個人の内面に関わるような秘匿性の高い情報とはいえない」と述べ，要保護性が小さいとして，審査の厳格度を緩和している。

　②　「憲法上保護されている利益」　　最高裁は，再婚禁止期間違憲判決（最大判平27・12・16民集69巻8号2427頁）で，婚姻の自由につき，「憲法24条1項の規定の趣旨に照らし，十分尊重に値する」と述べているが，それは「憲法上保障されている……権利」と区別される，「憲法上……保護されている……利益」（同判決での立法不作為に対する国賠請求の要件を参照）ととらえているものと考えられる。というのも，同判決は，民法旧733条1項を「婚姻に対する直接的な制約」とした上で，正面から権利侵害として構成するのではなく，憲法14条1項，および婚姻等に関する立法裁量を定める24条2項との関係で考慮し，両条項違反としているからである（なお，夫婦別姓訴訟判決〔最大判平27・12・16民集69巻8号2586頁〕における「人格的利益」も参照。→第5章Ⅲ1）。

　また，それ以前に，博多駅事件決定（最大決昭44・11・26刑集23巻11号1490頁）で最高裁は，取材の自由を，「憲法21条の精神に照らし，十分尊重に値いする」と述べたが，それも端的な憲法保障より一段階下の保障と位置づけたものと考えられている。

Ⅲ　憲法上の権利の限界

　(b)　規制態様　　憲法上の権利の規制態様の違いによる規制の強度もまた，合憲性審査において，審査の厳格度，あるいは審査密度を左右することに留意する必要がある。

　①　ハードな手法／ソフトな手法　　洗練された現代国家は，強制力の使用というハードな手法ではなく，監視，誘導など，強制力を伴わないソフトな手法を多用する。強制力を伴わない限り憲法上の権利の侵害はないとすると，そもそも合憲性審査は不要となり，立憲主義が骨抜きにされてしまう危険性があることから，侵害概念の拡張について検討する必要があろう。

　②　直接規制／付随規制　　また現代国家においては，少なくとも信教の自由などの精神的自由については直接規制は少なく，付随規制がしばしば問題となる。直接規制とは，憲法上の権利の規制を目的とするものであり，それは規制が憲法上の権利を対象にしている場合だけでなく，不当な動機にもとづく場合も含みうることから，厳格な審査を行うべきである。これに対し付随規制とは，「ある特定の法益を保護するために，その法益を害するおよそあらゆる行為を禁止する規制」が憲法上の権利行使にも及ぶ場合（小山剛）であり（cf. United States v. O'Brien, 391 U.S. 367 (1968)），憲法上の権利に対する規制は通常，偶然的なものであるから，原則として主に適用違憲を検討すべきである。

　③　事前規制／事後規制　　事前規制，すなわち憲法上の権利行使を許可制にかからしめるなど事前に規制することは，事後規制，すなわち憲法上の権利行使後に規制することより，規制の程度が強いとされる。なぜなら，事前規制は予測に基づいた抽象的な判断にならざるをえず，規制範囲が広範になりがちで，適用者の恣意的判断が介入する余地があるのに対し，事後規制は因果関係に基づいた判断が可能になるため，上記懸念が小さいからである。とりわけ萎縮効果を除去する必要がある表現の自由については，事前抑制は原則的に禁止され（→第8章），また経済的自由についても，事前規制は事後規制より審査の厳格度，あるいは審査密度を高く設定すべきである（→第9章）。

87

第5章 包括的基本権

Ⅰ 憲法上の明文なき権利

1 憲法上の明文なき権利の承認とその意味

日本国憲法は第3章で憲法上の権利を規定しているが，憲法上の権利は明文あるものに限定されるのか。たとえば，プライバシー権（→Ⅱ）は，日本国憲法に一般的な形では規定されていないが，情報化社会の進展により，プライバシーの利益が侵害される危険性が大きくなったことから，プライバシー権を保障する必要がある。その場合，まず法律を制定して「法律上の権利」として保障することが考えられるが，議会多数派の支持を得られるとは限らないし，法律上の権利は，少なくともその法律それ自体を統制することはできない。まして，憲法を改正して憲法上の権利として明記することなど，硬性憲法においては事実上困難であるといわざるをえない。そこで，裁判官の憲法解釈により，明文なき憲法上の権利，いわゆる「新しい人権」を承認するという方法が考えられる。

もっとも，裁判官による「新しい人権」の承認は，司法審査が判例上確立したものであることもあって司法審査それ自体の民主的正当性が問われているアメリカにおいては，「裁判官支配」，すなわち裁判官の「権利の捏造」による「民主主義＝多数者支配的民主主義」の否定などと批判されてきた。

しかし，そもそも憲法はバラバラな個別的権利の単なる寄せ集めではなく，道徳的諸原理の体系と解され，その体系から導かれる限り，明文の有無にかかわらず，憲法上の権利として承認されうるのである。憲法に明文のある権利は，いわば夜空に点在する星であり，憲法解釈はそれらの星を星座，すなわち道徳

88

的諸原理の体系として構成することといえる。したがって，星として存在していなくても，星座に位置づけられる以上，憲法上の権利として承認されうるのである。

2 幸福追求権 (13条)

(1) 幸福追求権の性格

「新しい人権」の法的根拠として通説は，憲法 13 条後段の「生命，自由及び幸福追求に対する国民の権利」*，いわゆる幸福追求権を提示する。もっとも，初期の学説は憲法 13 条後段を，「公共の福祉」の解釈との関係で倫理的・訓示的規定と解したことから，幸福追求権を「新しい人権」の法的根拠として積極的には論じてこなかった。しかし，「新しい人権」を承認する必要性から，現在の通説は既述のとおり憲法 13 条を法的規定と解し，「新しい人権」の法的根拠とする (→第 4 章)。そして，幸福追求権は憲法 14 条以下の個別的権利の単なる総和ではなく，個別的権利が派生する基底的権利であり，「新しい人権」の源泉ともなる「包括的権利」と解されている。

もっとも，幸福追求権は，個別的権利との関係を想起すればわかるように，あくまで抽象的権利である。したがって，「新しい人権」として承認されるためには，前述のとおり①道徳的諸原理の体系から導かれるとともに，②個別的権利と同程度に，権利の具体化・明確化に成功しなければならない（「新しい人権」の承認の要件）。

判例は，警察が犯罪捜査のためにデモ行進の写真撮影を行ったことの違法性が争われた京都府学連事件（最大判昭 44・12・24 刑集 23 巻 12 号 1625 頁）において，憲法 13 条は「国民の私生活上の自由が，警察権等の国家権力の行使に対しても保護されるべきことを規定しているものということができ」，「個人の私生活上の自由の一つとして，何人も，その承諾なしに，みだりにその容ぼう・姿態……を撮影されない自由を有するものというべき」であり，「これを肖像権と称するかどうかは別として，少なくとも，警察官が，正当な理由もないのに，個人の容ぼう等を撮影することは，憲法 13 条の趣旨に反し，許されない」と判示し，憲法 13 条の包括的権利性を承認したものと一般に解されている。

第5章　包括的基本権

＊　1776年のアメリカ独立宣言は，造物主によって与えられた不可譲の権利の中に，「生命，自由および幸福の追求」が含まれるとした。幸福追求権はこれに由来する。

(2)　幸福追求権の保障範囲──人格的利益説 vs 一般的自由説

　幸福追求権の保障範囲をめぐり学説は，人格的利益説と一般的自由説が対立している。幸福追求権は前述のとおり包括的権利であるから，この対立は，憲法上の権利の保障範囲，換言すれば憲法上の権利観をめぐる対立である。

　人格的利益説は憲法の基底的原理を，自律的個人としての尊重と解し，憲法13条前段はそれを示しているものと解する。そして，憲法13条後段の幸福追求権を，前段の主観的権利化，すなわち「人格的自律の存在として自己を主張し，そのような存在であり続ける上で必要不可欠な権利・自由を包摂する包括的な主観的権利」であると解する。要するに，この見解は憲法を，自律的個人としての尊重を基底的原理とする道徳的諸原理の体系と観念するのである。したがって，この見解によれば幸福追求権の保障範囲は，「人格的生存に必要不可欠な利益」，すなわち個人の自律に不可欠な利益に限定される。

　これに対し，一般的自由説は幸福追求権を，あらゆる行為の自由を保障するものと解する。もっとも，そうすると殺人の自由なども含まれてしまうことから，その不合理性を考慮して，「他者加害に及ばない限り」あるいは「公共の福祉に反しない限り」などの限定を付すものもあるが，少なくとも人格的利益説のように「人格」との関係では限定しないという点が重要である。

　両説の対立は，「新しい人権」の一つとされる，後述の自己決定権の保障範囲をめぐり先鋭化する。

　両説には，それぞれ以下のような批判がある。人格的利益説に対しては，①「人格」という不明確な概念によって憲法上の権利を限定してしまい，その基準を充たさないものを切り捨ててしまう，②憲法の人間像として，自律的個人，すなわち成熟した判断能力を前提に自己の生き方を熟慮して選択し遂行する理性的な人間に立脚すると，自律能力が欠如している，あるいは不十分な人間を，憲法上の権利主体とすることが困難になってしまう，などの批判がある。他方，一般的自由説に対しては，①殺人の自由など，我々の直観に反する自由まで含まれてしまう，②「人権のインフレ化」により，個別的権利の保障が相対的に

90

低下するおそれがある，③自由権と「単なる自由」，すなわち法の不存在としての反射的利益との区別が不明確になる，など。

　もっとも，両説は実践的には，それほど大きな差はないと考えられる。人格的利益説も，一般に人格的関連性の希薄な行為について，それが「人格の核を取り囲み，全体としてそれぞれの人のその人らしさを形成している」ことから，「人格的自律を全うさせるために手段的に一定の憲法上の保護を及ぼす必要がある場合がある」として，「平等原則や比例原則の観点からなお憲法上問題とされる場合もありうる」，あるいは「公権力による規制の方法や内容によっては13条前段の『個人の尊厳』原理に反する」と，憲法問題として争う余地を認めている（人格的利益説に対する批判①への反論）。他方，一般的自由説の中にも，人格にかかわる場合とそれ以外とを分け，前者の規制は後者より厳格に審査することを提唱する見解もあるのである。

　しかし，理論的には，幸福追求権の保障範囲として，一般的自由説は妥当ではない。なぜなら，最終的には公共の福祉によって制限される一応のものとはいえ，殺人の自由を観念することはできないからである。標準的な社会契約論からすれば，政治社会創設の動機として人々がよりよく保障しようとした自然権の中に，殺人の自由が含まれているとは考えにくい。また，「人権のインフレ化」の懸念には対処しうるとしても，そもそも憲法上の権利はその法的効力からして，質的に限定されたものにならざるをえない。憲法上の権利は民主主義の結果としての法律を覆しうるものであり，民主主義と一定の緊張関係にあることから，裁判官の恣意的判断を排するために，「新しい人権」は，明記された個別的権利に匹敵するものでなければならないのである。

　もっとも，注意しなければならないのは，「新しい人権」として主観的権利としては承認されなくても，前述のとおり平等原則や比例原則などの客観法（→第4章）による憲法的統制は可能だということである。一般的自由説は，幸福追求権の保障範囲に関する見解ではなく，客観法としての法治主義，すなわち恣意的な国家活動の禁止の要請と再構成されよう。

第5章 包括的基本権

Ⅱ　プライバシー権

「新しい人権」として，保障範囲を限定する人格的利益説によっても承認され，判例においても限定的ながら実質的に承認されていると考えられるのが，プライバシー権である。

1　プライバシー権論の展開

(1)　伝統的プライバシー権

プライバシー権は，19世紀末のアメリカにおいて，大衆紙による有名人の私生活の暴露などを背景に主張され，私人間における不法行為法上の権利として判例上確立したもので，ウォーレンとブランダイス（S.D. Warren & L.D. Brandeis）による1890年の論文では，「放っておいてもらう権利（a right to be let alone）」ととらえられた。その後プライバシー権は，1965年のグリズウォルド判決（Griswold v. Connecticut, 381 U.S. 479 (1965)）において，国家に対する憲法上の権利としても承認されるに至った。

日本国憲法はプライバシーの利益を，通信の秘密（21条2項）や住居の不可侵（35条）において部分的に保障しているが，個別的権利としては規定していない。そこで，日本国憲法の解釈として，プライバシー権が「新しい人権」として承認されるかどうか問題となる。

日本においてプライバシー権が議論される契機となったのが，三島由紀夫のモデル小説によるプライバシー侵害が争われた「宴のあと」事件であり，私人間の不法行為に関するものである。この事件で東京地裁はプライバシーを「私生活をみだりに公開されないという法的保障ないし権利」と定義して，不法行為法上保護に値する利益として認め，プライバシー侵害の要件として，①公開された内容が，私生活の事実または事実らしく受けとられるおそれのある事柄であること（私事性），②一般人の感受性を基準にして当該私人の立場に立った場合，公開を欲しないであろうと認められるものであること（秘匿性），③一般の人に未だ知られていない事柄であること（非公然性），の三要件を提示した（東京地判昭39・9・28判時385号12頁*。なお控訴審中に原告が死亡し，遺族と和解が

92

Ⅱ　プライバシー権

成立している）。

* 私法上の人格権としてのプライバシーは，その後最高裁においても認められ，判
例上確立している。もっとも，上記のプライバシー三要件が，現在でも妥当してい
るかどうかは明らかではない。
　　まず，前科等を公表されない利益については，犯罪事実の公共性や裁判の公開性
から，①および③の要件を充足するか，プライバシー該当性が問題となる。ノンフ
ィクション「逆転」事件判決（最三判平6・2・8民集48巻2号149頁）では，名
誉・信用との直接関連性や犯罪者の更生の必要性から，「みだりに前科等にかかわ
る事実を公表されない法的利益」，「社会生活の平穏を害されその更生を妨げられな
い利益」を認めた。前科等を公表されない利益を，犯罪者の更生という刑事政策上
の利益とみなす見解も有力である。
　　また，モデル小説により，プライバシー権，名誉権および名誉感情が侵害された
として出版の差止め等が求められた「石に泳ぐ魚」事件において，顔面の腫瘍のよ
うな外貌が，③の要件を充たすか，プライバシー該当性が問題となった。最高裁判
決（最三判平14・9・24判時1802号60頁）は，顔面の描写以外の点についてもプ
ライバシー侵害を認めた原審に依拠しており，その立場は明らかでない。もっとも，
肖像等の権利はプライバシー権として認められてきたことから，外貌もプライバシ
ー権として認めうる余地はあるし，あるいは人格的利益として構成することも可能
であろう。
　　以上のように，プライバシー三要件が現在でも妥当するかどうかは明らかではな
いが，伝統的なプライバシー権の本質は，②の秘匿性にあると解されることから，
②に重点をおいて判断すべきであろう。なお，②は，本人の主観ではなく，あくま
で一般人を基準にしつつ，一般人が本人の立場に立った場合を問題にしていると解
される。
　　なお，人格権に由来する権利の一内容を構成するものとして，パブリシティ権，
すなわち「顧客吸引力を排他的に利用する権利」が，肖像等それ自体の商業的価値
に基づくものであることを理由に，判例で承認されている（最一判平24・2・2民
集66巻2号89頁）。

(2)　プライバシー権の再構成——自己情報コントロール権の意味の深化
　プライバシー権は上記定義のように，伝統的には私生活秘匿権として，他者
を排除する消極的・静態的な権利ととらえられていた。しかし，これに対し，

93

第5章　包括的基本権

プライバシー権を，他者との関係性を志向する積極的・動態的な権利として提示する見解が登場する[*]。

　代表的見解によればプライバシー権は，「個人が道徳的自律の存在として，自ら善であると判断する目的を追求して，他者とコミュニケートし，自己の存在にかかわる情報を開示する範囲を選択できる権利」と定義される。この見解は，自律的主体性を前提に，高度情報化社会への対応をも視野に入れ，プライバシーを「自己情報コントロール権」として再構成するものである（佐藤幸治）。それによれば，伝統的なプライバシー権が保障する私的領域の公開禁止を超えて，個人情報の本人の意思に反する取得・利用・開示が禁止され（①収集制限，②目的外利用の禁止，③第三者提供の制限），さらに情報の正確性を担保すべく，本人による閲覧および訂正・削除請求が認められる。前者は自由権であり具体的権利であるのに対し，後者は伝統的プライバシー権には含まれない作為請求権であり，法律による具体化をまって裁判規範となる抽象的権利と解されている。

　本格的な高度情報化社会の到来前に提唱された自己情報コントロール権説の主眼は，あえて自己の秘密を打ち明けることによる，愛・友情・信頼といった親密な関係の自律的形成にあったのであり，同説は高度情報化社会に十分に対応しうるものではなかった。

　社会への積極的介入をますます要請され，活動領域を拡大してきた現代国家は，個人情報を大量に集積しているが，テクノロジーの発達は，個人情報の収集・保有・蓄積だけでなく，断片的にすぎなかった個人情報のコンピューターによる検索・連結・解析を技術的・費用的に容易にし，個人の全貌を把握することを可能にした。こうした高度情報化社会においては，情報システムやデータベースの存在自体が，我々に漠たる不安や懸念を抱かせ，徐々に，しかし確実に，しかも全体的に，我々を無力化し，言論や結社など憲法上保障された諸活動にも萎縮効果を与え，民主主義をはじめとする社会公共的利益に重大な影響を与える。したがって，全体主義的干渉に抗するため，具体的な侵害がなくても，予防的な観点からシステム・コントロールをする必要性が主張されている。それによれば，人格的関連性の希薄な単純情報であっても，システム構築を目的とした収集・保存自体が問題とされ，不正アクセスを防止するシステム

Ⅱ　プライバシー権

の強度に関する構造審査や，構造審査を担う専門的な第三者機関の設置など組織法的観点からの審査が要請される（山本龍彦）。

　インターネットが普及し高度情報化社会がさらに進んだ近年では，プライバシー権のさらなる再構成として，「忘れられる権利」が議論されている（→第8章Ⅱ3参照）。

　　　＊　プライバシー権の積極的・動態的把握として，他にも，自己の役割イメージコントロール権説が主張されている。それによれば，我々は多様な社会関係のコンテクストに応じて多様な自己の役割イメージを使い分けることにより，他者とコミュニケーションをおこない，他者との関係をとり結んでいるとされる（棟居快行）。

(3)　保障範囲と審査基準

　従来の自己情報コントロール権説は，秘密の打明けによる親密な関係の自律的形成に主眼をおいたものであることから，保障範囲の画定や審査基準の設定にあたり，情報を人格的関連性の観点から，「プライバシー固有情報」，すなわち政治的・宗教的信条にかかわる人格的関連性の強い情報や，心身に関する基本情報，前科などのセンシティブ性が高い情報と，「プライバシー外延情報」，すなわち氏名・生年月日・住所などの本人確認情報や税に関する情報といった，一般に人格的関連性の弱い情報に区別してきた。

　しかし，文脈によっては，プライバシー外延情報であっても要保護性が大きくなる。また本人確認情報は，後述の住基ネット訴訟で問題とされたように，プライバシー固有情報を含む膨大な個人情報を収集して結合処理するための「マスターキー」や「索引情報」として機能しうることから，プライバシー固有情報を保護するために保障範囲に含める必要がある。さらに，前述の高度情報化社会がもたらす社会公共的利益への影響の予防という観点からも，保障範囲には単純情報をも含めるべきである。そして審査基準の厳格度の設定においても，情報の人格的関連性の強度だけでなく，システム構築可能性をも考慮すべきであろう。

第5章 包括的基本権

2 判例の展開

既述の京都府学連事件において最高裁は,「少なくとも,警察官が,正当な理由もないのに,個人の容ぼう等を撮影することは,憲法13条の趣旨に反し,許されない」と判示したが,「趣旨」という文言を用いていることに留意する必要がある。判例が「趣旨」や「精神」という文言を使用する場合,憲法上の権利として一段階下の保障を意味するとの理解は,取材の自由に関する博多駅事件（最大決昭44・11・26刑集23巻11号1490頁）や,法廷でのメモを取る自由に関するレペタ事件（最大判平元・3・8民集43巻2号89頁）の分析において指摘されてきたことである。

また,区長が弁護士会の照会に応じて漫然と前科等のすべてを開示したことの違法性が争われた前科照会事件において,最高裁は,「前科及び犯罪経歴……は,人の名誉,信用に直接にかかわる事項であり,前科等のある者もこれをみだりに公開されないという法律上の保護に値する利益を有する」と判示したが（最三小判昭56・4・14民集35巻3号620頁）,あくまで国家賠償法上の「法律上の保護に値する利益」として認めたのであって,憲法上の権利として承認しているわけではない。もっとも,本件は,不特定多数者に対する私事の「公開」ではなく,弁護士会という特定者に対する個人情報の「開示」が問題とされたものであるが,本判決は,前科をみだりに開示されないことを法律上の保護に値する利益としており,自己情報コントロール権的発想がうかがえる。

住基ネット*訴訟においては,最高裁は,「個人に関する情報をみだりに第三者に開示又は公表されない自由」**を,個人の私生活上の自由として何人も有すると判示した。結論としては,住基ネットの目的の正当性および手段の相当性を認め,罰則や監視機関の存在等を理由に,原審と異なり運用におけるデータマッチングや名寄せの具体的危険性を否定して,住基ネットは「憲法13条により保障された上記の自由を侵害するものではない」としたが（最一判平20・3・6民集62巻3号665頁）,「趣旨」などの文言がなく,情報コントロール権の自由権的側面を,憲法上の権利として承認したものと解される。本判決は,「開示」という自己情報コントロール権ならではの文言を明示するとともに,構造審査,すなわちシステム上の欠陥による不正アクセスの具体的危険の有無,目的外利用の刑罰等による禁止や審議会などの制度的担保の有無を一応チェッ

クしており，予防的観点からのシステム・コントロールという発想がうかがえる***。

　以上のように判例は，プライバシー，その再構成としての自己情報コントロール権について，憲法上の権利として承認すること自体慎重であり，承認しても内容的に限定されたものとなっていると解されるが，その理由は次のように考えられる。

　第一に，プライバシーは，私人間で発展してきたものであり，抽象的原理としてはともかく，具体的内容は，対私人と対国家とで同じというわけではなく，憲法上の権利としては未成熟と解されたことから，判例の集積が必要と考えられた（対私人との関係における判例の集積も参照資料として重要である）。第二に，法律上の権利や利益の承認であれば，それを否定する場合，議会は新たに立法すればよいが，憲法上の権利の承認については，それを否定する場合，憲法改正しかないことから，裁判所としても慎重にならざるをえないのである。もっとも，住基ネット訴訟の時点では，判例がある程度集積され，また民間事業者をも対象とした「個人情報の保護に関する法律」や「行政機関の保有する個人情報の保護に関する法律」など，個人情報保護法制の整備がなされていた。それゆえ，第一の問題がかなり解消され，それに伴い，第二の問題も小さくなったことから，最高裁はプライバシーを，内容的に限定されたものであるけれども，憲法上の権利として承認することに踏み切ったものと考えられうる。

　＊　住基ネットとは，行政サービスの向上および行政事務の効率化を図るため，国民一人ひとりに住民票コードを付し，氏名・生年月日・性別・住所の四情報および転入・出生などの変更情報と関連づけて（住民表コードおよびこれらの情報は「本人確認情報」と称される），自治体および国の機関等が共有する情報ネットワークシステムであり，とりわけ付番の「索引情報」性が問題視された。

　2013（平成25）年，税と社会保障の公正等を図るため，国民一人ひとりに番号を付し，国の機関や自治体等が分散して保有している個人情報と関連づけて（番号および個人情報は「特定個人情報」と称される），国の機関や自治体等の間での情報連携を促進しようとする，いわゆる番号法（「行政手続における特定の個人を識別するための番号の利用等に関する法律」〔平成25年法律27号〕）が成立した。このいわゆる番号法は，本人確認情報より秘匿性の高い個人情報を含むネットワークシ

第 5 章　包括的基本権

　　ステムを構築するものであることから，従来どおりの分散管理方式の採用に加え，
　　罰則の強化，強い強制力をもち独立性の高い個人情報保護委員会の設置（→第 15
　　章参照）など，より強い制度的担保がなされている。

＊＊　本人確認情報について，第三者「提供」の違法性が，私人間の問題としてではあるが争われ，住基ネット訴訟への影響が注目されたのが，講演会名簿提出事件である。この事件は，私立大学が講演会に参加予定の学生の学籍番号・氏名・住所・電話番号を記載した名簿を，要人警護を目的として，無断で警察に提供したというものである。最高裁は，個人識別をおこなうための単純な情報についても，「本人が，自己が欲しない他者にはみだりにこれを開示されたくないと考えることは自然なことであり，そのことへの期待は保護されるべきものであるから……プライバシーに係る情報として法的保護の対象となる」と判示した（最二判平 15・9・12 民集 57 巻 8 号 973 頁）。

　　また大手教育関係会社による顧客の個人情報の漏洩に対する損害賠償請求事件で，最高裁は上記講演会名簿提出事件判決を引用し，個人情報は「プライバシーに係る情報として法的保護の対象となる」と述べ，本件漏洩によるプライバシー侵害を認めた（最二判平 29・10・23 判時 2351 号 7 頁）。

＊＊＊　かつての外国人登録法による外国人に対する指紋押捺の強制の合憲性が争われた事件において，最高裁は，「個人の私生活上の自由の一つとして，何人もみだりに指紋の押なつを強制されない自由」を有し，その保障は在留外国人にも等しく及ぶとし，指紋情報は「利用方法次第では個人の私生活あるいはプライバシーが侵害される危険性がある」と判示した（最三判平 7・12・15 刑集 49 巻 10 号 842 頁）。しかし，同判決は指紋情報の取得のみに焦点をあて，「利用方法」については審査しておらず，構造審査という発想はみられない。なお，指紋押捺の強制は，後述の人格権の侵害としても構成しうる。

　　下級審ではあるが，N システム（車両ナンバー読取システム）の合憲性に関する控訴審判決（東京高判平 21・1・29 判タ 1295 号 193 頁）は，構造審査を自覚的におこなったものと評されている。

Ⅲ　人　格　権

　人格権は，プライバシー権や後述の自己決定権も含むものとして使用されることもあるが，ここでは憲法上の権利行使とその前提となる憲法上の権利主体

Ⅲ　人　格　権

としての人格とを区別する趣旨から，人格権を，人格を構成する利益，具体的には名誉および生命・健康に関する利益として，狭義で用いることとする。これらの利益は，むしろ私人によって侵害されることが多く，刑法や不法行為法において発展してきた。

1　名　　誉

名誉は表現行為によって侵害されることから，プライバシーとともに議論されることが多いが，名誉はプライバシーと異なり，歴史的に古くから要保護性が承認され，保護法益もまったく異なる。名誉は社会的評価を保護法益とするのに対し，プライバシーはそもそも社会的評価から自由な領域を保護法益とする。

最高裁は，名誉毀損の救済として裁判所による事前差止めの合憲性が争われた北方ジャーナル事件（最大判昭 61・6・11 民集 40 巻 4 号 872 頁）において，人格権としての名誉を憲法 13 条によって保護される憲法上の権利と判示している（→第 8 章）*。

　＊　夫婦別姓訴訟判決（最大判平 27・12・16 民集 69 巻 8 号 2586 頁）では，婚姻の際に「氏の変更を強制されない自由」は，現行の法制度を考慮すれば，憲法上の権利として保障される人格権の一内容であるとはいえないが，「婚姻前に築いた個人の信用，評価，名誉感情等を婚姻後も維持する利益等」は，「氏を含めた婚姻及び家族に関する法制度の在り方を検討するに当たって考慮すべき人格的利益」といえ，憲法 24 条の認める立法裁量の範囲を超えるか否かの検討に当たって考慮すべき事項であるとされた（→第 6 章Ⅶ参照）。

2　生命・健康

生命・健康に関する利益，とりわけ上位概念たる生命に関する利益は，憲法上の権利の主体の根底的基礎であり，国家が尊重するだけでなく保護すべき最重要の利益といえる。したがって，それを単なる自由権にとどまらず，限定的ながら憲法上の保護義務の対象にしようとする見解が有力であり，この見解は憲法 13 条後段から「生命」に対する権利を独立させる。しかし，通説は，「生命，自由，及び幸福追求に対する国民の権利」を一体として幸福追求権ととら

第5章　包括的基本権

え，生命に関する利益は，憲法上の人格権と位置づける。

大阪空港公害訴訟の控訴審判決（大阪高判昭 50・11・27 判時 797 号 36 頁）は，救済の基礎として人格権を認めた。これに対し最高裁判決（最大判昭 56・12・16 民集 35 巻 10 号 1369 頁）は，人格権という概念は使用しないものの，国家との関係で，身体的および精神的健康に関する利益は承認している。

Ⅳ　自己決定権

自己決定権は既述のプライバシー権や人格権と異なり，幸福追求権の保障範囲をめぐる学説の対立が先鋭化する場面であり，権利の外延が不明確である。

自己決定権とは，「私的な事柄について公権力の干渉を受けることなく自分で決定する権利」であり，①「自己の生命・身体の処分にかかわる事柄」，②「家族・親密な人的結合にかかわる事柄」，③「リプロダクションにかかわる事柄」，④「その他の事柄」に分けられる。①については，治療拒否，尊厳死，積極的安楽死などの問題，②については，同性愛，子の養教育の問題，③については，避妊，中絶などの問題がある。④は，髪型，服装などの身じまい，喫煙，飲酒などの嗜好，登山などの趣味に関するもので，開かれている。

幸福追求権，すなわち「新しい人権」を含め憲法上の権利の源泉となる権利を，人格的利益に限定する説によれば，①から③は自己決定権として保障されるが，④については保障されない。これに対し，一般的自由説によれば，すべてが一応は自己決定権として保障される。もっとも，既述のとおり，幸福追求権の保障範囲としては人格的利益説が妥当であるが，④についても，主観的権利としては保障されないものの，客観法による憲法的統制を及ぼしうることに注意しなければならない。

そもそも自己決定という観念は，アメリカにおいて，キリスト教の教義を背景にリプロダクションを法的に規制する州法を，プライバシー権侵害とした違憲判決の位置づけをめぐり議論されるようになった。プライバシー権には，狭義のプライバシー権の他に，避妊・中絶の自由など，一定の私的事柄に関する自己決定が含まれるとされたのである。

IV 自己決定権

こうしたアメリカでの広義のプライバシー権論を受け，日本でも自己決定権が議論されるようになったが，日本では社会的文化的背景の違いから，自己決定権は，校則による髪型や服装，バイクの規制など，学校という規律権力による不合理なまでの標準化に対抗する手段として注目された。しかし，髪型やバイク乗車の自由は，一般的には，個別的権利と同等の重要性をもつとはいえないであろう*。これらの問題は，憲法上の権利としての承認以前の問題，すなわち，そもそも公権力の行使が正当化されない，公権力の内在的限界としての法治主義の問題であったといえる。

もっとも，日本においても，まさに自己決定権の中核が問題となった事件がある。宗教上の信念による輸血拒否という本人の明確な意思に反して，医師が輸血したことの違法性が争われた，エホバの証人輸血拒否事件である。控訴審判決（東京高判平 10・2・9 判時 1629 号 34 頁）は，患者の絶対的無輸血手術に対する同意は，「各個人が有する自己の人生のあり方（ライフスタイルないし何に生命より優越した価値を認めるか）は自らが決定することができるという自己決定権」に由来するものとした。しかし，これに対し最高裁判決（最三判平 12・2・29 民集 54 巻 2 号 582 頁）は上記意思決定をする権利を，人格権の一内容と構成し，医師の説明懈怠により人格権が侵害されたとして不法行為の成立を認め，自己決定権には言及していない。

自己決定権は，私的事柄に関するという性質上，他者加害が問題となりにくく，パターナリズムや道徳の強制が問題となることが多いことに留意する必要がある。

* 髪型の自由については，人格的利益説に立脚しつつ，青少年の人格発展に対する寄与を理由に肯定する見解もある。なお丸刈りの強制は，画一性を押しつける意味をもち，人格権の侵害ととらえられよう（高橋和之）。

IOI

第6章 法の下の平等

Ⅰ 平等のとらえ方

1 歴史的経緯

　自由とならんで平等は，近代市民社会の基盤をなしている。1776年のアメリカ独立宣言が，「すべての人は平等に造られ，造物主によって一定の奪いがたい権利を与えられており，そのなかに生命，自由および幸福の追求が含まれる」と述べ，1789年のフランス人権宣言（人および市民の権利宣言）がその1条において，「人は自由かつ，権利において平等なものとして生まれ，生存する」と規定している例を引くまでもなく，自由かつ平等な市民を措定し，その合意によって国家が形成されるというとらえ方は，近代憲法の前提である。

　ところが，自由，平等という理念は，たやすく実現されるものではない。アメリカの場合をみてみよう。「すべての人は平等に造られ」ていることを謳った独立宣言の下でも，かつて奴隷の存在は容認されていた。自由と平等を高らかに宣言しつつ，しかしその理想の及ぶ人的範囲を限定し，マジョリティ（多数者）側が人種的マイノリティ（少数者）などを除外してしまうのは，近代市民社会の業病といえる。

　アメリカでは19世紀中葉の南北戦争（1861年〜1865年）を経て奴隷制度は廃止され，さらに，州は「何人に対しても法の平等な保護を拒んではならない」とする平等保護の規定が，合衆国憲法修正14条によって付加された。しかし，この規定の下でも自らの人種的優位性（white supremacy）を信奉する白人側からの反発・反動が，やはり生じた。人種的マイノリティは社会において劣位の位置づけを押しつけられたが，それをもとにして具体的には，政治参加

の面で，あるいは経済活動の面で，さらには諸々の社会生活の側面で，系統的
になされる差別行為につながった。二級市民（second class citizen）ということ
ばが，形式上は市民でありながら，その実，劣位に位置づけられる彼らの状況
を形容した。

2　平等の二層構造

このようにみてくると，人種差別など深刻な差別問題は二層構造になってい
ることが看取される。

問題の根底には，差別の犠牲者の社会構成員たる地位そのものの格下げ，排
除，あるいは彼らに対するスティグマ（stigma＝劣等の烙印）の押しつけがある
（「地位のレベル」）。そしてそれが具体的に顕在化して，諸々の側面における権
利・利益さらには義務の不利益分配となる（「権利・義務等のレベル」）。平等の
規範は，こういった二層の構造をなす差別問題への対処をその課題として背負
い込むこととなった。

ちなみに，アメリカの学説上，平等の規範のとらえ方に関し，反別異（anti-
classification）の視点と反従属（anti-subordination）の視点がしばしば対比される。
反別異の視点は，基本的には権利・義務等のレベルに焦点を当て，そこにおけ
る別異扱い，あるいは不平等扱いこそが，平等の規範の対処すべき課題である
とみる。ある人々に対してのみ権利の保障が不十分である，あるいは義務が重
く課される，などである。これに対し反従属の視点は，諸々の権利・義務等の
不平等分配の背後に，不平等処遇の犠牲者たるマイノリティの人々の社会的地
位の格下げという害悪（status harm）をみてとり，そこに考察の焦点を当てる。

もちろん，この両者の視点はオーバーラップする面があるものの，反従属の
視点をとってはじめて，深刻な構造的差別の実像に迫ることができるであろ
う*。

＊　アメリカの，特に南部では，1950 年代に入っても，白人の通う学校，アフリカ
ン・アメリカン（黒人）の通う学校というように，人種によって公立学校が別々に
なっていた。こういった人種による隔離教育の撤廃を求めて提起されたのが，有名
なブラウン対教育委員会事件である。この判決（Brown v. Board of Education,

347 U.S. 483（1954））において合衆国最高裁は，次のように論じて隔離教育は違憲であるという判断を示している。

「人種のみを理由として〔アフリカン・アメリカン（黒人）の〕子どもたちを隔離するとき，彼らの社会的地位に関わって劣等感を抱かせ，精神的に回復しがたい影響を与えうる」。「人種による隔離の政策は，通常，黒人グループが劣っていることを示すものと理解される」。そして，「法的サンクションを伴った隔離は，黒人の子どもたちの教育的・精神的向上を遅らせ，学校教育が人種的に統合されていたならば得られたであろう利益を，剝奪することになる」。したがって，「公立学校教育の場においては，隔離すれど平等（separate but equal）の理論は当てはまる余地がない」。

この判決においては，人種的マイノリティに対するスティグマの押しつけという，隔離教育が及ぼす害悪が素直に認識されている。換言すれば，反従属の視点をとることにより，隔離教育が平等の規範に反するゆえんが明確に認識されるといえる。

II　わが国における平等論

1　法適用の平等か，法内容の平等か

日本国憲法14条1項は，「すべての国民は，法の下に平等であって，人種，信条，性別，社会的身分又は門地により，政治的，経済的又は社会的関係において差別されない」と規定する。

この条文の文言上は，「法の下」に平等であるとしているが，それは，法の適用の平等のみ——法の内容はともかく，その法をすべての人に平等に適用することのみ——を要求しているのか，それとも，法の内容についても平等を要求しているのであろうか。

たしかに，「法の下」の平等という文言からすれば，法適用の平等のみが要求されているようにみえるが，一般的には法内容についても平等が要求されると解されている。憲法の根本的な規範である「個人の尊厳」（13条）を実現するためには，法の内容についても平等が要求されざるをえないからである。

2 絶対的平等か，相対的平等か

憲法14条1項は，法の下に「平等」であるべきことを定めるが，求められているのは，絶対的平等であろうか，それとも相対的平等であろうか。絶対的平等とは，各人に全く同等の処遇をすることを意味するのに対し，相対的平等は，等しいものについては等しく，等しくないものについては等しくない程度に応じて等しくなく扱うことを意味する。

この論点に関しては，相対的平等が妥当であると解される。現実には各人の事情に違いがある以上，それに応じた処遇，すなわち異なった処遇をしなければ，かえって悪平等になるからである。たとえば，勤勉に働いた者と怠慢であった者との間で同一賃金というのでは，不公正であると指摘される。

こうして相対的平等の立場をとるならば，各人の事情の違いに応じた合理的な区別は認められることとなる。すなわち，区別の有無ではなく，区別の合理性こそが，検討の焦点となる。

3 形式的平等か，実質的平等か

平等の意味内容について，相対的平等の立場をとるとして，では，各人の事情の違いにどのように対応するかに関わって，形式的平等と実質的平等の立場がある。

ここで，A氏には50の所得，B氏には500の所得があるとして，それぞれにどれほどの所得税を課すか，という例を用いて考えてみよう。たとえば所得の一割など，形式的基準に依拠して課税する場合，A氏は5，B氏は50の負担になるが，これなどは各人の事情の相違に形式的に対応するものとして，形式的平等の立場といえよう。

これに対し，所得が高くなるに従って課税負担に対応する能力は累進的に拡大する，所得が低い人々の生活に配慮する，などの実質的配慮を加味して累進課税のシステムを採用し，A氏には1，B氏には100の所得税を課すなら，実質的平等の見地に立っていることとなろう。

この点については，憲法は形式的平等の立場を基本としているものの，実質的平等の見地を一定程度加味することを許容している，というのが通説の立場である。

第6章　法の下の平等

4　例示列挙か，限定列挙か

さて，憲法14条1項は，その後段において「人種，信条，性別，社会的身分又は門地」という区別事由を列挙し，これらを事由とした差別を禁止しているが，こういった列挙事由は，例示列挙であろうか，限定列挙であろうか。

限定列挙説は，憲法14条が禁じているのは列挙された事由による区別のみであって，それ以外の事由によるものはそもそも憲法14条の埒外であるとみる。たとえば能力によって区別処遇がなされるとき，能力の高低が憲法14条1項後段が限定的に列挙した事由のいずれにも該当しないならば，この区別は憲法14条の関知するところではなくなる。

これに対し例示列挙説は，14条1項後段に列挙された事由は，憲法14条が及ぶ区別事由の例示にすぎず，これら以外のものによる区別についても憲法14条の規制は及ぶとみる。

この争点に関して通説・判例は例示列挙の立場をとる。そしてこの立場をとるとき，憲法14条の枠内か否かに関して，当該事案における区別事由が14条1項後段に列挙されたもののいずれに該当するかは，真剣に検討する実益に乏しい。

5　単なる例示か，特別な意味を認めるか

憲法14条1項後段の列挙は例示であって，列挙されていない事由による区別も憲法14条の問題になりうるとして，それでは列挙された事由は単なる例示にとどまるのか，それとも列挙されたことに伴う何らかの意味を内包するのかが，さらに問われる。

判例はこの点，単なる例示列挙にすぎないとする立場をとるものとみられる。これに対し有力説は，たしかに憲法14条の効力の及ぶ範囲に関しては例示列挙にすぎないが，憲法が明示的に列挙したことには，これらの事由による区別を特に警戒すべきであるという趣旨が込められていると解し，区別の合憲性を審査する際の基準を高めるという特別の意味を認めるべきである，と論ずる（いわゆる特別意味説）。この立場によれば，列挙事由による区別であろうとなかろうと，憲法14条問題を生ずるが，列挙事由（あるいは，民族などそれに準ずる事由を含めて）による区別の場合，その合憲性をより入念に審査すべきこととなる。

6 わが国の学説がとらえてこなかった視点

さきに反別異の視点と反従属の視点とを対比した。この枠組みを用いるならば，わが国の判例・学説ともに，平等を権利・義務等のレベルに限定して考察してきたという点で，反別異の視点に立ってきたのではなかろうか。平等の意味に関して学説は，絶対的平等か相対的平等か，形式的平等か実質的平等か，を対比して論じてきたが，それらはどれも権利・義務等の公正な配分をどうすべきかに関わる議論であった。

では，反従属の視点をとり入れるならば，どうなるのだろうか。権利・義務等の分配のレベルにとどまる問題か，それとも地位のレベルにまでかかわる問題か，という区分けが可能になるだろう。たとえば人種差別，性差別などの深刻な差別は，後者の範疇に属するものと整理される。さらにいえば，憲法 14条 1 項後段列挙事由による区別は，差別の犠牲者に対し，その社会的地位の格下げ，スティグマの押しつけという深甚な害悪を及ぼすがゆえに，区別の合憲性審査における基準を高めるべきだ，と理解することになろう。つまり特別意味説は，反従属の視点をとることによってはじめて，その実相を的確に把握しうる。

Ⅲ 司法審査のあり方

1 判例の伝統的な立場

区別処遇が合憲か否か，司法審査の場で争われたとき，いかなる基準が用いられることになるのだろうか。

判例は，平等の意味に関して相対的平等説をとり，区別のうち合理性のないものが憲法上許されないという理解を提示する。たとえば，14 条 1 項は「事柄の性質に即応した合理的根拠に基づくものでないかぎり，差別的な取扱いをすることを禁止する趣旨と解すべき」である，などと論じられる。では，その合理性の有無をどのように審査するのか。この点については，立法目的と目的達成手段の双方から検討するという点は示唆されているが，それ以外に指針となることが示されているわけではない，という状況が長らく続いた（もっとも

第6章　法の下の平等

後述するように，平成20年の国籍法違憲判決によって一定の方向性が看取されるようになってきている）。

2　学説の立場

こういった判例のあり方に反省を迫るべく，学説はアメリカの判例理論を参酌しつつ理論の提示に努めた。

そもそも平等問題は，「区別事由」と「区別がかかわる権利・義務等」という二つの視点から整理することができる。たとえば，選挙権に関して人種差別をする，というケースをとりあげるならば，区別事由は人種であり，区別がかかわる権利・義務等は選挙権である。

アメリカの判例理論によれば，一方で，区別事由いかんによって差別は三つに分類され，人種，民族などの「疑わしい差別」(suspect classification)，性別，嫡出であるか否かなどによる区別である「準・疑わしい差別」(quasi-suspect classification)，そして，それ以外の差別問題に整理される。他方で，区別がかかわる権利・義務等に関しては二つに分類され，選挙権，州際移動の自由などの基本的権利 (fundamental right) についての差別問題と，それ以外のものに分類される。

そして基本的権利にかかわる区別であれば，区別事由がいかなるものであれ厳格審査が適用されるが，それ以外の権利・義務等がかかわる場合には，区別事由がいかなるものかによって審査基準が左右される。すなわち，疑わしい差別の場合は厳格審査が，準・疑わしい差別の場合は中間審査が，そしてそれ以外の区別事由の場合は合理性の基準が，それぞれ適用される[*]。

わが国の学説は，以上の理論を憲法解釈に導入することを試みる。すなわち，憲法14条1項後段列挙事由（あるいはそれに準ずる事由）は，アメリカでいう疑わしい差別または準・疑わしい差別に該当するものと把握する。そういう認識の下に特別意味説が論じられ，厳格審査または中間審査が適用されるべきと主張される。

このように学説上，区別事由との関係では特別意味説が有力であるが，他方で，区別がかかわる権利・義務等との関係では，たとえば選挙権などに関して区別問題が存在するとき，区別事由がいかなるものであろうと，基本的権利に

かかわる区別であることからして，審査基準を厳格化すべきこととなろう。

* それぞれの審査基準の具体的内容であるが，厳格審査基準は，やむにやまれぬ利益のため必要不可欠の手段であること，中間審査基準は，重要な利益のため実質的に関連した手段であること，合理性の基準は，正当な目的のため合理的に関連した手段であること，がそれぞれ要求される，と理解されている。なお，審査基準と立法事実との関係についても注意が必要である（→第17章Ⅴ1）。

Ⅳ　わが国における判例の展開

1　尊属殺重罰規定違憲訴訟（最大判昭48・4・4刑集27巻3号265頁）

最高裁による初の法令違憲判決として名高い事案であるが，法的争点としては，刑法199条の規定する普通殺人罪の法定刑が，死刑，無期懲役，または3年以上の有期懲役であるのに対し，200条の規定する尊属殺人罪の法定刑は，死刑または無期懲役に限定され特に重罰とされていたので，その区別が法の下の平等に反しないかが問われた[*]。

最高裁は，立法目的の審査と目的達成手段の審査に分けて検討を展開した。尊属殺重罰規定の立法目的は「尊属に対する尊重報恩」であるが，このような「普遍的倫理の維持は，刑法上の保護に値する」と評価した。しかしながら，そのための手段としての「刑法200条は，尊属殺の法定刑を死刑または無期懲役刑のみに限っている点において，その立法目的達成のため必要な限度を遥かに超え」るとして，憲法14条1項に反すると判断した。

この判決の核心には，当時の刑法200条の法定刑が重すぎる（特に執行猶予がつけられない）ので違憲とした，ということもありはしないだろうか。犯した罪に比して不相当に重い刑罰を受けない権利というものが観念されれば，その権利が争点を形成したであろう。そうだとすれば，この事案における最高裁の判断は，尊属卑属の別という区別事由のみならず，基本的権利型の平等問題[**]の含意においても把握されるといえるのではなかろうか。このように，疑わしい差別型と基本的権利型の混合形態ととらえうるとすれば，後にみる平成

第6章　法の下の平等

20年の国籍法違憲判決の源流をなすものとなろう。

> ＊　当時の刑法199条は，殺人に対し，死刑または無期もしくは3年以上の懲役に処
> する，としていた。のち，3年以上が5年以上へと改正された。また，刑法200条
> は現在では削除されている（→第17章Ⅵ1）。
> ＊＊　ここにおいて基本的権利型平等事案とは，区別事由というより，区別がかかわ
> る権利・利益が争点の実質をなしている場合をさしている。アメリカの判例理論の
> ように，審査基準として厳格審査が適用されたということまでは含めていない。

2　議員定数不均衡訴訟（一票の重みを争う訴訟）

いわゆる一票の重みの較差を，法の下の平等との適合性から争う，議員定数
不均衡訴訟は，2回にわたって最高裁による違憲判決が下されるなど，大きな
憲法問題（のみならず大きな政治的問題）となってきた。この問題については第
11章が扱うが，問題の焦点は区別事由（有権者の居住場所）ではなく，区別が
かかわる権利・利益（一票の重み）である。つまり基本的権利型の平等問題と
して位置づけられる。

3　サラリーマン税金訴訟（最大判昭60・3・27民集39巻2号247頁）

給与所得者は，事業所得者等と異なり必要経費の実額控除を認められておら
ず，概算控除のみ許容されていたことなどが，法の下の平等に反しないかが問
われた。

最高裁は，租税法の定立については立法府の裁量的判断を尊重せざるをえな
いことを前提として判断を下した。給与所得者と事業所得者等との租税負担の
均衡に配慮しつつ，税務執行上の混乱を防止するなどの目的に由来する措置で
あるが，そういった目的は正当である。また，給与所得者において自ら負担す
る必要経費の額が一般に（旧）所得税法所定の概算控除額を明らかに上回るもの
と認めることは困難であり，したがって本件区別は合理的なものと判断された。

4　国籍法違憲訴訟（最大判平20・6・4民集62巻6号1367頁）

これまでみてきた諸判例からすれば，最高裁の判例は主として区別がかかわ

る権利・義務等に軸足をおいて展開してきたといえよう。ところが，2008（平成20）年に下された国籍法違憲判決は，疑わしい差別型の平等問題を認識する点で注目すべき論理を展開している。

国籍法3条1項は，日本国民である父と日本国民ではない母（父母は婚姻関係にない）との間に出生した後に父から認知された子について，父母の婚姻により嫡出子となった場合に限り，届出による国籍取得を認めていた。この規定は，嫡出性の取得の有無によって，国籍に関し区別をしているが，これが法の下の平等に反しないか争われた。そもそも嫡出性の有無は，社会における偏見がしみ込んだ区別事由であり，そのような事由による区別について，疑わしい差別型（あるいは準・疑わしい差別型）の平等問題が認識されているか否かは，判例展開をみる上で鍵となるポイントである。

判決においては，①国籍が「我が国において基本的人権の保障，公的資格の付与，公的給付等を受ける上で意味を持つ重要な法的地位」であること，および，②「嫡出子たる身分を取得するか否かということは，子にとっては自らの意思や努力によっては変えることのできない父母の身分行為に係る事柄」であること，の双方からして，区別の合理性について「慎重に検討することが必要である」として，審査密度を高めている。

この判決は，権利・利益あるいは法的地位の重要性（前記①）と区別事由（前記②）とを総合的に考慮し，審査密度のレベルを設定するという方向性を示したものと評価できる。

従来，判例の合理的区別論に対して，学説はアメリカの判例理論における基本的権利型平等問題，疑わしい差別型平等問題を紹介しつつ批判を加えてきた。本件国籍法違憲判決は，基本的権利が関わる場合や疑わしい差別の要素がある場合，差別問題の要注意度が高まる，という比較憲法的知見を取り入れつつ，しかしそういったことがらを審査密度の設定の際に考慮すべきファクターとして位置づけることにより，日本流の平等審査の枠組みを提示するものとなっている。

ただし，「慎重に検討する」といっても，どの程度の慎重さなのか明確ではない，という問題点は残る。そこに，この枠組みの弱点がある。

第6章 法の下の平等

5 婚外子に対する法定相続分差別訴訟（最大決平25・9・4民集67巻6号 1320頁）

かつての民法900条4号ただし書は，法定相続分について，嫡出でない子は嫡出である子の半分と定めており，これが法の下の平等に反しないかが争われた。

最高裁は，平成7年の決定（最大決平7・7・5民集49巻7号1789頁）において，「法定相続分の定めは，遺言による相続分の指定等がない場合などにおいて，補充的に機能する規定である」こと，そして「相続制度をどのように定めるかは，立法府の合理的な裁量判断にゆだねられている」ことから，緩やかな審査のあり方を設定し，合憲判断に至った。そこには，区別事由によって審査のレベルを高める認識はみられなかった。

これに対し，5名の裁判官の反対意見は，判断のあり方について「単なる合理性の存否によってなされるべきではなく，立法目的自体の合理性及びその手段との実質的関連性についてより強い合理性の存否が検討されるべきである」としていた。多数意見と反対意見とは，鮮やかな対比をなしていた。

その後，最高裁において民法の当該規定の合憲性は幾度も問いかえされ，多数意見は合憲の立場を維持しつつも，反対意見が批判を繰り返すという状況がみられた。そして最高裁は，ついに平成25年の決定において違憲の判断を下した。

この決定は，民法の当該規定に関連するわが国内外の事情の変遷を考慮に入れ，「遅くとも平成13年7月当時において，憲法14条1項に違反していたものというべきである」とし，違憲判断の遡及を限定することによって従来の合憲決定との抵触を避けている（平成13年7月は，本件が扱う相続の開始時点）。しかし，平成7年決定と異なり，法定相続分規定が補充的に機能するにすぎないことは審査密度を下げる理由にならないとし，関連して，①「遺言によっても侵害し得ない遺留分については本件規定は明確な法律上の差別」であること，②「本件規定の存在自体がその出生時から嫡出でない子に対する差別意識を生じさせかねないこと」，を指摘している。①は遺留分割合という有形の不利益であり，②はスティグマの押しつけという無形の不利益である。すなわち，平成25年最高裁決定は，差別の犠牲者の被る害悪に関して有形・無形の両側面

に考察を及ぼすことにより，若干なりとも立ちいった理解を示している。

6　再婚禁止期間違憲訴訟（最大判平 27・12・16 民集 69 巻 8 号 2427 頁）

　民法 733 条は女性についてのみ 6 か月間の再婚禁止期間を定めていたが，これが憲法 14 条 1 項（および 24 条 2 項）に反するのではないかが争われた訴訟である。最高裁は本件において，「婚姻をするについての自由は，憲法 24 条 1 項の規定の趣旨に照らし，十分尊重に値するもの」であること，さらに民法 733 条 1 項は「婚姻に対する直接的な制約を課すことが内容となっている」ことを指摘しつつ，「本件規定については，その合理的な根拠の有無について……事柄の性質を十分考慮に入れた上で検討をすることが必要である」とした。

　国籍法違憲判決において，区別事由の疑わしさや区別の対象となっている権利・利益の重要性を考慮に入れて審査における慎重さの度合いを定めていく立場が示されたが，それと同様のフレームワークの下，本件では区別の対象となった権利・利益の重要性（およびその制約の度合い）が考慮されているといえよう。

　さて，民法 733 条 1 項であるが，その立法目的は「父性の推定の重複を回避し，もって父子関係をめぐる紛争の発生を未然に防ぐこと」である。これには合理性が認められる。この目的達成のため，民法 733 条 1 項のうち，100 日の再婚禁止期間を定める部分は，民法 772 条 2 項が「婚姻の成立の日から 200 日を経過した後又は婚姻の解消若しくは取消しの日から 300 日以内に生まれた子は，婚姻中に懐胎したものと推定する」と規定している以上，合理的な立法裁量を超えるものではない。

　では，再婚禁止期間のうち 100 日超過部分はどうか。民法起草当時は，専門家でも懐胎後 6 か月程度たたないと懐胎の有無を確定することが困難であったため，合理性はあった。しかしその後，医療や科学技術が発達したこと，再婚に対する制約をできる限り少なくする要請が高まっていること，諸外国でも再婚禁止期間を廃止する傾向があることなどからして，遅くとも当事者が前婚を解消した日から 100 日を経過した時点までには憲法 14 条 1 項（および 24 条 2 項）に反するに至っていた，と判示された。

　なお，本判決と同日に下された夫婦別姓訴訟については，→Ⅶ参照。

第 6 章　法の下の平等

V　間接差別

　伝統的に差別問題は，明示的に人種や性別などを区別事由として別異扱いをする場合を念頭において論じられてきた。こういった差別（直接差別）であれば，それが人種差別や性差別であると容易に認定できる。ところが，区別事由としては特定の人種や性別が用いられているわけではなく一見中立的であるが，結果として一定の属性を有する人々に偏った不利益を生じせしめる場合（間接差別）がある。これを人種差別，性差別ととらえうるのかが問われる。たとえば身長 175cm 以上の者を採用すると定める場合，採用基準自体は特定の性別の者を排除するものではない。しかし結果として採用される者はほとんど男性であろう。これを性差別と扱いうるのかという論点である。

　比較法的には，まずアメリカにおいて公民権法関係判例によって雇用における間接差別も違法であるとする理論が展開し*，これが諸国に広まったという経緯がある。わが国においても 2006（平成 18）年の雇用機会均等法改正により，7 条に間接差別を規制する規定が設けられた。ただし同条は，雇用の分野における性差別となる場合について，厚生労働省令で定めるものに限定しているが，間接差別としてとらえるべき場合はこの省令で規定されている場合に限定されないとする理解が有力である。

　＊　アメリカにおける事例として，Washington v. Davis, 426 U.S. 229（1976）が参考になる。警察官採用に際し，言語能力テストが採用されたが，その結果特定の人種的マイノリティにとりわけ不利な結果となった。そこでこれをもって人種差別といえるかが問われたのである。連邦最高裁は，憲法上の人種差別であるといえるためには，人種差別的意図をもって言語能力テストが採用されたといえることが必要だとし，本件の場合，そういった差別的意図は認められないと判示した。

　　しかし，公民権法関係の判例では，雇用における人種差別，性差別は，差別的意図がなくとも，差別的な効果があれば認定しうるとされている。つまり，差別と認定しうる場合を法律および判例によって拡大しているのである。

VI　アファーマティブ・アクション

1　アファーマティブ・アクションとは何か

　アファーマティブ・アクション（affirmative action）またはポジティブ・アクション（positive action）は，積極的差別是正措置と意訳される。これまで社会において差別されてきた人々（人種的マイノリティ〔minority＝少数者〕や女性など）の社会的地位を向上させよう，そのため暫定的ではあるが，彼らに対する処遇を，その他の人々よりも優位におこう，とするものである。既に欧米では大学入学，雇用，昇進，公共事業の発注などの領域において用いられてきている方策であるが，今後わが国においても，平等領域における新たな展開問題となっていくであろう*。

　アファーマティブ・アクションの典型例は，アメリカにおけるバッキ事件（Regents of the University of California v. Bakke, 438 U.S. 265 (1978)）である。カリフォルニア大学デイビス校の医学校において，入学定員100名のうち，16名分につき特別入学プログラムとして，これまで社会において差別されてきたマイノリティの志願者にのみ割り当てる方策をとった，という事案である（残り84名分については，通常の入学プログラムとして志願者を限定しなかった）。

　特別入学プログラムにおいては，このように志願資格を限定したので，通常入学プログラムの合格点よりも低い点で合格することができた。すなわち，入試においてマイノリティをマイノリティであるがゆえに優遇したのであり，典型的なアファーマティブ・アクションとなった。

---

　*　わが国の場合，とりわけ女性に関してアファーマティブ・アクションが論じられる。男女共同参画社会基本法8条によれば，国は，積極的改善措置（同法2条2号に定義規定がある。アファーマティブ・アクションに該当）を含む男女共同参画社会の形成の促進に関する施策を総合的に策定し，および実施する責務を有する。また参照，雇用機会均等法8条・14条。

　　ちなみにわが国においては，公式にはポジティブ・アクションという用語が用いられているので，今後はその用語が一般化する可能性がある。たとえば，内閣府男

第6章 法の下の平等

女共同参画局ポジティブ・アクション研究会「ポジティブ・アクション研究会報告
書」参照。

2 アファーマティブ・アクションの分類

アファーマティブ・アクションはさまざまな切り口により分類される。その
目的によれば，「前向き」のアファーマティブ・アクションと「後向き」のそ
れに分類される。前者は，将来に向けて望ましい社会を実現するため設けられ
るものであり，たとえば大学における学生集団の人種的多様性実現をねらいと
したアファーマティブ・アクションなどが挙げられる。後者は，過去に存在し
た差別に対する救済として位置づけられる措置である。

また，その手段によるならば，「弱い」アファーマティブ・アクションと
「強い」それに分類される。前者は，マイノリティの人々に対し受験するよう
積極的に働きかける，情報提供する，などがその例となる。これに対し後者に
は，マイノリティを現実的・具体的に優遇する措置が該当する。さらに，優遇
するにしても，割当方式と考慮方式があることも指摘される。高等教育機関入
学を例にとれば，バッキ事件のように，あらかじめ一定数をマイノリティに留
保すれば割当方式であり，入試においてマイノリティであることを有利な一要
素として考慮するのであれば考慮方式となる。

3 アファーマティブ・アクションの憲法適合性

アファーマティブ・アクションは，一言でいえば，"平等のための差別"と
いう逆説的性格をもつ。これまで社会において差別されてきた人々の社会的地
位を向上させ，社会全体としての平等構造を実現する方途として，平等のため
のものと評価しうるが，手段としてマイノリティの優遇，つまりマジョリティ
への劣遇措置を伴うからである。ここから，ときに逆差別という形容がなされ
る。

ともあれ，手段として差別的措置をとる以上，法の下の平等の見地からの合
憲性審査を免れることはできない。現実にアメリカにおいては，人種を考慮し
たアファーマティブ・アクションの合憲性が司法上争われてきている。

アメリカの判例をみると，人種を考慮したアファーマティブ・アクションも

人種という事由による区別であるから，厳格審査に付される。この基準を適用するとして，特定の差別行為に対する救済のため，あるいは高等教育機関における学生集団の多様性実現のため，という目的であれば，やむにやまれぬ目的があると評価される。問題は手段審査である。バッキ事件におけるような割当方式は，ゆき過ぎとして許容されない。マジョリティに属する者は，マジョリティであるがゆえに，そもそも割当枠について競争に参入できないからである。しかしながら，マイノリティであることを有利な一要素としてプラスの方向に考慮する考慮方式は，当事者の諸事情を柔軟に，かつ総合的に考慮するものであれば，許容される方向にある。

Ⅶ　家族生活における平等

憲法24条は，家族生活における個人の尊厳と両性の平等を規定する。いわば，13条と14条を家族生活に当てはめたものといえよう。したがって理論的には，13条と14条がある以上，24条の存在意義は縮減するが，歴史的に明治憲法下において「家」の制度があり，個人のあり方を抑圧したり，不平等の温床となった経緯があるため，その状況を批判的に克服する趣旨の下，この規定が設けられている。

憲法24条の趣旨を受けて民法の親族編，相続編は戦後間もなく全面改正され，多くの問題が改善された。しかし，なお残された問題もある。

まず，婚姻適齢における性差別（男性は18歳，女性は16歳〔民731条〕）があった。これについてはほとんど根拠を見出しえないとして批判されてきたが，是正する方向で法改正がなされた。また女性についてのみ要請されていた6か月の再婚禁止期間（同733条1項）については，さきに述べた最高裁違憲判決を受けて法改正がなされ100日と改められた。

さらに，夫婦同姓強制（同750条）についても，婚姻に際して現実に改姓するのはほとんどの場合女性であり（したがって間接差別である），かつ，改姓によってそれまでの社会的活動の成果が断絶してしまうという問題がある以上，婚姻に際して改姓しない選択肢を認めるべきである（いわゆる選択的夫婦別姓）と

第6章 法の下の平等

する主張が有力になされている。

夫婦別姓訴訟（最大判平27・12・16民集69巻8号2586頁）では，この民法の規定の合憲性が争われたが，間接差別についても，憲法24条のとらえ方についても，示唆するところの大きい判旨となった。

そもそも民法750条は，夫または妻のいずれが姓を改めるか両者の協議に委ねている。したがって，「その文言上性別に基づく法的な差別的取扱いを定めているわけではなく，本件規定の定める夫婦同氏制それ自体に男女間の形式的な不平等が存在するわけではない」として，憲法14条1項に反するものではないと判断された。この論の運びからすれば，最高裁は14条1項に関わってさしあたり直接差別を視野に入れているといえる。

しかし続けて，「仮に，社会に存する差別的な意識や慣習による影響があるのであれば，その影響を排除して夫婦間に実質的な平等が保たれるように図ることは，憲法14条1項の趣旨に沿う」と論じられる。つまり，間接差別がないようにすることは14条1項の「趣旨に沿う」ことであり，立法裁量の合憲性を判断する際の「考慮すべき事項」になる，との位置づけが付与される。

最高裁は，24条に関し，「婚姻及び家族に関する法制度」の構築を国会の立法裁量に委ねつつも，「憲法上直接保障された権利」や，そうとまでいえない考慮すべき事項が立法裁量に限定を付しているとする構図で理解した。こうして最高裁は本件において，14条1項ではなく24条を主たる舞台として合憲性を検討することとなったが，家庭構成員の呼称を一つに定めることに合理性が認められること，通称使用も広まっている状況にあることなどをふまえ，結論として，民法750条につき憲法24条に反するものではないと判示した。

憲法24条に関わってはさらに，いわゆる同性間婚姻の許容性についても議論されつつある。同条は，「婚姻は，両性の合意のみに基いて成立し」と規定しており，異性間の婚姻を前提としているように読める。しかし，同性間婚姻を禁止する趣旨まで含むものではなかろう。そうだとすれば，憲法13条を根拠として，同性間婚姻を認めることが可能となろう。

118

第7章　思想・良心の自由および信教の自由

I　思想・良心の自由

1　保障の位置づけ

精神的自由権は，個人の内面における精神活動の自由と，他者とのかかわりのなかで行使される外面的精神活動の自由に区分される。前者の一般的保障規定が，本章で扱う思想・良心の自由（19条）であり，後者の一般的保障規定が表現の自由（21条）である。

なお，精神的自由の保障規定として，信教の自由（20条），学問の自由（23条）があるが，これらはそれぞれ信教，学問という個別領域における特別規定と位置づけることができよう。さらに付言するならば，信教，学問という領域に限定するものであっても，内面に関わる部分——個人の信仰，学問活動——と，外面に関わる部分——宗教的活動，学問結果発表——の双方が含まれる。

19条は，体系的には上記のように位置づけられるにしても，比較憲法的にみればこのような保障規定をおくことはめずらしい。であるのに，とりたてて規定がおかれたのは，明治憲法下の経験への反省に基づく。

神勅主権主義に基づく天皇制は，その受容を精神面でも求めるものであったため，個人は信仰の面のみならず，思想，表現活動など，諸々の精神活動にわたって制約を受けた。このような状況を克服し，民主主義社会を構築するためには，各人の心の自由を徹底して保障する必要があったことは明白である。ポツダム宣言もその10項で，「言論，宗教及思想ノ自由」の確立を求めていた。

上述のような歴史的背景もあるが，それにとどまらず，いまや現代的問題が浮上しつつある。国旗国歌法の制定（1999〔平成11〕年），教育基本法の改正に

第 7 章　思想・良心の自由および信教の自由

よる愛国心教育（2 条 5 号）の付加（2006〔平成 18〕年）という展開のなかで，国家からの精神面への働きかけに対し，個人がどのように向きあうか，が問われている＊。

> ＊　憲法的価値に敵対的な思想に対しても寛容でありうるか。ドイツ連邦共和国基本法は，「自由で民主的な基本秩序」に反する思想などに対しては，表現の自由など基本権を喪失せしめる「たたかう民主政治」の立場をとる（18 条）。これに対し日本国憲法の場合，たとえ憲法に敵対する思想・表現であっても，自由の保障の下におくものと解される。

2　保障の内容・程度

　19 条の保障に関し，思想は内心の論理的側面に，良心は内心の倫理的側面に，それぞれ重心をおいたものとして一応解されるが，ともに憲法上保障されている以上，区別の実益に乏しい。

　また，思想・良心の自由の保障は，個人の内心一般を広く保障するものか（内心説），それとも個人の人生観，世界観，思想体系など，人格形成に関わる部分のみに限定して保障するものか（信条説），が問われる。心の自由を広く保障する趣旨からは内心説が支持されるが，信教の自由や学問の自由がともに体系的なものに関わっていることと軌を一にする立場からは，信条説が擁護される。

　最高裁は，謝罪広告事件（最大判昭 31・7・4 民集 10 巻 7 号 785 頁）において，謝罪広告は，「単に事態の真相を告白し陳謝の意を表明するに止まる」ものととらえ，これを命じても「倫理的な意思，良心の自由を侵害することを要求するものとは解せられない」と判断した。

　「事態の真相」の認識，「陳謝の意」などは，信条には含まれないが，内心には包含される。そうだとすれば，謝罪広告を合憲と判示した最高裁は，信条説に傾いているとも推測されるが，立場の明示はなされていない。

　なお，思想・良心の自由の保障の程度については，絶対的保障であると解されてきた。個人の人権に対する制約が許されるのは，その人権行使が他者の権利・利益と対立し，したがって調整を必要とするからである。しかし，思想・

良心が内心にとどまる限り他者の権利・利益と対立することはありえない，つまり人権制約の根拠を見出しがたい，と論じられてきた。この理解は現在，修正を要するが，それについては後述する（→ 3）。

3　制約の態様

(1)　思想強制あるいは思想に基づく不利益処遇

思想・良心の自由については，制約の態様論の展開が興味深いものとなっている。そのなかで思想強制あるいは思想に基づく不利益処遇は，従前から憲法に反すると理解されてきた。

連合国軍の占領下の日本において，総司令官ダグラス・マッカーサーの指令により，共産党の党員や支持者が官公庁，企業から追放された事件がある（いわゆるレッド・パージ事件）。占領下における超憲法的措置とする把握が有力であるが，もし憲法にてらして検討するならば，思想に基づく不利益処遇であり，違憲ととらえられよう。

また，麹町中学校内申書事件（最二判昭 63・7・15 判時 1287 号 65 頁）では，内申書に「校内において麹町中全共闘を名乗り，機関紙『砦』を発行した」，「大学生 ML 派の集会に参加している」などと記載され，高校入試において不合格とされた生徒から，本件中学校を設置管理する地方公共団体などを相手取り慰謝料請求がなされた。最高裁は，このような記載につき「思想，信条自体を高等学校の入学者選抜の資料に供したものとは到底解することができない」とするが，高校側の不合格判断に焦点をあてるならば，思想に基づく不利益処遇ではなかったかとの疑いを払拭できない。

(2)　告白の強制（沈黙の自由）

個人の内面における思想・信条を告白させることは，思想に基づく不利益処遇の前提としてなされることもあるが，そういった不利益処遇を伴わなくとも，告白を強制すること自体，思想・良心の自由の制約を構成する。

東京電力塩山営業所事件（最二判昭 63・2・5 労判 512 号 12 頁）は，営業所の内部情報が日本共産党の機関紙赤旗に記載されたことに関わって，営業所長が職員に対し調査をした際，共産党員かどうか尋ね，そうでない旨の返答があったので，それを書面にしたためるよう求めた事例である。

第7章　思想・良心の自由および信教の自由

本件は私人間のことがらであり，かつ返答を強制するものではなかったが，もし返答を強制する態様であったならば，沈黙の自由の制約が問題となろう*。

＊　なお，最高裁は，「社会的に許容し得る限界を超えて……精神的自由を侵害した違法行為であるとはいえない」と判示している。

(3)　内心に反する行為の強制

以上は伝統的に認められてきた制約類型であるが，内心に反する行為の強制という類型については，どうか。人は社会生活上さまざまな義務を負うが，それが思想・信条に反する場合，常に拒否できるとすれば，社会生活自体が成り立たなくなる。しかし他方，人の内面と外部的行為とは結びついている以上，外部的行為は内心と無関係とすることもできない。ここにこの制約類型の悩みがある。

諸外国の実例において，内心に反する行為の強制が問題になる最たる例は，良心的兵役拒否であろう*。日本の場合兵役義務それ自体がないので争点とならないが，この義務の存在する国において，思想・良心あるいは信仰からして兵役に就けない者をいかに処遇するかは大きな問題となり，兵役以外の代替義務の履行により調整を図るなどの方途がとられる。

わが国における実例では，ピアノ伴奏拒否戒告処分事件（最三判平19・2・27民集61巻1号291頁）が，まず挙げられる。これは，市立小学校の音楽専科の教諭が，君が代（国歌）は自らの歴史観ないし世界観に反するとして，入学式における国歌斉唱の際ピアノ伴奏をするよう求める校長の職務命令に従わず，戒告処分を受けたという事件である。

最高裁は，ピアノ伴奏拒否と当該教諭の歴史観ないし世界観とは，「一般的には……不可分に結び付くものということはでき」ないとし，本件職務命令が，直ちに当該教諭の歴史観ないし世界観それ自体を否定するものとは認められないとしている。

最高裁は，思想・良心の自由に対する制約それ自体がないとみたのか，制約はあるがそれは正当化されるとみたのか，判然としないが，ともあれ内心に反する行為の強制という制約類型の可能性を認めたとはいえそうである**。

122

I 思想・良心の自由

　そもそも内心と外部的行為とのつながりは否定しようがない。そうだとすれば，内心に反する行為の強制という制約類型を素直に認めつつ，ただし思想・良心の自由保障も絶対的とはせず，自由保障に重きをおきつつ社会的要請との調整を免れないとする思考枠組みの方が，現実的で妥当であろう。

　ピアノ伴奏拒否戒告処分事件以後のものとして，国歌斉唱に際しての起立斉唱拒否に関する諸判決が重要である（最二判平 23・5・30 民集 65 巻 4 号 1780 頁，最一判平 23・6・6 民集 65 巻 4 号 1855 頁，最三判平 23・6・14 民集 65 巻 4 号 2148 頁，最三判平 23・6・21 判時 2123 号 35 頁）。これらは，公立学校の卒業式等の式典において，国歌斉唱に際して起立斉唱を命じた校長の職務命令が，教諭等の思想・良心の自由の侵害に当たるか否かが問われたものである。

　最高裁は，起立斉唱行為は「一般的，客観的に見ても，国旗及び国歌に対する敬意の表明の要素を含む行為」であるとし，君が代や日の丸に対して否定的な「個人の歴史観ないし世界観に由来する行為（敬意の表明の拒否）と異なる外部的行為（敬意の表明の要素を含む行為）を求められることとなり，……思想及び良心の自由についての間接的な制約となる面がある」とした。そして「職務命令に……制約を許容し得る程度の必要性及び合理性が認められるか否かという観点」から審査し，違憲とはいえないとの判断に至っている。

　これらの事案については，間接的とはいえ思想・良心の自由に対する制約があるとする以上，審査のあり方として緩やかすぎるのではないか，との批判がなされよう。

　では，先にみたピアノ伴奏と起立斉唱とは，思想・良心の自由に対する否定的効果が異なるのであろうか。「国旗及び国歌に対する敬意の表明の要素」は，起立斉唱の方により強く認められるし，ピアノ伴奏は他者の斉唱の補助的作業である。そうだとすると，起立斉唱に対比して，ピアノ伴奏は思想・良心の自由に対する否定的効果がより薄いものという評価が，最高裁においてなされているのではあるまいか[***]。

　なお，ふりかえって，さきに言及した謝罪広告事件はいかなる制約態様の事案であったのかも，再検討の必要があると思われる。告白の強制の事案として理解するのが有力であったが，謝罪の意思が内心にあり，それを外部に表明させたという事例ではないので，そういった理解は適切でないと思われる。むし

123

第7章　思想・良心の自由および信教の自由

ろ，謝罪広告という外部的行為を内心に反しておこなわせた事例として理解することが妥当ではなかろうか。

* 　憲法においてはじめて良心的兵役拒否を承認した例として，ドイツ連邦共和国基本法4条3項（「何人も，その良心に反して，武器をもってする軍務を強制されてはならない。詳細は，連邦法律でこれを規律する」）が指摘される。
** 　南九州税理士会事件（最三判平8・3・19民集50巻3号615頁）では，「政党など規正法上の政治団体に対して金員の寄付をするかどうかは，選挙における投票の自由と表裏を成すものとして，会員各人が市民としての個人的な政治的思想，見解，判断等に基づいて自主的に決定すべき事柄」である，と判示し，内心に反する行為の強制を認めない立場がとられた。選挙における投票の自由と表裏を成す，という当該行為の性質が，この判断のポイントであろう。
*** 　最高裁はさらに，起立斉唱等を命ずる職務命令に反した場合の懲戒処分に関し，戒告処分はともかく，それを超えて減給や停職の処分を選択することについては，当該処分を選択することの相当性を基礎付ける具体的な事情が認められる場合であることを要する，とした（最一判平24・1・16判時2147号127頁）。

II　信教の自由

1　保障の意味，内容

(1)　保障の意味

　宗教は，信者にとっては人格の核心をなすものとなる。それは信者の人生観，世界観を左右し，行動の基準となるだけではない。生の有限性という宿命を免れない人間は，永遠なるもの，無限なるものへのあこがれをもつが，その希求をみたし魂の救済をもたらすのも宗教である。したがって互いの人格の尊厳を確保しあう社会を成り立たしめるため，信教の自由の保障は欠かすことができない。

　歴史的にふり返れば，ヨーロッパにおいて16世紀〜17世紀の宗教戦争を経てこのことが認識され，それを背景にして信教の自由がもろもろの人権宣言において共通して謳われるものとなった。およそその名に値する人権宣言であろ

Ⅱ　信教の自由

うとする限り，この自由の保障は必須であり，そういった保障の普遍性と重要性からして，信教の自由は人権宣言の"花形的存在"と称されるに至る。

　(2)　明治憲法下におけるあり方

　明治憲法も信教の自由の保障規定をおいた（28条）。この保障を欠けば，人権宣言を伴う近代憲法という認知が国際社会において得られない以上，規定をおいたのは当然のことであった。

　しかし他方，明治憲法は統治のあり方と国家神道とが不可分に結びついたものであった。天皇主権の根拠は，天皇家の祖先神たる天照大神の天壌無窮の神勅であったが，その天照大神を祀る伊勢神宮を頂点として，全国の神社がピラミッド型に格付けされた（官幣社―国幣社―府県社―郷社―村社という格付けであった）。そしてこれらの神社が公的に設営されると同時に，国民（当時は臣民と位置づけられた）には，国家神道を受容し，究極的には神々の頂点に位置する天照大神の天壌無窮の神勅を信奉することが求められた。

　こうして明治憲法体制は，一方で信教の自由を明文をもって保障しながら，他方で国家神道の受容を臣民に対し要請した。これは対立する要請であった。そしてその調整は，信教の自由の保障規定に付せられた留保条件，「臣民タルノ義務ニ背カサル限ニ於テ」という一節の読みとりを介しておこなわれざるをえない。

　すなわち，天壌無窮の神勅を信奉し，国家神道を受容することは，臣民である以上当然であり，これが「臣民タルノ義務」の主な内容をなした。そして，そのような義務を履行することを前提として，各人はいわばその私的領域においてのみ，それぞれの信教を維持することが認められた。明治憲法における信教の自由は，心の自由としては大きな制約が付されていたというべきであり，「神社は宗教ではない」という建前は，この状況を端的に表現するものとなっていた*。

---

　*　昭和初期（1932〔昭和7〕年），靖国神社で戦没者を合祀する臨時大祭が行われ，東京の各学校の学生・生徒が，軍事教官に引率されて参拝した。その際，キリスト教系大学の一部学生が，信仰上の理由により参拝を拒否するという事件が生じた。当時の文部省は，神社参拝は教育上の行為であり，愛国心と忠誠の表現であるから，

第7章　思想・良心の自由および信教の自由

　　個人の信仰を理由として参拝を拒否することはできないという旨の見解を示した。

　　参照，村上重良『国家神道』200〜201頁。

(3)　現行憲法における信教の自由の保障

　現行憲法も信教の自由を保障する（20条）。保障内容の全体を広義の信教の自由ととらえるとき，そのなかに，各人に保障される人権としての狭義の信教の自由と，制度としての政教分離原則が含まれると解される。

　狭義の信教の自由は，信仰の自由，宗教的行為の自由等を，憲法が人々に対して権利として保障すると同時に，そういった権利を侵害しないよう公権力に対して命ずるものといえる。これに対し政教分離原則は，宗教とのかかわり合いをもたないよう，公権力に対して要請する客観的原則である。この原則に反したからといって直ちに狭義の信教の自由が侵害されるわけではない。

　たとえば，国家が宗教的行為をすれば政教分離原則に反する。しかし，その場合であっても，①当該宗教的行為に参加するか否かを国民の自由に委ねるならば，狭義の信教の自由を侵害するものではない。これに対し，②当該宗教的行為への参加を国民に強制すれば，狭義の信教の自由をも侵害する。

　憲法20条を分析してみよう。1項前段の「信教の自由は，何人に対してもこれを保障する」という一節は，狭義の信教の自由を一般的・包括的に保障するものと位置づけられる。これに対し同項後段（「いかなる宗教団体も，国から特権を受け，又は政治上の権力を行使してはならない」）は政教分離原則である。つづく2項（「何人も，宗教上の行為，祝典，儀式又は行事に参加することを強制されない」）は狭義の信教の自由，3項（「国及びその機関は，宗教教育その他いかなる宗教的活動もしてはならない」）は政教分離原則，となる。このように20条は狭義の信教の自由と政教分離原則を混在させているが，さらに89条前段が「公金その他の公の財産は，宗教上の組織若しくは団体の使用，便益若しくは維持のため……これを支出し……てはならない」と，財政面から政教分離原則を規定する。

　さて，現行憲法による信教の自由の保障（20条）は，先にみた明治憲法下のあり方と対比すれば，いかなる意義が認められるのであろうか。

　第一に指摘すべきは，信教の自由を保障した20条が，憲法体制の変革に関

126

する規定であることである。政教分離原則は国家神道の否定につながるし，狭義の信教の自由を貫くとき，国民に天壌無窮の神勅を信奉するよう求めることはできなくなる。憲法 20 条の貫徹は明治憲法体制の瓦解を招来するものである以上，これを憲法体制変革規定の一つとして位置づけることができるだろう*。

　第二に，現行憲法 20 条に至ってはじめて，心の自由の名に値する信教の自由が保障されたことも留意される。明治憲法下においてみられたような留保条件が撤廃されただけではない。政教分離原則を伴うことにより，多数派宗教が政治と結びついたときに生ずる，少数派宗教の信者への間接的な同化圧力，すなわち多数派宗教に同調するよう仕向ける圧力も防止しうるようになった**。

　＊　日本国憲法が制定される前提として，ポツダム宣言がその 10 項において日本における信教の自由の確立を要求し，さらに 1945（昭和 20）年 12 月 15 日の，GHQによるいわゆる神道指令が国家と神社神道との分離を命じていた点に注意したい。これらは，信教の自由の保障が明治憲法体制の変革に深く関わっていることを示唆する。
　＊＊　政教分離は，政治と宗教の双方にとって意味がある。宗教側にとっては，信教の自由に対する間接的圧力の防止であるが，政治の側にとっても独自の意味がある（→ 3(2)）。

2　狭義の信教の自由

(1)　保障の内容

　憲法上，人権として保障される狭義の信教の自由には，三つの内容が含まれる。第一に，信仰の自由である。すなわち，内面的精神活動の自由の一環として，個人の内心においていかなる信仰をもつことも自由，とされる。第二に，宗教的行為の自由が挙げられる。すなわち外面的精神活動の自由の一環として，いかなる宗教的行為をすることも自由，ということである。そして第三に，宗教的結社の自由。すなわち外面的精神活動の一形態として，いかなる宗教的結社を形成しそれに加わることも自由，とされる。

　ちなみに，以上各種の自由には積極面と消極面があることにも注意を要する。信仰する自由のみならず信仰しない自由が，宗教的行為をする自由のみならず

第7章　思想・良心の自由および信教の自由

行為をしない自由が，結社に加わる自由のみならず加わらない自由が，それぞれ保障される。

　憲法の条文をみてみよう。20条1項の前段は，狭義の信教の自由の一般的・包括的保障規定であるから，上記の保障内容すべてがここに包含される。それでは2項はどうか。「何人も，宗教上の行為，祝典，儀式又は行事に参加することを強制されない」という，先にもみた規定であるが，ここでは宗教的行為の自由，とりわけその消極面が規定されている。明治憲法下において国家神道のとり行う祭祀に臣民を参加させたことに対する反省がここにみてとれる。歴史的背景をもって信教の自由を入念に保障した規定とはいえるものの，そもそも1項前段という包括的保障規定がある以上，2項の存在によって保障の内容が新たに付加されるわけではなかろう。

　(2)　信教の自由に対する制約

　先にみた信教の自由の内容のうち，信仰の自由は内面的精神活動の自由であり，他者の権利との調整という問題を生じない以上，保障は絶対的といえる。これに対し宗教的行為の自由および宗教的結社の自由は，ともに外面的精神活動の自由であるから，公共の福祉による制約がありうる。そしてこの制約の有無およびそのあり方の検討が，狭義の信教の自由にかかわる判例の整理に資する。

　はじめに，いわゆる加持祈祷事件（最大判昭38・5・15刑集17巻4号302頁）をとりあげてみよう。病に陥った女性の平癒のため僧侶が加持祈祷を行ったのであるが，その際，当該女性に対し全身にわたる火傷および皮下出血を生ぜしめる行為に及び，ついに彼女を死に致らしめたという事案である。この事案における僧侶の行為に対し傷害致死罪の刑事責任を問うことは，信教の自由に対する制約となるのだろうか。いやむしろ，そもそも僧侶の本件行為は，信教の自由の保障の枠内にあるのだろうか。

　最高裁は，「本件行為は，……一種の宗教行為としてなされたものであったとしても，……他人の生命，身体等に危害を及ぼす違法な有形力の行使に当るものであり，これにより被害者を死に致したものである以上，……憲法20条1項の信教の自由の保障の限界を逸脱したもの」と評する。

　この判旨を素直に読む限り，最高裁は，本件行為を憲法20条1項の保障の枠外においているようである。したがってそのような行為を処罰しても，そも

そも信教の自由を制約するものではないことになろう。

(3) 規制の類型分け

それでは，信教の自由の保障の枠内にある行為に対して規制がなされるときはどうか。ここで，規制を大きく二つに類型分けすることが理解に資する。

第一に，"狙いうち規制"がある。当該宗教を狙いうちにして規制する場合，たとえば特定の宗教の信者であることを理由として公務員としての採用を拒否するなどが，これに該当する。このような規制であれば，それが信教の自由に対する制約となることは明らかである。

第二に，"一般的・中立的規制"がある。すなわち，規制ないし措置としては宗教中立的で一般的に適用されるものであっても，それが特定の宗教の信者にとりわけ重い負担となる場合である。たとえば公立学校において，体育実技として剣道を受講するよう学生全員に対し要請したとする。このこと自体は宗教中立的で一般的な措置である。ところが，その信仰からして武器に該当するものをもてないエホバの証人の信者たる学生には，学校側が意図したものではないにしても，とりわけ重い負担を課すことになる。

そもそも現代社会においては，国や地方公共団体は一般的な公益の見地からさまざまな規制をするが，それがたまたま特定の宗教の信者に対しとりわけ重い負担を課すという場合はよくあるはずである。このような一般的・中立的規制によって，信教の自由は"制約"を受けたととらえるべきであろうか。これについて複数の立場がありうる。

信教の自由の制約を実質的にとらえる立場をとるとき，規制がたとえ一般的・中立的であろうと，それが信教の自由に対して実質的負担を及ぼすものであれば，制約があるととらえるべきこととなる。

これに対し，制約を形式的にとらえる立場をとるならば，規制が一般的に適用される宗教中立的なものであるとき，信教の自由に対する制約がそもそもないとみることになる[*]。

さらにいえば，信教の自由に対する制約はあるとしつつ，ただしそれは信教を狙いうちにしたものではない以上，間接的な制約であるとみる立場もありえよう。思想・良心の自由における判例展開（→Ⅰ3(3)）を参酌すれば，このとらえ方は注目に値する。

第 7 章　思想・良心の自由および信教の自由

＊　この点に関連して，アメリカの判例が興味深い展開を示している。1963 年の Sherbert v. Verner, 374 U.S. 398（1963）は，週 5 日間労働が週 6 日間労働に変更されたため，土曜日を安息日とする Seventh-day Adventist Church の信者たる Sherbert が失業せざるをえなくなり，失業補償給付も拒否されたという事案である。アメリカ連邦最高裁は，信教の自由に対して実質的な負担を課せば，信教の自由に対する制約であり，厳格審査に付される旨判示した。制約を実質的にとらえる立場である。

　　ところが 1990 年，同最高裁は Employment Division v. Smith, 494 U.S. 872（1990）において立場を変更した。Native American Church の信者は，その宗教上の行為として幻覚剤の一種でもあるペイヨーテ（peyote）を食する。一般的な統制物質所持禁止法によって彼らの宗教上の行為は禁圧されたが，一般的に適用される宗教中立的な法律は，それによってたまたま個人の宗教的行為に対して負担を課すことになっても，それは信教の自由に対する制約を構成しないと判断された。制約を形式的にとらえる立場へと修正がなされたのである。

(4)　具体的検討

(a)　一般的・中立的規制　　先に若干言及したエホバの証人剣道受講拒否事件（最二判平 8・3・8 民集 50 巻 3 号 469 頁）を例にとってみよう。公立工業高等専門学校において体育実技として剣道受講を求めたが，エホバの証人の信者である学生は，その信仰ゆえに受講できず，原級留置となり結果的に退学処分につながったという事案である。

　信教の自由に対する制約を実質的にとらえる立場に立つならば，エホバの証人の学生に対し信仰に反する行為を求め，退学処分に至ったのであるから，実質的な負担を課していると理解でき，信教の自由に対する制約があるといえる。したがって，制約の合憲性の判断の段階に入ることができよう。また，間接的制約を認める立場に立つ場合であっても，制約の合憲性は審査されうるだろう（ただし制約が間接的なものである以上，審査のレベルはやや緩和される）。

　これに対し，制約を形式的にとらえる立場に立つとき，信教の自由に対する制約があるとはいえない。もっとも剣道受講を求めること自体は信教の自由を制約しないとしても，誠実に学んでおり，体育科目以外の成績は良好な学生を，剣道受講しない——実は信仰上できない——ことのみを理由として，剣道以外

の代替措置の検討すらせずに，退学にしてよいのか，退学処分は学校長の裁量権を逸脱しているのではないか，が問題になることには注意を要する。つまり争いは二つの層をなす。

では最高裁はいかなる立場をとったのであろうか。判然としない面があるが，本件処分について，エホバの証人の学生の「信教の自由を直接的に制約するものとはいえない」と判示していることからすれば，間接的な制約ととらえる立場を示唆しているのかもしれない。しかし，信教の自由に対する制約があるか否か，あるとしてそれは合憲か，について明示的な判断を示さず，退学処分をした学校長の判断に裁量権の逸脱があるというポイントに判断の焦点がおかれていることは留意される。信教の自由が関わっていることをふまえ，裁量問題を丁寧に検討することで事案を解決しようとする立場といえよう[*]。

下級審段階における事案であるが，日曜日授業参観事件（東京地判昭 61・3・20 判時 1185 号 67 頁）はどうであろうか。参観授業を日曜日に行ったため，日曜日の午前中，教会で礼拝する生徒が授業を欠席せざるをえなくなった。そこで指導要録の欠席記載の取消しと，慰謝料の請求をした事案である。日曜日の授業参観も特定の宗教を狙いうちにした措置ではない。つまりこれも宗教中立的な一般的措置の一環として把握される。

本件では問題の授業日が一日だけであり，不利益も指導要録への欠席記載にとどまるため，仮に制約があるにしても軽微なものである。この点で退学処分に至ったエホバの証人剣道受講拒否事件とは大きく異なる。

[*] エホバの証人剣道受講拒否事件の最高裁判決には，信者である学生が，退学処分など「重大な不利益を避けるためには剣道実技の履修という自己の信仰上の教義に反する行動を採ることを余儀なくさせられるという性質」が本件処分にあった，という指摘があり，制約を実質的にとらえる立場の要素も認められないわけではない。

ただし，制約を形式的にとらえる立場に立ち，信教の自由の"制約"はないが，この自由との"緊張関係"はあるということもできよう。そのことや退学処分という処分の重さなどが考慮に入れられ，校長の裁量権が審査されたとみることも可能である。

第7章 思想・良心の自由および信教の自由

(**b**) 宗教法人オウム真理教解散命令事件の場合　　以上，一般的・中立的規制についてみてきた。では，宗教法人オウム真理教解散命令事件（最一決平8・1・30民集50巻1号199頁）については，どうとらえたらよいのであろうか。本件は，宗教法人所有の建物内において毒ガスの一種であるサリンを生成したことを理由として当該宗教法人を解散せしめる行為が，宗教法人の信者の信教の自由を侵害するのではないかが問われた事案である（宗教法人の解散であって，宗教団体そのものの解散ではない点に注意）。

　この事案における措置は，オウム真理教という特定の宗教法人を対象にしている。しかし，宗教法人が解散させられても，最高裁の判旨が指摘するように，「信者は，法人格を有しない宗教団体を存続させ，あるいは，これを新たに結成することが妨げられるわけではなく，また，宗教上の行為を行い，その用に供する施設や物品を新たに調えることが妨げられるわけでもない」。

　このように解散命令はもっぱら宗教法人の世俗的側面を対象とするものであって，信者の宗教上の行為それ自体が禁止されるのではなく，宗教法人に帰属する財産を用いて行う宗教上の行為ができなくなるだけである。したがって「信者の宗教上の行為を法的に制約する効果を伴わない」のであり，精神的・宗教的側面に対して「間接的で事実上の」支障があるにとどまるととらえられる。

　つまり，特定の宗教を対象とした規制にも，直接的で法的な制約になる場合から，間接的で事実上の支障にとどまる場合まで，その効果にはグラデーションがあり，直接的で法的な制約であればもちろん厳しく審査されるであろうが，宗教法人オウム真理教解散命令事件のような場合には，それより緩やかに審査されることが指摘されている[*]。

　　[*]　宗教法人オウム真理教解散命令事件では，①規制目的が宗教団体や信者の精神的・宗教的側面に容かいする意図によるものでないこと，②法人格を失わせるという規制の必要性・有効性，③宗教団体や信者の宗教上の行為に対する支障が間接的で事実上のものであること，④手続の適正も担保されていること，を根拠に，合憲判断が下されている。

II 信教の自由

3 宗教上の人格権

狭義の信教の自由に近接するものでありながら，概念上はそれと区別される，宗教上の人格権という権利概念が論点として提起されることがある。この権利が焦点になった自衛官合祀拒否訴訟（最大判昭63・6・1民集42巻5号277頁）を例にとって検討を加えてみよう。

キリスト教徒である妻（X）はその意に反して，殉職自衛官である亡夫を護国神社に合祀された。彼女はそれまで亡夫の霊をキリスト教に従って追慕してきたので，護国神社への合祀は自らの宗教上の人格権を侵害するものとして訴訟を提起するに至った。

ここで主張されている宗教上の人格権は，静謐な宗教的環境の下で自らの信仰，宗教的行為をなす利益である。キリスト教徒であるXは，亡夫を異教の神にされ宗教上の心の静謐をかき乱されたわけである。

このように宗教上の人格権は，狭義の信教の自由に近接したものといえる。狭義の信教の自由を補完する，いわば信教の自由の周辺領域を保障するものといえそうである。しかし狭義の信教の自由そのものではない。キリスト教徒であるXが，亡夫への，キリスト教にのっとった追慕を法的に制約された——つまり狭義の信教の自由を制約された——というわけではないのである。

最高裁は，結論的に宗教上の人格権を認めなかった。「人が自己の信仰生活の静謐を他者の宗教上の行為によって害されたとし，そのことに不快の感情を持」つことがあるとしても，そういった「宗教上の感情を被侵害利益として，直ちに損害賠償を請求し，又は差止めを請求するなどの法的救済を求めることができるとするならば，かえって相手方の信教の自由を妨げる結果となるに至る」という。

たしかにこの判例の論理は，一般論としては説得力がありそうである。しかし場合を分けて考える必要がある。

亡Aの慰霊について，①X_1とY_1の宗教上の立場が対立し，かつ両者ともに亡Aの近親者ではない，したがって亡Aの慰霊に関しX_1とY_1が対等の立場にある場合と，②X_2とY_2の宗教上の立場が対立し，X_2は亡Aの近親者であるがY_2はそうではない，したがって亡Aの慰霊に関しX_2がY_2に優先する立場にある場合の区分である。

第7章　思想・良心の自由および信教の自由

①の対等関係にある場合，判旨のいうとおり，Y_1 が亡 A の慰霊をすることに対し，X_1 がその宗教上の感情を被侵害利益として差止めをすれば，Y_1 の宗教的行為の自由が妨げられる。これに対し，②の優先劣後関係にある場合，判旨の論理は成り立たない。X_2 の立場が優先されるべきであり，Y_2 としてもそれを尊重せざるをえないはずである。つまりこのような場合，X_2 の宗教上の人格権を認めうるのではなかろうか。

4　政教分離

(1)　国家と宗教との関係

比較憲法的にみるとき，国家と宗教の関係は一般に次の三種に整理される。

まず，国教を認めるが，それ以外の宗教についても信教の自由を保障し，寛容に処遇するというタイプがある。イングランドなどがその例に挙げられる。次に，教会が公法上の特別の地位を認められ，国家と教会の双方にかかわる競合事項については両者の間で政教条約（コンコルダート）を締結するというタイプがある。イタリアやドイツなどの場合である。そして第三に，国家と宗教との間に分離の壁（wall of separation）を設けるタイプがあり，アメリカ，フランス，日本などがこれを採用しているとされる。

(2)　政教分離の根拠

現行憲法は，上記のように国家と宗教の分離のタイプを採用するが，ではなぜそのような分離を求めるのか，そもそもの根拠が問われる。

一般に政教分離は，多数派宗教が政治権力を掌握し，少数派宗教の信者に対し間接的圧力をかけるようなことのないよう企図するもの，いわば信教の自由にとっての間接的保障と把握される。しかし根拠は，これだけにとどまるものではない。

現行憲法の採用する政教分離が憲法体制変革に関わる規定であることは既述したが，その意味のほかにも，①政教の融合によって政治の領域に宗教教義がもち込まれれば，政治が宗教教義によって分断され政治が成り立ちがたくなるので，それを回避する（政治分断防止論），②政府が多数派宗教を擁護する立場をとれば，少数派宗教の信者には，政治社会において望ましくないメンバーであるとのメッセージが送られ，彼らの排除につながるため，それを回避する

Ⅱ　信教の自由

（宗教的マイノリティの地位保護論）などが挙げられる。このように政教分離は，複合的な根拠に由来するものであることに留意する必要があろう。

(3)　政教分離の程度

日本の憲法は政教分離原則を採用するが，それでは政教は“どれほど”分離されるべきであろうか。この点に関していくつかの立場が対立する。

まず完全分離説の立場がある。国家と宗教は完全に分離されるべきであり，例外はあるとしても，それは平等や信教の自由の保障など憲法上の価値に基づいて，政教分離原則に譲歩を求めうる場合に限られるとする。

たとえば宗教系私立学校に対して国庫助成がなされているが，政教分離原則からすればこれは許容されない。しかし，およそ私立学校であれば国庫助成を受けている以上，宗教系であるという理由で助成から除外するのは平等の要請に反する。こうして平等という憲法上の価値を根拠に，政教分離原則に対して譲歩を求め，宗教系私立学校への国庫助成の合憲性を導くのである。

これに対し限定分離説の立場は，政教分離原則自体がそもそも限定的なものであり，国家と宗教との完全な分離までは求めていないとする。この立場は100％の分離までは求めないというのみで，どの程度の分離が要請されるのか明示していない。そこで概略，限定分離説のうちで厳しい分離を求める立場と，緩やかな分離を求める立場が対峙する。

(4)　政教分離を考える際の指導理念

以上のように政教分離には各種の立場があるが，それらの背後にある指導理念は何であろうか。この問いかけに対し，不介入と公平という二つの理念が語られる。

不介入とは，政治は宗教に介入すべきではなく，また，宗教も政治に介入すべきではないとするものである。そうだとすれば完全分離説の立場が最も適合的であるが，限定分離説のうち厳しい分離の立場もとりえよう。これに対し公平は，国家が宗教と何らかの関係をもたざるをえないとしても，宗教・非宗教の間で，あるいは諸々の宗派の間で公平な扱いが求められるとする。これを基本理念とするとき，限定分離説の立場が適合的となる。

(5)　判例の立場

(a)　津地鎮祭訴訟　　政教分離に関する判例の立場を検討しよう。津地鎮

第7章　思想・良心の自由および信教の自由

祭訴訟（最大判昭52・7・13民集31巻4号533頁）がこの分野におけるリーディング・ケースとして位置づけられるが，事案は，市立体育館の起工式が市の主催により，神式に則った地鎮祭として挙行されたことが政教分離原則に反しないか争われたものである。

最高裁は，「国家が，社会生活に規制を加え，あるいは教育，福祉，文化などに関する助成，援助等の諸施策を実施するにあたって，宗教とのかかわり合いを生ずることを免れえない」とした上で，「宗教とのかかわり合いをもたらす行為の目的及び効果にかんがみ，そのかかわり合いが」社会的，文化的「諸条件に照らし相当とされる限度を超えるものと認められる場合」に，政教分離原則違反となる，という判断指針を示した。

こうして判例上，政教分離の程度に関しては限定分離説が，相当とされるかかわり合いの枠内か否かの判断に関しては目的効果基準が，それぞれ採用されることとなった*。ただし目的効果基準によるとしても，政教のかかわり合いのうちどこまでが合憲で，どこからが違憲か，その境界画定は必ずしも明瞭でない**。

　＊　日本の判例の目的効果基準は，アメリカの判例におけるレモン・テストに大きく影響を受けている。レモン・テストは，公的行為の①目的が世俗的か，②主要な効果が宗教を援助，抑圧するものでないか，③国家と宗教との過度のかかわり合いを生ずるものでないかを検討し，三つの検討事項のうちどれか一つにでも違反があれば政教分離原則の侵害があるとする。このように各検討項目が相互独立である点に特徴がある。

　　　なお，レモン・テストの目的基準および効果基準の精緻化としてエンドースメント・テストが用いられることがある。これは，当該公的行為に，特定の宗教を是認しもしくは否認するメッセージを発する目的と効果があるか検討するものである。次にみる愛媛玉串料訴訟において最高裁は，県が特定の宗教団体を特別に支援しており，これらの宗教団体が特別のものであるとの印象を与え，特定の宗教への関心を呼び起こすもの，と指摘することにより，エンドースメント・テストに多少なりとも影響を受けた判断を下している。

　＊＊　最高裁の判旨によれば，20条2項の「宗教上の行為，祝典，儀式又は行事」（以下，「宗教上の行為等」）と，同条3項の「宗教的活動」の意義に関しても，前者が狭義の信教の自由，後者が政教分離に関する規定であることから，異なる視点

によりとらえるべきことが指摘される。政教分離を「考えるうえでは，当然に一般人の見解を考慮に入れなければならない」ので，2項の宗教上の行為等よりも，3項の宗教的活動の概念の方が限定的になる。

(**b**)　愛媛玉串料訴訟　　判例の展開上，数少ない違憲判決として名高い愛媛玉串料訴訟判決（最大判平9・4・2民集51巻4号1673頁）は，津地鎮祭訴訟判決の約20年後のものであるが，目的効果基準のあり方に関しても興味深い。

愛媛県がその公金から，靖国神社の例大祭の際に玉串料を数回にわたって支出していたことなど（ほかに，靖国神社のみたま祭に献灯料を，護国神社の慰霊大祭に供物料を，それぞれ支出）が政教分離原則に反しないかが問われた事案である。

最高裁は，津地鎮祭事件におけると同じく，限定分離説，目的効果基準を採用したが，この判決における可部恒雄裁判官の反対意見は，多数意見の立場につき，目的効果基準の採用にあたって，①当該行為の行われる場所，②当該行為に対する一般人の宗教的評価，③当該行為者の意図，目的等，④当該行為の一般人に与える効果等，という四要素を検討する方向性を示したものととらえ，注目された（津地鎮祭訴訟以来，これらの要素は判例上言及されていた。しかし現実的機能をもつものとして論じられたのは，愛媛玉串料訴訟がはじめてである）。

そもそも本件は，靖国神社の境内という場所で，例大祭という重要な祭礼が行われているときに，玉串料奉納という宗教的意義の深い行為がなされたという，場所，とき，行為の三拍子そろった宗教色の濃さが特徴であることに留意すべきである。

上記の四要素によって検討すれば，愛媛玉串料事件と津地鎮祭事件は次のような対比が可能である。

①当該行為の行われる場所についてみれば，津地鎮祭事件では建築現場であるのに対し，愛媛玉串料事件では神社の境内である。②当該行為に対する一般人の宗教的評価についてみれば，津地鎮祭事件では建築着工に際しての慣習化した社会的儀礼と把握されるのに対し，愛媛玉串料事件では重要な祭祀に際しての玉串料奉納という行為に宗教的意義が認められる。③当該行為者の意図，目的等についてみれば，一般人の評価と同じく，津地鎮祭事件では主催者たる市長は世俗的行事と評価しているのに対し，愛媛玉串料事件では玉串料の奉納

137

第7章　思想・良心の自由および信教の自由

者はそれに宗教的意義があると意識している。最後に④当該行為の一般人に与える効果等についてみれば，津地鎮祭事件では宗教的関心を特に高めることはなく，神道を援助，助長する効果をもたないのに対し，愛媛玉串料事件では，県が特定の宗教団体を特別に支援しており，これらの宗教団体が特別のものであるとの印象を与え，特定の宗教への関心を呼び起こすものである。このようにして，津地鎮祭事件では政教分離原則の違反はないが，愛媛玉串料事件では違反があるという結論が導出される。

判例は，愛媛玉串料訴訟判決において違憲判断を下すことによって，限定分離および目的効果基準にも一定の規制力があることを示した。しかし，ふり返れば津地鎮祭事件の事案であっても，一般人や行為者は，工事の無事安全をほかならぬ神に祈願する行為に宗教性を認めるのではあるまいか。また効果としても，神道を公的に是認するメッセージが発信されているのではなかろうか。そうだとすれば，素直に目的効果基準を適用しても，厳格な分離を求める立場に行きつくことは可能であろう*。

*　内閣総理大臣の靖国神社参拝問題は，政治的な争点であるが，憲法論としては政教分離原則に反しないかが問われる。ただし，国の場合，地方自治法にみられるような住民訴訟（242条の2）の制度がないので，宗教上の不快感を理由に国家賠償請求をするなどの方法しかない。最高裁（最二判平18・6・23判時1940号122頁）は，「他人が特定の神社に参拝することによって，自己の心情ないし宗教上の感情が害されたとし，不快の念を抱いたとしても，これを被侵害利益として，直ちに損害賠償を求めることはできない」として，自衛官合祀拒否訴訟判決と同様の判断を示している。

（c）　砂川政教分離訴訟　　政教分離原則の争点が問擬されるとき，常に目的効果基準によると考えられてきた。ところが，それが必ずしもあてはまるわけではないことを示唆するのが，砂川政教分離訴訟判決（最大判平22・1・20民集64巻1号1頁）である。

本件では，市がその所有する土地を神社の敷地として提供していることが，政教分離原則に反しないかが問われたが，最高裁は憲法89条（および20条1項）の適用により検討する。

II 信教の自由

　判旨によれば，公有地が無償で宗教的施設の敷地としての用に供されている状態が，「相当とされる限度を超えて憲法89条に違反するか否かを判断するに当たっては，当該宗教的施設の性格，当該土地が無償で当該施設の敷地としての用に供されるに至った経緯，当該無償提供の態様，これらに対する一般人の評価等，諸般の事情を考慮し，社会通念に照らして総合的に判断すべきものと解するのが相当である」とされ，かつ結論的にこの判断枠組みのもと，本件の利用提供行為は政教分離原則違反であると判断された。

　本件において，明示的には目的効果基準が用いられなかったのは，なぜか。必ずしも理解は確定していない。特定の行為に関し宗教とのかかわり合いが問われる（特定的行為型）事案であれば，目的効果基準が適用され，当該行為の目的と効果を問題になしうるが，本件のように長期にわたる諸々の行為の集積による現状が問われる（諸行為の累積型）事案の場合は，目的と効果を問擬する対象たる行為が特定できない，したがって，諸般の事情を考慮した総合的判断によった，とみるべきであろうか。それとも，問題となる公的行為に宗教性と世俗性とが同居しており，その優劣が微妙であるときには目的効果基準を用いるが，本件のように明確に宗教性のみをもった行為に関しては，その基準を用いないということであろうか。はたまたそれ以外の方向性が模索されているのであろうか。今後の判例の展開が注目される[*][**]。

＊　なお，適用条文の関係であるが，本件では「憲法89条……の趣旨は，……政教分離の原則を，公の財産の利用提供等の財政的な側面において徹底させるところにあり，これによって，憲法20条1項後段の規定する宗教団体に対する特権の付与の禁止を財政的側面からも確保」するもの，との理解をもとに，結論的に，本件行為は「憲法89条の禁止する公の財産の利用提供に当たり，ひいては憲法20条1項後段の禁止する宗教団体に対する特権の付与にも該当する」とされていることが注目される。

　　愛媛玉串料訴訟においても靖国神社，護国神社は20条1項後段にいう宗教団体に該当するとされた。しかし，支出された公金の額が比較的僅少であったのみならず，単なる公金としてではなく，それ自体宗教的意味を帯びた玉串料としての支出であったため，20条3項の禁ずる「宗教的活動」に該当しないかが主たる争点をなした。

第7章　思想・良心の自由および信教の自由

　　こうしてみると最高裁は，“20条1項タイプ”の政教分離問題と“20条3項タイプ”のそれとを区別しているように思われる。国（地方公共団体を含む）自体が宗教的活動をなした場合に問われるのが20条3項であり，私人（団体を含む）が宗教的活動を行い，国がそれに特権ないし特別の便益を与えた場合に問われるのが20条1項，と整理されよう。

＊＊　ちなみに砂川政教分離訴訟以後の判決として，白山比咩神社訴訟（最一判平22・7・22判時2087号26頁）がある。市長が，白山比咩神社の鎮座2100年を記念する大祭に係る諸事業の奉賛を目的とする団体発会式に出席して祝辞を述べたことが，政教分離に反しないかが問われた事案であるが，最高裁は，諸事情を総合考慮するという視点の下で，目的および効果を重要な要素として検討し，合憲判断に至っている。

　　また，砂川政教分離訴訟第二次上告審判決（最一判平24・2・16民集66巻2号673頁）は，祠を移動させ，鳥居および祠の敷地を氏子集団に適正価格によって賃貸する，という手段につき，違憲性を解消するための手段として合理的かつ現実的なもの，と判断した。

第*8*章　表現の自由・集会結社の自由・学問の自由

I　表現の自由

1　表現の自由の意義

表現の自由は，日本国憲法の保障する基本的人権のカタログの中でも「優越的地位（preferred position）」を占める，と考えられてきた。まず，その理由と法的意義について検討してみよう。

(1)　思想の自由市場論

わが国の学説は，表現の自由を特に手厚く保障するアメリカの判例から，大きな影響を受けてきた。そのアメリカで，表現の自由の保障根拠として古くから挙げられたのが「思想の自由市場（free market of ideas）」論である。これは，経済的な市場とのアナロジーで，「何が真理か，へと到達させる最上のテスト」は思想の自由競争であり，思想の表明である表現活動は「誤っている」という理由で国家権力によって制限されてはならない，とする考えである（ミル『自由論』）。確かにこの考えによれば，表現活動を国家権力が事前に抑制してはならない，とはいえる*。しかし，既に表現がなされた後に，刑罰等の制裁が加えられることを止めることは，難しい。そこで，さらなる表現の自由の保障根拠が追究されてきた（奥平康弘『なぜ「表現の自由」か』）。

* 第一次家永教科書訴訟最高裁判決は，教科書検定制度について，図書を教科書ではなく一般図書として販売することは妨げられないから，「思想の自由市場への登場自体を禁ずるものではない」としている（最三判平5・3・16民集47巻5号3483頁）。

第8章 表現の自由・集会結社の自由・学問の自由

(2) 自己実現の価値と自己統治の価値

現在では，表現の自由の保障根拠として，①自己実現の価値と②自己統治の価値が挙げられている。①は個人が表現活動を通じて自己の人格を発展させること，②は国民が表現活動を通じて政治的意思決定に関与することである。①が個人的な価値であるのに対して，②は民主制に奉仕する，社会的・集合的な価値である，といえる。

①②のどちらを重視するかによって，表現の自由の保障のあり方は異なる。①を重視すれば，憲法上保護の対象となるのは表現する者の人格と関わりのある思想の表明であり，単なる事実の摘示やマス・メディアの表現活動は含まれない，という結論を導くこともできる。逆に②だけでは，政治的な表現は手厚く保護されるが，芸術的・文化的表現は憲法上の保護を受けない，という帰結になるかもしれない。もっとも①の立場でも，表現の受け手の利益も考慮すれば，単なる情報提供も個人の自己実現に奉仕するといえる。②からも，狭く国家的意思形成に限らず，社会公共の関心事一般に保護の範囲を拡張することは可能であろう。また，民主制が自由な人格を有する個人の共同体を前提にすると考えるならば，①と②を峻別せず，両者が相まって表現の自由の保障の必要性を根拠づけている，と考えることもできる。

(3) 保障根拠の複合的・経験的性格

以上の検討からは，表現の自由の保障根拠は複合的であり，また「個人」観や「民主制」観によって保障のあり方は異なることがわかる。これは，表現の自由を手厚く保障する根拠が，理論的なものだけではないからである。人類の歴史は，表現の自由が「傷つきやすく壊れやすい権利」であることや，君主制であれ民主制であれ国家権力は表現の自由を抑圧する傾向があることを，教えている。このような経験的な理由からも，表現の自由が手厚く保障されなければならないことは，広く承認されてきた。

こうした経験的な論拠として，現在では「萎縮効果（chilling effect）」が重視されている。表現活動は，現に規制されるだけではなく，将来規制するという威嚇を受けただけでも，萎縮させられやすい。そうすると，既になされた表現活動に対する不利益が課される場合を表現の自由として問題にするだけでは，十分ではない。萎縮によって表現がなされないので公権力による制裁が顕在化

142

Ⅰ　表現の自由

しないだけだという，表現の自由にとってより深刻な事態が放置される可能性があるからである。そこで，表現活動に対する規制が，潜在的な表現の送り手に対して沈黙を強いる効果を有していないかどうかを，表現の自由の問題として取り込む必要があることが，指摘されている（毛利透『表現の自由』）。

(4)　憲法上の権利としての表現の自由

　以上のようなさまざまな理由から，人権カタログの中で「優越的地位」を占める表現の自由の制限は，慎重でなければならない。「二重の基準」論によれば，裁判所は精神的自由の規制の合憲性を，経済的自由の規制よりも厳しい基準（立法事実の挙証責任が公権力の側にある）によって審査しなければならないが（→第4章Ⅲ3(1)(b)），さらに学説は表現の自由についてさまざまな具体的基準・法理を主張してきた。これに対して判例は，表現の自由の重要性は認めるものの，実際には学説の主張するような厳しい審査基準を用いることなく，表現の自由の制約の合憲性を広く承認してきた。

　そこで以下では，まず検閲・事前抑制の禁止を取り上げ（→2），次にいかなる「表現」が憲法21条によって保護されるのかという観点から，表現の類型に着目した法理について扱う（→3）。4では精神的自由を規制する法令の文面審査の手法を紹介し，5では表現規制の類型に着目した審査基準論について検討する。

2　検閲・事前抑制の禁止

(1)　検閲禁止の意義

　憲法21条2項前段は「検閲は，これをしてはならない」と定める。ある表現行為が憲法上の権利として保護されるかどうかとは関係なく，「検閲」という国家行為は禁止されるのである。それは，許されない表現を事前に抑制するためには，その前提としてまだ発表されていない表現一般が規制の対象に該当するかどうか審査する必要があるが，それは思想の自由市場論からみて許されないからである*。

---

　*　歴史的にも，検閲の禁止は表現の自由の保障の出発点であった。18世紀のイギリスの法律家ブラックストーン（William Blackstone, 1723-1780）は，出版の自由の

143

第8章　表現の自由・集会結社の自由・学問の自由

本質が「出版物に対して事前の抑制を課さないところにあり，発表されたときに刑事問題で責められることからの自由にあるのではない」と述べている。明治憲法下では，出版法・新聞紙法等に基づき，内務省が内容を審査し，場合によっては発売頒布禁止処分が行われた。

(2)　検閲の概念

学説上は，検閲の概念を広く公権力一般によるものととらえるか（広義説），それとも絶対的に禁止される検閲を行政権によるものに限り，司法権によるものは後述の事前抑制の法理の問題とするか（狭義説）の対立があった。これに対して，最高裁は札幌税関検査事件で，検閲を「行政権が主体となって，思想内容等の表現物を対象とし，その全部又は一部の発表の禁止を目的として，対象とされる一定の表現物につき網羅的一般的に，発表前にその内容を審査した上，不適当と認めるものの発表を禁止すること」と定義した（最大判昭59・12・12民集38巻12号1308頁）。この検閲の定義は，狭義説よりもさらに狭いものであり，それによると税関検査は関税徴収手続の一環にすぎず，網羅的・一般的な審査ではないから検閲に当たらないことになる。学説からは，このような検閲概念に該当する規制がそもそも存在しうるのか疑問である，との批判が強い。

(3)　事前抑制の原則的禁止

狭義説や判例の定義によれば「検閲」に当たらない場合でも，憲法上保護される表現について，公権力が発表や受領を事前に妨げることは，憲法21条1項によって，原則的に禁止される（→第4章III3(4)(b)③）。それでは，裁判所が名誉・プライバシーを保護するために，雑誌等の出版差止めを命じることは，許されるか。北方ジャーナル事件最高裁判決（最大判昭61・6・11民集40巻4号872頁）は，人格権としての名誉権に基づき妨害行為を差し止めることができるとした反面，表現行為の事前抑制は「厳格かつ明確な要件のもとにおいてのみ許容されうる」と，慎重な態度を示した。その上で，公職者等に対する名誉毀損的表現の事前差止めは原則として許されないが，「その表現内容が真実でなく，又はそれが専ら公益を図る目的のものではないことが明白であって，かつ，被害者が重大にして著しく回復困難な損害を被る虞があるとき」は例外的

144

I 表現の自由

に事前差止めが許されるという具体的な要件を定立している＊。

　　＊　同判決の事案は，仮の地位を定める仮処分の手続による差止めが求められたもの
　　　であった。最高裁は，原則として口頭弁論または債務者の審尋によって表現者に主
　　　張立証の機会を与えるべきと述べているが，ただ，この事件では特殊な事情がある
　　　ために無審尋の差止めも違法ではないとしている。現在では法律上，口頭弁論また
　　　は債務者審尋が要求されている（民保 23 条 4 項）。

3　表現の自由の保護範囲——表現類型からのアプローチ

(1)　憲法上保護される「表現」

　以下では，表現活動の事後抑制の場面を念頭に，憲法上保護される「表現」
の範囲について検討することにしよう（→第 4 章 III 3(4)(a)）。

　憲法 21 条の保護の核心にあるのは，自らの思想・意見を言葉等で表明する
自由である＊。表現の自由が諸国で「言論の自由」「意見表明の自由」等と呼ば
れることも，このことを裏づける。もっとも事実もまた思想等の基礎となり，
意見を他人に説得するために必要であるから，事実の表明も憲法上保護される。

　他方で，通常の感覚では「表現」に当たるにもかかわらず，たとえばわいせ
つ，喧嘩言葉，文書による名誉毀損等の類型は憲法上の保護を受けない「無価
値表現」である，という理論（two-tier theory）が，アメリカで有力である（*see*
Chaplinsky v. New Hampshire, 315 U.S. 568 (1942)）。しかし，本来憲法上保護さ
れるべき「表現」に対する萎縮効果を考慮すると，法律が定義したわいせつや
名誉毀損の概念を，そのまま憲法上も表現の自由の制限に当たらないとして是
認すべきではない。そこで現在では，これらの表現にもひとまず憲法上の保護
が及ぶと考えた上で，対立する法益との利益衡量を個別的に行う（ad hoc
balancing）のではなく，規制されるべきでない表現をあらかじめ規制の対象か
ら排除する，定義づけ衡量（definitional balancing）ないし範疇化のアプローチ
が，学説上広く支持されている＊＊。以下では，こうした観点から，判例の問題
点を検討していこう。

　　＊　徴兵拒否の意思を伝えるために徴兵カードを焼却する等の，言葉によらずに自ら

145

第8章　表現の自由・集会結社の自由・学問の自由

の意見を表明する行為を，「象徴的言論（symbolic speech）」という。かつてのアメリカでは，象徴的言論の規制は，後述する間接的・付随的規制と同様に，緩やかな審査基準で判断されていた。しかし象徴的言論はメッセージ性が強く，まさにそのメッセージ性に着目した規制がおこなわれるのであれば，表現内容規制として厳格に審査されるべきである（*see* Texas v. Johnson, 491 U.S. 397 (1989)）。

＊＊　定義づけ衡量の手法をとるのは，憲法上規制されるべきでない表現をカテゴリカルに法律的な規制の対象からあらかじめ除くためであるから，個別的な利益衡量によれば規制が許されるはずの表現も，結果的に規制を免れることになる。

(2)　せん動

せん動処罰とは，犯罪を教唆する行為の処罰とは異なり，犯罪の実行行為が現におこなわれなくても，独立にせん動行為を処罰するものである。たとえば，単に政治理論を主張しただけであって，内乱罪の実行行為を惹起する現実の危険がなくても，せん動罪として処罰されるおそれがある。最高裁は，犯罪行為のせん動は「言論の自由の限界を逸脱し」ている，あるいは「表現の自由の保護を受けるに値しない」として規制を正当化している（最大判昭24・5・18刑集3巻6号839頁，最二判平2・9・28刑集44巻6号463頁）。

しかし，仮に表現活動と重大な法益の侵害の間に因果関係があるとしても，そこには，表現を受け取り，現実に犯罪行為をおこなおうとする受け手の意思が介在しているはずである。そうだとすれば，法益侵害に制裁を加えたり予防したりするためには，表現を受けて実行行為をおこなった者を処罰するだけで足りるであろう。表現それ自体を処罰するには，ただの因果関係では不十分であり，表現活動それ自体が必然的に受け手の行動を引き起こすような事情が必要である。有名な「明白かつ現在の危険（clear and present danger）」の基準は，もともとアメリカで，このような場合にせん動罪の適用を認める法理として登場したものである（*see* Schenck v. United States, 249 U.S. 47 (1919)）＊。

＊　逆にいえば，この基準は，戦争や災害の場合には，せん動処罰の合憲性を認める傾向があり，表現の自由を十分保護できない。そこで，表現内容自体が直接違法な行為をせん動するものであり，かつ，違法な行為が実際に発生する蓋然性のある場合でなければ処罰できない，とするブランデンバーグ基準（Brandenburg v. Ohio,

395 U.S. 444 (1969)) を参考にすべきだとする見解も有力である。この基準は，上に述べた定義づけ衡量の一種といえる。

(3)　性　表　現

わいせつ文書の頒布等の行為は，社会の性秩序・性道徳を害する行為として処罰されてきた（刑175条）。しかし既に述べたところからすれば，「わいせつ」とされる表現すべてが当然に処罰されるべきではない。その中には受け手の自己実現に資するものも含まれているかもしれないからである。そもそも，正しい性道徳とは何かを国家が判断する能力があるかどうか，また判断すべきかどうかは，疑わしい。

この問題に関する判例は，興味深い展開をみせている。まずチャタレイ事件最高裁判決は，明治以来のわいせつ概念（徒らに性欲を興奮又は刺戟せしめ，且つ普通人の正常な性的羞恥心を害し，善良な性的道義観念に反するもの）を維持した上で，性秩序・性道徳の維持のため表現の自由を制限することは許される，とした（最大判昭32・3・13刑集11巻3号997頁）。最高裁はこの事件では，芸術的作品でもわいせつとして処罰することは憲法に違反しないとしていたが，続く「悪徳の栄え」事件では，傍論ではあるが，文書の芸術性・思想性が性的刺激を減少・緩和させる可能性や，個々の章句だけでなく文書全体からわいせつ性を判断しなければならない（全体的考察方法）と述べた（最大判昭44・10・15刑集23巻10号1239頁）。さらに小法廷の判決であるが，「四畳半襖の下張り」事件では，わいせつの定義を維持しながら，文書における性描写の程度や比重，思想と性描写の関連性等を考慮しながらわいせつ性を判断する，と述べている（最二判昭55・11・28刑集34巻6号433頁）[*]。

このように判例は，社会通念が変化しても「性行為非公然性の原則」を維持しなければならないという厳格な立場から，徐々に価値観の多様化を受け入れる方向へと変化している。もっとも，諸要素の総合考慮によるわいせつ性の判断は，性表現を行おうとする者に対して，憲法21条の保障の限界をあらかじめ明確に示すことができない。そこで，憲法上の保護を受けないハード・コア・ポルノとそれ以外の性表現を区別しようとする解釈論も主張されている（最三判昭58・3・8刑集37巻2号15頁の伊藤正己裁判官補足意見）[**]。

第 8 章　表現の自由・集会結社の自由・学問の自由

　また，同じ性表現の規制であっても，各地方公共団体の青少年保護（健全）育成条例による有害図書の規制は，わいせつ規制とは目的・範囲が異なる＊＊＊。岐阜県青少年保護条例事件最高裁判決は，「青少年の健全な育成を阻害する有害環境を浄化する」ための規制は，図書の入手が困難になる成人との関係でも，憲法 21 条に違反しないとしている（最三判平元・9・19 刑集 43 巻 8 号 785 頁）。

　＊　最高裁は，後の税関検査の事例で，この総合考慮の手法によって，男性の全裸写真等を含む現代芸術家の写真集をわいせつではなく，それ故に「風俗を害すべき書籍，図画」に当たらないと判断している（最三判平 20・2・19 民集 62 巻 2 号 445 頁）。
　　　なお，アーティストが自己の性器を象った石膏を含む造形物を展示した等としてわいせつ物陳列罪に問われた事件で，裁判所は芸術性・思想性による性的刺激の緩和を検討するまでもなく，当該造形物についてはわいせつ概念に該当しないと判断した（東京高判平 29・4・13 東高刑時報 68 巻 1 ～ 12 号 81 頁）。
　＊＊　アメリカの判例は，わいせつ（obscenity）に該当するかどうかは，①当該作品が全体として見て，当該地域共同体の基準に照らして，通常人にとって好色な興味に訴えるものであること，②当該作品が適用される州法によって特定的に定義された性的行為を，明らかに不快な仕方で描いたものであること，③当該作品が全体として見て，重要な芸術的・政治的価値等を欠いていること，という三つの要件で判断しているが，これは実質的には，明らかに人を不快にさせるハード・コアな性行為に，わいせつ概念を限定したものと解されている（see Miller v. California, 413 U.S. 15 (1973)）。
　＊＊＊　近時は，ポルノグラフィーが社会における男女差別の構造を再生産するという観点からの規制論も，主張されている（マッキノン『フェミニズムと表現の自由』）。また，児童に対する性的搾取および性的虐待の防止の観点から，児童ポルノの提供等が規制されている。

(4)　名誉毀損・プライバシー侵害

　古くから，名誉毀損に対しては，当然に民事・刑事の責任を追及できるとされてきた（民 723 条，刑 230 条）。しかし歴史的にみれば，名誉毀損法には政府批判を規制する役割もあり，現在でも政府や政策の批判は，政治家個人に対する名誉毀損として扱うことも可能である。そこで現在の判例・学説は，まず刑

I 表現の自由

法 230 条の 2 (それによれば，公共の利害に関する事実について，公益を図る目的で
なされた名誉毀損行為は，事実が真実であることの証明があれば，免責される) を，表
現の自由と名誉権を調整する規定ととらえた上で，両者を衡量した結果を同条
の解釈に反映させることを通じて，表現の自由の保障を拡大しようとしてい
る*。その一例が，表現をした者が事実の真実性を証明できなかったとしても，
真実と誤信するに際して，確実な資料・根拠に照らして相当の理由があった場
合には名誉毀損の責任を免除される，とする「相当性」の法理である (最大判
昭 44・6・25 刑集 23 巻 7 号 975 頁〔夕刊和歌山事件〕)**。

　プライバシーは，雑誌ジャーナリズムの発達した 20 世紀初頭以降になって
新たに承認された権利であるが (→第 5 章 II)，表現活動によるプライバシー侵
害の場合には，やはり憲法 21 条との調整が必要になる。とりわけ，政治家等
のプライバシーを侵害する表現活動の責任の可否が問題になるが，政治家は自
ら公衆の視線にさらされることを選んだ者であり，私人一般とは立場が異なる。
「公共の関心事」に当たるかどうかという観点から，具体的利益衡量によって
プライバシー保護の限界を画する必要がある (最三判平 6・2・8 民集 48 巻 2 号
149 頁〔ノンフィクション「逆転」事件〕を参照)***。

* 　事実の摘示は名誉毀損罪の構成要件とされているが，事実を摘示しない論評によ
　っても不法行為は成立する。それは，論評が説得力を持つためには一定の事実が前
　提とされているはずであり，したがって論評を示すことが同時に，前提事実を示し
　ていると理解すべき場合もあるからである。そこで論評による名誉毀損については，
　公共の利害に関する事実について，公益を図る目的でなされ，かつ論評の前提とし
　ている事実が主要な点で真実であることが証明された場合には，人身攻撃に及ぶな
　ど論評としての域を逸脱したものでない限り，名誉毀損は成立しない (公正な論評
　の法理)。現実の名誉毀損訴訟では，ある記述が事実の摘示なのか論評なのかが争
　われることが多い (最一判平 16・7・15 民集 58 巻 5 号 1615 頁等)。

** 　公人 (public figure) に対する名誉毀損については，アメリカの判例で採用さ
　れている，「現実の悪意 (actual malice)」の法理を主張する見解もある。この法理
　は，表現が虚偽であることを知りながらなされたか，または虚偽か否かをまったく
　気にかけずになされたものであることを，名誉毀損の責任を追及する側が立証しな
　ければならない，とするものであり，表現の自由の保障を著しく強める考え方であ
　る。

149

第8章　表現の自由・集会結社の自由・学問の自由

＊＊＊　同一の表現について，名誉毀損とプライバシー侵害が同時に問題になることがあるが，長良川事件最高裁判決は，各々の成否を独立に判断すべきであるとしている（最二判平15・3・14民集57巻3号229頁）。

(5)　ヘイトスピーチ

　人種・民族・宗教・性・性的指向等を指標としたマイノリティ集団に対する敵意や憎悪を表す表現を，差別的表現またはヘイトスピーチという。こうした表現は，マイノリティの構成員の尊厳を傷つける上，差別や迫害を助長するおそれがあり，しかも反論を封じ込める効果があるため思想の自由市場による是正も機能しにくいと考えられ，世界各国で規制が試みられてきた。その反面で，この種の表現も思想の表明を含む場合があることに配慮するならば，ヘイトスピーチの規制には慎重でなければならない。

　日本は，1995（平成7）年に人種差別撤廃条約を批准した際に，差別的表現を規制するよう締約国に求める条項を留保していた。その後に政府が2002（平成14）年に国会に提出した人権擁護法案は，人種等による差別的言動の規制を含んでいたが，反対が強く廃案となった。これに対して裁判所は，不法行為の規定（民709条）を人種差別撤廃条約に適合するように解釈し，外国人学校の周辺でなされた示威活動について，高額の損害賠償や差止めを認めるようになった（大阪高判平26・7・8判時2232号34頁）。

　2016（平成28）年には「本邦外出身者に対する不当な差別的言動の解消に向けた取組の推進に関する法律」が成立したが，これは本邦外出身者（専ら本邦の域外にある国もしくは地域の出身である者またはその子孫であって適法に居住するもの）に対する不当な差別的言動の解消に向けた取組を定めるもので，ヘイトスピーチを直接規制するものではない。

(6)　営 利 広 告

　営利広告は，伝統的には，職業選択の自由の保護を受けるにすぎない，と考えられた。しかし現在では，広告の受け手の選択に資することを理由に，営利広告も憲法21条による保護を受ける，と解されている。もっとも，たとえば商品の効用等の内容は真偽の判定が容易であること，購買者獲得のため広告が誇大虚偽に流れやすいこと，そして営利を誘因とするため言論活動のような萎

縮効果が働かないことからすれば，営利広告は思想の表明等とは異なり，規制の合憲性を厳格に審査する必要はない，と考える立場が有力である（最大判昭36・2・15刑集15巻2号347頁〔あん摩師等法事件〕，最一判平28・12・15判時2328号24頁を参照。→第9章Ⅱ2(2)）。

4　表現内容を規制する法令の文面審査

(1)　漠然故に無効の法理

　表現の自由の制限が許される場合でも，本来許される表現まで萎縮させられないよう注意すべきであることは，既に述べた。そこで学説は，文言が漠然（vague）としており，いかなる表現が規制されるのか不明な法令の規定は，文面上無効（void on its face）となる，と主張している。

　この「漠然故に無効の法理」は，罪刑法定主義（31条）の要求と重なる（→第10章Ⅱ1）。ただし，罪刑法定主義が，国民に対する公正な告知（fair notice）や法適用者の恣意を防ぐために，刑罰法規の明確性を求めるのに対して，漠然故に無効の法理は特に表現の自由に対する萎縮効果を考慮して，刑事罰に限らず規定の除去を求める法理である。

　最高裁は，集団行進に対する刑罰が問題になった徳島市公安条例事件（最大判昭50・9・10刑集29巻8号489頁）で，「あいまい不明確」として憲法31条に違反するかどうかは，「通常の判断能力を有する一般人の理解において，具体的場合に当該行為がその適用を受けるものかどうかの判断を可能ならしめるような基準が読み取れるかどうか」によって判断すべきであるとしている。学説は，表現行為に対する萎縮効果に配慮して，他の行為の規制よりも強い明確性が，表現の自由を制限する法律には求められる，と解している。

(2)　過度に広汎故に無効の法理

　前述の漠然故に無効の法理と区別されるのは，「過度に広汎（overbroad）故に無効の法理」である。これは，明確な規定であっても，規制の範囲が広汎すぎて違憲的に適用される可能性がある規定は文面上無効となる，という考え方である。この法理の根拠の一つは，やはり萎縮効果の除去である。たとえば，真に憲法上保護されない性表現を行った者が，わいせつ文書頒布罪（刑175条）で起訴されたとしよう。この表現行為が真に憲法21条の保護の範囲外にある

第8章　表現の自由・集会結社の自由・学問の自由

とすれば，この者に刑法を適用することは憲法上許されるはずである。しかし「わいせつ」という文言は過度に広汎であって，処罰を恐れるあまり，本来は許されるはずの性表現をも差し控えさせてしまう効果がある。そこで，この被告人に特別に，刑法175条の違憲性を攻撃することを認めて，萎縮効果を早期に除去することが，表現の自由の保障からは望ましいことになる*。

これに対して判例は，文言上は広汎な法令の規定を，適用すれば違憲となる部分を切り取って限定的に解釈することにより，規定の合憲性を維持する手法（合憲限定解釈）を多用している（→第17章Ⅳ）**。

* この結果，適用上は合憲的に規制されるはずの者が，文面上無効の主張が認められたために，無罪となる可能性がある。またこの法理は，潜在的な第三者の憲法上の権利を主張することを認めることにもつながる（→第17章Ⅲ）。

** その一例が，選挙における報道・評論の規制（公選148条3項）に関する最高裁昭和54年12月20日第一小法廷判決（刑集33巻7号1074頁）である。これに対して，表現の自由に関する事例ではないが，福岡県青少年保護育成条例事件最高裁判決（最大判昭60・10・23刑集39巻6号413頁）は，漠然性と過度の広汎性とを混同しつつ，青少年に対する「淫行」処罰の規定を無理に限定解釈した，と批判されている。また最高裁は，集会の自由に関する広島市暴走族条例事件（最三判平19・9・18刑集61巻6号601頁）で，「暴走族」の定義や集会の禁止の対象が広汎であり「憲法21条1項及び31条との関係で問題がある」ことを認めながら，合憲限定解釈を行っている。

5　表現の自由の制限の合憲性──規制類型からのアプローチ

(1)　表現内容規制・内容中立規制二分論

前述の3では，憲法上保護されない（または保護の弱い）表現について，憲法21条の観点から表現規制を限定するための議論を，表現類型ごとに紹介してきた。これらの類型以外の表現は，憲法上強い保障を受けるが，公共の福祉との関係で全く無制約ではない。それでは，表現の自由の制限の合憲性は，どのように判断されるべきであろうか。

この問題に関して，やはりアメリカの判例を参考にして，二重の基準論を前提に，表現の自由の規制を①表現内容規制（ある政治的意見の表明の禁止など）

と②表現内容中立規制（ビラ貼り，ビラ配りの規制など）とに二分し，異なる厳格度の審査基準を用いる見解が主張されてきた。この表現内容規制・内容中立規制二分論には有力な批判もあるが（市川正人『表現の自由の法理』），現在でも広く支持されている。

　では，①②を区別する理由は何だろうか。まず思想の自由市場論から考えれば，①は特定の表現内容の参入を禁止したり不利に扱ったりすることで，国家権力が思想の自由市場の働きに歪みをもたらす規制である。これに対して②は，すべての表現内容に対して，市場への参入それ自体を禁止しているわけではなく，ただ特定の参入態様を制限するにすぎない。したがって，①は厳格に審査される必要があるが，②はそうである必要はない，と考えることができる。

　しかし，②について緩やかな審査でよいと考えることは，思想の自由市場論を下敷きにしてもなお，次のような疑問がある。第一に，たとえ特定の参入態様を制限するだけだとしても，市場へ登場する表現の「量」の減少を看過することはできない。表現の自由の優越的地位に鑑みれば，可能なかぎり豊かに表現が流通することが望ましいから，②の規制が真に必要な限度にとどまっているか検討する必要がある。第二に，本当は②の規制が表現の内容という「質」に関わっている場合もありうる。たとえば選挙運動としての戸別訪問の禁止（→第11章Ⅰ4）は，それ自体は「戸別訪問」という表現方法の規制であって，A候補者への投票を求めるのか，それともB候補者か，といった表現内容に着目した規制ではない。しかし，Aが現職の議員であり有権者の間に知名度が浸透している反面，Bが新人候補者で知名度も資力もないという場合はどうだろうか。政見を有権者に安価に伝える手段である戸別訪問の規制は，結局のところ，Aに有利に，Bに不利に働くだろう。つまり②も，現実に適用する段階では，思想の自由市場に歪みをもたらすことがあり，うがって考えれば，立法者がそうした意図を秘めつつ，外見上は表現内容に中立的な規制の方式を装っただけかもしれない。このように考えると，②についても緩やかな審査では不十分であり，裁判所が立法事実を具体的・実質的に審査すべきである。

(2)　表現内容規制

　表現内容規制に当たるのは，まず，「憲法9条を批判してはならない」等の

第8章 表現の自由・集会結社の自由・学問の自由

特定の観点（viewpoint）に着目した規制である。思想の自由市場論を前提にすれば，この観点規制が表現内容規制に当たることは自明であろう。次に，「防衛政策について議論してはならない」等の，観点ではなく主題（subject-matter）に着目した規制も，原則として表現内容規制に当たる。主題規制は，その主題に関するすべての観点が市場へ登場することを等しく妨げるものであり，現在の社会通念も常に新しい見解のチャレンジに晒されることで，真理であることを証明すべきである，という思想の自由市場論に反するからである。

　ある表現の自由の制限が表現内容規制に当たるとされる場合には，その合憲性は厳格審査によって判断される。具体的には，「やむにやまれぬ政府利益（compelling interest）」という立法目的を追求するために必要最小限度の手段として厳密に設定されている（narrowly tailored）場合にのみ，合憲と判断される。「より制限的でない他の選びうる手段（less restrictive alternatives）」がある場合（過剰包摂）はもちろん，手段が目的達成のために規制すべき事例を規制していない場合（過少包摂）も，違憲となる。いずれの場合も，やむにやまれぬ政府利益とは異なる，隠された目的があるのではないかということを推測させるからである*。

* アメリカでは，この基準によれば，性犯罪被害者の保護等のごく限られた例を除き，法律は違憲になる，といわれる。その意味で，この基準が適用される段階で，既に勝負あったといえる（「命取りのテスト」）。このことが意味するのは，第一に，憲法上保護された表現活動を，内容に着目して規制することはほとんど許されない，第二に，表現の内容に着目した規制が許されるとすれば，それは実際には「無価値表現」ないし「低価値表現」の場合が多い（→3参照），ということである。この基準と定義づけ衡量が，ともに「表現内容規制」の審査基準として位置づけられることがあるのは，こうした事情による。

(3) 時・所・方法の規制

　表現内容中立規制の典型は，ビラ貼り規制や深夜の騒音規制等の，表現の時・所・方法（time, place and manner）の規制である*。

　この種の規制については，わが国でも判例が多い。最高裁は，まず，美観風致の維持・公衆への危害防止を理由として，ビラ貼り行為等を処罰する屋外広

I 表現の自由

告物条例について，「公共の福祉のため，表現の自由に対し許された必要且つ合理的な制限」であるとして，簡単に合憲性を認めている（最大判昭43・12・18刑集22巻13号1549頁，最三判昭62・3・3刑集41巻2号15頁）。

より問題が大きいのは，私人の家屋へのビラ貼り等，私人の財産権等の保護を目的とする表現活動の制限に関する判例である。最高裁は軽犯罪法によるビラ貼り規制について，「たとい思想を外部に発表するための手段であっても，その手段が他人の財産権，管理権を不当に害するごときものは，もとより許されない」と述べて，公共の福祉論により簡単に合憲の結論を導いている（最大判昭45・6・17刑集24巻6号280頁）。このような言い回しからすると，他人の財産権等と衝突する表現活動は，そもそも憲法21条の保護範囲に属しないと解されているようにも思われる。実際に最高裁は，私鉄の駅構内でのビラ配布の処罰を同じ理由で簡単に合憲としており（最三判昭59・12・18刑集38巻12号3026頁），さらには政治的主張を記したビラ配布のために自衛隊官舎の共有部分へ立ち入った行為を邸宅侵入罪（刑130条）で処罰する際にも，全く同じ論理を用いている（最二判平20・4・11刑集62巻5号1217頁）。

しかし，このように表現の自由が財産権等に常に劣後すると考えるならば，現代社会における表現の機会は著しく縮減されてしまう。当該場所・方法に則した表現としての意義と財産権等の侵害の内容・程度を具体的に衡量した上で，前者が後者に優越する場合には，当該表現活動に規制を適用することは違憲となる，と考えるべきではないか。

そこで学説では，表現内容中立規制については，判例のように緩やかな審査ではなく，表現内容に中立的で重要な立法目的の達成のために合理的かつ必要な手段であるかどうかを，裁判所が立法事実に照らして具体的・実質的に審査する，中間審査基準が用いられるべきだと主張されている[**]。

---

[*]　もっとも，規制文言に時・所・方法が用いられていれば，直ちに内容中立規制であると考えるべきではない。たとえば「深夜の表現を禁止する」という規制は内容中立規制であるが，「深夜の政治的表現を禁止する」という規制は，主題規制と時の規制が結びついたものであり，むしろ表現内容規制と考える余地がある。

[**]　具体的な審査基準としては，「より制限的でない他の選びうる手段（less

第8章　表現の自由・集会結社の自由・学問の自由

restrictive alternatives)」の基準（LRA の基準）が有名である。この基準は同程度に立法目的を達成でき，かつ人権制限の程度が低い別の規制手段が存在する場合には，当該規制を違憲とするものだが，実際には厳格審査でも用いられるし，その厳格度にも幅がある。むしろアメリカの現在の判例では，時・所・方法の規制については，重要な利益を達成するための実質的な関連性を有することに加えて，「表現者の側に代替的なコミュニケーション手段」が十分に存在するかどうかを審査することが多い，といわれている（*see* Perry Education Assn. v. Perry Local Educators' Assn., 460 U.S. 37 (1983)）。

(4)　間接的・付随的規制

　時・所・方法の規制とは別に，「行動を伴う言論（speech plus）」の規制も，表現内容中立規制に含まれる。この問題を理解するために，道路の交通を妨害する行動を処罰する規定があるものと考えよう。この規定を，たとえば路上で寝ころんでいる泥酔者に適用しても，憲法 21 条とは関わりが生じない。では，政府の施設近辺の路上で，政府の政策を批判する座り込みデモを行う行動に，この規定を適用する場合はどうだろうか。一面では，この座り込みデモは，道路交通を妨害する点で先の泥酔者の例と似ているが，表現活動と結びついている点では異なる。この規定は表現活動に直接的に向けられたものではないとしても，座り込みデモに適用する限りでは，表現の自由に不利益を及ぼす。このような行動を伴う言論の規制については，立法目的が重要な利益を促進すること，表現の自由の抑圧と直接関係がないことに加えて，表現の自由に対する付随的効果が立法目的の達成に必要な限度を超えていないこと，というオブライエン・テストが，アメリカの判例ではとられている（*see* United States v. O'Brien, 391 U.S. 367 (1968)）。

　日本の判例でも，一見すると同様の発想が，猿払事件最高裁判決（最大判昭 49・11・6 刑集 28 巻 9 号 393 頁）にみられた[*]。最高裁は，公務員の「政治的行為」に意見表明と行動の両面があるという理解を前提に，その禁止の合憲性を，①禁止の目的，②禁止の目的と禁止される政治的行為との関連性，③政治的行為を禁止することにより得られる利益と禁止することにより失われる利益との均衡，の 3 点から検討した。そして，①については，行政の政治的中立的運営とそれに対する国民の信頼の確保という目的は正当であり，②についても，公務

156

員の政治的中立性を損うおそれがある行為を一律に禁止することも，目的との合理的関連性があると述べた。最後に，③については，公務員の政治的行為のうち，「行動のもたらす弊害の防止」をねらった禁止は，意見表明の自由の「間接的，付随的な制約」にすぎないから公務員の失われる利益が小さい，と判断して，規制を合憲とした（→第4章Ⅲ3(4)(b)②）。

この判決の考え方は，行動に伴う言論の規制の合憲性判断には厳格審査を行わない，という先ほどの議論を応用した上で，言論と行動の区別を③の利益衡量にも持ち込んだものといえる。しかし，この判例には次のような疑問がある。第一に，この事件をそもそも行動に伴う言論の事例とみることには無理がある。政治的行為の禁止は表現の自由を直接的に制限するものであって，先の道路交通の妨害の規制のような偶然的・付随的な制限とは異なる。第二に，②が「合理的関連性」を要求するにとどまることは，表現の自由の制限の審査として緩やかすぎる。判決の挙げる目的が正当だとして（国民の信頼確保を挙げることには批判も強い），目的達成のために必要最小限の範囲に禁止が制限されるよう，公務員の職種等を区別して論じるべきではないか。学説は，LRA の基準によって判断すべきだと，判例を厳しく批判してきた**。

* 北海道宗谷郡猿払村の郵便局員が，勤務時間外に公務とは無関係に政党のポスターを貼ったことが，「政治的行為」に当たるとして，起訴された事件（国公102条1項，人事院規則14-7）。第一審判決は，芦部教授の提出した鑑定書を基に，LRA の基準を用いて，本件行為に刑事罰を適用する限りで違憲であると判断した（旭川地判昭43・3・25判時514号20頁。→第17章Ⅴ2）。ちなみに，同判決の裁判長であった時國康夫裁判官は，芦部教授とともに憲法訴訟論のパイオニアとして知られている（時國『憲法訴訟とその判断の手法』）。
** にもかかわらず，判例は，間接的・付随的規制論を，公務員の表現活動の制限だけでなく（裁判官について，最大決平10・12・1民集52巻9号1761頁〔寺西判事補事件〕。→第16章Ⅱ3(2)），広く国民一般の精神的自由の制限に適用する傾向があった（後掲の成田新法事件等。→Ⅲ1）。

(5) 国公法二事件と判例の比較衡量論

最高裁は，猿払事件と同じく，国家公務員が政治的行為を行ったとして起訴

第8章　表現の自由・集会結社の自由・学問の自由

された堀越事件で，重要な判断を示した（最二判平24・12・7刑集66巻12号1337頁）。まず最高裁は，国家公務員も国民としての政治活動の自由を有しており，禁止される「政治的行為」とは，職務遂行の政治的中立性を損なうおそれが実質的に認められるものに限られる，と解釈した。そしてこの政治的行為の禁止・処罰は，正当な規制目的を達成するために必要かつ合理的な範囲の制限であり，合憲であると述べたのである[*]。

この判決は，間接的・付随的規制論を採用せず，目的達成手段の合理性だけでなく必要性にも配慮して政治的行為の範囲を限定したことから，猿払事件最高裁判決に対する批判を意識して，判例を実質的に変更したものと考えられる。よど号ハイジャック記事抹消事件最高裁判決（最大判昭58・6・22民集37巻5号793頁）の比較衡量論を判断枠組みとして採用したことに，審査基準を定立して自ら縛られることなく，具体的な事案の解決に向けて柔軟に対処しようとする現在の最高裁の姿勢が表われている（千葉勝美裁判官の補足意見参照）。

[*] 堀越事件最高裁判決は，勤務外で，公務員であることを明らかにしないでポスティングを行った社会保険庁の非管理職職員を無罪とした。これに対して，同じ小法廷が同じ日に下した宇治橋事件最高裁判決（最二判平24・12・7刑集66巻12号1722頁）は，ほぼ同様の行為を行った本省大臣官房の課長補佐を有罪とした。管理職的地位の有無が重視されたものといえる。また堀越事件最高裁判決は，猿払事件の被告人は公務員であることを明らかにして，組合活動の一環として政治的行為を行ったものとして，事案の違いを強調している。

Ⅱ　表現の自由の現代的問題

1　国民の「知る権利」

表現の自由の法理は，対等な市民が，お互いの思想・意見を自由に交換するというイメージを前提にしており，表現を送る自由を保障すれば，表現を受け取る自由も当然に実現される関係にあった。ところが，19世紀後半以降，マス・メディアが独占的な情報の「送り手」の地位を確立し，逆に一般の国民は

「受け手」の地位に固定されていく。また，デモクラシーの進展や産業構造の変化が情報化社会をもたらし，情報の自由な流通を確保することが，個人にとっても社会にとってもますます重要になっている。こうした観点から，もっぱら「送り手」の側から考えられてきた表現の自由の法理を，国民一般の「知る権利」から再構成すべきである，と説かれるようになってきた。

この再構成には，個人の表現の自由を強化する方向と，メディアの表現の自由を保障する方向の，二通りがある。後者については2で検討することにして，以下では前者の方向についてみていくことにしよう。

(1)　情報を受領する自由

最高裁は，未決勾留者の新聞閲読の制限の合憲性が争われたよど号ハイジャック記事抹消事件（最大判昭58・6・22民集37巻5号793頁）で，新聞紙等の「閲読の自由」が，憲法19条・21条および13条の趣旨により保障されることを明言した。さらにレペタ事件（最大判平元・3・8民集43巻2号89頁）でも，「各人が自由にさまざまな意見，知識，情報に接し，これを摂取する」自由が憲法21条から当然に導かれる，と述べている*。

　*　この事件では，傍聴人が法廷でメモを採取することが裁判長の許可を必要とすることの合憲性が争われた。最高裁は，筆記行為の自由は「憲法21条1項の規定の精神に照らして尊重される」にとどまり，知る権利そのものや後述するメディアの取材の自由と比べて保護の程度が低いため，その制限の合憲性判断に「厳格な基準」は要求されないと述べた。もっとも，「公正かつ円滑な訴訟の運営」は重要な法益であるが，通常はメモ採取によって妨げられることはありえないとして，実質的には法廷でのメモ採取を広く容認した。

(2)　情　報　公　開

「知る権利」の第一の側面は，いまみたとおり，既に公開され一般に入手可能な情報への自由なアクセスの保障であり，検閲の禁止と重なり合うところが多い。これに対して，デモクラシーの健全な維持・発展のためには，政府の保有する情報を広く公開すること自体が求められる。市民が国政に関して十分に知らされた上ではじめて，有権者としての「判断」を下すことができるからで

第8章　表現の自由・集会結社の自由・学問の自由

ある（informed citizen の理念）。この政府情報公開請求権が，「知る権利」の第二の側面である（→第4章 I 3(2)）*。

　もっとも，個人情報を含む膨大な情報を政府が収集・取得している現在では，いかなる情報をどの範囲で開示し，また不開示とするかについて，法令による具体化が必要である。情報公開の推進は，一部の地方公共団体が先行していたが，国政レベルで 1999（平成 11）年に，行政機関の保有する情報の公開に関する法律が制定された。しかし，同法の目的規定は知る権利ではなく，「国民主権の理念」を掲げている**。

　*　情報公開とは異なる制度として，個人情報保護の一環としての自己情報開示制度
　　がある（→第5章 II 1(2)）。最高裁はレセプト訴訟で，両者が「相互に補完し合っ
　　て公の情報の開示を実現するための制度」であることを理由に，個人情報保護条例
　　が制定されていない地方公共団体で，本人が情報公開条例に基づき情報開示を求め
　　ることを認めた（最三判平 13・12・18 民集 55 巻 7 号 1603 頁）。
　**　公正で民主的な行政の推進と並んで，行政の説明責任を同法の目的に挙げたこ
　　とについては，議院内閣制のしくみ（66 条 3 項）との関係で，整合性に疑いを投
　　げかける見解もある。

(3)　アクセス権
　アクセス権とは，意見広告や反論記事の掲載等の形で，国民がマス・メディアに自己の意見を発表する場の提供を求める権利である。これもメディアに対する形での「知る権利」の要求の一つと位置づけることもできる。学説は，アクセス権を承認することがメディアの編集の自由を侵害したり，反論を誘発するような論争的な記事の掲載に対する萎縮の効果が及ぶおそれが強いという理由で，アクセス権を，憲法上保障された権利としても，また立法論としても消極的にとらえている*。最高裁もサンケイ新聞事件で，同様の理由から，名誉毀損が成立する場合はともかく，それ以外の場合に法律の根拠もなく，記事で批判された者に新聞社に対する反論権を認めることはできない，とした（最二判昭 62・4・24 民集 41 巻 3 号 490 頁）**。

　*　ヨーロッパ諸国では，表現の自由を支える原理として意見・情報の多様性の確保

が重視されるため，プレス法等の中で反論権制度が認められる例が多い（曽我部真裕『反論権と表現の自由』）。アクセス権に対する日本の学説の懐疑的姿勢は，国家による思想の自由市場への介入の最小化を志向するアメリカ的な理解が強いことを示している。

＊＊ 放送法 9 条は訂正放送制度を定めているが，これは，番組で真実でない報道をされた被害者に，訂正放送を求める私法上の請求権を認めたものではない（最一判平 16・11・25 民集 58 巻 8 号 2326 頁）。

2　マス・メディアの表現の自由

(1)　二つの見方

メディアの多元性は，デモクラシーの存立条件の一つである。メディアの表現の自由は，このため，手厚く保障されるのが常である。より仔細に検討するならば，メディアの表現の自由のとらえ方には，大別して二通りが考えられる。

第一は，メディアを個人と同等の，表現の自由の本来的主体としてみる立場である。第二は，メディアは国民（principal）の「知る権利」を託された者（agent）であり，公衆のために表現の自由を行使すべき責務を負っているとみる立場である。第一の立場からは，メディアの表現の自由は個人のそれと同一のものであると考える傾向があるが，第二の立場はメディアの特殊な役割に着目して，国民一般には保障されていない「特権」を認めることもある。また，第一の立場は自由競争がメディアの多元性を自動的に実現し，その結果として国民の知る権利も充たされると考えるのに対して，第二の立場はメディアの多元性は市場競争によって達成されるとは限らず，国民の知る権利のために一定の公的な規制を課すことも許される，と考えるのである[＊]。

かつて最高裁は，憲法 21 条は「一般人に対し平等に表現の自由を保障したものであつて，新聞記者に特種の保障を与えたものではない」と述べていたが（最大判昭 27・8・6 刑集 6 巻 8 号 974 頁），博多駅事件では「報道機関の報道は，民主主義社会において，国民が国政に関与するにつき，重要な判断の資料を提供し，国民の『知る権利』に奉仕する」と述べて，メディアの特別な役割を承認している（最大決昭 44・11・26 刑集 23 巻 11 号 1490 頁）。この立場は，どちらかといえば第二の立場に近いものといえよう。

第 8 章　表現の自由・集会結社の自由・学問の自由

＊　メディアの表現の自由は，個人の「切り札」としての人権ではなく，「公共の福
祉に基づく権利」であると説く有力説（長谷部恭男『テレビの憲法理論』）は，こ
の第二の立場を代表するものといえる（→第 4 章 I 2(2)，II 1(3)）。

(2)　報道の自由と取材の自由

この博多駅事件では，付審判請求事件の審理のために，放送済みの取材フィ
ルムの提出をテレビ局に命じることの合憲性が争われた。最高裁は，報道の自
由が「憲法 21 条の保障のもとにある」のに対して，取材の自由を「憲法 21 条
の精神に照らし，十分尊重に値する」ものとして位置づけた。そして取材の自
由と公正な刑事裁判の実現の具体的な比較衡量によって，提出命令を合憲と判
断している。この決定に対しては，取材の自由それ自体もまた憲法上の権利で
あることを承認した上で，提出命令の合憲性をより厳格に審査すべきだ，とい
う批判もある＊。

取材の自由が問題となった他の事例としては，外務省秘密電文漏洩事件が有
名である。これは毎日新聞の記者が外務省の事務官から，沖縄返還交渉をめぐ
る日米の密約に関する資料を入手したところ，秘密の漏洩をそそのかしたとし
て逮捕・起訴された事件である（国公 111 条・109 条 12 号・100 条 1 項）。最高裁
は博多駅事件決定を引用しながら，記者が守秘義務を負う公務員に秘密の漏洩
をそそのかしたとしても，それが①真に報道の目的からでたもので，②法秩序
全体の精神に照らし相当な手段である場合には，正当業務行為（刑 35 条）とし
て違法性が阻却されると述べて，一般論としては取材の自由を尊重する姿勢を
示した（最一決昭 53・5・31 刑集 32 巻 3 号 457 頁）＊＊。

また最高裁は，取材源の秘匿について，取材源の秘密も「職業の秘密」（民
訴 197 条 1 項 3 号）に当たり，また取材の自由の意義に鑑みて，取材源に関する
証言を拒絶できる場合をかなり広く認めている（最三決平 18・10・3 民集 60 巻 8
号 2647 頁）。この事件は民事事件（アメリカでの証拠開示手続が司法共助で日本の裁
判所に依嘱された）であったが，取材源秘匿特権が憲法上の要請であると考える
ならば，刑事事件でも同様の特権が認められるべきであろう。

＊　その後の最高裁は，検察・警察による取材ビデオテープの押収も，同じ枠組みで

162

合憲と判断している（最二決平元・1・30刑集43巻1号19頁，最二決平2・7・9刑集44巻5号421頁）。これらの事件で取材の自由に対立する法益は，「適正迅速な捜査」の遂行であって，公正な刑事裁判そのものではなかったから，博多駅事件よりも慎重に取材活動の制限の合憲性を判断すべきだったと思われる。

＊＊　この事件では，記者が事務官との男女関係を利用して資料を持ち出させたという点が強調され，記者は有罪となった。また，記者が記事にはしないまま政治家に資料を渡し，それが国会での質疑に用いられた点も問題になった。政府はその後も密約の存在それ自体を否定していたが，アメリカでの情報公開により密約の存在が明らかなものになり，日本の外務省の有識者委員会は2010年，「広義の密約」（明確な文書による合意でなく，暗黙のうちに存在する合意等であるが，公表されている合意等と異なる重要な内容をもつもの）が存在したことを認めた。

2013（平成25）年に成立した特定秘密保護法には，特定秘密（防衛・外交上の秘密等のうち特に秘匿すべきもの）を漏洩するよう公務員をそそのかす行為を処罰する規定がおかれている。他方，専ら公益を図る目的を有する取材活動は，法令違反または著しく不当な方法によるものと認められない限り正当業務行為として処罰されないことが明文化されている。これは外務省秘密電文漏洩事件決定の趣旨を取り入れたものである。

(3)　放送の自由

表現の自由の保護はあらゆる媒体による表現に及ぶが，放送（特に地上波テレビジョン放送）に関しては，放送局の開設には免許または認定が必要とされ（電波5条4項），公平原則や多角的論点解明義務等といった番組編集準則（放送4条）が定められる等，同じマスメディアである新聞とは異なる規制に服している。伝統的には，こうした強度の規制は，①放送用の周波数の有限稀少性，②放送の特殊な社会的影響力，といった根拠によって正当化されてきた[*]。しかし，多チャンネル化・デジタル化の進展により，①は既に解消されているともいえ，また②については科学的な根拠を欠いており，表現の自由の制限（とりわけ公平原則による内容規制）を正当化するには不十分である，と批判されている。そこで現在では，放送の自由が「公共の福祉に基づく権利」であるととらえた上で，新聞を規制せず放送を規制することで，社会生活に必要な「基本的情報」の供給が最適化されるという「部分規制論」（長谷部・前掲）も主張されている。

第8章　表現の自由・集会結社の自由・学問の自由

　日本の放送制度の特徴の一つは，受信料を財源とする公共放送（NHK）と広告収入に基づく民間放送の二元体制にある。最高裁は，受信料制度が国民の知る権利を実質的に充足すべく採用されたもので憲法上許容される立法裁量の範囲内にあるとして，NHK の放送を受信できる設備を設置した者に受信契約の締結を強制することは，契約の自由，知る権利および財産権を侵害するものではない，と判断した（最大判平 29・12・6 民集 71 巻 10 号 1817 頁）。

　　＊　最高裁は，放送局による政見放送の削除の適法性が争われた事件で，放送が「直
　　　接かつ即時に全国の視聴者に到達して強い影響力を有している」と述べ（最三判平
　　　2・4・17 民集 44 巻 3 号 547 頁），またテレビ放送による名誉毀損の事件で「視聴
　　　者は，音声及び映像により次々と提供される情報を瞬時に理解することを余儀なく
　　　される」という特性を指摘している（最一判平 15・10・16 民集 57 巻 9 号 1075 頁）。

3　通信とインターネット

(1)　通信の秘密

　通信の秘密は明治憲法 26 条にも信書の秘密として掲げられていたが，日本国憲法 21 条 2 項もこれを保護している。プライバシー権の観念が発展した現在では，通信の秘密はその一局面を取り上げて明文で保障した規定であるとともに，通信事業者に特別の位置づけを与えることを通じて，国民の自由なコミュニケーションを保障する規定と解される。通信の秘密の保障により，国家権力は，通信の内容および通信の存在そのものに関する事柄について調査することが禁止される。もっとも，通信の秘密も最小限度の制約に服し，刑事捜査のための郵便物等の押収（刑訴 99 条・100 条・222 条）等が法律上認められている＊。

　通信の秘密は，郵便・電話などの通信手段を運営する通信事業者からも保護される必要がある。このため，検閲の禁止と並んで通信の秘密の保護が，法律上規定されている（郵便 7 条・8 条，電気通信事業法 3 条・4 条等）。

　　＊　犯罪捜査のための通信傍受に関する法律は，組織的犯罪の捜査について，裁判官
　　　の発した令状による電気通信の傍受を認めている。無関係な通信の傍受が排除でき
　　　ない点，傍受された者に対する事後的な救済が不十分である点を強調して，違憲の

疑いを指摘する見解もある。

(2) インターネット

1980年代以降，通信事業の自由化とインターネットの普及が世界的に進行した結果，現代は「高度情報通信社会」である，といわれて久しい。電子メールが1対1の通信メディアとして活用されるのに対して，WWW（World Wide Web）に代表されるサービスは，メディアを介さず，直接に世界中へ情報を発信する機会を，個人に与えている。このため，表現活動（とりわけ放送）と通信の区別を前提にする憲法学の伝統的な立場も再検討を迫られており，現在では，たとえばWebサイトのような「公然性を有する通信」については，発信者の合理的意思から通信の内容について保障が限定される，と解されている。

個人が表現の「送り手」の地位を回復する可能性を重視して，サイバースペースでの表現の自由をリアルスペースよりも手厚く保障すべきだという議論も有力である。しかし他方で匿名表現によるヘイトスピーチや名誉毀損，自殺の誘引等の青少年にとって有害な情報の拡散，SNS（Social Networking Service）を通じたフェイクニュースの流行による民主主義の不安定化といった，新たな問題も生じている[*]。

最高裁は，インターネット個人利用者による名誉毀損の刑事責任についても「相当性」の法理（→I 3(4)）を適用すべきであるとして，これまでの表現の自由の法理を維持する姿勢を示している（最一決平22・3・15刑集64巻2号1頁）。他方で，検索エンジンで自分の名前を検索すると前科等が検索結果として表示されることについて，最高裁はプライバシーの利益と知る権利・表現の自由を比較衡量して，前者が優越することが明らかな場合に限って，検索結果の削除が認められると判断した。検索エンジンがインターネット上の情報流通の基盤として大きな役割を果たしていることを重視したものといえる（最三決平29・1・31民集71巻1号63頁。→第5章II 1(2)）[**]。

[*] パソコン通信のフォーラム上での議論について，対抗言論（言論には言論で対抗すべきである）の発想を用いて，名誉毀損の範囲を限定した裁判例が有名である（東京高判平13・9・5判時1786号80頁）。他方，インターネット上で匿名により

第 8 章　表現の自由・集会結社の自由・学問の自由

名誉が毀損された場合，表現者の責任を追及することが困難であることから，2001
（平成 13）年にプロバイダ責任制限法が設けられ，プロバイダの免責および発信者
情報の開示の手続が定められた。

＊＊　EU では，検索結果の削除を「忘れられる権利」（right to be forgotten）とし
て認める裁判例があり，立法もなされたが，これはデータ保護法制（日本でいえば
個人情報保護法）の仕組みである。これに対して日本の現行法の下では，検索結果
の削除は一般的に人格権侵害を理由とする仮処分として争われることに，注意が必
要である。

4　表現活動に対する公権力の給付の憲法問題

(1)　規制・給付二分論と違憲の条件の法理

　表現の自由の法理はこれまで，公権力が自由な表現活動を規制する場面を念
頭において，組み立てられてきた。ところが現代社会においては，市民が表現
活動を行う機会や芸術作品を享受する機会を現実に保障するためには，公権力
の支援も必要となっている。その半面，こうした支援を利用して，伝統的な規
制手法よりも洗練された形で公権力が実効的に思想市場を操作しているのでは
ないかが，懸念されるようにもなってきた。そこで最近の憲法学は，こうした
公権力の「給付」を表現の自由との関連で論じようと努めている。

　たとえば，表現内容規制の中でも観点による規制は原則として許されず，厳
格審査によって合憲性が判断されるべきである（→ I 5）。しかし，それにもか
かわらず，政府が優れた芸術作品を選別して助成することは，広く認められて
きた。それは，表現の自由には，政府に対して給付を請求する権利が含まれて
おらず，このような助成拒否の場合にはそもそも権利侵害が存在しないからで
ある。しかし，「政府を批判してはならない」「政府を礼賛せよ」という規制は
許されないのに，「政府を批判しない作品であること」「政府を礼賛する作品で
あること」を給付の条件とすることは許されるのだろうか。「違憲の条件の法
理」は，このような条件を給付に付することは——給付請求権それ自体が保障
されていないにもかかわらず——憲法上許されない，とする法理である＊。

　＊　最近では，こうした給付に関する問題が「政府言論（government speech）」の
　　側面を有していることも，指摘されている。政府が表現を規制するだけでなく，政

166

府広報等の形で，自らの政策を世論に対して訴え，同時に批判を浴びることは，デモクラシーの下では積極的に評価すべきことである。しかし，政府が自らが言論の主体であることを明示せずに，たとえば著名な有識者を「隠れ蓑」にして，その権威を利用して世論の形成を図るといった不公正なやり方は，許されるべきではないだろう。「政府を礼賛する作品であること」という給付の条件は，政府言論の統制という枠組みからは，芸術を利用して，国民から隠れた形で，政府への支持を強化しようとするものであり，許されない，と考えることができる。

(2) パブリック・フォーラム論と，その応用の可能性

　もっとも，表現活動に対する公権力の給付が，従来の表現の自由の法理によってまったく見過ごされてきたわけではない。道路・公園等で表現活動をおこなうことも，実は政府が管理する場所の利用を認められたという意味で，もともと給付の一面をもっているのである。この給付の側面が表現の自由の法理で特に強く意識されないのは，道路・公園は表現活動のために市民に開かれた伝統的パブリック・フォーラムであり，政府はその場所へのアクセスを原則として禁止できない，という考えが既に確立しているからである。そして，この伝統的パブリック・フォーラムに準じて，憲法上の保障の及ぶ場所をどこまで空間的に拡げられるかが，表現の自由の論点となってきた*。

　現在では，このパブリック・フォーラム論の発想を，給付の場面一般に機能的に応用しようという議論もみられる。たとえば，芸術家にとって芸術作品が県立美術館に展示されたり，作家にとって著作が市立図書館で閲覧されることは，道路上での表現活動と同様に，「受け手」へのアクセスの機会を付与されることを意味する。そうだとすれば，政府に対して作品を美術館に展示するよう求める請求権は憲法上保障されていないが，ひとたび展示された作品を，観点によって差別する等，不公正に取り扱うことは許されない，と解される**。

＊　伊藤正己裁判官は，私人の所有権・管理権が及ぶ場所での表現規制を合憲とする判例（→I5）に対して，私鉄の駅構内や街路樹の支柱なども，表現のための「パブリック・フォーラムたる性質を帯びる」場合がある，と指摘する（前掲最三判昭59・12・18，最三判昭62・3・3の両補足意見）。本来のパブリック・フォーラム論

第8章 表現の自由・集会結社の自由・学問の自由

がその場所での表現規制に厳格審査を求める法理であるのに対して，伊藤裁判官の議論は，事案ごとの具体的な利益衡量による適用違憲の可能性を探る点で，違いがある。集会の自由とパブリック・フォーラム論の関係については，→Ⅲ1参照。

＊＊　市立図書館の司書が，規則に違反して独断で図書館の蔵書を廃棄した事件で，最高裁は，公立図書館は住民に思想・意見等の情報を提供する「公的な場」であり，著作者の思想・信条を理由とする不公正な取扱いによって既に閲覧された著作物を廃棄することは，著作者の人格的利益を侵害すると判断した（最一判平17・7・14民集59巻6号1569頁）。この判例を前提にすれば，県立美術館が，管理運営上の理由から，昭和天皇の写真を利用したコラージュ作品の展示を止め，処分したことが適法であるとした裁判例（名古屋高金沢支判平12・2・16判時1726号111頁）も，再検討の余地があるように思われる。

Ⅲ　集会結社の自由

1　集会の自由

(1)　集会の自由とその制限

憲法21条は，言論・出版の自由と並んで，集会の自由を保障する。このため，表現の自由の中に集会の自由も含まれると考える見方もある。もっとも，集会活動は，純粋な言論活動とは異なった取扱いが必要になる場面も多い。たとえば，多数人が一か所に集合すると，騒音や振動をはじめとして，周囲に直接の影響を及ぼすから，この点に着目して純粋な言論の自由よりも集会の自由の方が，多くの規制に服している。

集会の自由の意義は，集会の「外」と「内」に分けて考えることができる。第一に，集会は，その規模が大きければ大きいほど，その外側の人々に対して，集会の目的を広く伝えることができる。表現の「受け手」の地位に甘んじることの多い国民一般にとって，集会はそれ自体が貴重な表現の手段である。この点で，集会の自由は言論・出版の自由と重なる。第二に，集会の参加者は，お互いが直接にコミュニケートし，さらには身体をもって場を共有することによる精神的・物理的な一体感を得ることもできる。この点に着目すれば，集会の自由を他の精神的自由から独立に保障する意義があるといえる。

168

Ⅲ　集会結社の自由

　日本国憲法が集会の自由に特段の留保を付けていないのは，以上のような趣旨から集会の自由を権利として保障しようとするものだと解されるから，その制限は慎重でなければならない。とりわけ集会の規模・態様等ではなく，集会の内容に着目した規制の合憲性は，厳格に審査されるべきである*。

＊　成田新法事件（最大判平4・7・1民集46巻5号437頁）では，新東京国際空港の建設に反対する団体に対する，空港近隣の建物の使用禁止命令の合憲性が争われた。この事件では，適正手続の保障とともに（→第10章Ⅱ2），この命令が集会の自由を侵害するかどうかも論点となったが，最高裁は利益衡量論の枠組みをとった上で，空港の設置・管理等の安全の確保に「高度かつ緊急の必要性」があることを理由に，合憲と判断している。

(2)　集団行進の自由

　路上デモ等の「動く集会」としての集団行進の自由も，集会の自由の保護範囲に含まれる。既に述べたように，道路・公園は本来的なパブリック・フォーラムであるから，デモが伝えようとする思想に着目した規制の合憲性は，厳格審査に服する。これに対して，道路における危険の防止や，交通の安全と円滑を図るといった目的（道交1条参照）によって集団行進の自由が制限されることは，その制限が真に必要かつ合理的な範囲にとどまる限りは，憲法に違反しない（最三判昭57・11・16刑集36巻11号908頁）。

　集団行進の自由の制限のなかでもとりわけ問題が大きいのは，治安の維持を目的に集団示威行動等を規制する条例（いわゆる公安条例）である。かつて最高裁は，新潟県公安条例事件（最大判昭29・11・24刑集8巻11号1866頁）において，公安条例による規制をある程度限定づけ，それなりに集団行進の自由に好意的な判決を下していたが，1960年の日米安全保障条約の改定に反対する数十万人の集団が国会議事堂を取り囲んだ，いわゆる安保闘争後に下された東京都公安条例事件（最大判昭35・7・20刑集14巻9号1243頁）では，公安条例の合憲性をより積極的に認めた。同判決は，いかに平穏な集会であっても，「一瞬にして暴徒と化し，勢いの赴くところ実力によって法と秩序を蹂躙」する危険を内包している，という「集団暴徒化論」を展開した上で，集団行進の自由を一般

169

第 8 章　表現の自由・集会結社の自由・学問の自由

的に制限することも許される，と判示した。しかし，あらゆる集会を規模・態様等によって区別せずに危険視するならば，憲法上の権利としての集会の自由の意義が失われることになるのではないか，という疑問がある。

(3)　公共施設による集会の利用拒否

集会の自由を行使するためには，集会の場所を確保することが必要となる。そして現代社会において，集会のための空間を所有していたり，民間施設を借りるのに十分な資力を有している私人は，少ない。そこで，現代において集会の自由を実質的に保障するためには，伝統的なパブリック・フォーラムである道路・公園への自由なアクセスを保障することに加えて，市民の集会のために用いることのできる公共施設を公権力が設置し，市民がそれを無料または廉価で利用できることが，肝要である。このような「公の施設」について，地方公共団体は，住民の利用を「正当な理由」がない限り拒んではならず，また「不当な差別的取扱い」をしてはならない，とされている（地自244条）。

もちろん集会の自由が憲法上の権利であるからといって，公権力に対して，具体的にこのような公共施設を設置せよ，といったことを請求する権利が個人にあるわけではない。集会の自由は，第一次的には，自由な集会を妨げられないことを公権力に求める防御権である。それでは，たとえば地方公共団体が「正当な理由」があると判断すれば，個人は現に存在する公共施設を利用できず，それは集会の自由とは無関係の問題となってしまうのであろうか。

泉佐野市民会館事件最高裁判決（最三判平7・3・7民集49巻3号687頁）は，この問題について，重要な判断を示している。この事件では，市が関西国際空港の建設に反対する集会に対して，市民会館の利用を拒否した。最高裁は，「管理者が正当な理由なくその利用を拒否するときは，憲法の保障する集会の自由の不当な制限につながるおそれが生ずることになる」と指摘した上で，集会の自由の制限の合憲性を，集会によって侵害されうる人権の内容や侵害の発生の危険性の程度の比較衡量によって判断すべきだと述べた。しかも二重の基準の発想を強調して，この衡量は厳格な基準によるべきだとした上で，許否の理由であった「公の秩序をみだすおそれがある場合」という条例の文言を，「明らかな差し迫った危険の発生が具体的に予見される」場合であると合憲的に解釈したのである。集会の自由にとっての市民会館等の意義を踏まえれば，

Ⅲ　集会結社の自由

この判決の枠組みは正当なものと評価できる*。

* 　最高裁は，この事件では，明白かつ現在の危険があったとして利用拒否は適法と
したが，その「危険」の内容とは，他の団体が本件の集会を実力で妨害する可能性
であった。このような「敵対的な聴衆（hostile audience）」の事例では，警察力に
よっても聴衆側の暴力行為等を阻止できない場合を除いて，表現・集会の自由を制
限することは許されない，と解される。最高裁も一般論としては同様の理を認めて
いるが，本件では，集会を実質的に主催する勢力が，他の勢力と過激な対立抗争を
引き起こしていたことが「危険」の原因であるとして，利用拒否の適法性を認めた。
これに対して上尾市福祉会館事件（最二判平 8・3・15 民集 50 巻 3 号 549 頁）では，
平穏な集会を対立者が妨害するおそれを理由に施設の利用を拒否できるのは，「警
察の警備等によってもなお混乱を防止することができないなど特別な事情がある場
合」に限られる，とされている。

2　結社の自由

(1)　立憲主義と結社の自由

憲法 21 条は，集会の自由と並んで，結社の自由も保障している。集会が一
時的に多数人が同じ場を共有しているのに対して，結社とは，多数人が共通の
目的で，継続的に結合するものである。息の長い結社であれば自然人の一生を
超えて存続することもあり，構成員が入れ替わることもある。大きな結社には，
一定の組織的紀律が生まれ，さらに強力な結社は「国家の中の国家」ともなり
うる。このため，結社の自由を保障するか，またどの程度どのように保障する
かは，政治・社会秩序のあり方と密接に関係する（→第 4 章 I 1(2)）。

フランスでは，市民革命によって領主権力や教会，ギルド等の「中間団体か
らの個人の解放」が——暴力的に——遂行され，その後もル・シャプリエ法
（1791 年）からアソシアシオン法（1901 年）に至るまで，結社の自由が否定され
てきた。このフランス近代史に典型的にみられる「国家と個人の二極構造」こ
そ立憲主義の前提であると考える立場は，結社の自由よりも個人の「結社から
の自由」を重視する（樋口陽一『近代国民国家の憲法構造』）。これに対して，アメ
リカを念頭に，個人の自発的な結社（association）の相互作用を通じて社会が
動態的に発展することに「公共性」を求める立場からは，国家による結社の自

171

第8章　表現の自由・集会結社の自由・学問の自由

由の制限は慎重でなければならないことになる。

　日本国憲法が，結社の自由を憲法上の権利として保障したことは，いま挙げた二つのモデルのうち後者の立場を前提にしている，とみることができる。もっとも，個人の尊重（13条）の下では，結社の自由の主体はあくまで個人であり，結社そのものではない。結社の活動に憲法上の保護が及ぶとしても，それはあくまで個人の自由を保護するための手段である。また，個人の尊重や民主主義社会の基本的前提の維持のために，国家が結社の活動を制限することが許される場合もある，と解すべきである。

(2)　結社の自由の保護範囲と制限

　結社の自由の保護範囲には，まず個人の結社する自由，結社しない自由が含まれる。結社の構成員が自律的に結社の意思を決定すること，そしてその意思を実施すること，さらには構成員に決定の遵守を求め，違反に対して懲戒を行って結社の紀律を維持することも（紀律権），結社の自由に含まれる。結社の目的には政治・芸術・社交等のさまざまなものがあるが[*]，あらゆる結社が憲法上保護されるわけではない。たとえば犯罪を行うことそれ自体を目的とする結社は，憲法上の保護を受けないと考えられる。

　結社の自由も，公共の福祉に基づく制限に服する。最も強力な制限と考えられるのは，結社することそれ自体を法的に禁止し，さらには違反した個人に制裁を加えることである。この点で従来問題視されてきたのは，公安審査委員会が「暴力主義的破壊活動を行った団体」を解散指定する制度（破防7条）である。学説上は，結社の存在そのものを否定することは憲法21条に違反する過剰な規制である，との見解が有力である。

　これに対して，結社それ自体を禁止するのではなく，結社の活動を一定程度規制するという制限もある。たとえば，――宗教的結社の自由の制限であるが――宗教法人オウム真理教解散命令事件（最一決平8・1・30民集50巻1号199頁）は，宗教団体ではなく宗教法人の解散の可否が問題になった事例であるが，最高裁は，教団の存続や新しい教団の結成が妨げられないことを理由に，利益衡量の枠組みによって解散命令を合憲と判断した（→第7章Ⅱ2）。

　また，結社や結社の活動そのものを制限するのではなく，結社の構成員に対して不利益が課される場合もある。「日本国憲法又はその下に成立した政府を

172

暴力で破壊することを主張する政党」等の構成員は，公務員の欠格事由に該当
する（国公38条5号，地公16条5号）。これよりも緩やかな制限としては，放送
法が日本放送協会の経営委員について，現在または過去1年間において政党の
役員であったものを欠格事由とし，さらに12人の委員のうち5人以上が同一
の政党の構成員であることを禁止する，といった例がある（放送31条）。

　なお，議院の国政調査権を含め，公権力が結社に構成員の氏名の開示を求め
ることも，結社の自由の制限の典型例として挙げられてきた。プライバシー権
の概念が確立した現在では，このような場合，構成員のプライバシー権を代理
して結社が主張しているものととらえるべきであろう（→第4章Ⅱ1(3)(b)）。

＊　結社の自由一般のうち，宗教団体については信教の自由（20条），労働組合につ
　　いては労働基本権（28条）が，特別法として保障している。なお，政治的目的を
　　実現するために国家機構への参与を目指す結社である政党については，→第13章
　　Ⅴ3参照。

---

(3)　結社の内部紛争と司法権

　結社の自由は構成員による自律的な意思決定を保護するから，公権力が結社
の内部事項に介入することも，結社の自由の制限に該当する。

　まず，公権力が，結社の規則の内容，意思決定のあり方，さらには幹部の選
任方法等について干渉することは，結社の自由の制限に当たる。もっとも，国
家が結社に法人格を付与するに際して，規則や組織のあり方に一定の合理的な
条件を付することは，許される。この問題に関して，たとえば「政党法」を制
定して，党首の党員による直接選挙を求めることが許されるかが，かつて議論
されたことがある。

　結社の個別的な決定や構成員の処分は，その適法性が裁判所で争われること
が多い。この問題は，従来は「部分社会論」として扱われてきた問題である
（→第16章Ⅲ3(4)）。たとえば，結社の活動と構成員の利益が衝突する事例では，
結社の目的と具体的な活動の結びつきも踏まえながら，結社の紀律権と構成員
の権利・利益の間の比較検討を通じて，司法審査の程度を考えるべきであろう
（たとえば，労働組合について，→第12章Ⅳ1(1)参照）＊。

第8章　表現の自由・集会結社の自由・学問の自由

＊　なお，南九州税理士会事件（最三判平8・3・19民集50巻3号615頁）は，そも
そも税理士会が個人の結社しない自由の制限によって設立された強制加入団体であ
ることに注意する必要がある（→第7章 I 3 (3)）。

Ⅳ　学 問 の 自 由

1　学問の自由の意義

(1)　学問の自由の伝統的理解

憲法23条は，「学問の自由は，これを保障する」と定める。そもそも，学問
という活動を，思想・良心の自由や表現の自由とは別に保障する必要はどこに
あるのだろうか。この疑問に対する解答は，まず歴史的沿革に求められる。中
世以来のヨーロッパの伝統では，学問活動は，国王や教会から自治権を認めら
れた「大学（Universitas）」と密接に結びついていた。伝統的には，学問の自由
とは，すべての国民が普遍的に享有する「人権」ではなく，むしろ前近代的な
「大学の自由」を母体とする，大学に所属する構成員の「特権」として理解さ
れてきた（→第4章 I 2 (3) (b)）。

この伝統的理解を，現代社会に適合する形で，再構成してみよう。自由な学
問活動はしばしば，ガリレオの説いた地動説のように社会の通念を脅かす，あ
るいは明治憲法の下における天皇機関説＊のように政治体制を批判したという
理由で，抑圧されてきた。かように学問が精神活動一般よりも抑圧されやすく，
そのことが人類の進歩を妨げるとすれば，学問の自由は特に手厚く保障されな
ければならない。しかし，誰のいかなる精神活動が「学問」に値するかを国家
権力が直接判断することも，同時に危険である。そうだとすれば──「餅は餅
屋」ということで──学問の世界は，それを専門的に担う研究者の共同体の自
治的・自律的判断に委ねるのが，自然な成り行きである。

こうした事情からすれば，学問の自由と大学の自治が表裏一体のものとして
考えられてきたことは，それなりに納得できる。個々の研究者の学問の自由は，
学問活動の「場」である大学と，そこで共有された研究のための手法・設備・
規範等を前提にしてはじめて観念できる。大学の自治はあらゆる外部的圧力か

Ⅳ　学問の自由

ら個々の研究者を保護する「楯」であるが，同時にすべての学問活動は大学という「場」の論理に従わなければならない。

> ＊　天皇機関説は，天皇を主権者ではなく国家の最高機関であると説く学説であり（→第1章Ⅱ4），明治憲法の下で支配的な見解であった。1935（昭和10）年，軍部や民間右翼は，この見解が「国体」に違反するという一大キャンペーンを展開した。同説の主唱者であった美濃部達吉（1873年〜1948年）は貴族院議員の職を退き，政府は「国体明徴声明」を発して天皇機関説を否定して，美濃部の主著『憲法撮要』等を発売禁止とした。以上の経緯は政治による学問の抑圧の例として有名であるが（宮沢俊義『天皇機関説事件』），この事件の背景は実はもう少し根深いものである。日本の軍国主義化が進む中で天皇機関説攻撃がおこなわれたのは，この説が大正デモクラシーの理論的な支えでもあったからであり，しかも右翼の狙いは，美濃部の師であり当時枢密院議長として昭和天皇からの信任も厚かった一木喜徳郎（1867年〜1944年）の失脚にあった。つまり，この事件は，学問と政治が相互に独立したシステムではなく絡み合わざるをえないこと，だからこそ学問の自由を守ることは容易ではないことも，後世に教えている。

(2)　現代における学問の自由

　もっとも，現代社会では，こうした伝統的理解は，そのままでは貫徹できなくなっている。学問の主体は，大学の構成員に限られず，企業の研究所に所属する研究者等のすべての個人である。また，研究が高度に専門化した現代では，学問活動の実質的な基盤として，研究設備や研究費等の確保が求められる＊。

　こうした環境の変化を受けて，学問の自由は，「特権」から普遍的な「人権」の側に軌道修正された形で理解されるようになっている。それは，東大ポポロ事件最高裁判決（最大判昭38・5・22刑集17巻4号370頁）の，次のような定式にも見いだすことができる。

　憲法23条は「一面において，広くすべての国民に対してそれら〔学問的研究とその研究結果の発表〕の自由を保障するとともに，他面において，大学が学術の中心として深く真理を探究することを本質とすることにかんがみて，特に大学におけるそれらの自由を保障することを趣旨としたものである」。そして，「大学における自由は，……大学の本質に基づいて，一般の場合よりもある程

175

第8章　表現の自由・集会結社の自由・学問の自由

度で広く認められ」，さらに「大学における学問の自由を保障するために，伝統的に大学の自治が認められている」。

　現在ではこのように，学問の自由をすべての個人が享有する人権であることを出発点にした上で，大学に所属する研究者にはその保障の範囲・程度が強められており，さらに大学の自治が制度的に保障されている，と解するのが，学説の一般的な立場である。

＊　このため，憲法23条は研究者が国に対して研究費を請求する抽象的権利を保障しているという見解も説かれている。→Ⅱ4も参照。

2　学問の自由の保護範囲と制限

　憲法23条の保護範囲には，①学問研究の自由，②研究発表の自由，そして③教授の自由が含まれる。外面的精神活動に対する制限一般に共通する問題は，思想良心の自由（→第7章Ⅰ），表現の自由（→Ⅰ）で述べたところに譲り，ここでは学問の自由特有の論点だけを検討することにしよう。

(1)　先端科学技術研究の制限

　学問研究の自由は，かつては思想・良心の自由や信仰の自由と同様の内面的精神活動であり，とりわけ研究の内容に基づく制限は絶対的に許されない，と理解されてきた。しかし最近では，遺伝子治療やヒトクローン技術等の先端科学技術については，特別の制限が許される，という主張が有力である。こうした技術は，生命・健康に対して予測不能な形で多大な被害をもたらすリスクがあり，事と次第によっては人間の尊厳の観念をも揺るがしかねないからである。

　もっとも，学問の自由の伝統的理解からすれば，こうした研究の自由の制限は，学会のガイドライン等による研究者の自主規制によることが望ましい。ヒトに関するクローン技術等の規制に関する法律（2000年）は，クローン胚等の移植を禁止するほか（3条），文部科学大臣への研究の届出義務等を定めている（6条）が，その他の領域では，政府の緩やかな規制と学会等の自主規制を組み合わせた「規制された自主規制（regulierte Selbstregulierung）」の方式が次第に浸透しつつある。

176

（2） 教師の教育の自由

　大学の研究者は，研究の成果を講義で教授する自由を有する。これは，研究
と教育の一体性というドイツ的な大学の理念に由来するものである。これに対
して，初等中等教育機関の教師にも同様の自由は保障されるだろうか。最高裁
は，ポポロ事件では教授の自由の保障が大学に限られる旨を判示していたが，
旭川学テ事件（最大判昭 51・5・21 刑集 30 巻 5 号 615 頁）では憲法 23 条も参照し
つつ，教師が「教授の具体的内容及び方法につきある程度自由な裁量が認めら
れなければならないという意味においては，一定の範囲における教授の自由が
保障されるべきことを肯定できないではない」と述べた。

　この判旨にも示唆されるように，教授の自由と教師の教育の自由は，同一の
ものではない。教授の自由は，学問に内在し，大学の自治的判断により実施さ
れる規律に服し，その限りで「自由」である。これに対して，教師が有してい
るのは，子どもの「学習権」に応えるために教育を行う「権限」である（奥平
康弘「教育を受ける権利」芦部信喜編『憲法Ⅲ　人権 (2)』参照）。このため教師の
教育の自由は，憲法 23 条だけではなく，26 条と併せてはじめて憲法上保障さ
れる半面，教育の機会均等や全国的一定水準の確保等といった観点からの制限
を受けることにもなる（→第 12 章Ⅱ2）。

3　大学の自治

　憲法 23 条は，研究の自由等を憲法上の権利として保障することに加えて，
大学の自治を制度的に保障している（制度保障については，→第 4 章Ⅰ2(2) 参照）。
大学の自治は，主として，国や地方公共団体が設置者であった国公立の大学を
念頭に置いて，論じられてきた。ポポロ事件最高裁判決は，この保障の具体的
内容として，「大学の教授その他の研究者の人事」の自治と「大学の施設と学
生の管理」の自治を挙げている。このほか，大学の財政運営の自治を加える学
説も有力である。

（1）　人事に関する問題

　人事の自治は，大学の自治の根幹に関わる。仮に，研究者の教授内容が「学
問」として期待される水準に到達していない，としよう。しかし，大学外の第
三者がそのように判断して，研究者から研究・教育の場を奪うことができると

第 8 章　表現の自由・集会結社の自由・学問の自由

すれば，学問の自由の保障は絵に描いた餅になってしまう。大学の自治は，大学がこの種の問題を自主的・自律的に処理することを通じて，研究者の学問の自由を保障するものである。

　もっとも，大学の経営者・管理者が人事権を恣意的に行使するならば，今度は大学の中で学問の自由が窒息してしまう。人事の自治，あるいは大学の自治の担い手が，研究者の同僚団である教授会（ないし評議会）であると考えられてきたのは，このためである。実際にも，法人化前の国公立大学については，教育公務員特例法により，研究者は評議会の議によらねば懲戒を受けない，とされていた。2005（平成17）年以降，多くの国公立大学が独立行政法人化されたが，このしくみは各法人の就業規則等におおむね引き継がれている*。

> ＊　学校教育法は教授会の権限について「重要な事項を審議する」と定めていたが，近時は，産学連携の推進等のため，教授会自治を制限し，学長のリーダーシップを強化する流れが強まっている。2014（平成26）年の法改正により，教授会は，学生の入学等の教育研究に関する事項についての学長の決定に際して意見を述べ，また，学長・学部長等がつかさどる教育研究事項について審議することができる，とされた。また，国立大学法人の経営協議会の委員の過半数を学外委員とするよう，国立大学法人法が改正された。

(2)　施設・学生管理に関する問題

　大学の自治は，第二に施設・学生管理に関する自治を意味する。その内容が裁判で争われたのが，先に触れたポポロ事件である*。

　最高裁は，学生は大学の自治の本来的な担い手ではない，学生が一般の国民以上に学問の自由を享有したり，大学施設を利用できるのは，あくまで研究者の学問の自由と大学の自治の効果にすぎない，という理解を示した。そして本件の集会は「真に学問的な研究と発表のためのものでなく，実社会の政治的社会的活動であり，かつ公開の集会またはこれに準じるもの」であるから，大学の自治の保障が及ばない，と判断した。これに対して学説は，正規の令状による捜査を大学は拒否しえないが，それ以外の場合における警察官の大学の立入りには，大学の了解が必要であると解すべきである，と判例を批判している。

　学生管理の自治からは，大学が自主的・自律的に，学生に単位を授与するこ

178

IV 学問の自由

と，学則に基づいて教育上の懲戒を行うことが，保障される。昭和女子大事件
最高裁判決（最三判昭49・7・19民集28巻5号790頁）は，国公立・私立を問わ
ず大学が「学生の教育と学術の研究を目的とする公共的な施設」であり，この
目的の達成のために「必要な事項を学則等により一方的に制定し，これによっ
て在学する学生を規律する包括的権能を有する」としている。また最高裁は，
富山大学事件で，学生に対する単位授与行為は部分社会論（→第16章Ⅲ3(4)）
によって司法審査の対象とならないとする一方で（最三判昭52・3・15民集31巻
2号234頁），専攻科修了の認定は「学生が一般市民として有する右公の施設を
利用する権利」を侵害しうるため司法審査の対象となると判断している（最三
判昭52・3・15民集31巻2号280頁）。

＊　東京大学の学生団体が教室でえん罪に関する劇を上演した際に，学生が，聴衆の
　　中に潜入していた私服の警察官に対して暴力行為を働いたとして，刑事責任が問わ
　　れた事件である。この事件によって，警察が現実に発生した犯罪の捜査のためでな
　　く，警備公安活動のために，大学当局の許可を得ずに構内に立ち入り，著名教授の
　　講義等の学内情報を秘密裏に収集していたことが明らかになった。

179

第9章　経済的自由

I　経済的自由の歴史と原理

1　近代憲法における経済的自由の意義

　近代前の封建的な経済構造においては，居住地や職業は身分によって決定され，自由な移動が禁止されていた。これに対し，市民革命の担い手がブルジョワジーであったことから，彼らが求める自由な市場経済を確立すべく，近代憲法においては，居住・移転の自由や職業選択の自由が保障された。また，急進化した無産者層，すなわち生産手段を所有しない労働者層から財産を守るべく，財産権は神聖不可侵なものとして保障された。日本国憲法も，憲法22条1項により居住・移転の自由および職業選択の自由を，憲法29条により財産権を保障している。

　これらの自由は経済的意義，とりわけ自由な市場確立に関する上記の歴史的意義に着目して，経済的自由に位置づけられている。しかし，既述のとおり憲法上の権利は自律的人格としての個人の尊重を基底的原理とするものと解されるのであり（→第4章），経済的自由の解釈においても，後述のとおり人格的関連性に着目することが重要である。

2　社会に対する国家の役割

　近代初期においては，自由な市場経済を確立すべく，国家はギルドによる初期独占を解体し，営業の自由を公序として押しつけた。

　ひとたび自由市場が確立すると，市場を中心とする社会は「私的領域」として，国家の介入は原則として禁止され，社会の最低限の秩序維持を目的として

のみ社会への介入が許される「消極・夜警国家」が出現する。

　しかし，19世紀後半から資本主義が進展し，貧富の差が拡大すると，生存さえままならない社会的弱者の存在が社会問題となり，社会的弱者の保護を目的として社会に積極的に介入する「積極・社会国家」へと転換する。さらに20世紀はじめの世界恐慌を契機として，国家は経済の日常的な舵取りまでおこなうようになり，社会における活動領域を拡大していく。積極国家においては，社会全体の利益を目的とした政策的規制が，多くみられるようになる。

　近年，積極国家に対しては，国家への依存による国民の政治的主体性喪失の危険性，経済の非効率性，行政権限の拡大による弊害などさまざまな問題が指摘され，「小さな政府」の名の下に，規制緩和や公営事業の民営化が進められた。もっとも，最近では逆に，規制緩和による弊害も指摘されるようになり，国家の役割が改めて問い直されている。

Ⅱ　職業選択の自由（22条1項）

1　保障範囲

(1)　職業遂行の自由

　憲法22条1項は職業選択の自由を保障するが，職業遂行の自由については明文で規定されていない。通説は，職業遂行の自由も22条1項により保障されると解する。職業の遂行の自由を認めないと，選択の自由が無意味になってしまうからである。

　判例もまた，22条1項の保障範囲に職業遂行の自由を含めるが，後述の薬事法違憲判決は，それを職業の意義から導いている。すなわち，「職業は，人が自己の生計を維持するためにする継続的活動であるとともに，分業社会においては，これを通じて社会の存続と発展に寄与する社会的機能分担の活動たる性質を有し，各人が自己のもつ個性を全うすべき場として，個人の人格的価値とも不可分の関連を有するものである」ことから，22条1項には広く職業遂行の自由まで含まれると判示している（最大判昭50・4・30民集29巻4号572頁）。こうした職業の「人格的関連性」は後述のとおり，さらに遂行の自由を含む職

第9章　経済的自由

業の自由に関する解釈論において重要な役割を果たしている。

(2)　「営業の自由」論争とその影響

通説は前述のとおり職業遂行の自由を憲法 22 条 1 項の人権として保障し，営業の自由をそれに含める（最大判昭 47・11・22 刑集 26 巻 9 号 586 頁参照）。しかし，これに対し経済史学者が，歴史的には営業の自由は「国家からの自由」としての人権ではなく，近代国家が初期独占を解体して押し付けた公序，すなわち「国家による社会的独占からの自由」であったとして批判した（岡田与好）。いわゆる「営業の自由」論争である。

歴史的理解としてはともかく，憲法解釈としては，条文上の手がかりもないことから，独占禁止は私人間において直接適用される権利という意味での「憲法上の公序」ではなく，立法政策の問題であり，営業の自由はあくまで人権と解される。

もっとも，上記批判を受けて有力説は営業の自由を，「開業の自由，営業の維持・存続の自由，廃業の自由」を内容とする狭義の「営業をすることの自由」／「営業活動の自由」に区別し，前者は 22 条 1 項により保障され，後者は財産権行使の自由として 29 条の財産権により保障されるとする。そして，人格的関連性の強い前者に対する制限については慎重な配慮を要求し，資本財の自由な行使を意味する後者には大幅な制限を許容する（今村成和）。

2　判例法理

(1)　規制目的二分論

経済活動の自由の規制に関する合憲性審査の判例法理として，学説により規制目的二分論が定式化された。規制目的二分論とは規制目的を，消極国家における規制目的，すなわち国民の生命および健康に対する危険の防止や最低限の秩序維持の目的と，積極国家において登場した規制目的，すなわち積極的な社会経済政策目的に二分して，それぞれ厳格度の異なる審査基準を適用するというものである。

まず 1972（昭和 47）年の小売市場判決において，積極目的に関する議論が示された。この事件では，小売商業調整特別措置法が小売市場開設の許可条件として要求する過当競争防止の具体化として，大阪府が課した距離制限の合憲性

が争われた。最高裁は、「憲法は、全体として、福祉国家的理想のもとに、社会経済の均衡のとれた調和的発展を企図」していることから、「経済的劣位に立つ者に対する適切な保護政策を要請していることは明らか」であり、それゆえ「個人の経済活動の自由に関する限り、個人の精神的自由等に関する場合と異なつて」、「積極的な社会経済政策」による規制も許されるとした。そして、積極目的による規制の場合には、「立法府の政策的技術的な裁量に委ねるほかはなく」、裁判所としては、「立法府がその裁量権を逸脱し、当該法的規制措置が著しく不合理であることの明白である場合に限つて」違憲とする、「明白の原則」を採用した。結論としては、当該規制は過当競争による小売商の共倒れから小売商を保護するための措置として、著しく不合理であることが明白とは認められず、合憲と判断された（最大判昭 47・11・22 刑集 26 巻 9 号 586 頁）。

その後、1975（昭和 50）年の薬事法違憲判決において、消極目的に関する議論が展開された。この事件では、薬局開設の許可条件として適正配置を要求する薬事法の規定と、その具体的基準として距離制限を課する県条例の規定の合憲性が争われた。最高裁は、「自由な職業活動が社会公共に対してもたらす弊害を防止するための」消極目的による規制の場合には、「重要な公共の利益のために必要かつ合理的」であり、「よりゆるやかな制限によっては……目的を十分に達成することができない」ことを要求し、「厳格な合理性の基準」を採用したものと解された。結論としては、「不良医薬品の供給の危険又は医薬品乱用の助長の弊害」の防止という消極目的にとって、距離制限はそもそも合理的でなく必要な手段でもないとして、違憲と判断された（最大判昭 50・4・30 民集 29 巻 4 号 572 頁）。

以上のように、経済的自由の規制に関して、裁判官の思考過程を明らかにするような判断基準を示した二つの判例は、アメリカ流の審査基準論の導入を企図していた学界において、規制目的二分論として定式化された。そして通説は、その正当化理由として、消極目的の規制については伝統的な警察比例の原則が妥当することから裁判所の審査に適しているのに対し、社会経済政策については裁判所の審査能力が不十分であることなどを指摘したのである。もっとも、規制目的二分論に対して、次のような批判がなされる。

第9章 経済的自由

(2) 二分論に対する批判

第一の批判は，積極目的に関するもので，規制緩和論の核心的主張である。判例は，積極目的の範囲について明らかにしていないが，勤労の権利の保障を通じた生存権保障として，経済的劣位に立つ者に対する適切な保護政策を含むものとし，しかも，積極目的の場合，明白の原則を採用することから，規制が違憲とされる蓋然性は小さい。したがって，それは業界団体の既得権益を保護して，新規参入者の営業の自由という人権，さらに一般消費者——その中には真の社会的弱者が含まれる——の利益を犠牲にするものと批判されてきた。

そこで，積極目的の範囲を，生存権保障に直結した社会的弱者の保護に限定し，経済政策を排除する狭義説も主張されているが，後述のとおり狭義説に対しても有力な批判がある。

第二の批判は，消極目的に関するものである。消極目的の場合には比例原則に基づく必要最小限度の規制しか許されないとされるが，生命・健康という最も重要な利益を保護するためには，必要最小限度の規制では不十分であるとの批判である。

この点，二分論確立前の判例ではあるが，医師やあん摩師等の免許を受けていない者が医業類似行為を業とすることを処罰する，あん摩師等法の規定の合憲性が争われた 1960（昭和 35）年の大法廷判決において，多数意見は具体的危険を要求して限定解釈をしたのに対し，反対意見は抽象的危険で足りるとして批判し（最大判昭 35・1・27 刑集 14 巻 1 号 33 頁），学説の多くも反対意見を支持した。

さらに近年では，原発や遺伝子技術など，事故の蓋然性について予測しえず，ひとたび事故が生じると取り返しのつかない結果が生じうるという「リスク」が大きい分野に関しては，「予防原則」など，比例原則を緩和する新たな統制方法が提唱されている。

第三の批判は，規制目的を二分して，規制目的のみにより審査基準の厳格度を決定する二分論の審査手法に関するものである。

まず，規制目的の振分けの困難性が指摘されている。たとえば公害規制や建築規制等のように，両目的を併せもつものもある。また，社会状況の変化により立法事実が変化することもある。さらに，財政目的のように，消極・積極の

Ⅱ　職業選択の自由（22条1項）

いずれかに振り分けられない規制目的も考えられる。それにもかかわらず，規制目的を無理にどちらかに振り分けさせることは，裁判官の望む結果（合憲あるいは違憲）に合わせて規制目的を認定することを許してしまう。それは，裁判官に恣意的判断を許すだけでなく，裁判官の判断の客観性を偽装するだけに，かえって厄介である。

　次に，規制目的のみにより審査基準の厳格度を決定する二分論は，規制目的を合憲性判断の決定的要素とするもので，法的分析の本来の複雑な思考を遮断する硬直的なものと批判されている。

　以上のように，二分論に対しては有力な批判があるが，その後の判例の展開において，二分論との整合性が問われる判決が次々と出され，判例法理自体の再考を迫られることになる。

（3）　判例の展開——二分論との整合性

　二分論との整合性がはじめて問われたのが，憲法29条の財産権に関する判例ではあるが，森林法違憲判決（最大判昭62・4・22民集41巻3号408頁）である。この判例についてはⅢで詳細に検討するが，この事件では，民法256条1項所定の共有物分割請求権を持分価額2分の1以下の森林共有者に対して制限する，森林法旧186条の合憲性が争われた。最高裁は，いわゆる積極目的にあたるような認定をおこなう一方，消極目的に関する薬事法違憲判決を引用して，明白の原則より厳格な手段審査をおこない，違憲と判断したのである。学説は財産権についても，同じ経済的自由である職業の自由に関する二分論が妥当すると考えていたことから，積極目的の場合に明白の原則より厳格な手段審査をおこなう同判決は，学界に衝撃をもたらした。もっとも，この判決は財産権に関するものであるから，財産権については二分論は妥当しないと説明することも可能であった。しかし，その後，職業の自由に関しても，二分論との整合性が問われる判決が次々と出される。

　まず，公衆浴場の距離制限の合憲性をめぐる一連の判決を通して，前述の二分論に対する批判のとおり，規制目的の振分けの困難性が示される。二分論定式化のはるか前，最高裁は当該距離制限について，規制目的を「国民保健及び環境衛生」，いわば消極目的と認定しつつ，「濫立→過当競争→経営の不安定→衛生設備の低下」といった論法により，合憲と判断していた（最大判昭30・1・

第9章　経済的自由

26 刑集 9 巻 1 号 89 頁）。しかし，その後，薬事法違憲判決は後述のとおり，上記論法を立法事実により否定し，距離制限は消極目的の手段としてはそもそも合理的ではないとして，違憲と判断したことから，公衆浴場の距離制限の合憲性に関するその後の判断が注目された。

　そんな中，最高裁は刑事事件において規制目的を，自家風呂を持たない社会的弱者に公衆浴場を確保すべく，公衆浴場業の経営を安定させるためのものとして，積極目的と認定し，小売市場判決を引用して，明白の原則を用い，合憲と判断した（最判平元・1・20 刑集 43 巻 1 号 1 頁）。もともと当該規制は業界団体の要請により，既得権益を保護するために議員立法として成立したものであるから，積極目的として認定される素地はあったが，立法事実が変化したものと解されている。しかし，その約 1 か月後には，最高裁は行政事件において，消極・積極目的に言及することなく，「公衆浴場が自家風呂を持たない国民にとって日常生活上必要不可欠な厚生施設であり，入浴料金が物価統制令により低額に統制されていること，利用者の範囲が地域的に限定されているため企業としての弾力性に乏しいこと」を指摘し，有力説と同様，公衆浴場業を電気・ガス等の公益事業（公的サービスの安定供給のために，サービスの内容や対価に対する法的規制と引き換えに，ある種の独占的な地位を付与される事業）に類似するものと解し，合憲と判断している（最判平元・3・7 判時 1308 号 111 頁。なお，この判決を，消極目的と積極目的の併有と認定したものと解する説もある）。

　そしてその後，最高裁は，酒類販売免許制度の合憲性が争われた事件において，当該規制を「租税の適正かつ確実な賦課徴収を図るという国家の財政目的」と解し，消極・積極目的に言及することなく，租税立法に関する広範な政策的・専門技術的裁量を認めて，明白の原則より若干厳格な基準を用いて合憲と判断した（最三判平 4・12・15 民集 46 巻 9 号 2829 頁）。園部補足意見が指摘するように，財政目的は消極・積極目的のいずれにもあてはまらない「第三の目的」であり，目的二分の限界が示されたといえる。

　以上のように，二分論との整合性が問われる判決が次々と出されるようになると，二分論が動揺しているというより，そもそも最高裁は二分論を採用していないのではないかという根底的な疑問が生じ，判例法理自体の再考を迫られるようになる。

3 判例法理の再考

(1) 社会的相互関連性と憲法 22 条 1 項の「公共の福祉」

薬事法違憲判決は，既述の職業の意義と保障範囲に関する判示につづけて，職業は，「本質的に社会的な，しかも主として経済的な活動であつて，その性質上，社会的相互関連性が大きいものであるから，職業の自由は，それ以外の憲法の保障する自由，殊にいわゆる精神的自由に比較して，公権力による規制の要請がつよ」*いとし，憲法 22 条 1 項の「公共の福祉」は，この旨を規定する趣旨と判示する。すなわち，職業の自由は，既述のとおり人格的関連性を有しており，その点では精神的自由などと同じであるが，社会的相互関連性が大きく，それゆえ公権力による規制の要請が強い点で異なるとされている。

* この判示部分は，一般に二重の基準論に言及したものといわれているが，職業の自由を「それ以外の憲法の保障する自由」と比較し，さらに前者は後者より「公権力による規制の要請がつよ」いと判示しているにすぎない。もっとも，最高裁は経済的自由の規制については精神的自由の規制と異なり，立法裁量を尊重すべきという立場をとっていることから，やはり二重の基準論的発想がうかがえる。

(2) 立法裁量とその統制

判例法理を再考すべく薬事法違憲判決を注意深く読み直してみると，「職業は……その種類，性質，内容，社会的意義及び影響がきわめて多種多様であるため，その規制を要求する社会的理由ないし目的も……積極的なものから……消極的なものに至るまで千差万別で，その重要性も区々にわたる」とあり，最高裁自身は，むしろ規制目的の二分を否定している。つづけて最高裁は，「これに対応して，現実に職業の自由に対して加えられる制限も……それぞれの事情に応じて各種各様の形をとることとなる」ことから，したがって，職業の自由の具体的な規制措置の合憲性審査については「一律に論ずることができ」ないとして，「規制の目的，必要性，内容，これによつて制限される職業の自由の性質，内容及び制限の程度」の比較考（衡）量を提示する。この比較考量を示した総論部分は，実は既に小売市場判決において類似の記述がみられ，後述のとおり森林法違憲判決，その後の証券取引法判決以降の財産権規制判例にお

第9章　経済的自由

いて,「職業の自由」を「財産権」に入れ替えて用いられている。

　さらに薬事法違憲判決は上記比較考量を「第一次的には立法府の権限と責務」と位置づけ,「裁判所としては,規制の目的が公共の福祉に合致するものと認められる以上,そのための規制措置の具体的内容及びその必要性と合理性については,立法府の判断がその合理的裁量の範囲にとどまるかぎり,立法政策上の問題としてその判断を尊重すべきものである」として,立法裁量を肯定する。もっとも,「合理的裁量の範囲については,事の性質上おのずから広狭がありうる」として,裁判所は「具体的な規制の目的,対象,方法等の性質と内容に照らして」これを決すべきとしていることに注意しなければならない。

　要するに,薬事法違憲判決は職業の自由の規制の合憲性審査に関して,立法裁量を認める一方,「事の性質」次第で,裁判所による立法裁量統制としての審査密度が変化するとしたのである。したがって,審査密度の設定においては,「事の性質」の分析が重要ということになる。

　(3)　人格アプローチ

　薬事法違憲判決は「事の性質」の分析において,既述の職業の人格的関連性を基礎に,その視点から,本件規制の強度を評価する。こうした人格アプローチによれば,一般に許可制は,「狭義における職業の選択の自由そのものに制約を課すもので,職業の自由に対する強力な制限」であり*,それゆえ,消極目的による規制の場合には,「許可制に比べて職業の自由に対するよりゆるやかな制限である職業活動の内容及び態様に対する規制」によっては目的を十分に達成しえないこと,いわゆるLRAが要求され,この基準は許可制だけでなく,個々の許可条件にも妥当するとされる。すなわち,人格アプローチからすれば,事前規制である許可制は,職業選択の自由という自律そのものに対する制限であり,人格に対する強力な制限であることから,審査密度が高く設定されるのである。規制目的二分論の消極目的に関する判示とされてきた部分は,あくまで職業の許可制の合憲性という限定的文脈のものであり,財産権を含む経済的自由の規制一般はもちろん,職業の自由（22条）の規制一般の合憲性に関するものでさえないことに留意する必要がある。

　同判決は上記のとおり許可制および個々の許可条件について高い審査密度を設定したが,自らに反し,薬局開設の許可制,さらに距離制限以外の構造設備

などの許可条件については，簡単に合憲と判断してしまっている。薬事法判決は違憲判決として有名であるが，また薬局開設の許可制などに関する合憲判決でもあるのである。

　しかし，同判決は許可条件の一つである距離制限については，「特定場所における開業の不能は開業そのものの断念にもつながりうるものであるから……開業場所の地域的制限は，実質的には職業選択の自由に対する大きな制約的効果を有する」として，高く設定した審査密度に従って，立法事実を綿密に検討する。許可条件の中でも距離制限は，本人の努力ではいかんともしがたい客観的条件であり，人格アプローチからすれば，人格に対する侵害が最も強度で，職業の自由に対する最も過酷な制限と位置づけられるのである[**]。

　そして同判決は，立法事実とされる「濫立→過当競争→経営の不安定→不良医薬品の供給」は「単なる観念上の想定にすぎず」，距離制限という手段は，消極目的との関係では必要性以前に，そもそも合理性がないとして，違憲と判断したのである。

　しかし，人格アプローチは，護送船団方式と称された直接規制を多用する日本の許認可行政にとって，あまりにラディカルであった。そこで，「人格アプローチのバイアス」を緩和すべく，小売市場判決は積極目的の場合における審査密度の緩和を導入し，薬事法違憲判決はそれに加え，既述の公衆浴場の距離制限などを考慮して公益事業規制に言及したものといわれている。

　積極規制については，二分論批判においてみたとおり，既得権益保護による新規参入制限として批判が強く，積極目的を生存権保障に直結した社会的弱者保護に限定し，経済政策を排除する狭義説が有力である。しかし，弱者保護の手段については広範な立法裁量が認められるとしても，真の目的が弱者保護であるかどうかを認定するためには，弱者の存在とその窮状を裏づける立法事実の確認が必要であろう。また，そもそも，経済のグローバル化を考えるならば，むしろ政治責任において積極的になされた経済政策的判断こそ，裁判所が後知恵でチェックする立法事実論を回避し，将来予測を（その失敗も含め）政治部門に委ねるべきものが多いであろう。したがって，経済政策については，裁判所は政治部門の判断過程などについて統制すべきである。

　以上のように，立法裁量を前提とした経済的自由の規制に関する審査密度の

第9章 経済的自由

設定において考慮すべきなのは，憲法上の権利の重要性，とりわけ人格的関連性，そして，その視点からの当該規制の侵害の強度であり，規制目的は合憲性判断の決定的要素ではないのである。もっとも，規制目的は，裁判所と政治部門との役割分担という機能的観点から，二次的に関連性をもちうる考慮要素といえるであろう。

＊　この許可制に関する判示部分は，酒類販売免許制度の合憲性に関する既述の平成4年判決において引用されている。もっとも，平成4年判決はつづけてサラリーマン税金訴訟を引用し，租税立法に関する広範な政策的・専門技術的裁量をより重視して審査密度を低く設定し，合憲と判断している。

＊＊　このように薬事法判決は近年，ドイツの判例理論である「段階理論」に適合的なものとして読み直されている（石川健治）。段階理論とは，①職業の内容・態様の事後規制／事前規制としての許可制を区別し，さらに②事前規制において，ⓐ主観的条件／ⓑ客観的条件を区別し，人格的利益に対する侵害の程度との関係で，規制の強度は，①事後規制，②ⓐ，②ⓑと，段階的に強くなり，それゆえ比例原則の適用も厳格にすべしとする理論である。

　　もっとも，こうした読み直しに対しても有力な批判がある。審査密度を左右する主観的条件／客観的条件の区別の相対性や，比例原則の裁判官に対する拘束力の弱さなどが批判されている。また日本の判例の内在的理解として，主観的条件による許可，しかも消極目的の場合である，司法書士の資格制の合憲性に関して，ごく簡単に合憲と判断している最高裁判決（最三判平12・2・8刑集54巻2号1頁）との整合性の説明が，段階理論では難しいと批判されている。

III　財産権（29条）

1　財産権の保障（29条1項）

(1)　国家による自由

憲法29条1項は，「財産権は，これを侵してはならない」と規定する。この規定は，ブルジョワジーによって推進された市民革命の勝利を受け，財産権を自然権として「神聖不可侵」とする，フランス人権宣言17条を想起させる。もっとも，29条2項はつづけて，「財産権の内容は，公共の福祉に適合するや

うに，法律でこれを定める」と規定している。この規定は，20世紀初めのア
メリカで社会経済立法の合憲性をめぐり，裁判所と政治部門が深刻な対立をし
た苦い経験から，連合国軍総司令部のニューディーラー（ニューディール政策の
信奉者）によって提案されたものと解されている。

　しかし，1項の「財産権」に2項を代入し，憲法上の財産権の内容がすべて
法律で定められるとなると，財産権は法律上の権利と変わらなくなってしまい，
財産権を憲法上保障した意味がなくなってしまう。そこで，1項と2項をいか
に整合的に解するかが問題となる。

　この問題は，仮に2項のような規定がなくても，理論上生じる問題であるこ
とに注意しなければならない。そもそも財産権は，権利の客体・帰属に関する
要件・効果の集合としての法制度を前提としてはじめて成立する自由であり，
「構成された自由」である。たしかに，法制度の内容の核心は，実定法によっ
てはじめて創設されるわけではなく，むしろ自生的な慣習を反映したものである
ことも多いであろうが，ここにおいて重要なことは，社会の複雑化に応じ，私
人の予測可能性を確保して行動の自由を保障するとともに，効率性を高めるた
めには，形式的に実定化が必要となるということである。したがって，財産権
は自由権でありながら，国家による法制度の設営を前提とした権利として，
「国家による自由」と位置づけられるのである。

　以上のように，財産権保障に対応して国家は，その前提となる法制度を設営
する憲法上の義務を有し，法制度の内容に関して立法裁量を有するが，立法裁
量だからといって憲法上限界がないわけではない。立法裁量に憲法上限界を画
するのが，財産権を憲法上保障することの意味なのである。

(2)　財産権を憲法上保障することの意味

　憲法29条1項により保障される財産権とは，通説によれば，財産権的価値
を有するすべての権利を意味し，所有権その他の物権，債権のほか，著作権・
特許権などの無体財産権，鉱業権・漁業権などの特別法上の権利も含む。

　財産権を憲法上保障することの意味について，通説は，主観的権利として，
個人が現に有する具体的な財産上の権利を保障し（現状保障），客観法たる制度
的保障として，私有財産制度を保障するものと解する。前者は，財産権の内容
の事後法による変更の禁止を要求し（国有農地売払特措法に関する最大判昭53・

第9章　経済的自由

7・12民集32巻5号946頁参照)[*]，後者は，生産手段の私有を否定する社会主義体制への移行に，憲法改正を要求する。これに対し，有力説は制度的保障について，生存権的財産権論に示唆を受けつつ，生活財を保障したものと解し，社会主義体制への移行は憲法改正なしでも可能とする。

　以上のように，かつての学説は冷戦という時代背景から，財産権については
もっぱら制度的保障を，しかも，その内容については，代理戦争としてのイデオロギー的な体制選択の問題として議論してきたのであり，主観的権利については既得権であること以上の内容分析をしてこなかった。この点，判例も従来から，29条1項は「私有財産制度を保障」するものと判示してきたが，森林法違憲判決は，さらに主観的権利と制度保障について，学説より踏み込んだ理解を示していて興味深い。すなわち，主観的権利について，29条1項は「社会的経済的活動の基礎をなす国民の個々の財産権」を保障するものと判示し，制度保障についても後述のとおり，体制選択の問題とは異なる理解を示しているのである。

　そもそも，財産権も基底的原理たる自律的個人としての尊重（13条）に立脚する以上，薬事法違憲判決が職業の自由に関して示したのと同様，人格アプローチによる再構成が必要である。この点，制度的保障に関する上記有力説は財産権を，13条の「人間尊重の精神に立脚」したものと位置づけ，「人間が，人間としての価値ある生活を営む上に必要な物的手段の享有，すなわち，彼の能力によって獲得し，彼の生活利益の用に供せられるべき財産を，その目的のために使用・収益・処分する自由」として提示していることから（今村成和），人格アプローチに立脚した主観的権利論として再構成しうるであろう^{**}。

　もっとも，人格アプローチに立脚するとしても，人格的関連性を有する財産権の具体的範囲は社会的文脈により変わるし，また財産権も「公共の福祉にもとづく権利」としての性格を有している^{***}ことから，人格的関連性は財産権の保障範囲を画する基準としてではなく，具体的規制の合憲性審査にあたり，審査の厳格度設定における考慮要素として議論する方が生産的であろう。

　＊　国有農地売払特措法事件では，国有農地の旧所有者への売払対価を不利に変更する特措法の遡及適用が憲法29条に違反するとして争われた。最高裁は，まず客観

Ⅲ　財産権（29条）

法レベルで，法律の内容の事後変更が29条2項の「公共の福祉」に適合するかどうかについて，「いったん定められた法律に基づく財産権の性質，その内容を変更する程度，及びこれを変更することによって保護される公益の性質などを総合的に勘案」する，総合衡量の判断枠組みを用いて，結論として合憲と判断した。そしてその上で，原告の既得権の侵害についても，「売払いを求める権利」自体は害されていないと判断した（最大判昭53・7・12民集32巻5号946頁）。

　上記判例は近時，租税の遡及立法の憲法84条適合性に関する判決（最一判平23・9・22民集65巻6号2756頁）において引用され，そこでは総合衡量の判断枠組みを用いて合憲と判断されている。

＊＊　同様に人格アプローチに立脚する議論として，「基本権の内容形成」論がある。この議論はドイツの連邦憲法裁判所の判決に依拠しつつ，人格アプローチを基礎に，憲法上の所有権の意味を「財産法領域における自由の空間」，および「自律的・自己責任的生活形成」の保障に求める。そして，それはこのような憲法上の財産権をよりよく実現すべく，現状保障的に作用するという問題を抱えた法制度保障と異なり，基本権の内容形成として立法者に対し，既存の制度の空洞化の禁止だけでなく，社会・経済の変化に対応した法制度のメンテナンスを要求する（小山剛）。

　しかし，公私を切り分ける憲法による保障は，公的領域が十分に機能するための私的領域確保に限定され，それを超えた法制度の発展は，立法政策の問題と解すべきであろう。

＊＊＊　人格アプローチの重要な解釈論的帰結の一つは，人格的関連性ゆえに憲法上保障される財産権は，人格ではない法人には保障しえないということである。もっとも，財産権を憲法上保障する理由は，人格的関連性に尽きるわけではない。所有権の（法律上の）保障は効率性を高めるが，さらに財産権を憲法上保障することは，議会による財産没収などの危険性を小さくして権利を安定化し，国内外の投資を促進して経済を発展させる。また財産権の保障は，共産主義を想起すればわかるように，表現の自由と密接に関連するし，一定の私有財産は，政府から独立した市民としての自尊，政府からの安全を確保することから，熟議民主主義の条件でもある。以上のように財産権も，「公共の福祉にもとづく権利」，すなわち社会のより根底的な利益を多数派から保護すべく保障される憲法上の権利としての性格を有しており，この憲法上の権利については，法人にも保障される。

第9章　経済的自由

2　財産権の規制（29条2項）

(1)　規制の法的根拠

(a)　根拠条文　　憲法29条2項は，「財産権の内容は，公共の福祉に適合するやうに，法律でこれを定める」と規定する。この文言を受けて有力説は，「内容」と「行使」を区別し，財産権の内容の規制根拠を29条2項に，財産権の行使の規制根拠を12条・13条に求める。

しかし，「内容」と「行使」の区別は相対的であり，それゆえ通説はこれらを区別せず，およそ財産権規制の法的根拠を29条2項に求めている。

(b)　条例による財産権制限の可否　　憲法29条2項の「法律で」という文言，および財産権は全国的な取引の対象であることから，「内容」と「行使」を区別する既述の有力説は，財産権の「内容」を制限できるのは法律に限られ，条例は財産権の「行使」のみを制限しうるとする。しかし，既述の「内容」と「行使」の区別の困難性，また条例も民主的な手続を経て成立するものであることや，地域の特性に応じた財産権規制がむしろ適切な場合もあることを理由に，通説は，条例によっても財産権を制限できるとする。

奈良県ため池条例事件判決（最大判昭38・6・26刑集17巻5号521頁）は，通説と同様の理解を示したものと解されている。もっとも，この判決によれば，ため池の破損，決かいの原因となるため池の堤とうの使用は「憲法，民法の保障する財産権の行使の埒外」とされ，そもそも財産権の保護範囲に入っていないとの読み方も有力である。なお，本件事案については適用違憲の可能性が指摘されている。

(2)　審査方法

(a)　森林法違憲判決の審査方法　　財産権の規制は，憲法29条2項の「公共の福祉」に適合したものでなければならないが，財産権規制の合憲性に関する審査方法をはじめて判示したのが，森林法違憲判決（最大判昭62・4・22民集41巻3号408頁）である。

この事件は，生前贈与により森林を兄と共有していた者が，後に兄と不仲になり森林の分割請求を求めたところ，持分価額2分の1以下の森林共有者に対して民法256条1項所定の共有物分割請求権を制限する森林法旧186条が障害となったことから，当該規定の合憲性を争ったものである。最高裁は規制目的

Ⅲ　財産権（29条）

を，「森林の細分化を防止することによつて森林経営の安定を図り，ひいては森林の保続培養と森林の生産力の増進を図り，もつて国民経済の発展に資すること」ととらえ積極目的のような認定を行いつつ，消極目的に関する薬事法違憲判決を引用して「明白の原則」より厳格な審査を行い，違憲と判断した。

　職業の自由に関する判例法理として，学説により規制目的二分論が定式化されて以降，同じ経済的自由に属する財産権にも二分論が妥当すると解されたことから，二分論との関係で説明が難しい森林法違憲判決の登場は，学界に衝撃を与えた。学説は，あくまで二分論との整合的説明を試みるもの（本件規制を性質上消極目的であると解し，二分論により説明しようとする説，本件規制を消極目的と積極目的の併有と解し，それゆえ「厳格な合理性の基準」を採用したとして，二分論の枠内で説明しようとする説）と，二分論との整合的説明を断念するもの（財産権には二分論は妥当しないとして，二分論の射程を職業の自由に限定する説，経済的自由一般について二分論は放棄されたとする説）に分かれ，さまざまな見解が示された。しかし既述のとおり，規制目的二分論はそもそも職業の自由に関しても妥当するものではないと考えられる。

　森林法違憲判決は，職業の自由に関する既述の薬事法違憲判決とパラレルに，「財産権の種類，性質等が多種多様」であり，また規制目的も「積極的なものから……消極的なものに至るまで多岐にわたるため」，財産権の規制は「種々様々」でありうることから，その合憲性については，「規制の目的，必要性，内容，その規制によつて制限される財産権の種類，性質及び制限の程度等を比較考量して決すべき」であると判示し，合憲性の判断方法として比較考量を提示する。さらに，同判決は薬事法違憲判決と同様，比較考量は第一次的には立法府に委ねられ，裁判所としては立法府の判断を尊重すべきであり，立法目的が「公共の福祉に合致しないことが明らかであるか」，規制手段が目的達成手段として「必要性若しくは合理性に欠けていることが明らか」で，「立法府の判断が合理的裁量の範囲を超えるものとなる場合に限り」憲法29条2項に違背すると判示して立法裁量の問題としつつ，「事の性質」次第で裁判所による立法裁量統制としての審査密度が変わることを示唆したのである。

（b）　森林法違憲判決後の判例の展開

　その後，インサイダー取引規制の一環である証券取引法164条1項の短期売

第9章 経済的自由

買利益返還請求を合憲と判断した最高裁判決（最大判平 14・2・13 民集 56 巻 2 号 331 頁）は，森林法違憲判決における比較考量に関する判示部分をほぼ踏襲しているものの（もっとも，「積極的」・「消極的」という二分論を想起させる文言が，注意深く削除されている），森林法違憲判決を先例として引用せず，その後の財産権規制に関する一連の判例（農地の転用につき知事の許可を要するとする農地法 4 条 1 項・5 条 1 項・92 条に関する最二判平 14・4・5 刑集 56 巻 4 号 95 頁，証券取引法の改正前に締結された損失保証契約の履行の請求を禁止する証券取引法 42 条の 2 第 1 項 3 号に関する最二判平 15・4・18 民集 57 巻 4 号 366 頁，消費者契約法 9 条 1 項に関する最二判平 18・11・27 判時 1958 号 61 頁，建物区分所有法 70 条に関する最一判平 21・4・23 判時 2045 号 116 頁）もまた，先例として森林法違憲判決ではなく，証券取引法判決を引用している。森林法違憲判決は財産権規制判例の中で，特殊なものと位置づけられていると思われる。

（c） 森林法違憲判決の特殊性　森林法違憲判決の特殊性を，審査方法自体に求める見解もある。それによれば，証券取引法判決をはじめ，それを先例とする財産権規制に関する上記諸判例は，比較考量のみを示し，立法裁量に関しては言及していないことなどから，いわば判断代置型であり，立法裁量を前提とする森林法違憲判決を実質的に判例変更したものとされる。しかし，裁判官を拘束する基準なしの比較衡量は，かえって裁判官を萎縮させ議会の判断を尊重する傾向に陥る。実際，証券取引法判決をはじめとして他の判例も，比較考量を裁判所独自の観点から行っているわけではなく，実質的に立法裁量を前提にしていると解される。また，そもそも法制度を前提とした権利としての財産権の性格からすれば，財産権規制については，第一次的には，立法裁量に委ねられていると解さざるをえない。したがって，森林法違憲判決は財産権規制の審査方法としては，実質的に先例的地位をもつものと解すべきであろう。

もっとも，森林法事件は，分割請求権の制限付きの森林を取得した事案で，主観的権利としての既得権侵害の問題でも，体制選択という意味での制度的保障の問題でもなく，法制度の内容として一定のものが憲法上要請され，立法裁量が限定されると解された特殊な事案であることから，財産権規制に関する先例としては，証券取引法判決が引用されているものと思われる。

それでは，森林法違憲判決において，法制度の内容として憲法上要請される

Ⅲ　財産権（29条）

と解されたものは何か。同判決は共有物分割請求権を，「近代市民社会における原則的所有形態である単独所有への移行を可能ならしめ」るもので，「共有の本質的属性」と位置づけ，その制限を，他でもない憲法上の財産権の制限と解した。もっとも，技巧的な共有物分割請求権それ自体を憲法上の権利と解したわけではなく，単独所有を憲法上の保障と解し，その結果，単独所有に一見反する共有制度を設ける場合には，いわばアリバイとして，単独所有への移行を可能ならしめる共有物分割請求権の規定が憲法上要請されると解したのである（安念潤司）。

　問題は，明文がないにもかかわらず，単独所有に憲法上の保障を付与する論理であり，法制度保障論とベースライン論が提示されている。法制度保障とは，伝統的な私法上の法制度を，立法による改変から保護すべく，憲法により保障するものである。それによれば，単独所有の憲法上の保障は，民法的選択であるローマ法的所有権（一物一権主義）の，憲法制定権力による政治的決断として説明される（石川健治）。他方，ベースラインとは，当該社会の制度イメージに立脚した法律家集団の共通了解としての標準的な制度形態のことであり，そこから乖離する場合は必要性と合理性が求められる*。日本では民法，とりわけ財産法上の規定は，法律家集団において政治的に中立的なものと考えられており，単独所有は憲法の想定する所有権制度のベースラインとして説明される（長谷部恭男）。

　憲法を個別のルールの寄せ集めではなく，道徳的諸原理の体系と解するならば，憲法制定権力による政治的決断はそのままでは正当化しえない。また，究極的な価値観が対立する多元的社会において，暫定的には当該社会の一般的観念に依拠せざるをえないとしても，法律家集団の共通了解もまた，そのままでは正当化しえない。いずれにせよ，憲法の基底的原理である自律的個人としての尊重との関係で，少なくともそれに反していないことの説明が求められよう。

　＊　サンスティンによればニューディール以前のアメリカにおいて，ベースラインは，既存の富の効率的な配分を体現したコモンローであったが，ニューディールにより，コモンローは政治的・人為的なものに他ならないことが暴露された。

第9章　経済的自由

3　損失補償（29条3項）

(1)　根　拠

憲法29条3項は，「私有財産は，正当な補償の下に，これを公共のために用ひることができる」と規定し，損失補償を定めている。損失補償の対象となる「私有財産を公共のために用いる」典型例は，道路や公園の建設などの公益事業のために土地等を一方的に取得する公用収用である。

損失補償の根拠として，次の二つが示されている。一つは，29条1項の財産権保障であり，そのコロラリーとしての，収用前後を通じた財産価値の保障である。もう一つは，14条1項の平等原則であり，特定の個人の犠牲のもとに社会全体が利益を得るのは平等原則に反するとして，社会全体の負担の公平を図るということである。

(2)　補償の要否

(a)　財産権規制　損失補償は典型的には公益事業のために特定財産を取り上げる公用収用に関するものであるが，財産権規制にも補償は必要か。

通説である特別犠牲説は，損失補償の根拠を社会全体の負担の公平化に求めることから，公用収用に限らず，財産権規制でも「特別の犠牲」にあたる場合には補償が必要であるとする。これに対し，消極規制の場合は，社会的な害悪をもたらす財産権行使を規制するのであるから，そもそも補償は不要であるし，積極規制の場合も，社会国家による財の再分配においては，補償を要するとすると規制が無意味となることから，いずれにせよ，2項による規制には3項による補償は不要であるとする，分離説もある。

日本では，法律としての合理性を欠くという本質的な瑕疵を補償でごまかそうとする傾向がみられることから，その処方箋として分離説は魅力的である。しかし，消極規制についても，従来の事業に相当の資本を投入していたなど，一般的な受忍限度を超える場合には，補償が必要と解されうるし（後述の河川付近地制限令事件〔最大判昭43・11・27刑集22巻12号1402頁〕を参照），また積極目的の内容は，文化財や環境の保護など，弱者保護としての財の再分配にとどまらない。そして都市計画法のように法律それ自体が収用行為に該当する「法律収用」もあることから，2項による制限でも，3項による補償を必要とする場合があると解すべきであろう。

198

Ⅲ　財産権（29条）

（b）　「特別の犠牲」の基準　　補償が必要な「特別の犠牲」にあたるかどうかの基準として通説は，①侵害行為が，広く一般人を対象としたものか，それとも特定人を対象としたものか（形式的基準），②財産権侵害の強度が，財産権の内在的制約として受忍すべき程度のものか，財産権の本質的内容を侵すほどのものか（実質的基準），の両方を考慮して決せられる。より具体的には，国民の健康や安全，秩序維持，社会的共同生活の安全の確保といった消極的な目的のために課す必要最小限度の比較的一般的な財産権の制限には補償を要せず，産業・交通・その他公益事業の発展とか，国土の総合利用・都市の開発発展といった積極的な目的のために課す必要な特定の財産権の収用その他の制限には補償を必要とする。

これに対し，形式的基準は曖昧であるから，「特別の犠牲」といえるかどうかの判断基準として，実質的基準のみを用いるべきとする有力説がある。それによれば，財産権の剝奪や本来の効用の発揮を妨げる侵害は当然に補償を要し，その程度に至らない財産権の規制は，ⓐ当該財産の存在と社会的共同生活の調和を保つためである場合は，財産権に内在する社会的拘束として補償は不要であるが*，ⓑ他の特定の公益目的のために，当該財産の本来の社会的効用とは無関係に偶然に課せられる制限であるときは補償を要するとされる。

＊　土地の公共性から，土地利用規制については補償不要とされることが多い。

（3）　「公共のために用いる」の意味

「公共のために用いる」とは，収用された私有財産が特定の私人に移転する「私的公用収用」を排除するか，農地改革では買収農地が特定の私人に売り渡されることから問題となった。判例は，自作農創設特別措置法の目的に鑑み，買収の公共性は否定されないとしている（最二判昭29・1・22民集8巻1号225頁）。学説も，公共の利益に仕える目的で用いられる場合を広く含むと解している。

（4）　「正当な補償」の内容

「正当な補償」の内容として，完全補償説と相当補償説が対立している。完全補償説は市場価格を基準として，収用的侵害の前後を通じて財産価値に変動を生じさせないことを要請する。これに対し相当補償説は，市場価格に基づき

199

第9章　経済的自由

合理的に算出された相当な額を要請する。

　判例は，自作農創設特別措置法事件において，「正当な補償とは，その当時の経済状態において成立することを考えられる価格に基き，合理的に算出された相当な額をいうのであつて，必しも常にかかる価格と完全に一致することを要するものでないと解するを相当とする」と判示し（最大判昭28・12・23民集7巻13号1523頁），相当補償説に立脚した。しかし，農地改革は，既存の財産法秩序を構成する特定の財産権に対する社会的評価が変化したことに基づき，その権利関係の変革を目的としておこなわれる侵害行為であり，超憲法的な例外的な場合であるから，相当補償でも足りるのである。したがって，通常の場合，すなわち既存の財産法秩序の枠内で財産権に個別的な侵害がおこなわれる場合には，財産権保障のコロラリーとしての財産価値の保障の見地から，完全補償が必要である。最高裁はその後，土地収用法に関して，完全補償説を判示した（最一判昭48・10・18民集27巻9号1210頁）。もっとも，さらにその後，最高裁は改正された土地収用法に関し，「正当な補償」の内容について昭和28年判決を引用し，「完全補償」でないことを前提に，補償金額の算定基準時を収用裁決時から事業認定時に変更する土地収用法71条を合憲と判断した（最三判平14・6・11民集56巻5号958頁）。これら三つの判例の整合的な説明が問題となるが，昭和28年判決と平成14年判決は，昭和48年判決と異なり，国家権力の介入（農地改革，事業認定）により自由な取引価格が形成されていない事例であることに留意する必要があろう。

(5)　補償規定を欠く法令の効力

　財産権の規制についても補償を要する場合があると解すると，補償の要否は必ずしも明確ではないことから，憲法上補償が必要であるのに，法律に補償の根拠規定を欠くということがありうる。このような補償規定を欠く法令の効力をめぐり争いがある。

　通説は，私人の裁判的救済を理由に，憲法29条3項を直接の根拠として損失補償を請求しうるとして，上記法令の効力を維持する。判例も，刑事事件である河川附近地制限令事件において，傍論ではあるが，「直接憲法29条3項を根拠にして，補償請求をする余地が全くないわけではない」と判示し，29条3項を直接の根拠として損失補償を請求しうる可能性を認めている*（なお，この

200

点からすると，判例は完全補償説に立脚しているものと思われる。完全補償説に立脚するからこそ，裁判所において補償額が決定しうるのである）。

これに対し，ドイツ憲法に示唆を受けて，補償規定を欠く法令の効力を無効と解する有力説もある。ドイツ憲法は「附帯条項」として，憲法上補償が要請される規制を行う場合には，法律で補償の方法と程度に関する定めを置くべきことを規定している。なぜなら，ワイマール憲法下において，保守層に与する司法官僚からなる裁判所が，請求権発生説によって，立法者に予想外の出費を強いて，急進的な社会国家化を挫折させたからである。違憲無効説は，損失補償条項の入った法律を制定して規制を維持するか，それとも規制を断念するか，立法者に選択の余地を認めるもので，議会と裁判所の権限分配という視点からすると優れている。もっとも，ほとんどの部分で補償は不要という場合，法令全体を違憲無効とすることは行き過ぎであるし，立法趣旨として損失補償否定と解される場合には，違憲無効とすべきであろう。

＊　アメリカでは合衆国憲法修正5条を直接の根拠とする補償請求が認められている。

(6) 「国家補償の谷間」

損失補償制度は，国の適法行為により「私有財産」が侵害された場合の救済を定めたもので，他方，国家賠償制度（憲法17条の具体化として，一般法としての国家賠償法が定められている）は，国の違法（かつ故意・過失の）行為により権利・利益が侵害された場合の救済を定めたものである。したがって，これらの制度によりカバーされないものは「国家補償の谷間」と称されている。

このような問題の一つとして，予防接種禍がある。強制的あるいは勧奨的予防接種は，本人の利益のためだけでなく，社会を伝染病から予防するという公共の利益のためにおこなわれるが，副作用による被害を受ける者が生じる。この場合，国家賠償法による救済が認められなければ，損失補償による救済を認める必要があるが，侵害を受けているのが生命・健康という非財産的法益であることから，憲法29条はそのままでは適用できない。この点，大阪地裁判決（大阪地判昭62・9・30判時1255号45頁）は，財産権に対する侵害でも補償されるのであるから，まして生命・健康に対する侵害であればなおさら補償される

第9章 経済的自由

として，29条の「勿論解釈」を展開し，損失補償を認めた。29条の類推解釈（その例として，東京地判昭59・5・18判時1118号28頁）は，正当な補償さえすれば国家は公益目的のために個人の生命・健康までをも収用しうるというニュアンスをもつが，勿論解釈はこのニュアンスを回避しうるものとして注目された。しかし，その後，東京高裁判決（東京高判平4・12・18判時1445号3頁）が，厚生大臣（当時）の過失を緩やかに認定し，国家賠償法による救済を広く認めたために，予防接種禍の救済のために損失補償を援用する必要性は小さくなっている。

　もっとも，損失補償の原理が，個人の特別な犠牲の下に社会全体が利益を得るというのは個人の尊重（13条）に反することから，社会全体の負担の公平化を図る必要があるというものであるならば，損失補償は財産的法益に限定されず，解釈論的展開の可能性をもっている。たとえば，国会議員が院内で行った発言により名誉やプライバシーを侵害された被害者（最三判平9・9・9民集51巻8号3850頁参照）は，国会議員の免責特権を保障した憲法51条により，国会議員個人に対しては法的責任を追及しえないが（→第14章），個人の特別な犠牲の下に社会全体が免責特権から生じる自由な審議確保の利益を得ていることから，社会全体の負担の公平化を図る損失補償が妥当すると解する余地がある。

　現代国家においては社会全体の利益の増進を理由とする積極規制が多く，上記原理は17条や40条にも妥当することから，全体の利益のために特別の犠牲を強制されない権利，特別の犠牲に対する補償を請求する権利を，「新しい人権」として提唱する有力説もある（高橋和之）。

Ⅳ　居住・移転の自由（22条1項），外国移住の自由，国籍離脱の自由（22条2項）

1　居住・移転の自由（22条1項）

　憲法22条1項は，居住・移転の自由を保障している。封建社会においては，人々は土地に縛られて自由な移動を禁止されていたことから，近代において居住・移転の自由は，封建的な経済構造を解体して自由な市場経済を確立するために不可欠な，経済的自由として保障されたのである。

Ⅳ 居住・移転の自由（22条1項），外国移住の自由，国籍離脱の自由（22条2項）

　もっとも，自由な移動の禁止は身体の拘束であることから，居住・移転の自由は，人身の自由としての側面をもつ。また，自由な移動は，多様な文化との接触や多様な価値観をもつ人々との交流を可能にし，人格の発展に資するのである。したがって，居住・移転の自由に対する制約については，これらの意義を考慮した慎重な審査が必要となる*。

*　入居者が「暴力団員であることが判明したとき」に市営住宅の明渡しを請求しうる旨定める条例の規定の合憲性が争われた事件で，最高裁は，本件規定は憲法14条1項に違反しないと判断したほか，居住の自由を保障する憲法22条1項との関係でも，成田新法事件判決（最大判平4・7・1民集46巻5号437頁）を参照して利益衡量論を黙示的に採用し，本件規定により制限される利益は，「社会福祉的観点から供給される市営住宅に暴力団員が入居又は入居し続ける利益にすぎ」ない等として，合憲と判断した（最二判平27・3・27民集69巻2号419頁）。

2　外国旅行の自由

　国内旅行の自由は憲法22条1項の「移転の自由」により保障されるが，外国旅行の自由については，根拠条文をめぐり，学説では，「公共の福祉」による制限が明文化されている22条1項の「移転の自由」に求める説と，そのような制限が明文化されていない22条2項の「外国移住の自由」に求める説が対立している。この点，判例は，帆足計事件（最大判昭33・9・10民集12巻13号1969頁）において，外国へ一時旅行する自由は，22条2項の「外国へ移住する自由」に含まれるとしつつ，それは「公共の福祉のために合理的な制限に服する」としている。

　帆足計事件では，旅券法13条1項5号（現7号），すなわち「著しく且つ直接に日本国の利益又は公安を害する行為を行う虞があると認めるに相当の理由がある者」について，外務大臣は旅券の発給を拒否できるとした規定の合憲性が争われたが，最高裁は，公共の福祉のために合理的な制限を定めたもので，漠然たる基準ではないと判断した。

　もっとも，旅行の自由の人格的意義を考慮すれば，上記規定を「著しく且つ直接に日本国の利益又は公安を害する行為を行う高度の蓋然性が客観的に存在する場合」と合憲限定解釈するか，少なくとも，個別具体の事例において，政

第9章 経済的自由

府の側で高度の蓋然性の客観的存在を立証する必要があり，立証されない場合には適用違憲とすべきであろう。

3 国籍離脱の自由

人権総論でみたように（→第4章），憲法は社会契約論に依拠していることから，社会契約からの離脱として，国籍離脱の自由，外国移住の自由が認められなければならず，日本国憲法も22条2項でそれらの自由を保障している。これを受けて，国籍法もその旨規定している。もっとも，憲法上の国籍離脱の自由は無国籍の自由を認めるものではない。

第*10*章　刑事手続上の権利

I　総　　説

日本国憲法は「何人も，いかなる奴隷的拘束も受けない。又，犯罪に因る処罰の場合を除いては，その意に反する苦役に服させられない」と定めた上で(18条)*，31条以下に刑事手続に関する詳細な規定をおいている。これは，恣意的な刑事裁判が最大の人権侵害であることや，明治憲法下の特別高等警察や憲兵隊による拷問等の経験を踏まえ，アメリカ合衆国憲法修正4条〜6条，8条の規定を参照しつつ，定められたものである。

もっとも，犯罪者の適正迅速な処罰は国家の最も重要な責務の一つでもある。近代国家が領域内の暴力を独占し，自力救済が禁止される立て前の下では，刑事裁判が実効的に機能することは，「生命，自由，及び幸福追求に対する国民の権利」(13条)の保障の前提であるとさえいえる**。しかし憲法は，あくまで人権保障の観点から国家権力を限界づける方向で，刑事手続の基本を定めているのである。

* ＊　ただし，本人の意に反する労働の義務づけが一切許されないとは解されていない。法律上も，議院や裁判で証言する義務や裁判員となる義務，さらに災害時の応急的な労役を提供する義務が定められている。戦力不保持が定められていること（9条）を別としても，徴兵制の採用は憲法18条に反すると解するのが通説・政府見解である。
* ＊＊　刑事訴訟法1条は，同法の目的について，「刑事事件につき，公共の福祉の維持と個人の基本的人権の保障とを全うしつつ，事案の真相を明らかにし，刑罰法令を適正且つ迅速に適用実現すること」と定めている。

第10章　刑事手続上の権利

II　適正手続の保障

1　保障の内容

　刑事手続について，明治憲法は，大陸法で発展した罪刑法定主義の系譜を受けて，「日本臣民ハ法律ニ依ルニ非スシテ逮捕監禁審問処罰ヲ受クルコトナシ」と定めていた（23条）。これに対して日本国憲法31条は，「何人も，法律の定める手続によらなければ，その生命若しくは自由を奪はれ，又はその他の刑罰を科せられない」と定めており，これは法の支配の原理とともに発展した適正手続（due process）の思想に由来する，といわれる（ただし，→第1章IV2参照）。

　31条の内容に関しては，手続の法定に加えて適正を求めるのか，さらには実体（犯罪・刑罰の要件）について法定さらには適正をも求めるものかが，論じられてきた。現在の多数説は，31条が手続の法定・適正と実体の法定・適正を求めている，と解している。31条の具体的内容として重要なものは，①罪刑法定主義，②罪刑の均衡と明確性*，③告知聴聞を受ける権利である**。

---

*　刑罰法規の明確性は，国民に公正な告知（fair notice）を与え活動の自由を保障するとともに，法規の執行者の恣意を制限するために不可欠の要請である（→第8章I4(1)）。この要請は，実体の適正の一内容として説明されることが多いが，むしろ実体の法定や手続の適正に含まれるものとして理解する見解もある。判例は，刑罰法規が漠然不明確かどうかの判断基準を，「通常の判断能力を有する一般人の理解において，具体的場合に当該行為がその適用を受けるものかどうかの判断を可能ならしめるような基準が読み取れる」かどうかに求めている（最大判昭50・9・10刑集29巻8号489頁〔徳島市公安条例事件〕，最大判昭60・10・23刑集39巻6号413頁〔福岡県青少年保護育成条例事件〕参照）。

**　告知聴聞（notice and hearing）を受ける権利とは，公権力によって刑罰を科される場合に，予め内容を告知され，弁解と防禦の機会を与えられる権利である。第三者所有物没収事件最高裁判決は，「第三者の所有物を没収する場合において，その没収に関して当該所有者に対し，何ら告知，弁解，防禦の機会を与えることなく，その所有権を奪うことは，著しく不合理であつて，憲法の容認しないところである」としている（最大判昭37・11・28刑集16巻11号1593頁）。

2 適正手続の保障と非刑事手続

適正手続の保障が刑事手続以外の行政手続にも及ぶかどうかも，これまで議論があった。最高裁は成田新法事件で，「法定手続の保障は，直接には刑事手続に関するものであるが，行政手続については，それが刑事手続ではないとの理由のみで，そのすべてが当然に同条による保障の枠外にあると判断することは相当ではない」と述べた。しかし，行政手続は刑事手続と異なり多種多様であるから，行政処分の相手方に告知聴聞の機会を与えるかどうかは，制限される権利利益の内容，性質，制限の程度，処分により達成される公益の内容，程度，緊急性等の総合較量により判断すべきだ，としている（最大判平4・7・1民集46巻5号437頁。→第8章Ⅲ1(1)）*。

---

* 1993（平成5）年に行政手続法が制定され，とりわけ不利益処分に対して告知聴聞の機会が原則的に保障されるようになった。もっとも同法の適用が除外された手続については，憲法31条を直接的に適用ないし準用すべきかどうかという論点が残っている。また行政手続の適正の根拠を，憲法13条や法治国原理に求める見解も有力である。

なお判例は，行政手続の中でも，犯則手続のように「刑事責任追及のための資料の取得収集に直接結びつく作用を一般的に有する」場合には，供述拒否権（38条1項）等の保障が及ぶとする（最大判昭47・11・22刑集26巻9号554頁〔川崎民商事件〕）。

Ⅲ 被疑者の権利

1 身体の拘束に対する保障

(1) 憲法33条

捜査機関には犯罪捜査のため，国民に対して強制力を行使しなければならない場面が想定される（刑訴189条2項等参照）。しかし，身体の自由は他の人権行使の前提となる重要な自由である。そこで憲法33条は，身体の拘束に必要な手続について，「何人も，現行犯として逮捕される場合を除いては，権限を有する司法官憲が発し，且つ理由となつてゐる犯罪を明示する令状によらなけ

第 10 章　刑事手続上の権利

れば，逮捕されない」と規定している。令状主義の原則は不当逮捕を抑制するためのものであるが*，この原則の例外として現行犯逮捕が定められているのは，犯罪と犯人が明らかであり，また逃亡や罪証隠滅を防止するために令状発布を待つ余裕がないためである**。

* 　いわゆる別件逮捕は，本件について逮捕するだけの証拠がない場合に，より軽微な犯罪を口実に逮捕・勾留して取り調べる捜査手法であり，令状主義を潜脱するおそれがある。狭山事件最高裁決定は，別件逮捕の合憲性を認めている（最二決昭52・8・9 刑集 31 巻 5 号 821 頁）。

** 　緊急逮捕（刑訴 210 条）は，緊急の場合には逮捕後に逮捕状を請求することを条件に逮捕を認めるものである。判例はこの規定が憲法 33 条の趣旨に反しないとしている（最大判昭 30・12・14 刑集 9 巻 13 号 2760 頁）。多数説も，手続を全体としてみれば令状主義に反しないという立場をとるが，違憲論も主張されている。

(2)　憲法 34 条

「何人も，理由を直ちに告げられ，且つ，直ちに弁護人に依頼する権利を与へられなければ，抑留又は拘禁されない。又，何人も，正当な理由がなければ，拘禁されず，要求があれば，その理由は，直ちに本人及びその弁護人の出席する公開の法廷で示されなければならない」（34 条）*。この規定を受けて刑事訴訟法 39 条は，1 項で身体の拘束を受けている被告人・被疑者に弁護人と立会人なく接見できる権利を保障する一方（接見交通権），3 項で捜査機関は捜査のため必要があるときは，接見の日時，場所および時間を指定できるとしている（接見指定）。判例は，同条 3 項の規定は憲法 34 条前段の弁護人依頼権の保障の趣旨を実質的に損なうものではない，とする（最大判平 11・3・24 民集 53 巻 3 号 514 頁）。

* 　国選弁護人（37 条 3 項後段）を被疑者に付けることが憲法上の要請かどうかも議論があったが，2004（平成 16）年の改正により，一定の対象事件について勾留状の発せられた場合において，国選弁護が認められるようになった（刑訴 37 条の 2）。

2 不当な捜索・押収からの自由

身体の自由と並んで，人の私生活の中心である住居の不可侵も早くから人権宣言等で保障されてきた。日本国憲法 35 条は，「住居，書類及び所持品について，侵入，捜索及び押収を受けることのない権利」を保障し，その捜索・押収に令状を要求しているが，この規定は住居，書類および所持品に限らず，これらに準ずる私的領域に侵入されることのない権利をも保障するものである（最大判平 29・3・15 刑集 71 巻 3 号 13 頁）*。

違法に収集された証拠について，判例は，令状主義の精神を没却するような重大な違法行為がある場合にはその証拠能力が否定される，との立場をとっている（最一判昭 53・9・7 刑集 32 巻 6 号 1672 頁）。

* GPS 機器を車両に秘かに装着して位置情報を取得する捜査（装着型 GPS 捜査）について，最高裁は，個人の意思を制圧して憲法の保障する重要な法的利益を侵害するものであり，令状主義の要請が及ぶと判断している（前掲最大判平 29・3・15）。

Ⅳ　被告人の権利

1　公平な裁判所の迅速な公開裁判を受ける権利

「すべて刑事事件においては，被告人は，公平な裁判所の迅速な公開裁判を受ける権利を有する」（37 条 1 項）。この権利は，「裁判なくして刑罰なし」の原則を担保するもので，自由権的な性格を有する。「公平な裁判所」とは「構成其他において偏頗の惧なき裁判所」である（最大判昭 23・5・5 刑集 2 巻 5 号 447 頁）。裁判員制度については，職業裁判官に加えて一般市民から選ばれた裁判員が審理・評決に加わることが「公平な裁判所」といえるか，被告人が裁判員裁判か職業裁判官だけの裁判かを選択できないことは，同条項の権利に反するのではないか，という批判がある。この点は，裁判員法が裁判員の職権行使の独立，不公平な裁判をするおそれのある裁判員の排除，評議における裁判員への配慮，裁判員保護等に関する規定をおいているため，「公平な裁判所」を

第 10 章　刑事手続上の権利

構成できると考えられている（最大判平 23・11・16 刑集 65 巻 8 号 1285 頁，最二判平 24・1・13 刑集 66 巻 1 号 1 頁）*。

「正義の遅延は正義の否定（Justice delayed is justice denied）」との法諺が示すとおり，裁判には迅速が求められる**。とりわけ刑事裁判の間，被告人には重い負担がかかるので，早期に解放する必要が高い。最高裁は 15 年にわたって審理が中断した高田事件において，審理の著しい遅延の結果，迅速な裁判を受ける被告人の権利が害されたと認められる異常な事態が生じた場合には，同条項によって審理を打ち切るという非常救済手段が許されるとして，免訴を言い渡している（最大判昭 47・12・20 刑集 26 巻 10 号 631 頁）。

　　＊　従来は裁判官の予断を排除するために，起訴の際には起訴状のみを提出しなければならないとされていた（起訴状一本主義。刑訴 256 条 6 項）。しかし裁判の充実・迅速化を図るために 2005（平成 17）年から採用された公判前整理手続では，第 1 回公判期日前に，裁判所主宰の下で当事者双方が争点を整理し，審理計画を策定することになっている（316 条の 2 以下）。この手続で証拠等が摘示されても，両当事者関与の下でおこなわれるため，裁判官が一方的に心証を形成することはなく，憲法 37 条 1 項に反しないと考えられる。
　＊＊　司法制度改革の一環として 2003（平成 15）年に制定された，裁判の迅速化に関する法律は，民事・刑事事件とも，第一審の訴訟手続を 2 年以内のできるだけ短い期間内に終局させることを目標としている。

2　証人審問権・喚問権

「刑事被告人は，すべての証人に対して審問する機会を充分に与へられ，又，公費で自己のために強制的手続により証人を求める権利を有する」（37 条 2 項）。前段の証人審問権の帰結として，被告人に審問の機会が充分与えられない証人の証言には証拠能力が認められない（刑訴 320 条以下参照）*。

　　＊　近年，「犯罪者の権利ばかりが保障されており，被害者の人権が顧みられていない」という社会的批判を受けて，2004（平成 16）年に犯罪被害者等基本法が制定されたほか，2007（平成 19）年の法改正により，被害者が公判手続において心情等を陳述することができるようになった（刑訴 292 条の 2）。検察官と被告人が対

IV 被告人の権利

立する弾劾主義の基本構造を崩さないかどうか，被害者保護は刑事裁判外の民事的救済等に力点をおくべきではないか（犯罪被害者等基本法も参照），等の問題点も指摘されている。

3 弁護人依頼権

「刑事被告人は，いかなる場合にも，資格を有する弁護人を依頼することができる。被告人が自らこれを依頼することができないときは，国でこれを附する」（37条3項）。前段は国によって弁護人への依頼を妨げられないという消極的権利を，後段は資力不足等により弁護人への依頼ができない場合に，国に弁護人を附するよう求める積極的権利を保障したものである。

4 不利益供述強要の禁止

「何人も，自己に不利益な供述を強要されない」（38条1項）。この規定は，合衆国憲法修正5条の自己負罪拒否特権（privilege against self-incrimination）に由来する。刑事訴訟法は，この趣旨に沿ってより広く黙秘権を保障している（311条1項）。この保障の結果として，拷問はもちろん刑罰等の制裁により供述を強制することはできず，供述拒否に不利益な事実を推定する効果を与えることもできない*。

* 行政上の目的を達成するために記帳・報告等を義務づけ，その違反に一定の罰則を科する行政法規は，犯罪捜査を直接の目的としない義務づけであるとはいえ，記帳・報告等の内容が捜査の端緒となりうる場合には，不利益供述の強要に当たるのではないかが，しばしば問題となる。川崎民商事件最高裁判決は，収税官吏の所得税に関する質問に答えないと処罰されるが，答えると脱税が発覚して処罰されるかもしれないという場合について，この質問検査が「実質上，刑事責任追及のための資料の取得収集に直接結びつく作用を一般的に有する手続」ではないとして，合憲としている（最大判昭47・11・22刑集26巻9号554頁）。

5 自　白

自白は「証拠の王」といわれるとおり，事実認定で重んじられている。逆にいえば，捜査側は何としてでも自白を得ようとするため，被疑者の拷問や強制

第10章　刑事手続上の権利

がなされた例は多い*。そこで憲法38条は，「強制，拷問若しくは脅迫による
自白又は不当に長く抑留若しくは拘禁された後の自白は，これを証拠とするこ
とができない」(2項)，「何人も，自己に不利益な唯一の証拠が本人の自白であ
る場合には，有罪とされ，又は刑罰を科せられない」(3項) と定める。前者は
自白排除の法則を，後者は補強証拠の法則を明らかにしている。

* 　えん罪を防止し，取調べ過程の適正を担保するために，取調べの可視化を求める
声が高まったことを受けて，2016（平成28）年，裁判員制度対象事件等について，
身柄拘束中の被疑者の取調べの全過程を録音・録画することを原則とする刑事訴訟
法の改正がなされた。

V　拷問・残虐な刑罰の禁止

「公務員による拷問及び残虐な刑罰は，絶対にこれを禁ずる」(36条)。前段
は既に自白について述べたところと重なる。後段については，特に死刑の合憲
性が問題になる。判例は死刑も執行方法（火あぶり，はりつけ等）によっては残
虐刑に当たるが，現行の絞首刑による死刑は残虐刑に該当しない，とする（最
大判昭23・3・12刑集2巻3号191頁)。これに対して，死刑廃止の国際的潮流の
中で，死刑違憲論も有力に唱えられている。

VI　事後法と二重の危険の禁止

「何人も，実行の時に適法であつた行為又は既に無罪とされた行為について
は，刑事上の責任を問はれない。又，同一の犯罪について，重ねて刑事上の責
任を問はれない」(39条)。この規定の意味は，大きく二つに分かれる。第一は，
「何人も，実行の時に適法であつた行為……については，刑事上の責任を問は
れない」というものである。この事後法（または遡及処罰）の禁止は，国民の予測・
行動可能性を確保するために不可欠であり，罪刑法定主義の帰結でもある*。

第二は，①「何人も，……既に無罪とされた行為については，刑事上の責任を問はれない」，②「同一の犯罪について，重ねて刑事上の責任を問はれない」の部分である。ここには大陸法における一事不再理の原則と，英米法における二重の危険（double jeopardy）の禁止の原則が混在している，と指摘されている。①②を合わせて二重の危険の禁止を定めたものと解する説は，「責任を問はれない」とは二重に起訴されない（その結果，当然に二重に処罰されない）ことを意味する，と解する。これに対して，①は無罪の確定判決を覆すことを禁止し，②は同一の行為を二重に処罰することを禁止したものだと解する立場もある**。判例は，無罪判決に対して検察官が上訴することは，重ねて刑事上の責任を問うものではないので許される，としている（最大判昭25・9・27刑集4巻9号1805頁）。

* 2010（平成22）年に，人を死亡させた罪であって禁錮以上の刑に当たるものについて，公訴時効を廃止する法律が公布・施行された。最高裁は，この法律が施行される前に行われた罪で公訴時効が完成していないものにこの法律を遡及的に適用することも，憲法39条に反しないとしている（最一判平27・12・3刑集69巻8号815頁）。

** 刑事罰と行政制裁の併科が，本条に違反しないかがしばしば問題となる。判例はたとえば，脱税者に対して，逋脱犯として刑罰を科すとともに重加算税を課すことは，前者が反社会的行為に対する制裁であるのに対して後者は行政上の措置であって刑罰とは性格を異にするから，違憲ではないとしている（最大判昭33・4・30民集12巻6号938頁）。最近は，刑罰と行政制裁の併科は，それが二重起訴の意味をもたない限り，全体としての制裁が過度に重たすぎないかが問題になるにとどまる，と説く見解も有力である。

第*11*章　参政権・国務請求権

I　参　政　権

1　参政権の意義

参政権は，国政に参加する国民の権利である。基本的人権を自由権・社会権・国務請求権・参政権に分類した場合（→第4章 I 3），「国家からの自由」である自由権，「国家による自由」である社会権に対して，「国家への自由」であることが，参政権の特徴である。歴史的にみると，アメリカ独立戦争のスローガンが「代表なくして課税なし（no taxation without representation）」であったように，立憲主義と参政権との間には，もともと深い関わりがあった。そしてデモクラシーの進化とともに，政治参加の範囲やあり方が変化することに応じて，参政権の内容も発展してきた。

明治憲法は，衆議院が「公選セラレタル議員」によって組織される（35条）と定めるほかは，国民の政治参加に関する規定をもたなかった。これに対して日本国憲法は，「公務員を選定し，及びこれを罷免することは，国民固有の権利である」（15条1項）と定める。この規定は，あらゆる公務員の終局的任免権が国民にあるとする国民主権原理を表明するものである，と解されている。しかし，この規定から，すべての公務員を国民が直接に選定し，罷免すべきだということまでは導かれない。参政権を具体化した規定として，①国会議員，地方公共団体の長・議会の議員の選挙権（43条・93条2項）のほかに，②憲法改正の国民投票（96条），③地方特別法の住民投票（95条）がある。④最高裁判所裁判官の国民審査（79条2項。→第16章 II 2(3)）を，ここに含める場合もある。

214

2 選 挙 権

　日本国憲法は代表制（→第14章Ⅰ3(3)）を採用しているため，代表者を除く
ほとんどの国民にとって，議員（地方公共団体の場合は長を含む）の選挙に参加
し，自分の選んだ候補者へ一票を投ずることが，政治参加の主要なルートであ
る。したがって選挙権は「国民の国政への参加の機会を保障する基本的権利と
して，議会制民主主義の根幹を成すもの」として（最大判平17・9・14民集59巻
7号2087頁〔在外国民選挙権事件〕），参政権の中でも特に重要なものとされる。

(1) 選挙権の法的性格

　この選挙権の法的性格については，公務・権利二元説と権利一元説の争いが
ある。二元説は，選挙権は国民の基本的権利であると同時に，公務員という国
家機関を選定する公務であるから，純粋な個人権とは異なる側面があると考え
る。これに対して一元説は，プープル主権説を前提に（→第13章Ⅳ2(1)），選挙
権を人民の主権的権利であるととらえ，二元説を批判する（辻村みよ子『「権利」
としての選挙権』）。この両説の違いは，たとえば，受刑者や選挙犯罪者等の選
挙権を制限すること（公選11条）は憲法に反するかどうか，という形で現れる。
二元説は，こうした制限は選挙権の公務としての性格に基づく必要最小限度の
ものであって許容される，と説く。これに対して一元説は，選挙権は権利の内
在的制約にのみ服するので，受刑者の選挙権制限は憲法上問題がある，と考え
る。もっとも二元説からは，選挙権の権利としての側面を強調することで必要
最小限度の規制かどうかを厳格に判断できるから，一元説との違いは小さい，
という再反論もなされている（野中俊彦『選挙法の研究』）。

　ここで，選挙権の法的性格がなぜ問題になるのか考えてみよう。自由権の行
使であれば，それが同時に「公務」でもあるかどうかが論じられることはない。
それが選挙権の場合に問題になるのは，選挙権が選挙に参加する権利であり，
そしてデモクラシーの下での選挙が「公正かつ効果的な代表」を実現するため
のものである，という点にある。この出発点から考えるならば，二元説・一元
説という図式を超えて，選挙の公正の確保という目的のために選挙権を制限で
きる場合がありうると同時に，選挙が具体的な選挙制度を前提としており，そ
の形成には一定の立法裁量が認められる場合がある，と解される。

第 11 章 参政権・国務請求権

(2) 選挙の公正と選挙権の制限

選挙権の制限について，在外国民選挙権事件最高裁判決は，「そのような制
限をすることなしには選挙の公正を確保しつつ選挙権の行使を認めることが事
実上不能ないし著しく困難であると認められる場合でない限り」選挙権の行使
を制限することは憲法に違反する，という厳格な判断枠組みを示した。そして，
在外国民が選挙人名簿に登録されず，その結果として選挙権を行使できなかっ
たこと，1998（平成 10）年の公職選挙法改正後も，国会議員の選挙のうち比例
代表選挙の部分にしか参加できず，選挙区選挙の部分で選挙権を行使できなか
ったことを，違憲と判断している[*]。この判断枠組みによって，成年被後見人
の選挙権を否定した公職選挙法の規定を違憲とする判決が下されたため（東京
地判平 25・3・14 判時 2178 号 3 頁），国会は 2013（平成 25）年，該当する規定を
削除している。

[*] かつて最高裁は，重度身体障害者が，在宅投票制度の廃止等によって選挙権を侵
害されたとして国家賠償を求めた事案（現在はこの制度は復活している）において，
選挙制度に関する立法裁量を認めた上で訴えを退けていた（最一判昭 60・11・21
民集 39 巻 7 号 1512 頁）。在外国民選挙権事件判決によって，在宅投票事件判決の
判旨は覆されたとみる余地もある（→第 17 章Ⅶ1）。たとえば，精神的原因により
投票所で選挙権を行使できないという場合は，形式的には選挙権行使が可能である
から，在外国民選挙権事件よりも在宅投票事件の方に近い事例である。にもかかわ
らず，最高裁は，この事例も選挙権の制限に該当するとして，違憲審査を行った
（最一判平 18・7・13 判時 1946 号 41 頁）。同判決は，選挙権を，選挙人名簿への掲
載を超えて，選挙権行使の機会を実質的に保障することまで要請するものと解して
いるように思われる。

(3) 選挙の基本原則

選挙制度の具体的なあり方は，憲法上も理論的にも，一義的に定まっている
ものではないから，国会は，制度の選択・形成について一定の立法裁量を有す
る。もっとも，この立法裁量は無制約のものではなく，それを枠づけるものと
して，次のような原則がある。

① 普通選挙　　憲法 15 条 3 項は「成年者による普通選挙」を保障してい

216

る。この原則は，財力や教育・性別などを選挙権の要件とする制限選挙制と対立する（44条ただし書も参照）。明治憲法の下では当初，納税額を基準とした制限選挙制が採用されていたが，1925（大正14）年に男子普通選挙制が実現した。わが国で女性の選挙権が初めて認められたのは，第二次世界大戦後のこと（1945〔昭和20〕年）である。2016（平成28）年には，選挙権年齢が20歳から18歳に引き下げられた（18歳選挙権）。

　②　平等選挙　　この原則は，もともとは等級選挙制を否定し，「一人一票（one person, one vote）」を内容としていた。現在では，単に一票を投じるだけでなく，その一票の重みが平等であること（投票価値の平等）も，この原則によって要請されると考えられる（→ 3）。

　③　秘密選挙　　「すべて選挙における投票の秘密は，これを侵してはならない」（15条4項）。投票内容を公開しなければならないとする公開選挙制に対立する原則である。

　④　直接選挙　　この原則は，有権者が直接に議員を選出することを求めるものである。有権者が中間選挙人を選び，この選挙人が議員を選出する間接選挙制と対立する。地方公共団体の長・議会の議員の選挙については，憲法93条2項によって明文で保障されている。他方，参議院議員について間接選挙や複選制が許されるかに関しては議論がある。

　⑤　自由選挙　　この原則は，強制投票の禁止・棄権の自由の承認に加えて，選挙運動の自由の保障を内容とする。しかし，わが国では普通選挙制の採用以来，選挙の公正を確保するため，選挙運動が厳しく規制されてきた（→ 4）。

3　一票の重みの較差

　わが国では，平等選挙原則との関係で，一票の重みの較差が大きな憲法問題となってきた（→第6章Ⅳ2）。これは，人口移動によって各選挙区毎の有権者数に変化が生じ，有権者の一票の重みの不均衡が生じるという現象である。選挙区割は公職選挙法の別表によって定められており，較差是正は第一次的には国会の責務であるが，区割の変更は政治家自身の選挙の当落に直結するために，抜本的な是正がなされないまま，較差が拡大する傾向がある。

第 11 章　参政権・国務請求権

(1)　衆議院中選挙区制

最高裁は 1976 (昭和 51) 年，衆議院中選挙区制 (→第 13 章 V 3 (2)) の下で最大較差約 1 対 4.99 の定数不均衡を違憲とする画期的な判決を下した (最大判昭 51・4・14 民集 30 巻 3 号 223 頁)。この判例の論理はわかりにくいので，通説の主張と比較しながら，要点をみていこう。

最高裁はまず「各選挙人の投票の価値の平等」が憲法上の要請であることを認めるが，それは「選挙制度の決定について国会が考慮すべき唯一絶対の基準」ではなく，「国会は……他にしんしやくすることのできる事項をも考慮して，公正かつ効果的な代表という目標を実現するために適切な選挙制度を具体的に決定することができる」と述べる。実は，この投票価値の平等のとらえ方で既に，判例と通説の間にズレが生じている。通説は，投票価値の平等が民主制を支える重要な権利であり，議員定数不均衡について厳格な司法審査を要請するものと考えている。これに対して最高裁は，公正かつ効果的な代表の実現という要請を最上位におき，投票価値の平等も他の考慮要素との調和の中で実現されるべきものにすぎないととらえているのである。

そうすると，国会がどのような選挙制度を採用するかに，投票価値の平等の縛りの強度——裏返していえば，どのような非人口的要素を考慮してよいか——も左右されることになろう。実際に最高裁は，中選挙区制においては人口比例原則の他にも，都道府県や従来の選挙の実績等々，さらには人口の都市集中化現象を含む諸々の考慮要素があるとする。通説は投票価値の平等を最上位におくという出発点から，こうした非人口的要素はあくまで人口比例原則の枠内でしか考慮できないと主張し，衆議院については最大較差が 1 対 2 を超えた場合には違憲である (または違憲の推定が働く)，という数値基準を導いてきた。これに対して判例によれば，議員定数配分の合憲性は，数値基準による厳格な判断に服すべきものではなく，「国会の具体的に決定したところがその裁量権の合理的な行使として是認されるかどうか」という形で，裁量統制の枠組みの中で判断されることになる。その後の判例の展開をみると，最高裁は，中選挙区制については，事実上最大較差が 1 対 3 を超えるかどうかを違憲判断の目安にしていたようにみえる[*]。

I 参　政　権

＊　最高裁は衆議院中選挙区制の下で，前掲の昭和51年判決のほか，最大で約1対
　　4.40の較差について，選挙権の平等に違反している，と判断したものの，事情判
　　決の法理により選挙の効力を維持した（最大判昭60・7・17民集39巻5号1100頁。
　　→第17章Ⅵ2）。また最大で約1対3.94の較差について，最高裁は，投票価値の較
　　差は，選挙権の平等に違反した段階で直ちに違憲ではなく，「憲法上要求される合
　　理的期間」の間に是正がおこなわれない場合にはじめて違憲となるとする「合理的
　　期間論」を適用して，違憲状態の確認にとどめた（最大判昭58・11・7民集37巻
　　9号1243頁）。

(2)　衆議院小選挙区制

　最高裁は，1994（平成6）年の選挙制度改革によって採用された衆議院小選
挙区制についても（→第13章Ⅴ2(2)），従来の緩やかな判断枠組みを採用してい
た。そのため，小選挙区制の区割りにあたって，各都道府県に一議席を配分し，
残りの議席を人口比例で都道府県に配分するという一人別枠方式によって，当
初から1対2を超える較差が生じていても，違憲ではないとされてきた（最大
判平11・11・10民集53巻8号1441頁，最大判平19・6・13民集61巻4号1617頁）。

　ところが国会が一票の較差の是正に取り組まないため，最高裁は厳しい姿勢
に転じ，過疎地対策は投票価値の不平等を生じさせるだけの合理性に乏しいと
した上で，一人別枠方式は選挙制度改革を実現するためにとられた激変緩和措
置にすぎず，最大較差が1対2.30まで拡大した2009（平成21）年総選挙の時
点では，違憲状態にあったと判断した（最大判平23・3・23民集65巻2号755頁）。
しかし，その1年9か月後に，区割規定が改正されないまま実施された2012
（平成24）年総選挙については，最高裁は，選挙無効等に踏み込むことなく，
較差是正の前提として一人別枠方式を修正する法改正が行われたことを一応評
価して，違憲状態にあることを再確認するにとどめた（最大判平25・11・20民
集67巻8号1503頁）＊。

＊　2016（平成28）年には，一人別枠方式に代えて，各都道府県の人口を小選挙区基
　準除数で割って得られた商の数に，端数を切り上げるやり方（アダムズ方式）で，
　都道府県に議席を配分する旨の法改正がなされた。

第11章　参政権・国務請求権

(3)　参議院都道府県選挙区制

　参議院選挙区制における一票の較差について，判例は当初，選挙制度の論理を投票価値の平等に優先させ，広汎な立法裁量を認めてきた。最大較差1対5.26の合憲性が争われた事件では，最高裁はまず，国会が参議院議員の選挙制度の仕組みについて「事実上都道府県代表的」要素を加味することも，憲法43条の定める「全国民の代表」の要請に違反しないとした。そして，参議院議員の半数改選が要求されていることも相まって（46条），この選挙制度の下では投票価値の平等の要請が，人口比例原則を基本とする選挙制度よりもさらに後退することを認めた（最大判昭58・4・27民集37巻3号345頁）。これに対して最大較差が1対6.59まで開いた1992（平成4）年の選挙については，最高裁は「違憲の問題が生ずる程度の著しい不平等状態が生じていた」と判断したが，他方で違憲判断にはこの著しい不平等の状態が「相当期間」継続することが必要であるとして（これは，衆議院に関する「合理的期間論」よりも緩やかな立場である），判決理由で違憲状態にあることを確認するにとどめた（最大判平8・9・11民集50巻8号2283頁）。

　しかし，最高裁は「参議院の独自性」の考慮にも限度があるとして，一票の重みの較差についてより厳格に評価するとともに，「現行の選挙制度の仕組み自体の見直し」を国会に求めるようになり（最大判平21・9・30民集63巻7号1520頁），最大較差が1対5.00であった2010（平成22）年の選挙については，違憲状態にあったとの判断を示した（最大判平24・10・17民集66巻10号3357頁）。これに対して人口の少ない4県を合区して2選挙区として実施された2016（平成28）年の選挙については，最高裁は，合区による最大較差の縮小に加えて，国会が法律で次回選挙までに選挙制度の抜本的見直しを表明していることをも考慮して，合憲判決を下している（最大判平29・9・27民集71巻7号1139頁）。

4　選挙運動の制限

(1)　公職選挙法による制限

　自由選挙の原則に関して，現在の公職選挙法は，①事前運動の禁止（129条），②戸別訪問の禁止（138条1項），③文書図画規制（142条〜147条），④選挙における報道・評論の規制（148条1項）等の厳しい規制を定めている。このため，

わが国の選挙は「べからず選挙」と揶揄されることもあるが，最高裁は繰り返しこれらの規制を合憲と判断している。

(2) 戸別訪問の禁止

特に(1)の②については，買収による選挙の公正を害するおそれや選挙人の生活の平穏を害することが立法理由として挙げられてきたが，この規制は憲法21条に反するという学説が有力である。これに対して最高裁は，猿払事件最高裁判決における合理的関連性の基準（→第8章 I 5(4)）を用いて合憲の結論を正当化した（最二判昭56・6・15刑集35巻4号205頁）。これは，選挙運動の自由は表現の自由に含まれるが，選挙の公正を理由とした制限も許される，という思考を前提にしている。これに対して伊藤正己裁判官は，選挙運動とは「選挙の公正を確保するために定められたルールに従つて運動する」ものであるという見方を示し，憲法47条の規定を引きながら，そのルールの設定には立法裁量が広く認められると主張した（最三判昭56・7・21刑集35巻5号568頁の補足意見）。この「公営選挙観」は，先の判決とは対称的に，選挙運動の自由は表現の自由一般とは区別されるもので，あくまで法律の定めるルールの範囲内でおこなわれるものであることを前提にしている。

(3) 「政党本位」の選挙運動

なお1994（平成6）年の選挙制度改革は，政治腐敗の原因が中選挙区制にあるとして，「政策本位，政党本位」の選挙への転換を目指したものだが，選挙運動についても政党（および所属候補者）が優遇される結果となった。たとえば候補者届出政党所属の候補者にのみ政見放送が認められるのは不平等ではないかが問題となったが，最高裁は合憲の判断を下している（最大判平11・11・10民集53巻8号1704頁）。また，2003（平成15）年から，各政党の「マニフェスト」の頒布が認められている（公選142条の2）。

(4) インターネット選挙運動

2013（平成25）年には，従来，文書図画の頒布に当たるとして禁止されていたインターネット上での選挙運動が解禁された。電子メールによる選挙運動は候補者・政党等に限られるが，ウェブサイト等によるもの（SNS上のメッセージ機能や動画配信サイトも含む）は，一般有権者でも行えるようになった。

第 11 章　参政権・国務請求権

5　被選挙権

被選挙権とは，もともとは選挙人団からの指名を承諾して公務員になる資格であり，「権利ではなく，権利能力」にすぎないと解された（最大判昭 30・2・9 刑集 9 巻 2 号 217 頁の斎藤・入江補足意見）。しかし現在では，「立候補の自由」は「選挙権の自由な行使と表裏の関係にあ〔る〕」として，憲法 15 条 1 項の保障する「基本的人権」であると考えるのが，一般的である（最大判昭 43・12・24 刑集 22 巻 13 号 1425 頁〔三井美唄炭坑労組事件〕）*。公職選挙法は公務員の立候補を制限したり，立候補者に高額の供託を求めたりしているが（89 条・92 条），こうした被選挙権の制限が許されるかは検討の余地がある。

＊　もっとも同判決の論理は，立候補の不当な制約が「ひいては，選挙人の自由な意思の表明を阻害することとなり，自由かつ公正な選挙の本旨に反する」ことを重視したものとみることもできる。こうした観点から最近，被選挙権が憲法上の権利であることを否定し，地方公共団体の長の多選を制限することができる，との見解も主張されている。

Ⅱ　国 務 請 求 権

請願権（16 条），国家賠償請求権（17 条），裁判を受ける権利（32 条），刑事補償請求権（40 条）は，「国務請求権」に分類される。これらの権利は，国家に対する作為請求を内容とする点で，社会権と共通の性質をもっている。他方，社会権が社会国家思想を背景に登場した，比較的新しい権利であるのに対して，国務請求権は早くから憲法上の権利として認められてきた。ドイツの公法学者イェリネック（Georg Jellinek）の地位理論では，国務請求権は「積極的地位」に位置づけられていた。それは，国務請求権，端的には裁判を受ける権利と結びつくことではじめて，国民の単なる「自由」（消極的地位）が国家に対する「権利」（公権）になる，という連関があったからにほかならない（→第 4 章 Ⅰ 3）。このことからわかるように，国務請求権は一見すると地味な権利ではあるが，実は国民の権利保障において重要な役割を演じているのである。

222

II 国務請求権

1 請 願 権

請願は、国民の政治参加が認められなかった時代には、為政者に対して国民が自己の権利の確保を求めたり政治的意思を伝えたりするための、主要な手段であった。人権宣言の一つとして有名な、イギリスの「権利請願（Petition of Right）」（1628年）も、クック（→第2章 I 1）率いる下院が、国王に提出した請願の形をとっている。

明治憲法も「日本臣民ハ相当ノ敬礼ヲ守リ別ニ定ムル所ノ規程ニ従ヒ請願ヲ為スコトヲ得」（30条）と定めていたが、権利としての性格は希薄であった。1901（明治34）年には、足尾鉱毒事件に関する請願運動に対する弾圧を受けて、元衆議院議員であった田中正造が天皇に直訴をおこなっている。その後、1917（大正6）年には請願令が制定され、手続が整備された。

これに対して日本国憲法は、請願権を憲法上の権利として保障することを明確に定めている（16条）*。しかし、デモクラシーが確立し、国民の政治参加と表現の自由が保障された現在では、請願権を保障する意義は薄れたというのが一般的なとらえ方である。もっとも、請願権が参政権を補充する機能をもつことを強調して、その独自の意義を見出そうとする見解もある。

* 請願の手続は請願法が定めている。各議院に対する請願は議員の紹介が必要であり、委員会が審査した上で必要がある場合には議院で議決される（国会79条・80条）。

2 裁判を受ける権利

(1) 基本権を確保するための基本権

「何人も、裁判所において裁判を受ける権利を奪はれない」（32条）。既に述べたとおり、裁判を受ける権利は、国民の権利・利益を確保する上で不可欠の権利である。この点、明治憲法も「日本臣民ハ法律ニ定メタル裁判官ノ裁判ヲ受クルノ権ヲ奪ハルヽコトナシ」（24条）としていたが、この規定は当該事件に対して法律上正当な管轄権をもつ裁判所で、当該事件を処理する権限のある裁判官の裁判を受ける権利を保障したものと解されてきた。しかし、このように形式的な「訴権」として裁判を受ける権利をとらえるだけならば、その内容

223

第11章　参政権・国務請求権

は司法制度を定める立法政策によって骨抜きにされてしまうだろう*。

　もともと日本国憲法は，さまざまな実体的な憲法上の権利を保障している。したがって裁判を受ける権利は，まず「基本権を確保するための基本権」（鵜飼信成『憲法〔新版〕』140頁）であるという性格をもっている。付随的審査制の下では，憲法上の権利の侵害についても，民事・刑事・行政訴訟のいずれかの形で争われることになるが，実定裁判制度の不備によって憲法上の権利の侵害を裁判で争えないとすれば，憲法32条に違反するというべきである。そのような場合には，同条に基づき，出訴（基本権訴訟）が認められるべきと解される（棟居快行『人権論の新構成』）。

　　*　判例によれば，三審制を採用するかどうか，最高裁への上訴を制限するかもまた
　　　立法政策の問題とされる（最三判平13・2・13判時1745号94頁）。

(2)　実効的な権利救済を受ける権利

　次に，裁判を受ける権利は，訴訟事件の裁判を受ける権利である。日本国憲法において，司法権の範囲が民事・刑事事件だけではなく，行政事件にまで拡がったことに対応して（→第16章Ⅲ2(3)），裁判を受ける権利も，民事・刑事・行政事件の裁判を対象とする。もっとも，憲法37条1項が刑事裁判を受ける権利を保障しているので（→第10章Ⅳ1），実際のところは32条は民事・行政事件の裁判を受ける権利を保障していることになる。

　裁判を受ける権利は，憲法上の権利に限らず実体的権利一般の侵害があった場合に，裁判所への出訴を認めると同時に，実効的な権利救済がなされることを求める。とりわけ公権力による権利侵害が問題となる行政事件の裁判については，行政事件訴訟法の訴訟類型や出訴要件に関する定めが，法の支配（→第13章Ⅲ）とともに32条の観点からみて十分なものかどうか，不断の吟味が必要になる。

　また，裁判を受ける権利は，裁判制度を構築する国会を拘束するとともに，裁判所に対して向けられた権利でもある。裁判所は，必要があれば32条を根拠に，訴訟法の規定を柔軟に解釈して，国民の権利救済の門戸を広げたり実効的な救済手段を提供したりする義務を負っている*。

＊　最高裁は，従来の判例を変更して，土地区画整理事業の事業計画の決定が抗告訴訟の対象となる行政処分に当たると判断した際に，「実効的な権利救済を図る」必要性を理由の一つに挙げている（最大判平20・9・10民集62巻8号2029頁）。

(3)　非訟事件と裁判を受ける権利

　これに対して，家事審判等の非訟事件と裁判を受ける権利の関係は，難しい問題である。というのは，福祉国家思想とともに，裁判所が，後見的な立場から当事者の権利義務の内容を形成できるようにするために，かつて訴訟手続で処理されてきた事件を非訟事件として扱う「訴訟の非訟化」が進められてきたからである。もし法律が訴訟事件を非訟事件とすることで憲法32条の保障がまったく及ばなくなるのだとすれば，裁判を受ける権利は骨抜きになってしまうだろう。他方で訴訟の非訟化を認めず，争訟性のある家事審判は常に訴訟事件としなければならないとすれば，訴訟事件の裁判には公開・対審が要求されるため（82条1項），事件を簡易迅速に処理するという現代社会の要請にそぐわないおそれがある。

　判例は，あくまで訴訟と非訟を峻別したまま，このジレンマを解決しようとしている。それによると，32条にいう「裁判」とは，82条の公開・対審の求められる「裁判」と同一の，「純然たる訴訟事件」である（最大決昭35・7・6民集14巻9号1657頁）。これに対して，裁判を受ける権利の保障が及ばない非訟事件の裁判は，実体的権利義務自体を終局的に確定することはできない。たとえば夫婦同居の審判（家審9条1項乙類1号〔現在では，家事事件手続法150条1号〕）は，同居義務が存在することを前提に，同居の時期，場所等について具体的内容を定める処分であるから，非公開の手続でおこなっても憲法に違反しないが，もし権利義務の存否それ自体について争いが残る場合には，訴訟事件として，公開・対審の裁判を受ける権利が保障される，というのである（最大決昭40・6・30民集19巻4号1089頁）。

　判例の立場は，確かに裁判を受ける権利を侵害しないかもしれないが，訴訟の非訟化という現代的要請に対して，十分応えるものではない。判例のように考えるならば，家事審判手続で権利義務の具体的内容を争った後に，不服のある当事者が，権利義務の存否それ自体を訴訟手続で争うことができてしまうこ

第11章　参政権・国務請求権

とになり，非訟手続の存在理由が，弱められてしまうからである。そこで学説
は，32条にいう「裁判」は，訴訟事件の裁判だけでなく「国民が紛争の解決
のために裁判所で当該事件にふさわしい適正な手続の保障の下で受ける非訟事
件に関する裁判をも含む」と主張している（芦部信喜〔高橋和之補訂〕『憲法〔第
6版〕』258頁）。この解釈は，裁判を受ける権利の保障が非訟事件の裁判で尽く
されたものとして，紛争の蒸し返しを防ぐと同時に，その裁判が適正な手続に
よっておこなわれることを憲法の要請として求めることで，訴訟の非訟化に対
応することを狙ったものである。

3　国家賠償請求権・刑事補償請求権

(1)　国家賠償請求権

　明治憲法下では，公権力は，国民に損害を与えた場合でも損害賠償責任を負
わないとする「国家無答責の原則」が支配的であった。行政裁判所への出訴が
実際には限定されていたことと併せると，公権力による権利侵害に対する救済
は，貧弱であった*。これに対して日本国憲法は，「何人も，公務員の不法行為
により，損害を受けたときは，法律の定めるところにより，国又は公共団体に，
その賠償を求めることができる」(17条)と定めて，公権力による侵害に対す
る裁判的救済を万全なものにしようとしている。国家賠償請求訴訟は，国会の
立法行為による憲法上の権利の侵害を争うという形で，憲法訴訟の一つのルー
トとしても用いられる（→第17章Ⅶ1）。

　国家賠償請求権の内容は，国家賠償法ほかの法律が定めている。それでは，
憲法17条は立法者を拘束しない，単なるプログラム規定（→第12章Ⅰ1(2)）に
とどまるのか。この点について，郵便法事件最高裁判決は，立法裁量を限定す
る法規範性を同条に認めている。当時の郵便法は，郵便業務従事者の不法行為
による国の責任を免除・制限する規定をおいていた。この事案は，特別送達郵
便物の遅配により債権の差押えが失敗し債権者に損害を与えたというものであ
るが，仮に17条がプログラム規定にすぎないのであれば，損害賠償が認めら
れない場合であった。最高裁は，国会の立法裁量を肯定しつつも，郵便法の規
定を，立法目的の正当性と目的達成手段の合理性・必要性の観点から検討し，
書留郵便物について故意重過失による不法行為の責任を免除する部分，特別送

226

達郵便物について過失による不法行為の責任を免除する部分が，17条に反すると判断した（最大判平14・9・11民集56巻7号1439頁）。

＊　もっとも大審院の判例は，公権力の行使以外の場面で，民法による救済の途を開いていた。たとえば，市立小学校の遊動円棒が腐っていたために児童が死亡したという事件で，市の損害賠償責任が認められている（大判大5・6・1民録22輯1088頁〔徳島遊動円棒事件〕）。

(2)　刑事補償請求権

「何人も，抑留又は拘禁された後，無罪の裁判を受けたときは，法律の定めるところにより，国にその補償を求めることができる」（40条）＊。国家賠償請求権が国の不法行為に基づくものであるのに対して，刑事補償請求権は，刑事裁判という制度を憲法が予定する以上──後に無罪判決が下ったとしても──抑留・拘禁は適法な侵害であることを前提に，配分的正義に基づき損失を塡補することを趣旨とする点で，損失補償請求権（29条3項。→第9章Ⅲ3）に類似した性格をもっている。

＊　判例によれば，「抑留又は拘禁」には不起訴となった事実に基づく抑留・拘禁は含まない。しかし，不起訴となった事実に基づく抑留・拘禁であっても，そのうちに実質上は無罪となった事実についての抑留・拘禁であると認められるものがある場合，それは憲法40条にいう「抑留又は拘禁」として補償の対象となる（最大決昭31・12・24刑集10巻12号1692頁）。また，「無罪の裁判」とは「刑訴法上の手続における無罪の確定裁判」であり，少年審判手続における不処分決定を含まない（最三決平3・3・29刑集45巻3号158頁）。なお，この決定後の1992（平成4）年には，家庭裁判所の職権による補償を可能とする，少年の保護事件に係る補償に関する法律が制定されている。

第*12*章 社 会 権

　社会権は国家に作為を請求する権利であり，この点で国務請求権と同じ法的
構造をもつが，国務請求権については，裁判を受ける権利が近代において既に
認められていたのに対し，社会権は社会国家理念の下，近代の修正として，現
代において認められるに至った権利である。すなわち，近代においては，人格
の平等を前提に，私人間には当事者の意思の合致を尊重する私的自治の原則が
妥当し，「国家からの自由」が主張された。しかし，資本主義の進展に伴い，
社会における事実上の不平等が拡大され，それが暴露されると，社会経済的弱
者を保護するために，私的自治の原則の修正，さらに国家による給付が要請さ
れる。こうした国家の社会に対する積極的介入を要請するのが社会権である。
　もっとも，社会権に位置づけられる権利は，作為請求権的性格だけでなく，
不作為請求権的性格をも併せもつ，複合的な性格の権利であることに留意する
必要がある。

I　生存権（25条）

1　意義と性格

　憲法25条1項は生存権を規定する。生存権は，私的自治の原則の修正によ
っても生存さえままならない社会経済的弱者に対し，「健康で文化的な最低限
度の生活」を保障する権利であり，社会権の総則と位置づけられている。25
条1項は，マッカーサー草案にはなく，アントン・メンガーの生存権論やワイ
マール憲法*の影響を受けて，衆議院の審議段階で追加され，日本側主導によ
って成立したものである。

＊　ワイマール憲法 151 条 1 項は，「経済生活の秩序は，すべての者に人間たるに値
　する生活を保障する目的をもつ正義の原則に適合しなければならない」と規定して
　いたが，後述のプログラム規定と解されていた。

2　生存権の裁判規範性

(1)　法 的 性 格

　生存権も複合的権利であるが，その特性は作為請求権にあり，それは不作為
請求権と異なり，権利の実現手段が複数ありうることから，生存権の具体化は，
第一次的には裁判所ではなく国会に委ねられる。そこで，生存権は裁判規範た
りうるか，換言すれば現行法の下でいかなる訴訟が可能か，問題となる。

　戦後初期の学説であるプログラム規定説によれば，憲法 25 条 1 項は国民一
般が健康で文化的な最低限度の生活を営みうる条件を整える責務を政府に課し
たもので，国政の綱領（プログラム）ないし指針を宣言するにとどまるとされ，
法的権利性が否定される。その理由としては，「健康で文化的な最低限度の生
活」は一義的ではなく，その実現手段は複数ありえ，さらに予算の制約がある
ことから，生存権の具体化は立法府および行政府の専門的・技術的判断に委ね
られるべきことが示される。

　これに対し，通説である抽象的権利説は，生存権の内容が抽象的で不明確で
あることから，25 条 1 項を直接の根拠として具体的権利を導くことはできな
いが，同項は政府に生存権を具体化する施策をおこなうよう法的義務を課して
おり，具体化立法が存在すれば裁判規範となるとする。しかし，逆にいえば，
具体化立法が存在しない場合は，裁判規範たりえないことになる。

　そこで，具体化立法が存在しない場合であっても，立法不作為の違憲確認訴
訟を提起しうるとするのが，具体的権利説である。この説は，生存権の具体化
は第一次的には国会に委ねられているとしても，国会が生存権の具体化義務を
履行しない，あるいは不十分にしか履行しない場合，立法不作為の違憲確認を
認めるのである。もっとも，具体的権利説はその名称にもかかわらず，25 条 1
項を直接の根拠として個々の国民が具体的給付を求めることを認めるものでは
なく，生存権を「ことばどおりの意味における具体的権利」と解するものでは
ない。生存権の内容は，立法不作為の違憲を確認しうる程度には具体化されて

第12章　社会権

いるが，具体的給付を認めるほどには具体化されていないと解しているものと思われる。しかし，立法不作為の違憲確認訴訟は，現行法上認められていない。また，法律の欠缺により憲法上の権利が保障されないのは不合理であるとして，仮にこうした訴訟が認められるとしても，違憲確認だけでは実効的救済にはならない。

　これに対し，まさに「ことばどおりの意味における具体的権利」として，「『健康で文化的な最低限度』以下と明らかにいえる部分」については，25条1項を直接の根拠として具体的給付まで認める見解が有力である（棟居快行）。それによれば，「健康で文化的な最低限度の生活」の内容は，ある程度までは客観的に確定可能であり（東京地判昭35・10・19判時241号2頁〔朝日訴訟一審〕参照），またその実現手段としては代替可能性のある金銭を給付すればよく，予算はむしろ生存権によって拘束されるべきであり，専門的判断についても判断過程統制が可能であるとされる。この説は，生存権の少なくとも最低限度の内容については，立法による具体化を待つまでもなく憲法上確定していると解し，いわば自由権的構成を図ったものといえる。

　上記学説の争いは，生存権の具体化立法が存在しない場合に特に問題となるが，現在では生存権を具体化する社会保障制度*が整備されており，それを前提として，不十分性や制度後退の合憲性を争うことになる。

---

　*　社会保障制度は社会保障法学上，一般に，①社会保険，②公的扶助，③社会福祉，④児童手当，⑤公衆衛生・医療に分類される。これまで憲法訴訟としてとりわけ問題となったのが，①と②である。

　　社会保険は，財源を保険料などの拠出と公費負担に求めるもので，老齢や傷病など（保険事故）の現実化により一般的に必要になると予測される金銭やサービスを提供する給付である。その制度的特徴としては，ⓐ給付要件および給付内容の定型性，ⓑ資産・所得調査なし，ⓒ所得の減少ないし貧困に対する事前予防，が指摘されている。現行制度としては，医療保険（国民健康保険法，健康保険法，国家公務員共済法，地方公務員等共済法），介護保険，年金保険（国民年金法，厚生年金保険法など），労災保険，雇用保険などがある。

　　また公的扶助は，財源を租税に求めるもので，生活困窮に陥った原因を問わず，最低生活水準を下回る事態に直面した人々に，その不足を補うためにおこなわれる

I 生存権 (25条)

給付である。その制度的特徴としては，ⓐ給付内容における個別性（必要即応の原則），ⓑ資産・所得調査，ⓒ貧困に対する事後的対応，が指摘されている。現行制度としては，生活保護法がある。

(2) 判例の展開

憲法 25 条に関するリーディングケースとされる，食糧管理法違反事件最高裁判決（最大判昭 23・9・29 刑集 2 巻 10 号 1235 頁）は，25 条 1 項を直接の根拠として個々の国民が具体的権利を有すること，すなわち生存権の具体的権利性を否定した。

その後，生活保護法に基づき厚生大臣（当時）が設定した生活保護基準の適法・合憲性が争われた朝日訴訟において，最高裁は，原告が上告中に死亡したことから，生活保護請求権の一身専属性を理由に，相続人による訴訟承継を否定して，訴訟終了を宣言した。しかし，傍論として，生存権の具体的権利性を否定し，何が健康で文化的な最低限度の生活かについては，厚生大臣の合目的的な裁量に委ねられており，本件では裁量権の逸脱・濫用はないとした（最大判昭 42・5・24 民集 21 巻 5 号 1043 頁）。朝日訴訟は，厚生大臣の設定した生活保護基準の合憲性が争われたもので，社会保障立法の合憲性について最高裁が初めて判断したのが，堀木訴訟である。

堀木訴訟では，障害福祉年金と児童扶養手当の併給を禁止する児童扶養手当法 4 条 3 項 3 号の合憲性が争われた。最高裁は，「健康で文化的な最低限度の生活」は，「きわめて抽象的・相対的概念であって，その具体的内容は，その時々における文化の発達の程度，経済的・社会的条件，一般的な国民生活の状況等との相関関係において判断決定されるべきものであるとともに，右規定を現実の立法として具体化するに当たっては，国の財政事情を無視することができず，また，多方面にわたる複雑多様な，しかも高度の専門技術的な考察とそれに基づいた政策的判断を必要とする」ため，「立法府の広い裁量にゆだねられており，それが著しく合理性を欠き明らかに裁量の逸脱・濫用と見ざるをえないような場合を除き，裁判所が審査判断するのに適しない事柄である」と判示し，本件併給禁止規定を立法裁量の範囲内で合憲と判断した（最大判昭 57・7・7 民集 36 巻 7 号 1235 頁）。同判決は広範な立法裁量を認めつつも，立法裁量

231

第12章 社 会 権

の限界を示し，裁判規範性を認めていることから，プログラム規定説を否定したもので，抽象的権利説に立脚するものと解されている*。

* 抽象的権利説と他説との区別の困難性を指摘し，食管法事件以来の判例の内在的な理解として，判例は25条を主観的権利の側面では法的効力がなく，客観法的側面では法的効力をもつものと解しており（→第4章 I 2(3)），堀木訴訟判決は客観法的には立法裁量を認めたものとする有力な見解がある（高橋和之）。もっとも，この論者によれば，生存権が弱者の自律を助成するための最低限保障であることを考慮し，少なくとも原告の置かれた具体的状況が憲法の想定する最低基準に達しているかどうかは，ある程度厳格に審査する必要性を主張し，主観的権利の側面においても，コアの部分は法的効力をもつとされる。

3 立法裁量の統制方法

生存権は既述のとおり，自由権を典型とする不作為請求権と異なり，実現手段が複数ありうることから，生存権の具体化について立法裁量を認めざるをえない。しかし，生存権は個人の尊重の基礎，あらゆる人権行使の基礎であるから，立法裁量を統制する必要があり，その方法が模索されている。

(1) 「最低限度の生活」／「より快適な生活」の区別による立法裁量の広狭

立法裁量の統制方法の一つとして注目されたのが，前記堀木訴訟の控訴審判決（大阪高判昭50・11・10判時795号3頁）が提示した1項・2項分離論である。それによれば，憲法25条2項は「事前の積極的防貧施策をなすべき努力義務」を国に課したもので，1項はそれにもかかわらず「なお落ちこぼれた者に対し，国は事後的，補足的且つ個別的な救貧施策をなすべき責務」のあることを宣言したものである。立法裁量統制との関係で重要なことは，2項については広い立法裁量が認められるが，1項については「健康で文化的な最低限度の生活」という絶対的基準により厳格な審査がおこなわれるということである。

「最低限度の生活」と「より快適な生活」を区別し，前者については厳格な審査をおこなうとする点は，学説から支持されているものの，上記区別を1項と2項に関係づけ，しかも1項を公的扶助としての生活保護に限定することから，ほとんどの問題が2項に関係づけられ，緩やかな審査がおこなわれること

I　生存権（25条）

になってしまう点が批判されている。

　そこで有力説は，1項は主観的権利としての生存権を，2項は主観的権利に対応する国の責務を規定したものとして，1項と2項を一体のものと解し，1項のなかに，審査の厳格度を異にする，「最低限度の生活」の保障を求める権利と，「より快適な生活」の保障を求める権利の両方が含まれていると解する。そして，「最低限度の生活」の保障は，種々の制限がある生活保護に限らず，社会保障関連諸法の全体について，生活の実態に着目して審査すべきであるとする。たしかに，この統制方法は有効ではあるが，「最低限度の生活」についてしか統制しえず，射程が狭いであろう。

　(2)　平等原則による統制

　生存権は「生きる権利そのもの」であることから，権利としての重要性にかんがみ，生存権に関する別異処遇については，平等原則を規定する14条により，「厳格な合理性の基準」を適用すべきとの見解がある。しかし，判例によれば25条について広範な立法裁量が認められるにもかかわらず，平等原則を媒介させると，なにゆえ審査の厳格度が上がるのか，理由は明らかでない。そもそも，14条1項について，権利の重要性を理由に審査の厳格度を上げるべしというが，むしろそれは実体的な権利侵害の問題として構成すべきであり，平等固有の問題といえるか疑問である。もっとも，14条1項後段列挙事由を基礎とする差別の場合は，25条の要請する最低限度の生活は保障されていたとしても，平等固有の問題として違憲となりうる。

　生存権具体化立法に関して，14条1項違反と判断して注目されたのが，前記堀木訴訟の一審判決（神戸地判昭47・9・20判時678号19頁），および老齢福祉年金の併給制限規定の合憲性が争われた牧野訴訟（東京地判昭43・7・15判時523号21頁）である。これらの判決は，悲惨な生活実態を理由に，併給制限を14条1項違反と判断したが，14条1項適合性に関する「合理性」について，悲惨な生活実態という，25条適合性に関する「合理性」の指標を用いて判断している点で問題があるといえる[*]。

　堀木訴訟の最高裁判決は，生存権具体化立法について14条1項および13条違反が問題となりうることを最高裁が初めて判示したものであるが，14条1項適合性の審査において，「区別の合理性」をそれ自体として検討したのでは

233

第12章 社 会 権

なく，「制度設計全体の合理性」を検討し，その点に関する立法府の裁量に逸脱・濫用はないとして，そこから本件別異処遇の合理性を導いたものと解され，25条適合性の審査と区別されていない。

　また学生無年金障害者訴訟では，平成元年改正前の国民年金法の下で，20歳以上の学生に対し，①20歳以上の学生以外の者と区別して，任意加入とし強制加入措置を講じなかったこと，また②20歳前障害者と区別して，無拠出制の年金制度を設けなかったことが，憲法25条・14条1項違反として争われた。最高裁は堀木訴訟を引用し，25条に関する広範な立法裁量を前提に，①については，平成元年改正前の法はもっぱら老齢年金が制度の中心で，稼得能力のない学生が年金に加入する必要性は小さかったこと，②については，20歳前障害者は年金に加入できなかったのに対し，学生は任意加入できたこと，また無拠出制の年金については拠出制の年金より立法裁量が広く認められることを理由に，著しく合理性を欠くということはできず，25条・14条1項に違反しないと判断した（最二判平19・9・28民集61巻6号2345頁）[**]。

*　また堀木訴訟一審判決は，障害福祉年金を受給している母と児童の2人の世帯と，障害福祉年金を受給している父，健全な母，児童の3人の世帯とを比較しており，比較の対象が不適切であると批判されている。

**　学生無年金訴訟では，違憲と判断された場合の救済方法が問題となる。金銭給付による生活保障は原告の本質的要求の一つであるから，在外国民選挙権訴訟などと異なり，国家賠償は実効的な救済といえる。他方，原告には，国民年金への任意加入ができたにもかかわらず，それをおこなわなかったという過失があり，国家賠償は過失相殺の形で原告側の過失を考慮しうる。

(3)　制度後退の統制

　生存権の「自由権的効果」の名の下に，生存権の不作為請求権的側面に着目した統制が主張されている。一つは，重税による困窮者への圧迫のように，個人の生活を積極的に阻害する場合[*]と，もう一つは，既存の社会保障給付基準を切り下げたり，社会保障制度そのものを廃止したりする，制度の後退の場合である。

　右肩上がりの経済成長が終焉し，財政状況が悪化すると，社会保障制度の見

234

I 生存権（25条）

直しがおこなわれるが，その統制方法として，制度後退禁止の原則が注目されている。それによれば，白紙の状態での制度の創設と異なり，制度の後退の場合は立法裁量が限定され，正当な理由のない後退が禁止される。

この原則の正当化として，いくつかのものが考えられる。第一に，財産権（29条）による正当化が考えられる。それによれば，日本の通説において財産権とは，「個人の現に有する具体的な財産上の権利」であり，財産的価値のある一切の既得権を包括することから，社会保障請求権も財産権に含まれ，制度の後退は財産権の侵害とされる。しかし，社会保障には無拠出の公的扶助があるし，保険方式でも公費負担があることから，生存権を個人の功績・貢献としての財産権と完全に同視しうるか疑問とされている。第二に，抽象的権利説に依拠した正当化が考えられる。それによれば，生存権具体化立法は25条と一体化して，憲法上の具体的権利となることから，制度の後退は具体的権利の侵害とされる。しかし，25条と一体化して憲法上の具体的権利性を獲得するのは，「最低限度の生活」の部分だけではないかと批判されている。

たしかに，制度後退禁止の原則は，現状を生存権保障のベースラインとする一種の既得権論で[**]，現在の立法者を過去の立法者の意思により拘束するものである。しかし，25条は「最低限度の生活」だけでなく，「より快適な生活」についても，それを権利とするか2項の国の責務とするかはともかく，また立法裁量の広狭はあるにせよ，保障していることに留意する必要がある。ひとたび国が「最低限度の生活」あるいは「より快適な生活」の保障と判断して制度を創設した以上，その後退については，制度の創設より裁量は狭く，正当な理由が求められるべきであろう。

生活保護の老齢加算廃止の適法性・合憲性が争われた事件で，下級審の中には，個別的不利益処分に要求される生活保護法56条の「正当な理由」が，行政立法による保護基準の切下げにも適用されるとし，結論として違法と判断したものもある（福岡高判平22・6・14判時2085号43頁）。

しかし，最高裁は，法56条は保護基準の切下げには適用されないとし，広範な立法裁量を認めた前記堀木訴訟判決を引用して，老齢加算の廃止を内容とする保護基準の改定についても，厚労大臣に専門技術的・政策的な裁量権を認めた。そこでは，最低限度の生活の具体化に係る判断の過程および手続におけ

235

第12章 社 会 権

る過誤，欠落の有無等の観点からみて，裁量権の濫用または逸脱が認められる
場合に違法になるとする，判断過程統制の手法および手続審査を採用したが，
結論として，厚労大臣の判断に裁量権の逸脱・濫用は認められず，法3条（最
低限度の生活）・8条2項（保護基準の程度）に違反しない，そして，これら法条
が憲法25条の趣旨を具体化したものである以上，憲法25条にも違反しないと
判断した（最三判平24・2・28民集66巻3号1240頁）。

＊　最低生活費を下回る給与所得の課税最低限が生存権侵害として争われた，総評サ
ラリーマン税金訴訟において，一審判決（東京地判昭55・3・26判時962号27頁）
は，結論としては最高裁判決（最三判平元・2・7判時1312号69頁）と同様，25
条に違反しないとしたが，生存権の自由権的側面に言及して注目された。
＊＊　給付等に関する平等原則違反との判断もまた，ベースライン論に依拠している。
すなわち，なんらかの給付がおこなわれている場合，その状態をベースラインとし
て，その給付を受ける地位を国家が特定の者に限って正当な理由なく剥奪すること
は違憲となるという考え方を前提としているのである。

II　教育を受ける権利（26条）

1　意義と性格

憲法26条1項は，「すべて国民は，法律の定めるところにより，その能力に
応じて，ひとしく教育を受ける権利を有する」と規定している。かつての憲法
学における通説は教育を受ける権利を，もっぱら20世紀的な生存権的基本権，
すなわち社会権として，教育の機会均等を実現するための経済的配慮を国家に
要求する権利と解していた。その理由としては，26条は生存権の直後に規定
されていること，義務教育の無償性が同条2項に規定されていること，教育を
受ける権利は1936年のソ連邦憲法を嚆矢として，第二次世界大戦後の諸国の
憲法に規定されたこと，が示された。しかし，これに対して教育法学者から，
教育を受ける権利は人間の生来的な成長発達の権利たる学習権を基底とするも
のであるとの主張がなされ，憲法学においても，それは自由権的側面と社会権
的側面（生存的側面）とを併有する複合的権利と解されるようになる＊。

Ⅱ　教育を受ける権利（26条）

　裁判例においても，教科書検定不合格処分の適法性が争われた第二次家永訴訟一審判決（いわゆる杉本判決，東京地判昭45・7・17判時604号29頁）がはじめて，発達可能態たる子どもの生来的権利としての学習権について論じた。その後，最高裁も，全国一斉学力テストの適法性が争われた旭川学テ大法廷判決（最大判昭51・5・21刑集30巻5号615頁）において，26条の背後には，「国民各自が，一個の人間として，また，一市民として，成長，発達し，自己の人格を完成，実現をするために必要な学習をする固有の権利を有すること，特に，みずから学習することのできない子どもは，その学習要求を充足するための教育を自己に施すことを大人一般に対して要求する権利を有するとの観念が存在している」と判示している。

　　＊　教育を受ける権利のその他の理解として，将来の主権者を育成するための特定の
　　　教育内容を要求する権利と解する，主権者教育権説がある。このような見解は，政
　　　治学における共和主義（→第13章）と親和的である。

2　公　教　育

(1)　公教育制度

(a)　義務教育制度　　憲法26条2項は「すべて国民は，法律の定めるところにより，その保護する子女に普通教育を受けさせる義務を負ふ。義務教育は，これを無償とする」と規定している。この規定は，教育を受ける権利の実質的保障のために，保護者に対し子どもに普通教育を受けさせる義務を課すと同時に，国家に対し義務教育制度の整備義務を課している。1947（昭和22）年には，義務教育を含む教育に関する基底的な法律として教育法令の運用や解釈の指針となる教育基本法[*]，学校教育制度の根幹を定める学校教育法が制定された。このように，国公立であれ私立であれ，国家の設営する法制度によって規律されている学校教育は，公教育と称される[**]。

(b)　義務教育の無償の範囲　　義務教育の無償（26条2項後段）の範囲について，通説・判例は，教育の対価としての授業料と解する（最大判昭39・2・26民集18巻2号343頁）。これに対し，有力説は，教科書，教材費，学用品等，修学に必要な一切の費用と解している。なお，義務教育の教科書については，

237

第12章 社 会 権

1963（昭和38）年に「義務教育諸学校の教科用図書の無償措置に関する法律」
が制定され，無償で配布されている。

> ＊ 2006（平成18）年施行の新教育基本法は新たに，前文に「公共の精神を尊び」と
> いう文言を入れ，道徳教育の重要性を強調するとともに，2条における教育の目標
> として，「伝統と文化を尊重し，それらをはぐくんできた我が国と郷土を愛する」
> という愛国心の涵養を付け加えた（5号）。
> ＊＊ 教育基本法6条の「公の性質」をもつ学校，学校教育法1条の学校（1条校）
> でおこなわれる教育が，この意味での公教育に当たる。

(2) 教育内容決定権の所在

初等中等教育（小学校から高等学校まで）における教育内容決定権の所在をめ
ぐり，教科書検定制度の適法性・合憲性が争われた裁判を通じて，「国民の教
育権」と「国家の教育権」が主張され，対立した。

前記杉本判決は，国民教育権説に立脚したものとして有名である。同判決は
既述のとおり子どもの学習権を承認し，それに対応する責務として，親を中心
とする国民全体の教育権を認め，国民全体に責任を負う教師が，教育の内容・
方法を決定・遂行すべきものとする。そして，国家の介入を，教育の諸条件整
備といった外的事項に限定し，教育内容といった内的事項については，大綱的
基準を設定する他は指導・助言にとどまるべきとした。これに対し第一次家永
訴訟一審判決（いわゆる高津判決，東京地判昭49・7・16判時751号47頁）は，現
代公教育においては教育の私事性は捨象され，議会制民主主義の下で国民の総
意は法律に反映されるから，法律は公教育の内容・方法につき包括的に定める
ことができ，教育行政機関は法律の授権に基づき，それらにつき決定する権限
を有する，とした。

これら両説に対し前記旭川学テ大法廷判決は，ともに「極端かつ一方的」で
あるとして，両説の折衷を図った。同判決は，既述のとおり子どもの学習権を
承認し，それに対応しその充足をはかりうる立場にある者の責務として，親，
私学，教師それぞれに教育の自由を憲法上の根拠に照らして認め，国家にも
「憲法上は，あるいは子ども自身の利益の擁護のため，あるいは子どもの成長

に対する社会公共の利益と関心にこたえるため，必要かつ相当と認められる範囲において」教育内容を決定する権能を認めた。もっとも，「子どもが自由かつ独立の人格として成長することを妨げるような国家的介入，たとえば，誤った知識や一方的な観念を子どもに植えつけるような内容の教育を施すことを強制すること」は憲法26条・13条により禁止されるとして，国家介入に一定の歯止めをかけていることは重要である。

3　教師の教育の自由

(1)　根拠条文および性格

　大学教員の教育の自由は，憲法23条の学問の自由が研究成果の教授の自由を含むと解されることから，同条により保障される。かつての学説は，学問の自由に関するドイツの沿革にかんがみ，23条は大学教員の特権であるとして，初等中等教育における教師の教育の自由は同条により保障されないと解した。そこで，初等中等教育における教師の教育の自由は憲法上保障されるのか，保障されるとして，その根拠条文および性格はいかなるものかをめぐって争われてきた。

　教育の自由の性格については，人権説と職務権限説が対立している。注意しなければならないのは，人権説といっても，人権はすべての人に認められる権利である以上，教師という特定の集団に認められる教育の自由は，人権と区別された憲法上の権利であるということである。前記杉本判決は教師の教育の自由を，「主として教師という職業に付随した自由であって，その専門性，科学性から要請されるものであるから，自然的な自由とはその性質を異にする」と判示し，大学教員の自由とパラレルに，専門性にもとづく専門職能的自由と解している。こうした理解は，大学の自治とパラレルに，教師集団の自律性を基礎づける。

　これに対し，職務権限説は，教師は子どもとの関係では，学校教育制度という一定の制度の枠組みにある限りで，権限および義務を有するにすぎず，「教師の教育権」は憲法上の権利ではなく，実定法律上の職務権限であるとする。この見解の延長上に，教師が具体的教育内容を決定すべきことは，国民の「教育を受ける権利」に対応する憲法上の義務に他ならないとする説がある。これ

第12章　社会権

らの見解は，子どもや親の立場からすると，教師は権力そのものであることに留意したものと思われる。

　近時，「教師が生徒と向き合う場面」では，教師の教育権はもっぱら権限であり，「教師が国家権力と向き合う場面」では，職務権限としての側面と，人権としての側面をあわせもつとする併存説が有力となっている。この見解は，教師が教育行政当局に従属せざるをえない地位にあり，従属者として法的利益を侵害されやすい立場にあることを考慮し，対国家権力との関係で憲法上の権利としての側面をもつことを肯定する。

　教師の教育の自由を憲法上保障されたものと解する場合，根拠条文について学説は，23条に立脚するもの，教育を受ける権利の不可欠の前提として26条に立脚するもの，23条および26条に立脚するもの，「新しい人権」として13条に立脚するものなどさまざまである。

　教師の教育の自由について前記旭川学テ大法廷判決は，23条の解釈論として，「学問の自由は，単に学問研究の自由ばかりでなく，その結果を教授する自由をも含」み，大学においてだけではなく，「普通教育の場においても，例えば教師が公権力によって特定の意見のみを教授することを強制されないという意味において，また，子どもの教育が教師と子どもとの間の直接の人格的接触を通じ，その個性に応じておこなわれなければならないという本質的要請に照らし，教授の具体的内容及び方法につきある程度自由な裁量が認められなければならないという意味においては，一定の範囲における教授の自由が保障されるべきことを肯定できないではない」と判示している。もっとも，同判決は，普通教育においては，児童生徒に教授内容の批判能力がないこと，学校や教師についての選択の余地が乏しいこと，教育の機会均等を図るため全国的に一定水準を確保する要請があることから，「完全な教授の自由を認めることは，とうてい許されない」としている。

(2)　学習指導要領の法的拘束力

　教師の教育の自由に対する制約として，学習指導要領の法的拘束力が問題となる*。学習指導要領は，学校教育法施行規則の規定を根拠に，小学校から高等学校における教育の内容とその詳細について定めたもので，国公立・私立を問わず適用される。

240

Ⅱ　教育を受ける権利（26 条）

　前記旭川学テ大法廷判決は当時の中学校学習指導要領について，「教師による創造的かつ弾力的な教育の余地や，地方ごとの特殊性を反映した個別化の余地が十分に残されており，全体としてはなお全国的な大綱的基準としての性格をもつ」もので，「必要かつ合理的な基準の設定として是認することができる」と判示したが，法的拘束力については判断を避けた。

　その後，伝習館高校事件最高裁判決（最一判平 2・1・18 民集 44 巻 1 号 1 頁）は，当時の高等学校の学習指導要領について，「法規としての性質」を認めている。この事件は，高校の授業において教科書を使用せず，学習指導要領に反して授業をおこなったことなどを理由に懲戒免職となった教師が，処分の取消しを求めたもので，最高裁は，本件処分は懲戒権者の裁量権の範囲を逸脱したものとはいえないとして適法と判断した。もっとも，最高裁判決が是認した原審（福岡高判昭 58・12・24 判時 1101 号 3 頁）によれば，学習指導要領違反を認定する際には，「専門職である教師の自主性を充分に尊重」した上で，それでも「趣旨に明白に違反するか否か」を検討しなければならないとされていることに注意する必要があろう。

> ＊　教育関連訴訟では，学習指導要領の設定が，教育基本法（旧 10 条・現 16 条）により禁止される，教育に対する「不当な支配」に当たるかが争点とされてきた。国に外的条件整備を超える教育内容の決定権があるとする判例からすれば，学習指導要領を「大綱的基準」として設定することは，「不当な支配」に当たらないことになる。

4　公教育と教育の私事性

　前記教科書検定訴訟では，あるべき公教育の内容が問われていたのであり，あくまで公教育の存在が前提とされていた。しかし，公教育は親の教育の自由と対立しうるのであり，その場合，公教育それ自体が問われることになる。前記高津判決が示したように現代公教育において教育の私事性は捨象されている，とはいえないのである。

　親の教育の自由は，親の信奉する宗教にしたがって子どもを教育することも含むため，親の信教の自由と一体となって主張されることが多い。たとえば，

第12章 社 会 権

フランスにおいては，公教育の宗教的中立性を理由に，学校内でイスラム教徒の子女のスカーフを禁止することが，子どもおよび親の信教の自由の観点から問題にされている*。またアメリカにおいては，キリスト教の創造説を信奉する親によって進化論教育が拒否されるなど，「公教育からの部分撤退」や，さらに移民当時の生活様式を守るアーミッシュの親によって中等学校段階での義務教育そのものが拒否されるなど，「公教育からの全面撤退」までもが主張されている。日本においても近年では，「公教育からの部分撤退」が，エホバの証人剣道受講拒否事件や日曜授業参観事件（→第7章Ⅱ）において争われた。

* 近代市民革命後のフランスにおいては，伝統的に学校教育に大きな役割を果たしてきたカトリック教会が王党派と結びついていたことから，教会の影響力を排除して共和政を支える将来の市民を創出することを目的として，公教育が制度化され，政教分離，公教育の宗教的中立性が徹底された。しかし，近年では公教育の宗教的中立性の名の下に，イスラム教徒などの宗教的少数者の信教の自由が抑圧されており，共和政としての統合か，あるいは多元性の保障かが問われている。

Ⅲ　勤労の権利（27条）

憲法27条1項により保障される勤労の権利とは，労働の意思と能力のある者が私企業において労働の機会を得られない場合に，国家に対し労働の機会の提供を要求し，それが不可能な場合にはそれに代わる保護を要求しうる権利であり，国家に積極的施策を求める点で社会権としての性格が強い。これを具体化するものとして，職業安定法，雇用対策法，雇用保険法等が制定されている。

27条2項は，私的自治の原則を修正し，賃金，就業時間，休息等の勤労条件を法律で定めることを規定しており，これを受けて労働基準法が制定されている*。

* アメリカでは20世紀はじめに，労働条件の最低限を定めた労働者保護立法が，明文はないが憲法解釈により承認される契約の自由を侵害するとして違憲と判断さ

れた。しかし，その後，ニューディール立法の合憲性をめぐる裁判所と政治部門との対立を経て，判例変更された。

Ⅳ　労働基本権（28条）

1　意義と性格

憲法 28 条は，経済的弱者である労働者が，労働条件の交渉について使用者と実質的に対等な立場を確保するために，労働基本権として，団結権，団体交渉権，団体行動権を保障している。団結権とは，労働者が団体すなわち労働組合を結成する権利である。団体交渉権とは，労働者の団体が使用者と労働条件について交渉する権利であり，団体交渉の結果としての労働協約に違反する労働契約は無効になる。団体行動権とは，労働者の団体が労働条件に関する交渉を有利に進めるために，争議などの団体行動をおこなう権利であり，正当な争議行為については刑事責任と民事責任が免除される。

労働基本権は，経済的弱者である労働者の生存を確保するために，私的自治の原則を修正し，国家に対し社会への積極的介入を求める権利として，社会権に位置づけられてきた。しかし，こうした位置づけは，生存権に関する判例の広範な立法裁量論に引きずられ，労働基本権に対する制約の合憲性を安易に認めることになってしまったと批判されている。そして，そもそも労働基本権は労働者の生存を確保するために国家が「上から」付与した「後国家的権利」ではなく，労働者が自ら勝ち取ってきた自由ないし権利であり，争議行為の刑事免責は自由権に他ならないことが強調される（「下からの社会権」中村睦男）。もっとも，争議行為の民事免責は，社会国家理念の下，私的自治の原則を労働者に有利に修正する立法を要請するものであり，また不当労働行為制度は，団結権を保障するために国家が採用した積極的施策であり，ともに労働基本権の生存権的すなわち社会権的側面といえる。このように，労働基本権は自由権的側面と社会権的側面を併せもつ複合的権利なのである[*]。

第12章 社 会 権

* 生存権的側面の強調による団結権優位の理論の下で，労働組合が組合員個人の自由を抑圧している現状をふまえ，労働基本権を，労働条件を決定する過程への労働者の実質的関与を保障する権利として，労働者個人の人格的自律権を基礎に再構成する労働法学者の見解が注目されている（西谷敏）。しかし，この見解に対しては，「労働者の従属性」という労働者の共通性を軽視しかねないとの批判もある。

(1) 団 結 権

(a) ユニオン・ショップ協定 ユニオン・ショップ協定とは，採用後一定期間内に労働組合に加入しない者や，脱退者，除名者を解雇する労使間の協定である。その協定の効力は，労働者の「団結しない自由」との関係で議論されているが，団結権保障の効果として有効と解されている。もっとも，判例によれば，協定締結組合以外の労働組合に加入している労働者，および締結組合から脱退あるいは除名されたが他の組合に加入または新たな組合を結成した者について，使用者の解雇義務を定める部分は，民法90条により無効となる（最一判平元・12・14民集43巻12号2051頁）。

(b) 労働組合の統制権 一般に団体は団体の維持・強化のために，構成員に対する紀律権を有するが（→第4章），判例によれば，労働組合は憲法28条が団結権を保障していることから，組合の目的を達成するために必要かつ合理的な範囲内で，組合員に対する統制権を有する。そして，その統制に反して公職の選挙に立候補した組合員を処分することは，統制権の限界を超えるものとして違法である（最大判昭43・12・4刑集22巻13号1425頁〔三井美唄炭坑労組事件〕）。

(2) 団体行動をする権利

(a) 政治スト 判例および通説によれば，団体行動権は団体交渉を有利におこなうための手段であり，政治的目的のための「政治スト」は，使用者が解決しえないことを目的とするもので，労使間の交渉の対象になりえないから，正当な争議行為の限界を超える（後述の全逓東京中郵事件を参照。最大判昭41・10・26刑集20巻8号901頁）。しかし，政治ストには，平和や民主主義の擁護を目的とする「純粋政治スト」と，労働条件の維持改善と密接に関連する法律の制定・改廃を目的とする「経済スト」があり，後者については合法と解する見

解が有力である。

(b) 生産管理 争議行為の方法として，労働組合が企業施設等を管理し，使用者の指揮命令権を排除して企業の経営をおこなう生産管理は，使用者の財産権を侵害するものとして違法と解されている（最大判昭 25・11・15 刑集 4 巻 11 号 2257 頁〔山田鋼業事件〕）。

2 公務員の労働基本権に対する制限

(1) 現 行 法

日本国憲法は，争議権だけでなく団結権や団体交渉権も憲法の明文で保障しており，比較法的にみると保障が厚いようにみえるが，公務員について現行法は労働基本権を大幅に制限している。警察職員，消防職員，自衛隊員，海上保安庁または刑事施設で勤務する職員については労働基本権のすべてが否定され，非現業公務員については団体交渉権の一部と争議権が否定され，特定独立行政法人，および現業の地方公務員については争議権が否定されており（行政執行法人労働関係法 17 条 1 項，地方公営企業労働関係法 11 条 1 項），争議行為は職務内容の別なく全面的に禁止されている。

(2) 判例の展開

(a) 第 1 期 日本国憲法制定当初は，公務員についても労働基本権は保障されていたが，東西冷戦を背景に，1948 年 7 月にマッカーサー書簡に基づいて政令 201 号が定められ，公務員の争議権，団体交渉権が制限された。政令 201 号の合憲性が争われた事件において最高裁は，公務員は憲法 28 条の「勤労者」に当たるとしつつも，15 条 2 項の「全体の奉仕者」を理由に，13 条の抽象的な「公共の福祉」による制約として，簡単に合憲と判断した（最大判昭 28・4・8 刑集 7 巻 4 号 775 頁）。

(b) 第 2 期 その後，現業の国家公務員に関する争議行為の全面禁止の合憲性が争われた全逓東京中郵事件において，最高裁は，公務員も 28 条の「勤労者」に当たる以上，原則的に労働基本権が保障され，15 条 2 項の「全体の奉仕者」を根拠として公務員に労働基本権のすべてを否定することは許されず，労働基本権の限界について，国民生活全体の利益の保障という見地からの内在的制約に服すると判示した。そして労働基本権に対する制約が合憲とされ

第12章　社　会　権

るための要件として，①「労働基本権の制限は，労働基本権を尊重確保する必要と国民生活全体の利益を維持増進する必要とを比較衡量して」，その制限が「合理性の認められる必要最小限度」のものにとどめられること，②「勤労者の提供する職務または業務の性質が公共性の強いもの」で，その停滞が「国民生活に重大な障害をもたらすおそれのあるもの」に限られること，③「刑事制裁を科することは，必要やむを得ない場合に限られる」こと，④「労働基本権を制限することがやむを得ない場合には，これに見合う代償措置が講ぜられなければならないこと」を提示した（最大判昭41・10・26刑集20巻8号901頁）。この画期的な判決の趣旨は，非現業の地方公務員に関する都教組事件判決（最大判昭44・4・2刑集23巻5号305頁），非現業の国家公務員に関する全司法仙台事件判決（最大判昭44・4・2刑集23巻5号685頁）に踏襲され，両判決は，刑事罰の対象となる争議行為の「あおり行為等」について，争議行為自体の違法性が強く，かつ，あおり行為等が「争議行為に通常随伴して行われる行為」の範囲を超えたものとして，「二重のしぼり」をかけた合憲限定解釈をおこなって注目された。

　(c)　第3期　「刑事罰からの解放」[*]と評される第2期の判例は，55年体制の下で保守派によって激しく批判され，最高裁判事の定年退職による交代等もあり，全農林警職法事件判決（最大判昭48・4・25刑集27巻4号547頁）によって覆される。この事件において最高裁は，非現業の国家公務員に関する争議行為の全面禁止を合憲と判断したが，初期の判例とは異なり，その理由は具体的なものであった。すなわち，①公務員の争議行為は公務員の地位の特殊性および職務の公共性に反し，勤労者を含めた国民全体の共同利益に重大な影響を及ぼすか，または，そのおそれがあること，②公務員の勤務条件は法律と予算によって決定されるため（勤務条件法定主義），決定権のない政府に対する争議行為は的外れであるだけでなく，議会制民主主義に背馳すること，③私企業の場合のように，ロックアウトや市場の抑制力といった歯止めがないこと，④人事院をはじめ整備された代償措置が設けられていること[**]，が示された。さらに同判決は，「二重のしぼり」をかけた合憲限定解釈について，不明確で，「かえって犯罪構成要件の保障的機能を失わせることとなり，その明確性を要請する憲法31条に違反する疑いすら存する」として，先例である全司法仙台事件

IV 労働基本権 (28条)

判決を判例変更した。この判決の趣旨は，非現業の地方公務員に関する岩手学テ判決（最大判昭51・5・21刑集30巻5号1178頁），現業の公務員に関する全逓名古屋中郵事件判決（最大判昭52・5・4刑集31巻3号182頁）に踏襲され，都教組事件判決，全逓東京中郵事件判決も覆された。

しかし，勤務条件の詳細にわたる法定は憲法上の要請ではないし，世論による歯止めはある。また，代償措置はあくまで代償にすぎず，労働基本権は単に生存を確保するための手段ではなく，労働条件を決定する過程への参加という主体的権利であることに留意する必要がある。したがって，争議行為禁止の理由としては，公務員の地位の特殊性および職務の公共性が主要なものと考えられるが，近年の民営化や民間委託からも明らかなように，それは抽象的に論じられるべきではない。労働基本権の制限は，公務員の地位や職務の具体的内容との関係で，必要最小限度のものとすべきである。

なお，東西冷戦の終結，さらに55年体制の終焉の下で，公務員制度改革の一環として，公務員の労働基本権に対する制限の見直しが検討されている。

* 全逓東京中郵事件判決はリベラルな判決と評されているが，争議行為の禁止自体を違憲とするものではなく，懲戒処分や民事責任からの解放まではおこなわなかったこと，また，政治ストすべてについて，28条で保障された正当な争議行為の限界を超え，刑事制裁を免れないとしたことに対しては批判がある。

** 岸・天野両裁判官の追加補足意見は，代償措置を合憲判断の「強力な支柱」ととらえ，「代償措置が迅速公平にその本来の機能を果たさず実際上画餅にひとしいとみられる事態が生じた場合には，公務員がこの制度の正常な運用を要求して相当と認められる範囲を逸脱しない手段態様で争議行為にでたとしても，それは，憲法上保障された争議行為」であり，このことは多数意見の「当然の理論的帰結」であると述べて注目された。判例による全面禁止合憲論の確立後は，この追加補足意見に依拠して，人事院勧告の完全実施を求める公務員の争議行為の適法性が主たる争点とされたが，最高裁は，人事院勧告実施の全面凍結に対する「人勧スト」についても，「代償措置がその本来の機能を果たしていなかったということができない」と判断している（最二判平12・3・17判時1710号168頁）。

247

第12章 社 会 権

Ⅴ 環 境 権

　高度経済成長の負の側面として，1960年代に公害が深刻化すると，それに
対処すべく，憲法の明文はないものの，「新しい人権」として環境権が主張さ
れた。環境権とは，狭義には，生命・健康に影響を与える自然環境の保護に関
する諸施策を国家に求める権利であり，作為請求権の総則的規定である憲法
25条により保障されると解する見解が有力である。広義には，文化的・社会
的環境をも含めた環境の保護に関する諸施策を求める権利であり，環境権の内
容はきわめて抽象的である。

　もっとも，環境権も不作為請求権的側面を有しており，狭義の不作為請求権
は，生命・健康の利益に関する人格権と重複し，具体的権利として保障される。

248

第3部　統治機構

第*13*章　統治の基本原理

I　は じ め に

1　統治機構の「総論」は必要か

　立憲主義を支える二本の柱は，人権保障と統治機構であり（→第1章I2(2)），日本国憲法もまたその例に洩れない。そして，憲法の体系書は，この二つの柱について詳しく論じる前に，「憲法総論」として，あるいは統治機構の「総論」として，「権力分立」「法の支配」「国民主権」等々について，説明を加えることが多い。

　こうした抽象的な概念は，いずれも初等・中等教育の歴史や公民で学んだことばのはずであるが，こうした概念を検討することが，なぜ憲法の統治機構を論じる際に必要なのだろうか。もし，憲法典の規定をただ文理に従って解釈するつもりならば，憲法典で明示的に用いられていない権力分立や法の支配といったことばを，あえて持ち出す必要はないかもしれない。これに対して，国民主権ということばは，確かに憲法第1条で用いられている。しかし，それは「主権の存する国民」の意味を，憲法典の他の規定と同じやり方で解釈すれば，十分ではないのか。こうした抽象的な概念について，わざわざ「総論」を設けるという破格の扱いをする必要は，本当にあるのだろうか。

2　統治の基本原理の抽象性

　実はこうした疑問は，統治機構論のあり方に，そして憲法学のあり方にも，関わっている。ここでは簡単に，統治機構の総論が必要な理由を，二つだけ示すことにしよう。一つの理由は，統治機構に関する規定が簡潔だから，権力分

251

第13章 統治の基本原理

立や国民主権といった概念が必要だ、というものである。もちろん、憲法典には基本的人権も簡潔に記されているが、しかし国家による人権侵害がそもそも例外的である（べきだ）という前提（人権の不可侵性）を思い返すと、人権規定が簡潔であることはそう不自然ではない。これに対し、統治機構の規定は、広汎で多種多様な国家活動を、原則的に規律するものである。とはいえ、いかに憲法であっても、現実の国家活動を一片の法典で規制し尽くすことなどできない。統治のしくみを具体的に規律しているのは、国会法、内閣法、国家行政組織法、裁判所法等々の「憲法附属法令」（→第1章I3）と、その他の膨大な行政法規の総体であって、憲法ではない。

しかしここでは、これらの統治のしくみに関する法体系は、あくまで憲法の枠づけの中で、憲法の下におかれたものであり、しかも憲法の内容を具体化するものである、という点に注意しなければならない。たとえば、Aという権限をBという機関に与える場合には、権限Aが立法・行政・司法のいずれに属するのか、機関Bが国会・内閣・裁判所という憲法上の機関とどのような関係に立つのかを明らかにしてはじめて、Aという権限を創設しBという機関に付与することが、合憲であるとされるのである。しかし、繰返しになるが、こうした統治の総体を規律するには、憲法典の規定はあまりにも漠然としており、断片的である。このように考えてくると、憲法典の個々の規定の背後には、統治の総体を規律できるだけの原則が控えており、「行政権」とか憲法65条とかはその氷山の一角にすぎない、と想定しなければ、説明がつかない。実際、あらゆる立憲的憲法も、権力分立や法の支配といった原理・原則を念頭に、また主権の存在を想定しながら、確定されたものなのである。

3　統治の基本原理の歴史性

統治機構の総論が必要であるもう一つの理由は、こうした抽象的な諸原理が歴史的なものでもある、ということに関わる。もし、国民主権や法の支配といった概念が、ただ統治機構の現実を説明するための道具だとすれば、それらは、理論的に明確で一義的な内容をもつべきだろう。しかし実際には、国民主権が市民革命のスローガンであったことが示すように、こうした諸原理は歴史を通じて、法と政治の現実を正当化したり、あるいは変革を求めたりするための

「構成的」な役割を，演じてきたのである。これらの諸原理が，憲法典という政治的文書を作成するための前提とされ，その中に書き込まれてきたのも，まさにそのためである。どの統治の諸原理も，一皮剝いてみれば，さまざまな主張や経験が，人類の何世代にもわたって積み重ねられている。教科書に記されている法の支配や権力分立の「定義」とは，そうした積み重ねのエッセンスにすぎない。

　以上述べてきたことからすれば，同じ立憲主義の諸憲法の中でも，国により時代により，統治の諸原理がいかなる具体的な内容をもっているか，どの原理が最も重視されてきたかについて，さまざまな違いが生まれることも，当然のこととして理解できるだろう。このことが，統治機構の総論が必要となる第二の理由なのである。統治機構の規定を解釈するためには，関連する基本原理に遡って考える，場合によっては複数の原理の関係を考えることが決め手になるが，それは結局，憲法を解釈する者が，統治の基本原理や原理相互の関係をどのように理解しているかが真の問題であるということを意味する。解釈の対立は，そうした「前理解」の違いを反映したにすぎない場合も，多いのである。

　以上の二つの理由から，統治機構総論とは，理論と歴史を踏まえながら，憲法解釈が現実に対して働きかけるためのステージであるということが，おぼろげながら了解できるのではないだろうか。憲法の体系書を読み比べると，権力分立，法の支配，国民主権等に関する記述は，非常にバラエティに富んでいる。ステージの比喩を続ければ，一人一説と呼んでも差し支えないくらいの多様な構想が，統治機構総論として，競演しているのである。そして本章もまた，控え目にではあるが，そうした一つの構想を提示しようとするものである。

Ⅱ　権 力 分 立

1　権力分立のイメージ

(1)　身分制社会と権力分立

　権力の濫用を防ぎ国民の自由・権利を守るために，国家の統治権を性質に応じて異なる国家作用に「区別」し，それを異なる国家機関に「分離」した上で，

第 13 章　統治の基本原理

互いに「抑制・均衡」させる発想——これが，権力分立についての，標準的な説明である。

　「権利の保障が確保されず，権力の分立が定められていない社会はすべて，憲法をもつものではない」というフランス人権宣言 16 条（1789 年）は，立憲主義の核心を示したものとして，あまりにも有名である（→第 1 章 I 2(2)）。この権力分立の原理は，18 世紀のフランスの思想家モンテスキュー（Charles Louis de Montesquieu）の名前と結びつけて理解されている。彼が『法の精神』（1748 年）の一節「イギリスの国制について」（第 2 部第 11 編第 6 章）において，「公民における政治的自由」の実現のために，立法権力，執行権力，裁判権力を区別すべきだと主張したことは，長らく権力分立の雛形として理解されてきた。もっとも，権力の区別・分離といった発想は実はモンテスキューの独創ではなく，たとえばロック（John Locke）の『統治二論』（1690 年）は，立法権，執行権，同盟権を区別していた。また，モンテスキュー自身は，今日のように，国会に立法権を，内閣に行政権を，裁判所に司法権を専属的に割り振るという単純な議論をしていたわけではない。彼の説くところによれば，まず立法権力は世襲の貴族の団体と人民の代表者の団体に分有され，お互いの団体が単独の立法を阻止し合う関係にある。しかも執行権力（「講和または戦争をし，外交使節を派遣または接受し，安全を確立し，侵略を予防する」）を担う君主もまた，この立法を阻止する権能を有している。裁判権力については，現在の裁判所のような常設機関ではなく，その都度に抽選で選ばれる市民の同胞に委ねられることによって，「いわば眼に見えずに無」であるべきだとされていた。

(2)　近代立憲主義の核心としての権力分立

　モンテスキューの権力分立論は，このように身分制社会を当然の前提にしたものであり，しかもその主眼は，18 世紀中頃に顕著となった国王への権力集中を，自由に対する「専制」として否定するところにあった。ところが，彼の名声と結びついた権力分立原理は，アメリカ合衆国憲法（1788 年）に続いて，先ほど触れたフランス人権宣言において理想として掲げられたことで，いわば本家から独り歩きをはじめて，近代立憲主義の核心として神聖視されるに至ったのである。

　このことは，モンテスキューが理想化したイギリスや，フランス，アメリカ

254

の憲法だけでなく，君主主権下のドイツや日本でも同様であったが，権力分立の具体的な制度化は国によってさまざまであった。たとえばアメリカでは，今もなお連邦議会，大統領，そして連邦裁判所の三つの機関が各々独立に自らの権力を行使しており，モンテスキュー流の権力分立に比較的忠実であるといえる。これに対してイギリス，フランスでは，議会と政府がお互いに抑制・均衡するという，議院内閣制のしくみが採用された（→第15章Ⅱ2(1)）*。

* 権力の抑制・均衡ではなく，国家作用の区別・分離を重視するならば，議会と政府が独立していない議院内閣制は，権力分立に反するとみることも可能である。たとえば，明治憲法の下では，上杉慎吉が権力分立とりわけ天皇大権の独立を理由に，議院内閣制に反対したのに対して，美濃部達吉は「権力分立主義」と「議院内閣主義」を区別して，後者が通常の立憲政体であると主張していた（→第1章Ⅱ4）。

2　国家作用の分立と国家機関の分立

権力分立は三権分立と同義であると考えられる場合が多いが，国家作用と国家機関の側面から検討すると，両者を単純に同一視することはできない。具体的に分析してみよう。

(1)　国家作用の分立

第一に，立法・行政・司法はいずれも「国民支配作用」を三つに区別したものである（小嶋和司『憲法概説』437頁）。だが衆議院解散権等の，国家機関の間の関係に関する権限は，もともと三つの作用のいずれにも分類できず，憲法の具体的規定によって国家機関に配分されるものである。だから，たとえば「衆議院の解散権は，立法・司法のいずれにも属さないから行政権であり，したがって内閣に属する」というような論法は，誤っている。

第二に，国家作用の性質としては，立法・行政・司法は同格ではない。行政・司法は法律の執行を核とする国家作用であり，当然に立法作用の下にあるべきものである（→Ⅲ）。これに対して国家作用の範囲は，国により時代によりさまざまである。たとえば，立憲君主制下のドイツや日本では，国政に関する事項のうち，立法と司法に属するものは限られており，残りの事項はすべて行政に属するという控除説（→第15章Ⅲ1(1)）が採用されていた。これは，行

255

第13章 統治の基本原理

政権優位の権力分立体制であった。

(2) 国家機関の分立

次に，国家機関の面から考えてみよう。たとえば立法権を議会に，しかも議会だけに委ねるといったように，一つの国家作用を一つの機関に専属させるのが，権力の分離という観点からは首尾一貫している。しかし現実の憲法典は，常に特定の作用を特定の機関に排他的に委ねるというわけではない。たとえば明治憲法は，立法権を天皇と帝国議会に共有させていた。また日本国憲法78条後段は，公務員の懲戒権が行政権に属することを前提に，裁判官の懲戒処分を切り取って裁判所に委ねたものだ，とみることができる（→第16章Ⅱ3(2)）。

第二に，立法・行政・司法という三つの国家作用は，国家機関にとって確かに最も重要な権限であるが，それは憲法が与えた権限の一つにすぎない。憲法は立法・行政・司法以外にも，さまざまな権限を創設し，それを三つの国家機関に授けている。立法権が与えられた国会は，「立法府」であると同時に，たとえば内閣総理大臣の指名を通じて，内閣を創設する権限をも有しているのである（→第14章Ⅰ3(1)）*。

* このため，国家作用について，形式的・実質的二つの意義を区別して説明する場合がある。たとえば「形式的意義の司法権」には，実質的意義の司法権のほかに，裁判所規則の制定権や司法行政権が含まれることになる。

3 日本国憲法における権力分立

以上の点を踏まえて，日本国憲法における権力分立について確認しておこう。通説によれば，立法権は一般的・抽象的法規範の定立（→第14章Ⅱ2），司法権は一切の法律上の争訟の裁判に及ぶ（→第16章Ⅲ1(1)）という形で，国家作用が区別される。この区別の下で，通常の統治権の発動は，まず立法権が政策を法律の形式で定め，行政権はそれを具体的に実施し，司法権はその争いを裁定する，というプロセスで展開される。明治憲法では，立法権・司法権の範囲を限定し，行政権固有の活動の範囲を広く認めていた点で「縦断的」「併立的」な権力分立が採用されていたとすれば，日本国憲法は，三つの作用が重なり合う形で統治権が発動されるという意味で，「横断的」「階層的」な権力分立を採

256

用したといえる（小嶋和司『憲法と政治機構』）。

　そして憲法は，立法・行政・司法に区別された各作用をそれぞれ国会，内閣，裁判所に分離するとともに（41条・65条・76条），国家機関相互の間に複雑な抑制・均衡の関係を構築している。第一に，国会が内閣総理大臣を指名し（67条），内閣不信任議決権を有する（69条），内閣が最高裁長官を指名し（6条），その他の裁判官を任命する（79条・80条）というしくみは，ある機関の創設に他の機関が関与するものである。第二に，ある機関が，他の機関の活動をコントロールする機能を担う場合がある。たとえば国会は，財政に関する議決権（83条），とりわけ予算議決権（85条）によって，内閣・裁判所の活動をコントロールする役割を演じるのである。また，明治憲法の下での司法権が民事・刑事の裁判に限定されていたのに対して，日本国憲法は，裁判所に行政裁判権に加えて違憲法令審査権を与えることで（76条・81条），国会・内閣に対抗する抑制・均衡の担い手として，裁判所の地位を引き上げている。こうした司法国家現象は，日本国憲法だけでなく，現代立憲主義の一般的傾向でもあるが，それを促したのは，次にみる「法の支配」の原理の浸透である。

III　法　の　支　配

1　法の支配と法治国家

(1)　法の支配の伝統的理解

　法の支配は，rule of law という中世イギリス法の伝統に由来し，「人の支配」と対置される。17世紀の裁判官クック（Edward Coke）が，「国王は何人の下にもあるべきではない。しかし神と法の下にあるべきである」と述べたことは，この原理の核心を示したものとして有名である（→第2章 I 1）。そして19世紀後半に活躍した法学者ダイシー（Albert V. Dicey）が，①正規の法の優位，②法の下の平等，③権利の保障は裁判所で現実に適用された法の結果である，という三つの要素で，法の支配を特徴づけたこともよく知られている。

　もっとも，こうした伝統的なイメージがそのままの形では現代において維持できないことは，権力分立の場合と変わらない。むしろ，こうした伝統から普

257

第13章　統治の基本原理

遍的な要素を抽出して，どのように日本国憲法の体系的理解や個別的解釈に活かすかが，法の支配について考える際には重要である。その際に議論の焦点となってきたのは，法の支配と「法治国家」を基本的に同じものととらえるか，それとも対立する原理と考えるかについて，論者の間で大きな見解の相違がみられてきたことであった。

(2)　法 治 国 家

　法治国家（Rechtsstaat）とは，市民革命が失敗した後の 19 世紀後半のドイツにおいて確立した原理である。その核心は，行政権による市民の権利・自由の侵害を法律によって制限するという発想にあった。この発想を支えていたのが，君主と国民の代表が合意した法律が最高の国家意思である，という立憲君主制の原理である（→第 2 章 I 1）。

　ところが，国民主権のワイマール憲法（1919 年）が成立すると，法治国家原理の果たす機能は変化する。一方で有産階級の立場からは，立法によって社会国家を実現しようとする議会多数派に対抗するために，法治国家原理を批判する動きがみられた。こうした立場は，法律による支配ではなく「正しい法」の支配を主張したが，その「正しい法」の内容とは財産権を保障するという意味であった。他方で，ナチスが政権を掌握し，合法的な装いの下で未曾有の人権侵害が行われたが，こうしたナチスの支配を許した原因は法治国家原理にあるという批判も，第二次世界大戦後にはみられるようになった。

　このように，法治国家原理を，法の内容にかかわらず，またいかなる政治体制にも奉仕する原理として理解するならば，確かに法律によりさえすれば人権をどれほど制限してもかまわないということになろう。法の支配と法治国家の違いを強調する立場は，このように法治国家を形式的・中立的な原理として理解するのである。

2　「法治国家から法の支配へ」？

　日本国憲法制定当初には，憲法体制の転換が「法治国家から法の支配へ」といったスローガンで説明されたが，それは上記のような法治国家イメージを背景にしていた。日本国憲法は，明治憲法が立脚した法治国家を捨てて，法の支配を採用したのであるという主張が，憲法学界では広く受け入れられたのであ

258

る。とりわけ，法治国家原理の下では行政裁判所制度がとられるのに対して，日本国憲法の司法権が行政裁判権を含むように広げられたことは，こうした理解を後押しした（→第16章 I 3(1)）。

　しかし実は，イギリスの伝統的な法の支配に忠実であろうとすれば，そもそも行政裁判を民事裁判から独立に観念する余地はない。行政を市民と対等に裁判所の「法」の下におくというのであれば，行政を特別扱いせず，行政裁判を民事裁判の中に吸収するということが，首尾一貫している。かつての法治国家原理の下でみられた，行政活動が特権的に扱われるべきだという意味での伝統的な公法・私法二元論は，もちろん法の支配と両立しない。しかし，伝統的な法の支配を本当に貫徹しようとするならば，多様な国民の利害を調整する行政活動が，私人とは異なる形で裁判的コントロールに服するべきだということを前提にした，現在の行政法・行政裁判の基本的な枠組みを覆すことになることには，注意しておく必要がある*。

* 　現在のドイツでは，ボン基本法（1949年）の下，法治国家における「法律」とは，議会自身が基本的な決定を下したものであり，しかも人権を侵害する内容をもたないものである，と考えられるようになった。こうした考え方は，それ以前の「形式的法治国家」に対して「実質的法治国家」と呼ばれており，次に述べる法の支配の現代的理解とも共通するものである。

3　法の支配の現代的理解

　現在では，伝統的な理解を多少修正する形で，法の支配を説明する論者が多い。たとえば芦部信喜は，法の支配を「専断的な国家権力の支配を排斥し，権力を法で拘束することによって，国民の権利・自由を擁護することを目的とする原理」と説明する。そして現代における法の支配の要素として，①憲法の最高法規性の観念，②個人の人権保障，③適正手続の保障，④権力をコントロールする裁判所の役割の尊重を挙げている（芦部信喜『憲法学 I』）。このように，現代の法の支配は，議会と裁判所がともに手を携えて王権を制限した，イギリス市民革命の幸福な伝説に頼ることは，もはやできない。現代の法の支配は，行政権による人権侵害とともに，立法権による侵害も防がなければならないこ

第13章 統治の基本原理

とを，出発点としている（→第4章Ⅰ1(2)）。そこから現代の法の支配の特徴として，支配すべき「法」には法律だけでなく，最高法規としての憲法が含まれること，そして民主制のプロセスから独立した裁判所が違憲審査権を有すること，の二点が導かれる。このような現代の法の支配は，実は立憲主義とほとんど同じものとして理解されている。

こうした，いわば「弱い」法の支配の理解に対して，より強い規範的要請を含む原理として法の支配をとらえる傾向も，有力である。その出発点は，やはり法の支配と法治国家の違いにある。たとえば佐藤幸治によれば，二つの原理は法秩序の形成のあり方が異なっており，法の支配は「司法型秩序形成モデル」，法治国家は「行政型秩序形成モデル」と親和的である，という。そして法の支配における「法」とは，人格的自律の存在としての個人の尊重という道徳理論と密接に結びついたものである，と説くのである（佐藤幸治『日本国憲法と「法の支配」』）[*]。

* 法の支配の理解をめぐる論争は，論者の憲法観に深く関わるものであり，ここで立ち入って検討することはできない。ただ，法の支配も法治国家も，裁判所が「法」の名において立法権・行政権を制限することに関わる原理であること，議会が立法権を有する憲法体制の下では，司法による法形成は補完的なものにとどまることを，指摘しておきたい。また，「法」が一般的・抽象的に定立されるだけでなく，経験的・現実的な内容を備えていなければならないという要請は，個人の尊重という道徳理論とともに，複雑化する現代社会を制御するという「法」の機能からも，導かれるものである。

Ⅳ 国民主権

1 国家の主権と国民の主権

(1) 国民主権か君主主権か

国民主権原理については，それをどのように理解するかが，日本国憲法の下で最も激しい理論的争いであったといえる。「主権（souveraineté）」の概念は，16世紀のフランスの思想家ボダン（Jean Bodin）によって提唱された後，君主

IV 国民主権

が諸々の身分・団体から権力を奪う際の理論武装として用いられたとされる。主権概念は，君主への権力集中を通じて，国民国家（nation state）の形成に一役買ったといえる。この近代国家は，ルイ14世の「朕は国家なり」という言葉にみられるように，当初は君主と一体のものとして観念されたが，次第に君主と国家を区別して理解するようになると，同じ「主権」という言葉は，国家権力のあり方を指すとともに，その国家の中での政治のあり方についても使われるようになった。

　主権の意味として，①国家の統治権，②国家権力の属性としての対内的最高性・対外的独立性，③国政における最高決定権，の三つがあると現在いわれるのは，こうした歴史的事情によるものである。日本国憲法では，「国権」（41条）が①の，「自国の主権を維持し」（前文）が②の，そして「ここに主権が国民に存する」（前文）と「主権の存する日本国民」（1条）が③の意義で，用いられている。

　国民主権の概念は，一方で君主主権と，他方で国家主権と対抗関係にある。国民主権か君主主権かという第一の対立軸は，③の国政における最高決定権が君主にあるか国民にあるか，という違いである。フランス市民革命は，主権論としてとらえれば，国民主権が君主主権に勝利したことを意味した*。

　　*　より根底的な意味で，フランス革命に近代立憲主義の原点を見出す見解も有力に
　　　主張されている。それによると，市民革命は，絶対王政の下でもなお残存していた
　　　諸身分・団体を解体し，均質な国民＝個人を「析出」して国民国家を完成させた。
　　　近代立憲主義の基本構造は，革命を経て成立した，主権国家と自由な個人の二極構
　　　造である，ということになる（樋口陽一『近代国民国家の憲法構造』。→第4章Ⅰ1
　　　(2)）。

(2)　国民主権か国家主権か

　第二の対立軸は，国民主権か国家主権かの違いである。市民革命が失敗し，統一国家の形成も遅れたドイツでは，統治権の主体は君主でも国民でもなく，国家であると理解されるようになった。この国家主権は，前述した主権の②の意味を問題にするもので，③の意味を強調する国民主権とは，議論がズレている*。

261

第13章　統治の基本原理

　ドイツで支配的となった国家法人説は，法人としての国家が主権の主体であると考えることで，国民主権か君主主権かという第一の対立軸を，国家法人の中で最高の機関が国民（または議会）であるのか君主であるのかについての争いにすぎない，という形で棚上げした。この国家法人説を，明治憲法の下で主張したのが，立憲学派である。とりわけ美濃部達吉は，天皇主権を強調する神権学派に対して，天皇も法的には一つの国家機関にすぎないと説き（天皇機関説），明治憲法の立憲的運用を促す歴史的役回りを演じた（→第1章II4）。

　この第二の対立軸は，立憲君主制だからこそ問題になるものであって，国民主権が確立した日本国憲法とは，全く関連しないようにも思える。しかし現代でも，主権者は国家であり，国民は最高機関であるにすぎない，と説くことは不可能ではない。この立場からは，まず国家が統一体として存在し，国民はその内部に存在する，というイメージで憲法をとらえることになる。これに対して，いまなお国家法人説に由来する思考が残存しており，その残滓を国民主権の強調により払拭しなければならないと説く立場は，逆に無制限の存在として国民を観念し，すべての国家権力が国民から発するものである，というイメージを前提に憲法を語ることになる。

　このように考えると，主権に関する第二の対立軸は，実は国家構造や国民の存在態様のとらえ方を問題にしていた，と理解することができる。そして，こうした国家や国民のとらえ方の違いが，「国民主権」に関するさまざまな学説を生んできたといえる。こうした観点から，国民主権論争のいくつかの局面をみてみることにしよう。

　　＊　国家主権は前国家的な人権の論理に対立する。国家主権によれば，個々の国民は
　　　支配の客体にすぎないはずだからである。この点について，19世紀に活躍した公
　　　法学者イェリネック（Georg Jellinek）は，主権者である国家が自己を制限し，個
　　　人に市民の身分を承認したというプロセスを通じて，国家に対する市民の権利（公
　　　権）が存立する可能性を確保して，立憲主義の論理と国家主権を調和させようと試
　　　みた。

262

Ⅳ　国民主権

2　「主権の存する国民」とはどういうことか

(1)　人民主権説

　ここまで，国民主権にいう「主権」を，国政における最高の決定権であると説明してきたが，それが具体的に何を意味するかは，「国民」をいかなる存在と観念するかという問題と，密接に関連する。「国民」に具体的な決定を下すことができるだけの統一性があれば，「主権」を日々の政治を決定する権力と考えても構わないだろう。これに対して，そのような統一された「国民」が現在すると考えないのであれば，日々の政治は「代表」者（＝「国民」を再現前〔represent〕する者。→第14章Ⅰ3(3)）に委ねられると考えねばならない。この場合には，「国民主権」とは国民代表の活動が国民によって権威づけられるという理念を意味する。こうした「国民」のあり方への問いは，フランスにおけるナシオン主権論とプープル主権論の対立と関連づけて，議論されてきた*。

　杉原泰雄は，この二つの主権原理をマルクス主義的な「歴史の発展法則」と結び付けて，ナシオン主権をブルジョワジーの，プープル主権を民衆の理論ととらえた。そして日本国憲法には二つの原理になじむ規定が併存しており，それをプープル主権の観点から整合的に解釈すべきである，と説いた（杉原泰雄『国民主権の研究』）。この立場は，主権を統治権そのものととらえ，それを国民が行使するという権力的契機を強調するものである。

　＊　ナシオン主権とプープル主権を区別したのは，19世紀後半に活躍したフランスの公法学者カレ・ド・マルベール（Raymond Carré de Malberg）であるとされる。彼によれば，フランス革命を通じて「国籍保持者の総体」を主権者とする観念が確立したが，この抽象的観念の存在としての国民（nation）は，社会契約参加者の総体，政治に参加しうる年齢に達した者（市民）の総体としての人民（peuple）と峻別された。後者が直接的に「主権」すなわち国家権力を行使しうるのに対して，前者では主権の行使を「国民代表」に委ねざるをえない，というのである。

(2)　憲法制定権力としての主権

　この人民主権説に反対する樋口陽一は，主権を「憲法制定権力」（→第1章Ⅰ1(2)）としてとらえ，主権の問題を権力の実体ではなく，権力の正当性の問題

第13章　統治の基本原理

として考えるべきであると説く*。この議論の背後には，真に権力を行使できない「国民」の名において，人権が危うくされることへの危惧があり，憲法の下で主権概念は「凍結」されるべきだ，と説くのである（樋口陽一『近代立憲主義と現代国家』）。

    *　フランス革命期にシエイエス（Abbé Sieyès）は，国民の憲法制定権力（制憲権，pouvoir constituant）と，立法権その他の憲法によって作られた権力（pouvoirs constitués）の区別を強調した。ワイマール憲法下で活躍した憲法学者シュミット（Carl Schmitt）は，国民の制憲権を「自己の政治的実存の態様と形式に関する具体的な全体的決定」ととらえ，それは実定憲法の下でも恒常的に存在——いわば「ヌキ身で常駐」——しており，民衆の「喝采」（Akklamation）によって発動すると説いた。この見解に対しては，憲法秩序を不安定化させるものであるという批判が強い。主権と同様に制憲権の概念についても，解釈論上の有用性を疑う見解もある（長谷部恭男『憲法の境界』）。

(3)　正当性の契機と権力性の契機

杉原説・樋口説に対して，主権に正当性と権力性の二つの契機（moment）が含まれることを正面から認める見解も説かれてきた。それによれば，国民の制憲権は権力性に本質を有するが，それは自らを憲法制定と同時に憲法典の中に制度化し，①国家権力の正当性の究極の根拠は国民に存するという「国民主権」の原理，および，②法的拘束に服しつつ憲法を改める憲法改正権に転化した，とされる。②の権力的契機にいう「国民」はプープル，①の正当性契機にいう「国民」はナシオンに対応する（芦部『憲法学I』）。芦部説によれば，憲法改正における国民投票（96条）は国民主権の権力的契機と不可分に結合しており，憲法改正によってこの手続を廃止することはできない。それ以外の日々の政治については，国民主権は代表民主制（「全国民」の代表による政治）と結びつくので，代表者を法的に拘束するような国民投票は許されないことになる（→第14章Ⅱ5）*。

    *　なお最高裁は，国民主権の原理から，代表者よりも広い範囲で，公権力を行使したり，重要な施策に関し決定したりまたはそれに参画する公務員（公権力行使等公

264

務員）について，日本国籍保有者が就任することが想定されている，としている（最大判平 17・1・26 民集 59 巻 1 号 128 頁。→第 4 章 II 1(2)）。

3　国民主権からデモクラシーへ

　以上の学説の対立の焦点は，憲法制定の瞬間とは別に，憲法の下での日々の政治と，主権者である国民の意思とをどのように関連づけていくかにあった。もともと代表制は，生身の「国民」の意思なるものは現在しておらず，代表者の自由な討論によって形成するものだということを前提にしていた。しかし現代では，普通選挙制が採用され，広範な大衆の政治参加が実現するとともに，代表の機能不全が顕著となり，議会の出した結論が国民の意思であると擬制することは，難しい。その意味では，何らかの形で「民意」が実在するものと想定されているのである。しかし，その「民意」が，常に明確かつ統一的に決定を下すことのできる存在ではないことも確かである。たとえ人民主権説に立つにせよ，「民意」を現実に形成するための制度が必要であり，そうした制度が十分に機能してはじめて，代表者の決定の正当性も確保される。このように考えると，国民主権論の名で真に追究されてきたのは，憲法制定という一回的な権力行使ではなく，日々の国政において，どのようにして統一的な国家意思を継続的に形成し実現すべきか，という息の長い問題だということができる。

　このような観点から，最近では，憲法の下での政治を「デモクラシー」と呼び，デモクラシーの制度論・手続論に，国民主権論を解消する傾向が有力になってきた。この傾向では，主権的な「民意」とは，あくまで一定の制度・手続を通じて明らかにされるものである。したがって，真の問題は，制度・手続によって形成された政治プロセスが，デモクラシーと呼ぶにふさわしいだけの質を備えているかどうか，ということになる。

第13章　統治の基本原理

V　デモクラシー

1　公共性と世論

(1)　共和主義と多元主義

　この意味でのデモクラシーを論じる際には，統一体としての国家の存在が前提とされているのではなく，逆に現実の多様な国民から統一的な国家意思を形成する政治プロセスのあり方が，議論されている。この政治プロセスの中身もさまざまな理解が可能だが，ここでは共和主義と多元主義という二つの代表的な政治思想の含意を検討してみよう。

　共和主義は，それぞれの私的利益を顧みることなく，「公共善」の実現へ向けて協力することが，共同体の構成員の義務と考える立場である。この立場によれば，政治プロセスの核心は，構成員全員が対等に公共の場で討議し，公共善を発見することである。国民の自由も，この討議への参加とその結論の実現のために保障されている，と理解される。

　これに対して多元主義の立場は，国民全体の利益はアプリオリに存在するものではなく，国民の中の多元的な利益の交渉・取引の結果である，と考える。この立場からは，政治プロセスは，多元的な利益が結集した団体や企業が，議会を中心的な場に交渉・妥協を展開するゲームとして，理解されることになる。

　この二つの政治思想は，デモクラシーについてさまざまな示唆を与えてくれる。たとえば共和主義は，国民の中に一定程度の同質性があることがデモクラシーの必要条件であることを教えるが，多元主義からは，公共性の過度の強調が国民の中の多様性を損なうという批判が可能だろう。逆に多元主義については，政治プロセスの公共性が一部の私的利益によって簒奪されてしまう危険を，共和主義から告発されることになるだろう。

(2)　世論の意義

　このように考えた場合，デモクラシーをめぐる論点の一つは，「世論（public opinion）」をどのように位置づけるかにある。世論は不定型なものであり，議員の選挙と議会の討論・表決という狭義の政治プロセスの外側にある。しかも，「デモクラシーとは世論の支配である」といわれるように，そうした世論が選

266

V デモクラシー

挙と議会の結論を大きく左右する。たとえば多元主義の問題点は，諸利益の間の交渉・妥協が不透明であることに起因するにすぎず，それが公開され世論の批判の下におかれるならば，健全なデモクラシーのあり方として許容できるかもしれない。他方で共和主義を，政治プロセスを統制すべき世論が現実にはマス・メディアの寡占の下にあることを批判し，全構成員が対等に参加し討議した真の「世論」の支配を求める主張ととらえることもできるだろう。

いずれにせよ，国民主権が「公開討論の場の確保」を要請するという議論（佐藤幸治『日本国憲法論』395頁）も示唆するように，開かれて，活気に満ちた，健全な世論が，デモクラシーが成り立つための条件である。二重の基準論が，表現の自由を手厚く保障する役割を裁判所に割り振り，表現の自由の制約に厳格な司法審査を要求するのも，このことと密接に関連している（→第4章Ⅲ3(1)，第8章Ⅰ1(4)）。

2 選挙制度

(1) 選挙の方法

デモクラシーの制度面に目を向けた時には，選挙制度が，国民と議会を結ぶしくみとして最も重要な制度である。最初に選挙の方法を確認した上で，公職選挙法が定める国会議員の選挙制度のしくみを概観し，問題点を検討しておこう（→第11章Ⅰ2）。

まず選挙の方法としては，①多数代表制，②少数代表制，③比例代表制がある。①は選挙区の投票者の多数派から議員を選出させるものであり，小選挙区制がその典型である。②は選挙区の投票者の少数派からも議員の選出を可能とするしくみであり，具体的には大選挙区制や中選挙区制がある。③は投票数に比例した議員の選出を各政党に保障するものである。

小選挙区制については，中選挙区制と比べて落選した候補者に投じられた「死票」が増える，二大政党化をもたらし有権者の選択を狭める等の批判がある。この問題は，実際の得票率よりも強力な多数派を議会に創出する「安定政権」の論理を重視する多数代表制か，議会への投票の結果を正確に反映させる「民主的代表」の論理を重視する少数代表制かの対立として論じられることが多い。しかし，議員の任期中の活動に対して有権者が責任を問う，「審判」の

第13章 統治の基本原理

場として選挙をとらえるならば，一選挙区で一人しか当選できない小選挙区制は，中選挙区制と比べてより実効的な責任追及のしくみであり，世論に対する代表の応答性を高めることにもつながるものであることも，考慮すべきであろう。

(2) 公職選挙法のしくみ

衆議院議員選挙については，1994（平成6）年以降，小選挙区比例代表並立制が採用されている。現在は，衆議院議員のうち289人が小選挙区選挙，176人が11ブロックに分かれた比例代表選挙によって選出されることになる*。

参議院議員選挙については，各都道府県を選挙区とする地方区と，全国を一選挙区とする全国区の選挙（大選挙区制）が採用されていた。しかし全国区には，「残酷区」といわれるほど候補者に負担がかかる等の弊害があり，1982（昭和57）年にはその代わりに名簿式比例代表制が採用された。当初は拘束名簿式が採用されていたが，2001（平成13）年に政党があらかじめ順位を定めず，有権者が政党または候補者に投票し，そのうち候補者の得票の多寡により順位が定まるという非拘束式に変更された。現在は，245人の参議院議員のうち，147人が地方選挙区選挙，98人が比例代表選挙によって選出される（憲46条により，3年毎に半数改選）。2018（平成30）年の改正公職選挙法が全面施行される2022年には，248議席（地方選挙区148，比例代表100）となる予定である。

このように衆議院と参議院の代表の方法に決定的な差がないため，参議院が衆議院のカーボンコピー化したり，その政党化が進んだりした結果，民意の多角的な代表等の二院制の長所が生かされていないという批判もある（→第14章Ⅲ2）。

> ＊ 最高裁は，選挙制度の選択が立法裁量に委ねられていることを前提に，小選挙区比例代表並立制も違憲ではないと判断している（最大判平11・11・10民集53巻8号1704頁）。

3 政 党

(1) 政党の法的規律

現代のデモクラシーは，政党の存在抜きに語ることができない。政党は，選

Ｖ　デモクラシー

挙と議会の活動を実際に担うとともに，国民の中の意見や利益を汲み上げて国政に反映させ，逆に国民を統合する役割を担っている。八幡製鉄事件最高裁判決がいうとおり，政党は「議会制民主主義を支える不可欠の要素」であると同時に「国民の政治意思を形成する最も有力な媒体」である（最大判昭45・6・24民集24巻6号625頁）。だからこそ，政党がどのように憲法上位置づけられるか，いかなる政党規制が許されるかが，デモクラシーのあり方を左右する重要な論点となるのである。

　憲法が政党をどのように扱うかについては，伝統的に①敵視，②無視，③承認および法制化，④憲法的編入の4段階があり，日本国憲法は結社の自由を認めている一方（21条。→第8章Ⅲ2），ドイツのボン基本法のように政党条項を欠いているため，③の段階にあると説かれてきた。かつては，「政党法」の制定により党内民主主義の確立を求めることが，憲法に違反するかどうかが，議論の焦点であった。それに対して現在では，1994（平成6）年の政治改革によって，「政党本位」の選挙を実現する公職選挙法の改正，政治資金規制を強化する政治資金規正法の改正と並んで，国庫による政党に対する助成を認める政党助成法が成立しており，政党の存在が法律上正面から肯定されている。

　いかなる政党規制が許されるかについては，政党の公的性格と私的性格のいずれを重視するかという形で議論がなされてきた。政党は結社の自由に基づく「私的」団体であり，国家は政党の自律権を尊重しなければならないという見解と，政党は国家機関に類似した「公的」性格を有しているから，他の団体には許されないような一定の規制が認められるという見解が対立してきた[*]。

　リベラル・デモクラシーが，ナチスや共産主義国家にみられた一党独裁の民主集中制と異なるのは，メディアの多元性と複数政党制を当然の前提とすることにある。そしてデモクラシーの質は，個々の政党のあり方はもちろん，政党の数や政党の分極化の程度によっても左右される。いかなる政党規制が許されるかも，結局はデモクラシーのあり方をどのように考えるかといった観点から決せられるべき問題といえよう。

[*]　政党の自律権が問題になった事件として日本新党事件がある。これは，政党が参議院比例代表選挙（当時は拘束式名簿制であった）の名簿5位に登載されていた党

第13章　統治の基本原理

員Xの除名届を選挙会に提出した後，上位者2名が辞職したため，選挙会はXの下位にあった者を繰上当選人と決定したところ，Xが除名の無効を理由に，繰上当選人の当選無効の訴え（公選208条）を提起したという事案である。最高裁は，公選法が政党の内部的自律権を尊重しているため，選挙会は除名の有効性を実質的に審査できないということを理由に，政党による届出が形式的に適法になされている以上，選挙会の当選決定は有効であるとした（最一判平7・5・25民集49巻5号1279頁）。

(2)　政党，選挙制度とデモクラシー

ここで，選挙制度のあり方によって，政党制そしてデモクラシーのあり方がどのように左右されるかを，日本国憲法の下での政党政治に則して，概観しておくことにしよう。

日本国憲法の下の衆議院では，長年一つの選挙区から3人〜5人の議員が生まれる，「中選挙区制」がとられてきた。これは少数代表制の一種であり，比例代表制ほどではないにしても，有権者の中の多様な政治的意見・利益が国会に相対的に反映されていた（議会までの民主化）。逆にいえば，小規模な政党でも安定的な支持層を固めれば議席を獲得できるため，小党分立が促進されることにもなる。他方，この選挙制度の下では，政権を獲得・維持するために衆議院で多数派を形成しようとすれば，同じ選挙区で同じ政党の候補者が互いに争わざるをえない。この結果，選挙活動の中心となるのは，政党ではなく，後援会を組織した候補者個人である。このため，与党の内部は分権的構造となる（いわゆる派閥政治）。さらに野党も，お互いが対抗関係にあるため，一枚岩となって政権交代を目指すインセンティブが働かず，政権交代が生じにくい。実際にも，1955（昭和30）年以来，自民党が長らく衆議院の多数を制して政権を担当し，これに社会党ほかの野党が対峙するという「55年体制」が続いた。さらにこの体制では，政権が選挙後の与党内部の駆け引きによって創設・維持されたため，内閣の地位は安定したものではなかった。

これに対して，1993（平成5）年に自民党が分裂して政権を失い，代わって成立した8党の連立政権の下で，こうした中選挙区制・個人本位の選挙が派閥政治・金権政治の弊害を招いているという認識に立ち，小選挙区比例代表並立制が衆議院議員選挙に導入された。小選挙区制では，同一の政党に所属する候

補者の「同士討ち」が，候補者選定の段階で避けられる一方，選挙区で相対多数を得た候補者だけが議席を獲得できるのだから，二大政党化が促進されることになる。このため，各選挙区での戦いは，候補者の戦いというよりも，政権の獲得・維持を目指す二大政党の戦いの色彩を強める[*]。その結果，党の掲げる政策と，「選挙の顔」であり選挙後の首相候補である党首の個性・人気が，選挙の結論を大きく左右する。また政党の内部では，党執行部への権力集中が進む。全体としてみれば，有権者から衆議院を通じて内閣に至る「行政権までの民主化」が進み，選挙による政権選択の可能性が高まるが，その反面として政治過程の中で少数者の意見・利益が国政に反映されないおそれも生じる[**]。

[*] 1996（平成 8）年以降，この選挙制度の下で数回の衆議院の総選挙が行われ，自由民主党と民主党の二大政党化が進行し，2009（平成 21）年 8 月の総選挙では，民主党の大勝による政権交代が実現した。もっとも比例代表選挙を通じて二大政党以外の政党も議席を獲得すること，参議院の過半数を制するのが困難であること（→第 14 章Ⅲ 2）から，1993（平成 5）年以降現在に至るまで，連立政権が常態となっている。2012（平成 24）年 12 月の総選挙では，逆に自由民主党が大勝するとともに，野党側では小党分立の傾向が強まっている。

[**] こうしたおそれに対しては，参議院がより多様な民意を反映する，司法審査がこれまで以上に積極的に少数派保護の役割を演じる等の方法で，国政全体のバランスを取るという対処策も考えられる。

Ⅵ　むすび――三つの基本原理の関係

1　デモクラシーと法の支配

　ここまで三つの統治の基本原理について個別に概観してきたが，それらの関係について最後に検討しておこう。法の支配と権力分立の思想的基礎が自由主義にあるのに対して，国民主権の原理は両原理に対立するというのが，従来の一般的な見方であった。権力的契機に力点を置いて国民主権を理解した場合には，権力の集中に傾くため，権力の拘束や分散を求める法の支配・権力分立と国民主権は，対立的にとらえられるからである。

第13章　統治の基本原理

　そこで従来の学説は，法の支配・権力分立も国民主権も究極的には「個人の尊厳」に奉仕するものであるとか，制憲者たる国民の自己制限として法の支配をとらえることで，三つの統治の基本原理を整合的に理解しようと努めてきた。しかし，これまで述べてきたように，より良きデモクラシーの実現という出発点から国民主権を理解し直すのであれば，異なるやり方で三つの基本原理の関係を理解することも可能である。

　政治の最終的な担い手は，政治家であれ有権者であれ，技術やコンピューターではなく，生身の，そして人格を有する人間である。したがって政治には，「人による，人の支配」——多数決の場合には，多数派の少数派に対する支配——に堕する傾向が，常に内在している。しかし恣意的な「支配」は，価値観や利益が多元化する現代社会にあって，安定的に長続きするものではない。法の支配は，実際には「法に拘束された人による，人の支配」であるが，それは生身の人間による決定に，それが決定者本人よりも高次の決定に由来するものであるという形で正統性を付与し，支配を合理的な政治へと転換するための条件としてとらえることもできる。このように考えると，法の支配は，デモクラシーのための制度原理としての側面を有しているのである。

2　デモクラシーと権力分立

　権力分立もまた，もっぱら自由主義的な原理ではなく，デモクラシーのための制度原理としてとらえ直すことができる。自由主義の観点からは，国民支配作用としての立法・行政・司法の区別が重要である。しかし日本国憲法は，国会・内閣・裁判所といった三つの国家機関を創設し，各々の機関の構成を同時に定めている。このことからすれば，機関の構成と，その機関に委ねられた国家作用の間に，一定の連関があると想定するのは自然であろう。たとえば，仮に国会に行政権を，内閣に司法権を付与しても，国政が停滞することは明らかであるように思われる。「全国民の代表」から構成される国会は，現実の国民の中の多様な価値観や利益を公に表明し，それを審議を通じ収斂させて，多数決によって中長期にわたる基本的・原則的決定を下すのに適した機関である[*]。このように考えると，憲法が国会に立法権（41条）と財政に関する基本的決定権（83条）を与えていることは，筋が通っている。内閣の国会に対する責任

272

Ⅵ　むすび——三つの基本原理の関係

（66条3項）の規定も，国会が国民の代表者として国民から定期的に責任を問われる議員から構成された機関であること，その国会を政治プロセスの中心に置くことで，政治プロセス全体の透明化，責任の所在と追及方法の確定という，デモクラシーの条件を創り出しているととらえられる（議会政：parliamentary government）。

　このように，憲法は国会・内閣・裁判所といった憲法上の国家機関に，政治プロセス全体における一定の機能・役割を期待し，それに適するように機関の構成を定め，立法・行政・司法等の権限を付与している，と理解できる。そうだとすると，本章の冒頭で述べた，Ａという権限をＢという機関に付与することが権力分立に違反するかどうかといった論点も，各国家機関の憲法上の機能・役割という観点から考察して回答すべきことになろう。たとえば処分的法律の合憲性についても，政治プロセスにおいて基本的・原則的決定を下すという国会の機能に反するかどうかを考察して結論を出すべきであろう（→第14章Ⅱ2）。

　　＊　在宅投票事件最高裁判決（最一判昭60・11・21民集39巻7号1512頁）は，「憲法の採用する議会制民主主義の下においては，国会は，国民の間に存する多元的な意見及び諸々の利益を立法過程に公正に反映させ，議員の自由な討論を通してこれらを調整し，究極的には多数決原理により統一的な国家意思を形成すべき役割を担うものである」としている（→第17章Ⅶ1）。

273

第14章　国　　会

I　歴史の流れのなかで──日本国憲法下の国会の位置づけ

1　歴史的経緯

近代議会制の母国といわれるイギリスは，1965年，議会開設700周年を祝った。長きにわたるこの国の議会制の起源をたどっていけば，古く，アングロ＝サクソンの王国における賢人会議にいきつく。当時，貴族のなかで指導的地位にある者が王となり，有力貴族や聖職者で構成されるこの会議に諮問しつつ，その意向をきいて統治をおこなうというあり方をとっていた。

1066年のノルマン・コンクェスト（ノルマンディー公ウィリアムによるイギリス征服）はイギリス史上の画期とされるが，そのあと国王の諮問会議は「王会」（Curia Regis）と称されるようになる。さらに時代を下って1265年，会議召集にあたり，貴族，聖職者のほか各州から2名の騎士，各都市から2名の市民が，それぞれ参加を求められた。社会の各階層の代表者が召集された点が着目され，これをもって議会のはじまりと位置づけられる。

では，この会議体の権能は，いかなるものであったのだろうか。国王の政治に関する諮問機関としての位置づけが，そもそものはじまりである。これがのち，さまざまな権能を併有するようになる。そのうち重要なものが，国王の行う課税に対し同意を与える権能（課税同意権[*]）であるが，そのほかに政府要職者に対する弾劾，国の会計に関する監査などがあり，法律の制定に関わる権能（立法権）も認められていく。

こうしてみると，議会はその歴史的経緯からも明らかなように，もともとは政治一般に関わる機関である。法律制定による政治関与は，重要なものである

274

I 歴史の流れのなかで——日本国憲法下の国会の位置づけ

が，それに限られるわけではない。課税同意権をはじめとするさまざまなもの
が列挙される。議会＝立法機関というとらえ方は，したがって，議会の重要
権能を示すにとどまる。

    * 1215 年のマグナ・カルタ（大憲章）は，当時の国王ジョンが諸侯らに認めさせら
    れたものであるが，その 12 条は課税同意権に関わってしばしば参照される。規定
    は次のようにいう。「いかなる軍役代納金も御用金も，余の王国においては，余の
    身柄の取戻のためか，余の最年長の息子をナイトに叙勲するためか，余の最年長の
    娘の最初の結婚のためかを除き，王国の共通の助言によるのでなければ徴収されな
    いものとする」（J.C. ホゥルト〔森岡敬一郎訳〕『マグナ・カルタ』541 頁参照）。

2　明治憲法下の帝国議会

　第 1 章において言及したように，明治憲法体制の下にあっては天皇が主権者
で統治権の総攬者，つまり統治権の全体は究極的に天皇に帰属するものと解さ
れていた。そして，帝国議会，国務各大臣，裁判所は，それぞれ天皇の下にあ
って，統治権の各分野を翼賛するものと位置づけられた（翼賛の意味に関しては，
→第 1 章 II 2）。

　明治憲法の中心的起草者，伊藤博文は，帝国議会を「立憲の政における要素
の機関*」と位置づけたが，国政の重要事項のうちかなりの部分は天皇の大権
事項とされていた。宣戦・講和および条約締結の大権（明憲 13 条），官制・任
官の大権（10 条），軍に関する統帥大権（11 条），皇室大権などである。したが
って，帝国議会の権限は，限定されたものとならざるをえなかった。

　帝国議会に留保されたもののうち，最重要な権限が立法権であるが，これに
ついても二つの側面から制約が及んでいた。ひとつは，帝国議会がすべての立
法権限を掌握していたわけではないことである。天皇に緊急命令（8 条），独立
命令（9 条）などの形で独自の，つまり帝国議会の関与を受けない形態で立法
をなす権限が認められていた。もうひとつは，法律の形式をとる規範の制定に
ついても，帝国議会だけでなしうるのではなく，天皇の裁可が必要とされてい
たことである**（6 条）。

275

＊　伊藤博文（宮沢俊義校註）『憲法義解』65頁。

＊＊　ただし，明治憲法下において天皇が法律を裁可しなかった例はない。そもそも貴族院がある以上，天皇が裁可を拒否しなければならない状況は現出しがたい。

3　日本国憲法下での国会の位置づけ

(1)　国権の最高機関

憲法41条前段は，国会を「国権の最高機関」と位置づけている。少なくともこれが，憲法体制の変革を意味する規定であることは明白である。すなわち，明治憲法においては，天皇が主権者とされ，統治権の総攬者として君臨したのに対し，日本国憲法の下においては国民主権が採用され，主権者国民を直接代表する国会に，民主的正統性に基づく高い地位が認められるようになった。

では一歩立ち入って，この規定の意味はどのように解釈されるのであろうか。従来大きく分けて二つの学説が対立した＊。一方の極には，統括機関説がある。明治憲法下において天皇が占めていた統治権の総攬者たる地位に，国会が代わって入り，国政全般を統括するようになったととらえるのがこの説であるが，それによるならば，憲法41条は，国会が立法機関であると同時に統括機関でもある旨規定するもの，と理解することとなる。すなわち「国権の最高機関」という条文のことばに法的意味を認める。

しかしこの学説に対しては，法的意味における最高の権威をもち，明治憲法下の天皇の地位に，現行憲法下で代わって入ったのは，国会ではなく，むしろ有権者団あるいは国民それ自体ではないか，という疑問が寄せられる。

他方の極には，政治的美称説が位置する。国会は，法的意味において最高機関ではない。内閣，最高裁判所は，それぞれの担当領域において最高機関であり，その上位に国会が位置するわけではない。ただし国会は，主権者国民を直接代表し，国政の中心にあるべきものであるから，そういう位置づけを政治的に美しく称したことばが，「国権の最高機関」であるとみる。つまりことば自体に法的意味はない，政治的レトリックにすぎない，と理解するのである。

たしかに国会は，内閣，最高裁判所の上位に位置するものではない。しかし，基本的には同列であるにしても比較的優位の機関としての内実を認めうるであろう。つまり「国権の最高機関」ということばの内実が“うつろ”というわけ

276

ではない。

本章冒頭で扱ったイギリスにおける歴史的展開を参酌すれば，議会は，立法機関である前に政治機関である[**]。むしろ立法は，議会に保有されている一般的な政治的権能のひとつと位置づけられる。

この視点で日本国憲法下の国会をみれば，主権者国民を直接代表するがゆえに，国家機関のなかで最も強い民主的正統性をもつ存在といえる。そして，そういう民主的基盤をもとに，高い政治的権威が承認されるとともに，広い範囲にわたる政治的決定権能——明治憲法下においては天皇の大権事項とされていたものを含む——が認められている。とりわけ注目されるのは，憲法改正の発議権（96条），および，議院内閣制の下において，内閣総理大臣の指名（67条1項），内閣の政治責任の追及（66条3項）などにより政権を創出・コントロールする権能，である。

このように，民主的基盤をもとにした，高い政治的権威と広範な権限をもった政治機関であることに着目して，憲法は国会を国権の最高機関と称したものと解される。

[*]　本文中で述べた二つの学説のほかに，総合調整機能説といわれるものがある。この説は，国権の最高機関ということばに法的意味があるとする点で，政治的美称説とは異なると同時に，国会は他権の上位に位置するのではなく，国家機構内部における総合調整をする機能を果たすと把握する点で，統括機関説とも異なる。

[**]　議会が立法機関であるのみならず政治機関であるという指摘はしばしばなされる。たとえば向大野新治『衆議院——そのシステムとメカニズム』はしがきiv頁は，国会について「立法機関という形式の裏に，政治機関性，つまり行政府を指導する者を選ぶための権力闘争の場という非常に重要な役割を有して」いる，と論ずる。

(2)　唯一の立法機関

憲法41条後段は，国会を「唯一の立法機関」としている。この位置づけについては，明治憲法下の帝国議会のあり方と対比するとき，その意義が浮かびあがってくる。

明治憲法においては，天皇に独自の立法権能が認められていたことは前述した。すなわち，立法権は帝国議会に独占されていたわけではなかった。これに

第14章 国　会

対し，現行憲法においては憲法自体が認める限定的な例外——議院規則制定権（58条2項），最高裁判所の規則制定権（77条1項）など——を除いて，国会が立法権能を独占することとなった。これを国会中心立法の原則という。

また，明治憲法下においては，法律の制定につき，帝国議会の議決だけでなく，天皇の裁可が必要とされていたが，現行憲法の下では国会の議決だけで法律を制定しうるのであって，他の機関の承認等は必要ではない。これを国会単独立法の原則という。

国会が「唯一の」立法機関であることは，以上のような，国会中心立法の原則と国会単独立法の原則の双方を含意すると解される。

(3)　全国民の代表

憲法43条は，国会議員について「全国民を代表」するとしており，その国会議員からなる国会も同様に，全国民の代表と位置づけられる。

明治憲法下の帝国議会は，貴族院と衆議院から構成されており，衆議院については民選であった（明憲35条）が，貴族院については皇族，華族，および勅任議員によって構成されるものとされ（34条），特定階級の代表としての性格を帯びていた。これに対し日本国憲法は，二院制を維持しつつ，両院議員とも全国民の代表でなければならないと規定したのである。

全国民の代表であることの意味理解については，西欧における議会制の歴史的展開が参酌される。

近代以前の身分制議会においては，議会に派遣される身分集団の代表は，それぞれの選出母体（各身分集団）の訓令に法的に拘束された——いわゆる命令的委任。統一的な国家意思の形成の任にあたるのは国王であり，その際に，国王が各身分集団の意思を参酌すべく，身分制議会が召集されたのである。

近代市民革命後，議会こそが統一的な国家意思を形成する主体となった。その構成員たる議員＝代表が，各選出母体（各選挙区）の意思に法的に拘束されていては，議会において統一的な国家意思の形成が困難となる。そこで命令的委任は禁止され，代表たる議員は選出母体からの自由が保障される存在となった。こういった代表のあり方が，純粋代表といわれる。

のち選挙制度が改正され，普通選挙が導入されるなどにより有権者の範囲が拡大すると，代表のとらえ方に，さらに重要な修正が加わる。選挙人団として

278

構成された人民の意思を，代表たる議員は反映すべきである，という認識の広まりである。代表は実在する民意に事実上拘束されるというとらえ方は，半代表と称される。

以上のような歴史的展開をふまえて日本国憲法43条の規定する「全国民の代表」を解釈するとき，一方で，議員は各自の選挙区の代表ではなく「全国民」の代表であることからして，命令的委任の禁止の趣旨を読みとることが可能である。もう一方で，全国民の「代表」であるという実質を確保すべく，代表のとらえ方の歴史的展開をふまえ，半代表理論をとり入れ，実在する民意を反映すべき要請が認められる[*]。

[*] 　本文中では，純粋代表，半代表という概念につき述べたが，さらに展開して半直接民主制に論及する学説もある。代表制を採用することと並んで，一定の領域においては国民自身が直接民主制により決定する制度が採用されているとき，半直接民主制によっているとされる。この理解の下では，日本国憲法は半直接民主制によっているといえる。憲法改正国民投票（96条），地方自治特別法の住民投票（95条）が認められているからである。

　　　なお，身分制議会の段階においては，代表者の経費等は，自弁か，あるいは選出母体から支給された。後に，議員は，選出母体ではなく国民の代表と位置づけられるようになり，かつ資産家でない者にも議員になる道を開くべく，歳費（国会議員が受ける手当）が国庫から支給されるようになる。日本国憲法も49条において歳費請求権を規定している。

II　国会の権能

1　概　　観

前節においてみたように，国会は広範な政治的権能を有している。そのうちとりわけ重要なものが立法権能であることは疑いないが，そのほかに，次のようなものがある。

①　憲法改正の発議権（96条）

②　条約承認権（73条3号・61条）

第14章 国　会

③　内閣総理大臣の指名権（67条）　　この規定が示すように，大統領制と異なり，議院内閣制の下では，議会は政権創出の基盤となる。

④　行政・財政の監督　　66条3項によれば，内閣は国会に対して連帯して政治責任を負うとされている。したがって国会は，内閣およびその配下にある行政各部が担当する行政について，監督することとなる。また，財政監督に関しては，予算議決権（86条）および決算審議の権能（90条）が重要である。

⑤　弾劾裁判所の設置（64条）　　裁判官の弾劾事由があるとき，つまり，「職務上の義務に著しく違反し，又は職務を甚だしく怠ったとき」，「その他職務の内外を問わず，裁判官としての威信を著しく失うべき非行があったとき」（裁弾2条），衆参両院議員で組織する弾劾裁判所による罷免手続がとられる。弾劾裁判所は国会によって設置されるが，いったん設置されれば，国会から独立の存在として活動する。

2　立法の権限

国会は，唯一の立法機関であるが，では，国会が法律によって規定しなければならない事項（法律事項）は何であろうか。

これにつき，かつて法規説が唱えられた。国民の権利を制限し，または義務を課す法規範こそ，法律によって規定されなければならない，とするものである。しかしこれは，19世紀の立憲君主制下における考え方であり，立法事項としてあまりに狭い。

国民主権が確立した日本国憲法の下では，立法事項の枠を拡大することが適切であるという共通理解がある。この方向性に依拠し，国民の権利・義務に関係する一般的・抽象的法規範が立法事項であるととらえるべきであろう。一般的とは特定人ではなくすべての人を対象とすること，抽象的とは特定の事案ではなく，すべての事案に適用されること，をそれぞれ意味する。

ただし，立法事項の意味については注意を要する。必ず法律で定められなければならず，それゆえ国会の権限に専属的に帰属する事項（必要的立法事項，専属的立法事項）と，法律以外でも法律でも，ともに定めうるのであり，したがって国会の権限にも帰属する事項（任意的立法事項，競合的立法事項）とは，区別する必要がある[*]。前者は必要最小限度の立法事項を画する概念であり，後

280

者は立法事項の最大限を画する概念である。

　国民の権利・義務に関係する一般的・抽象的法規範を必要的立法事項としつつも，任意的立法事項の枠内には，さらに多くの事項が包含されうる。いわゆる処分的法律も一定限度で含ませてよいであろう。個別的具体的なことがらを定めるこの種の法律は，行政権に対する介入ではないかとの疑いが提起されるが，国会と内閣の関係が決定的に破壊されない限り許されると解されよう。

　立法事項に関する考察の関連で，行政組織の大綱が法律で定められている（各省設置法など）ことを，どうとらえるべきかも問われる。

　行政組織の大綱のありようは，国民の権利・義務に関係する，したがって（必要的）立法事項である，という説明がある。しかし，説明としてやや苦しいのみならず，そもそも行政組織に関する規範が一般的・抽象的なものといえるのか，疑問なしとしない。

　むしろ，憲法 41 条後段ではなく，同条前段の「国権の最高機関」性から読みとくべきであろう。国会は国権の最高機関であるから，行政組織も，その大綱については国会の判断に留保されている，と解する。

　＊　赤坂正浩「立法の概念」公法研究 67 号 155 頁は，国会の専管事項と競管事項の
　　　区別，必要的立法事項と任意的立法事項の区別，を主張する。

3　立法プロセスと内閣の法律案提出権

　立法のプロセスは，提案→審議→議決からなる。そして提案，つまり法律案の提出は，議員による場合のみならず内閣による場合があり，とりわけ重要法案に関して内閣提出である場合が多いと指摘される。ところが，41 条の国会単独立法の原則からすれば，国会以外の機関が提案を担当することは許されるのかが問題点として浮上する。

　そもそも 41 条の国会単独立法の原則の趣旨は，明治憲法時代の，法律制定に天皇の裁可が要求されていたことに対するアンチテーゼである。そうだとすると，法律の審議，議決が国会のみに留保されることを求めるものと解される。またそう解しても，内閣の提案につき国会は自由に審議，議決しうるのであるから，国会の判断に制約を課しているとはいえまい。したがって内閣の法律案

第14章 国　会

提出は許容されるものと思われる。

4　立法の委任

　いわゆる立法の委任も，国会が「唯一の立法機関」であることとの関係で論じられる。それは，国会が立法権の行使を行政府などの他の機関に委ねることであるが，現代の行政国家現象の下で顕著なあり方となっている。専門・技術的事項，新しい状況に迅速かつ柔軟に対処することが求められる事項，さらに政治の場からある程度距離をおいて定めるべき客観的公正が特に要請される事項などは，国会以外の機関に委任することが必要であるからであり，それゆえ，委任立法は条理上認容されると理解されている。

　憲法の条文をみても，内閣の職務を定める73条の6号が「この憲法及び法律の規定を実施するために，政令を制定すること」として執行命令を明文上認め，さらに同号ただし書の「政令には，特にその法律の委任がある場合を除いては，罰則を設けることができない」という規定が，委任命令の許容性を前提としている。

　さて，以上のように委任立法それ自体は認められるにしても，その限界が問われる。それは委任する法律の合憲性と，受任する命令の適法性という，二つの側面に顕現する。法律の側においては，一般的・包括的な白紙委任をしてはならず，基本的な政策決定を国会がなしていること*，受任する命令の側においては，委任法律の枠内にとどまるべきこと，がそれぞれ要請される**。

---

*　ドイツの判例・学説上とられるようになった「本質性理論」からして，議会が「たんに根拠規定を置いただけでは足りず，……規律責務を果たしたと評価できるほど充分な規律密度を有した法律規定が……要求される」という，興味深い見解が主張されている。大橋洋一『行政法Ⅰ　現代行政過程論〔第3版〕』35頁。

　　なお，「委任しようとする事項が……国民の権利義務に直接かかわる事項である場合には，委任の基準の明確性がより強く求められる」。基準を明確化する場合には，典型的なものを例示したり，委任の趣旨をある程度示す（「Aに準ずる者として政令で定める者」「……することに合理的な理由がある者として○○省令で定める者」等）などの方法（村上たか「立法と調査」192号）がある。

**　委任法律の問題としては，国家公務員法102条1項が「……選挙権の行使を除

く外，人事院規則で定める政治的行為をしてはならない」とかなり一般的に委任していることが挙げられる。最高裁は，「憲法の許容する委任の限度を超えることになるものではない」（最大判昭49・11・6刑集28巻9号393頁〔猿払事件〕）とするが，政治的中立性を保障された人事院に委任するという特殊性を考慮に入れても，合憲性に疑問を呈する学説が有力である。

この点，刑罰権の対象となる政治的行為の規定の委任に関してはより厳格な基準によるべきだとして，刑罰の対象となる行為の委任に関する限り違憲と判断した同判決の大隅健一郎ほか3名の裁判官の反対意見が注目される。

委任を受けた命令に関しては，委任法律の枠を超えているとして違法とした例がいくつかある。たとえば，児童扶養手当資格喪失処分取消事件（最一判平14・1・31民集56巻1号246頁）が挙げられる。児童扶養手当法4条1項は，児童扶養手当の支給対象となる児童として，「父母が婚姻を解消した児童」（1号），「父が死亡した児童」（2号），「父が政令で定める程度の障害の状態にある児童」（3号），「父の生死が明らかでない児童」（4号），「その他前各号に準ずる状態にある児童で政令で定めるもの」（5号）と定めており，この5号を受けて，児童扶養手当法施行令1条の2第3号は，「母が婚姻（婚姻の届出をしていないが事実上婚姻関係と同様の事情にある場合を含む。）によらないで懐胎した児童（父から認知された児童を除く。）」と規定していた。

最高裁は，法4条1項各号は，「世帯の生計維持者としての父による現実の扶養を期待することができないと考えられる児童……を支給対象児童として類型化している」ととらえた。そして「婚姻外懐胎児童が認知により法律上の父がいる状態になったとしても，依然として法4条1項1号ないし4号に準ずる状態が続いているものというべきである」と判断し，施行令1条の2第3号が，「（父から認知された児童を除く。）」という括弧書を設け，父に認知された児童を支給対象から除外したことは法の委任の範囲を超えたもの，したがって「本件括弧書は法の委任の範囲を逸脱した違法な規定として無効」と判示した。

5　法律改廃に関するレファレンダム

法律改廃に関して国民投票にかけ，国民の意思を問うことはどう考えたらよいのか。国民投票に法的拘束力を認める形態のものは，国会を「唯一の立法機関」とする41条の下では認められないであろう。では，そういった法的拘束力までは認めず，議員がこれを参酌しうるにとどまるとする諮問的レファレンダムであればどうか。直ちに違憲とまではいえないであろう。ただし，議会内

第14章 国　会

における討議のプロセスが軽視されること，設問の仕方が操作可能であること，などを考慮に入れるとき，その危険性が指摘される。

Ⅲ　国会の構成，運営

1　二　院　制

(1)　比較憲法的にみた類型論

日本国憲法は，いわゆる二院制をとり，国会を衆議院と参議院の二つの議院から構成している。比較憲法的にみても二院制をとる国は数多いが，次のような類型に分けられる。

第一に，貴族院・庶民院型である。イギリスはこのタイプであるし[*]，わが国も明治憲法下においてはこの類型に属していた[**]。社会のなかに貴族などの特権階級が認められているとき，その階級の立場・利益を代弁するため，庶民院のほかに貴族院が設置される。

第二に，連邦制型である。アメリカ合衆国の制度がこの類型に属する。上院は州代表という性格をもち，人口の多寡にかかわらず各州均等に二議席配分される。これに対し下院は国民代表という性格をもち，基本的には各州の人口の多寡に応じた議席配分がなされる。

第三に，民主的二院制型である。日本国憲法下における二院制はこの類型であり，二つの議院がともに国民代表として民主的に構成される。

[*]　イギリスの貴族院は現在，世襲貴族はそれほど多くなく，各界の専門家，聖職者などがむしろ多くなっている。したがって各界の叡智の結集という実態があると指摘される（小堀眞裕『国会改造論』）。

[**]　明治憲法下，貴族院と衆議院との序列関係では，貴族院が上位とされ，貴衆両院という言い方がなされていた。

(2)　民主的二院制型の存在理由

貴族院・庶民院型，および連邦制型の場合，社会の階級構造や国家構造に対

Ⅲ　国会の構成，運営

応する点で，二院制の存在理由は比較的明瞭である。しかし民主的二院制型の場合，事情が異なる。議院の構成原理が基本的には同じなのに，どうして二つ必要なのか，疑問が提起される*。

この民主的二院制に関しては，次のようなメリットを指摘しうる。

第一に，民意をよりよく反映することである。議員の選出につき，議院間で時期，方法を異にすることにより，異なった視点から民意を把握し，それを総合してよりよい民意反映につなげる（民意の多角的反映）。また議案等の審議において，一方の議院における審議が問題点を浮き彫りにし，それが国民世論に反映され，他方の議院の審議にそれをとり入れうる，という利点も指摘される。

第二に，国会の議事を慎重，公平たらしめることである。衆議院は「数の府」であり，多数決により国政の決定をすべき場であるが，ときに行き過ぎに至る。そこで「理性の府」としての参議院を併置することにより，衆議院の行き過ぎに抑制をかけ，議事を慎重公平ならしめる。日本国憲法制定の際，金森徳次郎・憲法担当国務大臣も，衆議院において二院制の趣旨に関し，「国政が慎重に行われて行くことを期する」と答弁し，同様の立場を示した。

第三に，衆議院が解散などで活動能力を失っているとき，もうひとつの議院があれば，国政の民主的運営が可能となる点も指摘される。明治憲法においては天皇の緊急命令（明憲8条）によったが，日本国憲法下では参議院の緊急集会（憲54条2項）が認められており，緊急の必要に民主的に対応することが可能となっている。

*　日本国憲法制定の際，マッカーサー草案は一院制を採用していたことはよく知られている。貴族制度を廃止する以上，明治憲法下のような二院制は不要であるという見解を示している。

2　衆参ねじれ現象

かつて参議院については，その独自性が不十分であり，衆議院のカーボンコピーと揶揄する論調がみられたが，衆参のねじれ現象がみられるようになって，今日では，強い参議院の姿がクローズアップされる。

そもそも，ねじれ現象とは，衆議院において多数を占める政党（または政党

285

第14章 国 会

グループ，以下略），つまり与党（内閣を支えている政党）が，参議院では少数派
となり，衆議院において少数派である野党（与党以外の政党）が，参議院で多数
派となっている政治状況を指称する。両議院において議員選挙は別々であるか
ら，選挙結果が異なり，したがってねじれが生ずることはありうるし，かつ現
実に生じている。

憲法は，衆議院と参議院の権限を異にし，前者を後者に優越させている——
いわゆる衆議院の優越——。これがねじれ現象の下で現実的意味合いをもって
くる。

内閣の形成についてみれば，憲法は67条2項で，最終的には衆議院の内閣
総理大臣指名議決を国会の指名議決とすると定める。また，予算については，
内閣が作成し，国会の議決を経なければならない（86条）が，60条2項で，最
終的には衆議院の議決を国会の議決としている。さらに，条約については，内
閣が締結し国会の承認を経ることが求められる（73条3号）が，61条は国会の
承認につき予算の議決と同様の扱いを認める。このように内閣形成，予算，条
約に関する衆議院の優越は，かなり強い。

ところが，法律については，衆参両議院で可決するか，参議院が可決しなか
った場合に衆議院の3分の2以上の多数で再可決した場合に法律となる（59条）。
ここにおける衆議院の優越の程度は，やや弱い*。

与党が衆議院で3分の2以上の議席を保有しているが，参議院では少数派と
いう形態のねじれの場合，与党が内閣を支え，予算，条約を処理し，法律を制
定することが可能である。法律についても参議院で否決されたのち衆議院で再
可決すればよい。ただし，衆議院議員選挙で3分の2以上の議席を維持するこ
とはかなり困難であり，衆議院の再可決をくり返せば，その強引な政治手法に
より有権者の支持が低下するおそれがある。そうだとすると，この形態のねじ
れ現象の場合，衆議院の多数派の行き過ぎに対し慎重さを求める参議院の機能
が，まさに発揮される。

与党が衆議院で過半数議席を有しているが3分の2には至らず，参議院では
少数派という形態のねじれの場合，与党だけで内閣を組織し，予算，条約を処
理できるが，法律の制定はできない。ただし既存の法律の枠内での日常的な国
政運営は可能である。もし新規の政策を採用しようとすれば，少なくとも野党

Ⅲ　国会の構成，運営

の一部の同意をとり付けて法律制定に至る必要がある。参議院における法律案可決をにらんで，与野党間調整が強く求められる状況といえる。

* ねじれには政策問題の決定を慎重にするメリットがある。しかし，財政法案の場合，その成立の遅れは国家財政上の危機を招きかねない。したがって予算のみならず予算関連法案に関しても衆議院の優越を認めることが望ましい，という改憲案が注目される（小堀眞裕『国会改造論』〔前出〕）。

3　国会の運営

　国会は一定の期間を定めて活動能力を有するのであり，その期間のことを会期という。憲法は常会（毎年1回召集される。52条），臨時会（臨時の必要に応じて召集される。53条），特別会（衆議院解散後，衆議院議員総選挙がおこなわれるが，その後召集される。54条）の三類型を規定しており，会期制を前提としていると解される。また臨時会について「いづれかの議院の総議員の四分の一以上の要求」（53条）によって召集を要求しうるとする点は，少数派政党の意向を尊重するものとして注目される。

　会期に関わっては，その期間中に議決に至らなかった案件は後会に継続しない（国会68条本文）という会期不継続の原則が，国会法上とられている。各々の会期は独立という伝統に依拠する。ただし，会期制をとったからといって，会期不継続の原則が必然的に要請されるとはいえないであろう。会期制は憲法上の要請であるが，会期不継続の原則は法律上のものと位置づけ，選挙から選挙までの一定期間，会期の継続を認めるよう法律・慣行を変更することなどは検討に値する。

　議院における議事につき，本会議を中心におこなうか，委員会を中心におこなうかは，選択問題である。明治憲法下の帝国議会は，建前としては本会議中心主義をとり，法律案につき三読会*の方式がとられていたが，実際には形骸化した。審議を実質化するに本会議は適切とはいえないので，日本国憲法下の国会は，委員会に軸足をおく方向をとる（委員会中心主義）**。

　なお，両議院における議事は，原則として公開とされる（57条本文）。有権者に情報提供し，選挙の際の判断資料とするためにも，また，議場における議

第14章 国　会

論と世論とを相互にすり合わせるためにも，公開は重要な機能を果たしている。

* 　三読会とは，第一読会で議案の趣旨説明，第二読会で法案の逐条審議，そして第
  三読会で最終的な議院の意思として議案全体に対する賛否の決定，という方式であ
  る。

** 　1999（平成11）年，国会審議活性化法が制定され，国家基本政策委員会の設置，
  政府委員の廃止などにより，政策議論の活性化が企図されている。

Ⅳ　議院の権限

1　議院自律権

(1)　意義・内容

　各議院は，憲法上独立した地位を保有し，それに由来する各種の自律的権能
が認められるが，これらを総称して，議院自律権という。これは，内閣，裁判
所など他権に対する自律権であるにとどまらず，衆議院の参議院に対する，あ
るいは参議院の衆議院に対するものでもある。

　議院自律権は三種に内容区分される。第一に組織自律権，すなわち議院がそ
の内部組織を自由に定めうる権能である。役員の選任権*（58条1項），議員資
格争訟の裁判権**（55条）などが，これに含まれる。第二に運営自律権，すな
わち他の議院，他の国家機関から干渉を受けることなく，自主的活動をなしう
ることであり，議院自律権の中心をなす。議院規則制定権や議員懲罰権（58条
2項）がこれに含まれる。そして第三に，財務自律権であり，これが組織，運
営の自律権を財政的に裏づける。

　以上のように理解するとき，国会法が各議院の内部事項まで規定しているこ
とは許容されるのか，が問われる。法律である国会法は，基本的には両議院の
可決が必要であるから，一方の議院の内部事項に他方の議院が介入するという
問題が生ずるからである。

　これに関しては，国会法の規定を分けて考察することが妥当である。国会の
召集，会期，両議院関係などの国会事項が一方にある。それは一議院のみに関

288

わるものではないので，国会法による規律が妥当である。他方に，各議院固有
事項がある。各議院の役員，委員会などであるが，それは議院自律権がまさに
及ぶ分野である。したがってこの種の事項に国会法の規定が及ぶとき，それは
各議院の自律権尊重の趣旨から，その任意の遵守を期待しうるにとどまるもの
──両議院の間の紳士協約──と解するのが適切である。

* 憲法 58 条 1 項は「両議院は，各々その議長その他の役員を選任する」と規定し，
　これを受けて国会法 16 条は，議長，副議長，仮議長，常任委員長，事務総長を各
　議院の役員としている。
　　憲法 58 条 1 項にいう「役員」の意味については，いくつかのとらえ方がある。
　この規定につき，議院の職員は，明治憲法下のような天皇の官吏ではなく，議院の
　（直接または間接の）選任によるとの趣旨を示すと解すれば，ここにいう「役員」
　は議院の職員すべてを意味し，国会法 16 条は，憲法 58 条 1 項の「役員」のうち重
　要なものの例示，ととらえることとなる。
** 議員の資格とは，議員の地位を保持するのに必要な資格のことで，憲法 44 条
　により「法律で……定める」とされる。国会法によれば，兼職禁止条項に反する場
　合（国会 108 条），被選の資格を失った場合（109 条），比例代表選出議員が他の名
　簿届出政党等に移籍した場合（109 条の 2）に議員資格を喪失する。
　　議員の資格争訟は，その議院の議員から文書で議長に提起され，委員会の審査を
　経たのち議決される（11 条）。具体的な争訟手続は議院規則（衆議院規則 189 条以
　下，参議院規則 193 条以下）に定められているが，「議員の議席を失はせるには，
　出席議員の 3 分の 2 以上の多数による議決を必要とする」（憲 55 条）。また，議決
　については，議院自律権尊重の趣旨から，裁判所の審査が及ばないと解される。

(2) 警察法無効事件

　議院自律権と裁判所との関係では，いわゆる警察法無効事件（最大判昭 37・
3・7 民集 16 巻 3 号 445 頁）が示唆に富む。会期延長に絡んで衆議院議場内が大
混乱に陥り，議長は議場に入れず，議長席後方のドアをわずかに開けて指を二
本出し，「二日間延長」と叫ぶにとどまった。与党はこれで会期延長議決が成
立したとし，延長後の国会で警察法の改正を可決した。それに対し，会期延長
の議決は無効であって，延長後の警察法改正も無効との争点が提起された。
　最高裁は，改正警察法につき，「同法は両院において議決を経たものとされ

第14章 国　会

適法な手続によって公布されている以上，裁判所は両院の自主性を尊重すべく同法制定の議事手続に関する……事実を審理してその有効無効を判断すべきでない」と判示した。議事手続に関する議院自律権尊重の趣旨から，裁判所の司法判断を及ぼさないという立場である。

2　国政調査権

(1)　意義・本質

　議院の国政に関する調査の権能は，諸国の憲法において，それを認める規定の有無にかかわらず当然に認められるものと考えられてきた。議院の自然権と表現されることもある。日本国憲法は 62 条の明文をもってこれを規定したが，とりわけ「証人」，「証言」という条文の文言が示唆するように，情報収集のための強制的権限が認容されている点が注目される。

　国政調査権の本質をめぐっては，いわゆる浦和事件において議論が展開された。太平洋戦争直後の混乱期に，夫婦と子ども 3 人の家庭において，夫が賭博に手を出して仕事に就かなくなり，家庭を去り，残された妻子が生活苦に陥った。妻 (X) は心中するつもりで子どもを絞殺し，自分も死のうとしたが死にきれず自首した，という事案である。この刑事事件につき浦和地方裁判所は，被告人 (X) に懲役 3 年執行猶予 3 年の刑を言い渡し，確定した。

　そのころ参議院法務委員会は，検察および裁判の運営に関する調査をおこなっていたが，この浦和事件を調査の対象とし，X らを証人尋問するとともに，担当裁判官からも事情聴取した。そして本件浦和地方裁判所の事実認定には誤りがある，刑の量定が不当に軽い，という判断を示した。

　このように国政調査権が具体的な訴訟事件の処理に立ち入って行使され，司法の独立との緊張関係をはらむこととなった。そこで，司法部を代表する最高裁判所と参議院法務委員会が，国政調査権のあり方をめぐって対立するに至る。

　最高裁判所は，国政調査権につきいわゆる補助的権能説の立場をとった。この立場によれば，国政調査権は，国会の諸々の憲法上の権能（立法権など）を有効適切に行使するために認められた補助的権能である。ところが具体的な刑事事件の処理は国会の権能ではないから，本件のような国政調査権の行使は，行き過ぎとして批判すべきこととなる。

290

IV 議院の権限

これに対し参議院法務委員会は，いわゆる独立権能説の立場をとった。国会は国権の最高機関と規定されている（41条）が，それは国会が他権の上位に位置し国権を統括する機関であることを意味すると解する（統括機関説）。この解釈を前提として，国会の憲法上の諸権能（立法権など）とは別個に，国政全般の統括のため認められた独立の権能，それが国政調査権である，ととらえるのである。この立場によるなら，裁判所の権能に属する具体的刑事事件の処理についても，国政全般の統括の一環として調査の対象となしうる。

こうして国政調査権の性質をめぐって，日本国憲法下，初の憲法論争に至ったのであるが，学説は一般に，補助的権能説を支持する。国権の最高機関の意味に関し統括機関説はとりえないこと，諸外国においても国政調査権は補助的権能と理解されていること，などが根拠となる。

(2) 範 囲

国政調査権の及ぶ範囲は，広範にわたる。法律の制定・改廃のための調査，行政・財政監督のための調査など，さまざまである。

ただし，行政調査に関しては，行政秘密と国政調査権との調整が必要となる。国政調査権の趣旨にのっとりなるべく情報開示に応ずべきであるが，最終的には，行政庁側があくまで情報開示を拒む場合，秘密を開示すれば「国家の重大な利益に悪影響を及ぼす旨の内閣の声明」を出して説明するときのみ，開示拒否が許容される（議院証言5条3項）。

また，司法に関しては，司法制度に関する立法，司法関係予算のため国政調査権を行使しうるが，司法の独立との関係で緊張関係をはらむ。とりわけ現に裁判所に係属中の事件に関し，並行して国政調査の対象となしうるかが問われる。調査目的で，かつ，手段方法が司法の独立を侵さないよう配慮したものである限り許容されよう。

人権との関係では，たとえば思想告白を求めることは許されないし（19条），本人に刑罰を科される根拠となる事実の供述を強制することは許されない（38条1項）。議院証言法上，自己または一定の近親者について，刑事訴追を受け，または有罪判決を受けるおそれがあるときは，証言等を拒否できるとしている（議院証言4条）が，近親者に関する部分は憲法上の保障そのものではなく，それをさらに拡充するものと把握される。

第14章 国　会

(3)　予備的調査制度

　なお，国政調査権は多数決で運営される委員会等で行使されるため，少数会派がこれによって情報を得ることは困難となりがちであった。こういった問題に対し，1997（平成9）年の衆議院規則改正で，衆議院に予備的調査制度が創設されたことが注目される。委員会における議決のある場合のみならず，40人以上の議員の要請がある場合，委員会は衆議院調査局長または衆議院法制局長に調査を命ずることができるとするものである。

　この制度は，委員会による国政調査権の行使それ自体ではなく，それを補助するものと位置づけられ，また調査に際し強制力を認められるものではないが，少数会派に対し情報入手の手段を付与するものとなっている。

(4)　国会に設置された東京電力福島原子力発電所事故調査委員会

　2011（平成23）年3月に発生した東日本大震災に伴う原子力発電所事故の原因等を調査するなどの目的で国会に事故調査委員会が設置され，民間の専門家が委員に任命された。委員会は必要があれば参考人の出頭を求めることができ，また国の行政機関，地方公共団体の公署，原子力事業者などに対し資料の提出を求めることができるとされていたが，議院ではなく国会に設置されたものであり，かつ，議員ではなく民間の専門家からなる委員会である以上，憲法上の国政調査権を行使することはできない（国政調査権は委員会の要請により，両院の合同協議会により行使されるものとされていた）。議会に保有された政治的権能（→Ⅰ3(1)）の一環としての，調査・監視機能の現われと位置づけられよう。

Ⅴ　議員の特権

1　不逮捕特権

　イギリスの議会制の歴史のなかで，国王による議員の不当拘束がなされた経験にかんがみ，それを避ける趣旨で議員の不逮捕特権が認められるようになった。現代の日本においては行政に対する民主的コントロールが及んでいるので，内閣が国会議員に対して不当な拘束をすることは考えにくい。しかし，内閣および議院内多数派が，議院内少数派を抑圧するため不当逮捕に至ることは考え

うるので，不逮捕特権は現在なお，現実的意味をもつ。

　不逮捕特権の趣旨について，二通りのとらえ方がある。議員に焦点をあて，不当逮捕からの自由，つまり身体の自由を保障する趣旨とみる立場が一方にある。他方で，議院に焦点を当て，組織体としての議院の審議権を確保する趣旨とみる立場がある。現実には双方の趣旨が総合的に考慮されるが，どちらかといえば軸足は，議院の審議権の確保に傾いていると考えるべきであろう。不逮捕特権を規定する憲法50条は，国会の「会期中」逮捕されない，または「会期中」釈放しなければならない，など会期中であることを重視したものになっているが，それは会期中に議院の審議権が行使されるから，と解釈されるからである。

　憲法50条を受けて国会法33条は，「各議院の議員は，院外における現行犯罪の場合を除いては，会期中その院の許諾がなければ逮捕されない」と規定する。では，許諾を求められた議院としては，いかなる点に着目して許諾の判断をすべきであろうか。ここで不逮捕特権の趣旨のとらえ方が関わってくる。

　議員の不当逮捕からの自由が趣旨だとすれば，議院としては当該議員の犯罪の嫌疑が十分か否かを考慮すべきであろう。これに対し，議院の審議権の確保が趣旨だとすれば，当該議員が逮捕されて審議に参加できなくなると審議上支障が生ずるか否か，生ずるとしてどの程度か，に着目することとなろう*。

　　＊　不逮捕特権の趣旨に関し，憲法と国会法で微妙なずれがあるのではなかろうか。憲法50条は本文中で述べたように，議院の審議権に軸足をおいて規定されていると読める。これに対し国会法は，「院外における現行犯罪の場合を除いては」と規定していることからすれば，議員の不当逮捕からの自由を考慮していると考えられる。

2　発言表決の免責

　憲法51条は，議員は，その議場における発言表決について「責任を問はれない」ものとしている。そうすることにより，国会における議員の言論の自由を最大限保障する趣旨に出たものである。また，責任を問われないとは，一般国民ならば負うべき民事・刑事上の責任を負わされないという趣旨であり，政

第14章 国　会

治的・倫理的責任は別である。したがって，たとえば政治的に批判される，次の選挙で支持を得られなくなる，などはありうる。

　発言表決の免責に関する最近の問題は，議員の議場での発言が一般市民の名誉・プライバシーを侵害することがあり，それにつきどう対処したらよいのか，という論点である。現実に，衆議院の社会労働委員会において医療法一部改正が問題にされた際，議員がある病院の問題をとりあげ，当該病院の長が適切でない行動をとっていると批判した。批判された病院長は，名誉を毀損され自殺してしまったので，遺族が議員および国を相手どって損害賠償請求訴訟を提起した，という事例がある。

　下級審段階では憲法51条論が議論されたが，最高裁（最三判平9・9・9民集51巻8号3850頁）は国家賠償法1条の解釈論で事案を処理した。国家賠償法1条は，被害者に対し国が賠償責任を負うことはあっても，公務員個人が直接責任を負うことはない，という建前をとっている。したがって議員個人に対する責任追及はできないというのである（また，国の責任は認められうるが，それは「当該国会議員が，その職務とはかかわりなく違法又は不当な目的をもって事実を摘示し，あるいは，虚偽であることを知りながらあえてその事実を摘示するなど」の場合であるとされた）。

第15章　内　　閣

I　「政治」の位置づけ

　これまで，日本国憲法の統治に関する解釈において，二つの視点が重要であることをみてきた。一つは，原理的視点，すなわち法の支配，権力分立，国民主権といった基本原理の視点であり，もう一つは，歴史的視点，とりわけ軍部の独走を許した明治憲法に対する反省の視点である。本章で検討される内閣に関する解釈においては，これらの視点に加えて，さらに創造的・指導的作用としての「政治」という視点が重要であり，この「政治」の視点を憲法学においていかに位置づけうるかが，内閣をめぐる近年の論争の焦点となっている。

　「政治」という視点は，近年の著しい社会状況の変化によりクローズアップされることとなった。高度経済成長に終止符が打たれると，配分をめぐる深刻な対立の中で政策選択を余儀なくされ，真の意味での「政治」が要請される。この要請を加速したのが，90年代のバブル崩壊であり，いわゆる護送船団方式をとってきた「官僚支配」の限界が露呈され，政治的イニシアティブの確保が声高に主張される。また，経済のグローバル化は迅速果敢な政治判断を要請し，阪神大震災や9.11同時多発テロは危機管理の重要性を強く意識させた。

　こうして，憲法学も「政治」を位置づける必要に迫られる。しかし，そもそも国家が社会秩序の維持という社会に対するコントロールを超えて，経済の日常的な舵取りまでおこなうようになった現代の積極国家においては，積極的に政策プログラムを提案し，総合調整を図りながら，統治をおこなうことが要請され，「政治」は必要不可欠なのである。

　「政治」の主要なアクターとして，組織および行動様式上適しているのは，

第15章　内　閣

多人数で構成される議会ではなく，少人数で構成される内閣，ひいては単独の首相である。そこで，政治的にも内閣機能および首相権限の強化が主張され，憲法学においても，内閣を「政治」の視点から再定位する構想が次々と提唱される。アプローチは異なるものの，議院内閣制の運用論としての「国民内閣制」論と，行政権の観念としての「執政権」論である。こうした理論的動向を背景に，1999（平成11）年，行政改革として，内閣機能および首相権限の強化を目的とする，内閣府の設置（内閣府設置法）および内閣官房の強化（内閣法），副大臣制の導入（行政組織法16条）がおこなわれた。

　「政治」の視点からの内閣の再定位は，従来の憲法学が依拠してきた，国会を中心とする議会制民主主義論に大きな転換を迫るものであり，批判も強い。しかし，第13章でみたように，デモクラシーは，国会や内閣だけでなく，主権者としての国民を含めた三者を視野に入れ，選挙制度や議会制度に関する憲法付属法，さらに政党やマス・メディアといったインフォーマルな制度をも含めて，政治プロセスを全体的かつ動態的に考察しなければならない。「国民内閣制」論は後述のとおり，まさにそうした考察からの一つの帰結である。

　政治部門に属する国家機関は，議会と政府である。日本国憲法は，両者の関係について議院内閣制を採用しており，議院内閣制をめぐる議論は，憲法学における「政治」の位置づけという視点から再構成しうる。

Ⅱ　議 院 内 閣 制

1　議会と政府との関係

　議会と政府との関係をめぐる政治体制は，①大統領制，②議会統治制，③議院内閣制に分類される。

　大統領制では，行政権の首長である大統領は直接選挙され，議会に対して政治責任を負わないことから，議会が大統領によって解散されることもない。議会と大統領は完全に独立しており，厳格な分立といわれる。実効的な統治のためには，議会と政府の協力関係が必要であるが，大統領制では議会と大統領が別々に選挙されるので，協力関係の樹立が容易ではない*。例外的に大統領制

の運用に成功しているのはアメリカであるが，その理由として，政党の紀律が弱く，政党間の交差投票が慣行として認められていることが指摘されている。

これに対し，スイスにみられる議会統治制では，行政権を担う内閣は議会内の一委員会と位置づけられ，議会に完全に従属し，辞職の自由さえない。議会統治制を民主主義の徹底として評価する見解もあるが，このような評価が妥当するのは，議会統治制が直接民主制を前提としている場合に限られる。

大統領制と議会統治制の中間に位置づけられるのが，議院内閣制である。議院内閣制とは，議会と政府が一応分立していることを前提に，行政権を担う内閣が議会に対して政治責任を負うという制度である。

日本国憲法は66条3項において内閣の国会に対する連帯責任を規定し，行政権の行使に関する国務大臣の報告・説明義務（63条），国会による首相の指名（67条），衆議院の内閣不信任決議による総辞職あるいは解散（69条）を規定するなど，国務大臣および内閣の対議会責任を制度化しており，議院内閣制を採用していることは明らかである。

　＊　首相公選制には同様の難点がある。また，近時，大統領制型をとる地方自治においても，同様の難点が露呈している。

2　議院内閣制

(1)　歴　史

(a)　二元型／一元型　　議院内閣制は，18世紀から19世紀初頭にかけて，イギリス憲政史において自然発生的に成立した政治形態である。立憲君主制の下で，民主化が進展し，議会が立法や予算に関与するようになると，君主は実効的な統治のために，議会の協力を得ることが必要となる。そこで，君主を輔弼し行政権を担う内閣が，議会の多数派の意思にもとづくことが要請され，議院内閣制が誕生する。この議院内閣制の特徴は，①行政権が元首（君主）と内閣とに分属し，内閣は元首と議会との間に介在し，その双方に対して責任を負うこと，②議会の内閣不信任決議権と元首の議会解散権という相互の抑制手段によって，二つの権力が均衡を保ちながら協働の関係にあることであり，①の特徴から，二元型議院内閣制と称される。

297

第15章 内　閣

　さらなる民主化の進展に伴い元首が名目化すると，行政権が内閣に一元的に帰属し，内閣は議会に対してのみ責任を負う，一元型議院内閣制が登場する。この型に分類されるものとして，民主化の進展とともに君主の政治的実権が後退し，内閣とりわけ首相の地位が強化されつつも，君主がなお解散権等の大権を維持した，イギリス型がある。他方，大統領による解散権が，反民主的として事実上凍結され，議会の優位が際立つ，フランス第三共和制型がある。

　以上のように，議院内閣制の具体的形態は，国や時代によって異なることに留意する必要がある。こうした多様性は，選挙制度や政党制等の違いに起因する運用の違いを反映している。それゆえ，議院内閣制の規範モデルの構想においては運用も視野に入れ，憲法付属法およびインフォーマルな制度の考察が必要となる。明治憲法下の内閣制度に関する考察は，運用の重要性を裏付けるとともに，日本国憲法の内閣に関する諸規定の意義を明らかにする。

　(b)　明治憲法下の内閣制度　　明治憲法は55条で「国務各大臣ハ天皇ヲ輔弼シ其ノ責ニ任ス」と規定するのみで，国務大臣の存在は予定するものの，国務大臣によって構成されるはずの内閣については規定していなかった。もっとも，明治憲法制定前の1885（明治18）年に，憲法制定準備の一環として，太政官制度に代わり，内閣官制が定められた。明治憲法10条は行政組織を構成する権限を官制大権として天皇に留保していたことから，内閣官制は官制大権に基づくものと位置づけられた。

　当初，総理大臣をはじめ国務各大臣は，議会の支持とは無関係に官僚から任命されたが（「超然内閣」），予算の承認権や法律案の議決権を有する議会の支持なくしては，円滑な政治運営をおこないえないことから，議会内の多数派政党のリーダーを総理大臣に任命するという慣行が形成される（「政党内閣」）。そして，議会による大臣の不信任決議に対して，大臣が辞職する，あるいは天皇の解散権行使を助言するという慣行も成立する。こうして，明治憲法下では，憲法の明文上は制限君主制に近いものの，運用としては内閣が総理大臣を中心に統一体をなし，天皇に対してのみならず衆議院に対しても責任を負う，二元型議院内閣制の慣行が形成されつつあった。しかし，軍国主義が進展するにつれ，明治憲法55条の単独輔弼制が，内閣の一体性を掘り崩し，軍部の独走を許すこととなったのである。

298

Ⅱ 議院内閣制

このような明治憲法に対する反省をふまえ，日本国憲法は内閣を憲法上の制度と位置づけ，行政権が内閣に帰属することを明示するとともに，内閣の一体性を確保するため，内閣の国会に対する連帯責任（66条3項），首相の優越的地位（同条1項・68条など）などの諸規定をおいている。

(2) 議院内閣制の「本質」──規範的モデル

議院内閣制については，他の政治体制との区別の標識と関連して，その「本質」が議論されてきた。議院内閣制の標識として，責任本質説は，内閣の議会に対する政治責任を提示するのに対し（清宮四郎），均衡本質説は，かつてのイギリスの二元型における権力の均衡の要素を重視し，内閣による議会の解散権を提示する（宮沢俊義）。

もっとも，この分類に対して，少なくとも宮沢説は，内閣の議会・国民に対する政治責任を重視しており，実は責任本質説に他ならないとする評価や，議院内閣制は既述のとおり国や時代により多様であることから，そもそも「本質」なるものはないとする批判がなされている。

しかし，議院内閣制の本質論は，運用を視野に入れた規範的モデル論として再構成されうる。均衡本質説は，内閣の自由な解散権により，内閣が自らの政策を国民に問うことを可能にするモデルと再構成されうる。このモデルを発展させて，機動性に優れた内閣を「政治」の中心に位置づけつつ，国民主権を実質化すべく，選挙を通じた国民による政策選択を可能ならしめる議院内閣制の直接民主制的運用を構想するのが，「国民内閣制」論である。

(3) 国民内閣制──「政治」の位置づけ

冒頭で論じたように，とりわけ現代の積極国家においては「政治」が必要不可欠であり，その「政治」の中心は，組織および行動様式上，機動性に優れた内閣とならざるをえない。したがって，従来の議会制民主主義論が想定する「決定―執行」図式，すなわち議会が政策を決定し，内閣がそれを執行するという図式から，「統治（アクション）―コントロール」図式，すなわち内閣が積極的に政策を立案し，議会，より正確には，内閣と与党が融合する議院内閣制の下では野党がコントロールするという図式への転換が必要となる。これにより，政策決定は政治（内閣・議会）がおこない，政策執行は官僚がおこなうという，政治主導への転換も可能となる。そして，国民主権を実質化するために

は，イギリスのように，国民が選挙を通じて代表者だけでなく，政策プログラムおよび内閣（首班）をも選択しうることが必要であり，そのためには，二党制，それを助成する選挙制度を確立しなければならないとされる（高橋和之）。

　しかし，これに対し議会制民主主義論は，国民の多様性を反映することが重要であり，それゆえ議会における協調こそが必要であると批判している。もっとも，両者は二者択一的なものではなく，議会による内閣の不信任という，内閣が議会多数派によって支えられる議院内閣制からすれば例外的であるクリティカルな局面と，政策を実現すべく種々の協調が必要とされる日常政治の局面として，両者は接合しうるとの見解もある。

　現代国家の課題に対応すべく，内閣を「政治」の視点から再定位する構想は，行政権観念の再定式というアプローチによっても試みられる。

Ⅲ　行　政　権

1　行政権の概念

(1)　従来の学説

　憲法65条は，「行政権は，内閣に属する」と規定する。そこで，内閣に帰属する行政権とは何かが問題となる。通説によれば，行政権とは，国家作用から立法作用と司法作用を除いたすべての作用であり，控除説と称される。控除説は，君主の包括的支配権から立法に関して議会の同意が必要となり，裁判所が独立してきた歴史的経緯に適合しており，また多様な行政活動をとらえうるものとして通説化した。

　これに対し，君主制を出発点とする控除説は，日本国憲法の下では採用しえず，また行政が雑多な作用の寄せ集めで内的統一性を有さないのであれば，それを基礎とする行政法の存立基盤は失われるとの問題意識から，行政法学者により，行政権の積極的定義，すなわち「法の下に法の規制を受けながら，現実具体的に国家目的の積極的実現をめざして行われる全体として統一性をもった継続的な形成的国家活動」との定義が提示される（田中二郎）。「現実具体的」という点で，一般的な規範を定立する立法と区別され，また「積極的」「統一的」

Ⅲ 行 政 権

という点で，個別的な訴え提起を受けて始動する司法権とも区別される。もっとも，積極説は，解釈論上の具体的帰結を示さなかったことから，日本国憲法下でも行政法学が存立しうることが明らかになると，行政権の定義にこだわる理由がなくなる。

しかし近年，控除説に対して，憲法学者から異議申立てがなされている。

(2) 近年の学説

(a) 執政説　　執政説は，控除説だけでなく積極説もまた，行政権の中心を法の執行と観念することに不満をもち，失われた「政治」の回復を試みるものである。それゆえ「政治」に焦点をあてるために，行政機関内部を，国民によって選ばれた政治家から構成される内閣と，官僚等の一般公務員から構成される「行政各部」(72条) に区別し，内閣の本来の任務は，単なる法の執行ではなく，総合調整，外交，財政といった高度の政治作用としての執政であるとする*。この点，アメリカ憲法は，「執政権 (executive power)」と，法の執行としての「行政権 (administrative power)」を明確に区別している。

たしかに，執政権という観念は，憲法学において「政治」を議論する場を提供したという意味で重要であるが，執政説は，具体的な解釈論上の帰結としていかなるものをもたらすか不分明であるだけでなく**，憲法をはじめとする法の統制が及ぶかどうかも不分明であり***，濫用の危険性が懸念されている。

＊　議院内閣制は，内閣と国会との間に「必然の相互関係」をもたせて，統治の基本方針を一致させようとする体制であることから，執政権は内閣の専権ではなく，国会と協働行使されるとする，協働執政権説が提唱されている (村西良太)。もっとも，協働権といわれるものは，分有されている権限が発動されるところに可視化される「機能」ではないかとの疑問が提示されている。

＊＊　憲法の具体的解釈論として，後述の独立行政委員会の合憲性をめぐり，執政作用を担当する行政機関に対しては，内閣は憲法上の指揮監督権を主張しうるが，法の執行たる狭義の行政作用を担当する行政機関のあり方については広範な立法裁量を承認しうるとする見解や，そもそも執政作用は内閣に専権的に帰属するという見解も示されている。また，執政説に立脚する行政法の具体的解釈論として，行政活動としては「法外の政策内容の実現手段」としての行政指導は許されないが，執政活動としてはそのような行政指導も憲法上許されるとする，興味深い見解がある

301

第15章 内　閣

（中川丈久）。

　＊＊＊　統治行為（→第16章），すなわち高度の政治性を有するがゆえに司法権の及
　ばない国家行為の承認は，執政権の存在を肯定するものとされる。また，「法律に
　よる行政」の原理の提唱者であるオットー・マイヤー自身も，外交や軍事は，法律
　によって統制しえないものと考えていた。もっとも，それらについても少なくとも，
　組織法上，財政法上のコントロール，さらに政治的コントロールは及ぼしうる。

　（b）　法律執行説　　これに対し，行政権を法律の執行に限定する見解も有
力である。この説は，積極説と問題意識を部分的に共有し，控除説は君主が憲
法以前の全国家権力をもっているとする君主制を出発点とすることから，国民
主権に立脚する日本国憲法の下では，もはや採用しえないとする*。この説に
よれば，国民主権においては，主権者国民が憲法により諸機関を創設し，それ
らに諸権限を付与したのであり，すべてに法律の根拠が要求され，法律による
「始源的決定」なしに行為しえない**。また，権力分立はあくまで国民との関
係での国家作用を前提とするもので，法の支配を実現すべく，法の忠実な執行
を確保するためには，権力分立として，法定立―法執行―法裁定の区別が必要
となることから，行政権は法執行と解すべきであるとされる。
　もっとも，法律執行説の代表的論者は国民内閣制論の提唱者であることから
も明らかなように，法律執行説は，内閣を「政治」の中心とする構想と矛盾す
るものではない。この説のポイントは，「政治の領域」と「法の領域」を区別
し，三権の問題は「法の領域」に位置づけ，国民主権から，政策の実現に法律
の根拠（法的表現の付与）を徹底して求めると同時に，法の支配および権力分立
から，法定立をおこなった議会自身による法律の執行を禁止することにある。
また，この説によれば，法律がない場合，官僚は上司たる内閣に新法案を提出
するよう依頼せざるをえなくなることから，行政機関内での内閣の政治的リー
ダーシップが高まるとの指摘もある。

　＊　もっとも，控除説の関心は，明治憲法下における天皇の行政権を余すところなく
　　内閣に移行，集中させ，行政権の行使に対し議会の民主的コントロールを及ぼすこ
　　とにあると考えられ，政治体制の転換に対応した積極的意義を有していた。
　＊＊　控除説は，行政権が独自に公益を判断し，行政単独で指導や誘導をおこなうこ

302

Ⅲ　行　政　権

とを許容するものであるのに対し，法律執行説は，行政権から独自の公益判断権を
奪うものである。

2　独立行政委員会の合憲性

憲法65条は，行政権を内閣に集中させ，66条3項の定める内閣の対国会責
任を通じて，行政権の行使を全体として民主的コントロールの下におくことを
目的としている。そこで，法律により職権行使の独立性が認められた合議制の
行政機関である*，独立行政委員会の合憲性が問題となる。

独立行政委員会は，19世紀末から20世紀初めにかけて，政治的中立性が望
まれる行政事務を大統領から独立して執行すべく法律により設置された，アメ
リカの独立規制委員会を範とするものであり，戦後の対日管理政策の一環とし
て，官僚主義を打破すべく，「行政の民主化」の名の下に数多く設置された。
しかし，占領終了後，内閣制度の伝統をもつ日本にはなじまないとして，ほと
んどが省庁への再編入により廃止され，現在では，人事院，公正取引委員会，
国家公安委員会，公害等調整委員会，中央労働委員会などが残っているにすぎ
なかった。もっとも，最近では，東京電力福島第一原子力発電所の事故を受け，
2012（平成24）年に原子力規制委員会が，また番号法（→第4章参照）の成立を
受け，2014（平成26）年に特定個人情報保護委員会が設置されている。後者は
2016（平成28）年に「個人情報保護委員会」に改組され，個人情報保護法も所
管している。

独立行政委員会の合憲性について，そもそも内閣からの独立性を否定する見
解がある。すなわち，内閣は独立行政委員会について，構成員の任命権および
予算の編成権を有し，一定の場合に構成員を罷免しうることから，その限りで，
内閣を通じた民主的コントロールが及んでいるとする。しかし，それは司法権
の独立が保障される裁判所にも妥当するため，独立行政委員会の内閣からの独
立性を否定することはできない。

そこで，内閣からの独立性を前提とした正当化が必要となる。65条の趣旨は，
行政活動に対する民主的コントロールの確保にあるのであるから，国会が直接
指揮監督できるのであれば問題はない。また，独立行政委員会の職務には，争
訟の裁決や能力の検定など，政治的中立性，技術的専門性が要求され，むしろ

303

第15章　内　　閣

民主的コントロールになじまないものが多く，これらの職務については独立性
が積極的に正当化される**。

* 独立行政委員会は，内閣または内閣総理大臣の「所轄」の下にあるとされている。「所轄」という法律用語は，独立性の強い関係を意味している。

** アメリカ合衆国憲法における大統領の誠実執行条項の解釈に示唆を受け，73条
1号の「法律を誠実に執行……すること」という規定を，行政部に対し一定の「執
行適格」を要求し，それが充たされない場合，立法府が行政機構を批判的に再編成
し，内閣からの行政権分離を可能にする規範的根拠とする見解も示されている（駒
村圭吾）。もっとも，議会による独立行政委員会設置への歯止めとして機能するた
めには，誠実執行の成否に関する具体的基準が示されなければならないであろう。

Ⅳ　内閣の組織

1　内閣の構成

内閣は，首長たる内閣総理大臣とその他の国務大臣で構成される，合議体で
ある（66条1項）。明治憲法は既述のとおり，55条で「国務各大臣ハ天皇ヲ輔
弼シ其ノ責ニ任ス」と規定し，国務大臣の存在は予定するものの，国務大臣に
よって構成されるはずの内閣については規定していなかったが，日本国憲法は
内閣を，憲法上の存在として明記したのである。

(1)　内閣総理大臣の地位および権能

(a)　内閣総理大臣の優越的地位　　内閣総理大臣は国会議員の中から国会
により指名され（67条1項），衆議院の議決が参議院に優越する（同条2項）。内
閣総理大臣は内閣の「首長」と憲法上明記され（66条1項），こうした優越的
地位を確保するために，国務大臣の任命権だけでなく罷免権（68条），さらに
行政各部の指揮監督権（72条，内閣法6条），国務大臣の訴追に関する同意権
（75条）が与えられている（また，内閣法によっても，内閣総理大臣には閣議の主宰
権〔4条2項〕，主任の大臣間における権限疑義について閣議にかけて裁定する権限〔7
条〕，行政各部の処分または命令の中止権〔8条〕が与えられているが，内閣法は合議体
としての内閣を重視している）。

Ⅳ　内閣の組織

　以上のように，日本国憲法は内閣総理大臣の優越的地位を規定しているが，それは明治憲法に対する反省にもとづく。明治憲法においては，首相を含め，すべての国務大臣は天皇によって任命され，各国務大臣は天皇を輔弼する（明憲55条）という職務に関しては，それぞれが相互に平等，独立の立場にあった。首相は内閣官制2条により「各大臣ノ首班」と規定されていたが，それには，輔弼事項に関する協議に際し閣議を招集・主催し，各大臣の見解を天皇に伝えるという，単なる手続的な意味しかなく，「同輩中の首席（primus inter pares）」にすぎなかったのであり，他の大臣を罷免する権限は事実上も認められていなかった。さらに，帷幄上奏（内閣官制7条）や軍部大臣現役武官制などにより，しばしば閣内不一致で総辞職を余儀なくされ，軍部の独走を許してしまったことから，日本国憲法は内閣の一体性を確保するために，内閣総理大臣の優越的地位を定めているのである。

　(b)　**首相の独任的要素と合議体としての内閣との緊張関係**　優越的地位を有する内閣総理大臣の独任的要素は，行政権の主体である合議体としての内閣と緊張関係にある。従来の運用においては，合議体としての内閣を重視した内閣法や，政治的状況等，さまざまな要因により，内閣総理大臣の政治的リーダーシップの発揮は抑制されていた。しかし，迅速果敢な政治判断を要求する現代積極国家は，独任的要素に適合することから，首相の独任的要素を重視しつつ，独走を防止することが必要である。

　上記緊張関係が顕在化するのが，憲法72条が定める内閣総理大臣による行政各部（行政組織）の指揮監督権である。この点，内閣法6条は「閣議にかけて決定した方針」に基づくことを要求しており，閣議の意思決定方法は全員一致を慣行とすることから，内閣法6条を文字通り解すると，内閣総理大臣の指揮監督権の意義はきわめて小さくなりうる。

　ロッキード事件丸紅ルート上告審判決（最大判平7・2・22刑集49巻2号1頁）は，内閣総理大臣は閣議にかけて決定した方針に基づいて行政各部を指揮監督しうるにとどまらず，「流動的で多様な行政需要に遅滞なく対応するため」「内閣の明示の意思に反しない限り，行政各部に対し，随時，その所掌事務について一定の方向で処理するよう指導，助言等の指示を与える権限を有する」と判示し，受託収賄罪の成否との関係で，内閣総理大臣の職務権限を広範に解した。

第15章　内　閣

(2)　国 務 大 臣

　国務大臣は首相により任命され，その過半数は国会議員でなければならない
（68条1項）。この規定は，内閣が国会の信任を基礎とする議院内閣制の趣旨を
徹底するために設けられたもので，内閣の成立要件だけでなく，存続要件と解
されている。

　国務大臣の数は内閣法により，原則として14人以内と定められている（2条
2項）。国務大臣は通常，「主任の大臣」として行政各部の「行政事務を分担管
理する」（3条1項）。ただし，行政事務を分担管理しない「無任所の国務大臣」
の存在を妨げない（同条2項）。

(3)　文 民 条 項

　憲法66条2項は内閣構成員の資格として，内閣総理大臣および国務大臣は，
「文民」（‘civilian’の訳語）でなければならないと規定する。この文民条項は，憲
法9条に関する芦田修正（→第3章）後，解釈次第では自衛のための戦力をも
ちうることから，GHQの要請により，シビリアン・コントロールとして，貴
族院の審議段階で追加された。文民の意味について，憲法制定当時は職業軍人
の経歴のない者と解されたが，自衛隊の創設以降は，シビリアン・コントロー
ルの趣旨から，自衛官でない者と解するのが妥当である。

2　内閣の消滅

　内閣が総辞職すべき場合について，憲法は次の三つを規定している。第一に，
内閣総理大臣が欠けたとき（70条），第二に，衆議院議員総選挙後にはじめて
国会の召集があったとき（同条），第三に，衆議院で内閣を信任しない旨の議
決がなされてから10日以内に衆議院が解散されないとき（69条）である。

(1)　憲法70条の場合

　内閣総理大臣が欠けたときとは，死亡，在職資格の喪失，辞職などを意味し，
これらによる総辞職は，内閣総理大臣の優越的地位の表れである。病気や一時
的な生死不明の場合は，内閣法9条の「内閣総理大臣に事故のあるとき」に当
たり，総理大臣のあらかじめ指定する国務大臣（首相臨時代理）が，国務大臣
の任免や内閣の総辞職など，内閣総理大臣の一身に専属する内閣の組織権を除
いて，すべての権限を行使しうる*。

306

憲法70条の場合は，内閣の総辞職は当然に生じ，閣議において改めて総辞職するとの意思表示は不要であると解されているが，慣行上は，閣議を開いて総辞職の決定をおこなっている。

＊　2000（平成12）年，当時の小渕恵三首相が脳梗塞で昏睡状態に陥った2日後，首相が近い将来に意識が回復する見込みがないことから，首相臨時代理が主催する閣議は，憲法70条の「内閣総理大臣が欠けたとき」に当たると判断して，内閣総辞職を決定した。

(2)　憲法69条の場合──内閣の議会に対する政治責任

第三の場合は，内閣の議会に対する政治責任の表れである。政治責任を問う方法として，内閣に対する質問等があるが，それは他の政治体制でもみられることから，議院内閣制に固有の問責方法は不信任決議であり，それに対応する責任が総辞職である。

「政治」責任と称されるが，それは民事あるいは刑事上の責任と対比するためであり，憲法により総辞職が義務づけられる点では，法的な責任の一種といいうる。

憲法は衆議院にのみ，内閣不信任決議権を認めている。それは衆議院についてのみ内閣に解散権が認められることに対応している。したがって，参議院が内閣を信任しない旨の問責決議をおこなっても，総辞職を義務づける効果はない。もっとも，「強すぎる参議院」の反対により，内閣の政策実現が阻止されることもあり，その場合でも，内閣が衆議院を解散しうるか，後述のとおり問題となる。また個々の大臣を信任しない旨の問責決議もまた，当該大臣の辞職を義務づける効果はない。

V　内閣の権限

1　憲法73条に列挙された権限

内閣の主要な権限は，憲法73条に定められている。内閣は「他の一般行政

第15章　内　　閣

事務の外」に，次の列挙された権限を有する。

(1)　「法律を誠実に執行し，国務を総理すること」（1号）

この規定は，内閣の基本的性格を示すものと解されている。「国務の総理」とは，内閣が「政治」の中心として，政策を立案し，政治全体の総合調整を図りながら，それを実施することと解される。政策の実施は，国民主権および法の支配から，法への「翻訳」，すなわち，法律という形式を付与することが必要であり，「法律の執行」としておこなわれる。

(2)　外交関係の処理（2号・3号）

中でも，条約の締結には，「事前に，時宜によつては事後に」国会の承認が必要とされる（3号ただし書・61条）。歴史的には，外交は迅速さや継続性，秘密保持を必要とすることから，軍事とともに，君主の執政権の典型とされたが（明憲13条参照），民主化の進展に伴い，国民の権利義務に関係する条約の締結には，議会の関与が求められるようになった。条約の締結は機能的には，内閣と議会の協働といえる。

(3)　官吏に関する事務の掌理（4号）

その基準は法律で定めることが要求され，これを受けて，国家公務員法が制定されている。明治憲法では天皇の任官大権に属していた（明憲10条）。

(4)　予算の作成・国会提出（5号）

この規定は，「政治」の中心としての内閣を典型的に示している。予算は国政の基本政策を反映するものであるところ，その作成権限が，他ならぬ内閣に付与されているからである。もっとも，財政民主主義により，予算は国会の同意がなければ執行しえないが（83条・86条），それはまさに「統治（アクション）」に対する「コントロール」といえる。

明治憲法では，会計年度の開始時までに国会の承認が得られない場合には，政府に前年度の予算を執行する権限が与えられていたが（明憲71条），日本国憲法はこれを認めておらず，財政法30条は，政府が暫定予算を組んで国会の承認を求めることを要求し，財政民主主義の下で国会によるコントロールを強化している。

(5)　政令の制定（6号）

内閣は「この憲法及び法律の規定を実施するために」政令を制定することが

308

できると規定されているが，憲法を直接実施する権限をもつのは国会のみであるから，政令はあくまで法律を実施するものであり，「憲法及び法律」は一体のものとして解さなければならない。

罰則は，罪刑法定主義により法律で定めるのが原則であるが（31条），法律の委任がある場合は，政令で定めることも許される（73条6号ただし書）。

(6) 恩赦の決定（7号）

恩赦とは，犯罪者を赦免する制度であり，通常，国家の慶事に際しておこなわれる。歴史的に，恩赦は君主の執政権に属するもので，明治憲法も天皇の大権と規定していた（明憲16条）。日本国憲法は内閣の権限としているが，恩赦の詳細は恩赦法に定められている。

2　その他の権限（衆議院の解散権を中心に）

憲法は内閣の権限として，65条および73条の他，天皇の国事行為に対する助言承認権（3条），国会との関係では，国会の召集権（52条・53条・7条2号），衆議院の解散権（69条・7条3号），議案提出権（72条）など，また裁判所との関係では，最高裁判所長官の指名・同裁判官の任命権（79条1項・6条2項），下級裁判所裁判官の任命権（80条）を規定する。以下では，衆議院の解散権について説明する。

解散とは，議員のすべてについて，その任期満了前に議員としての身分を失わせることを意味する。議院内閣制度発生前の政治体制において解散は，君主が自らの意に沿わない議会に対し制裁を加え，服従させるための攻撃手段として用いられたが，議院内閣制度が発達し，君主主権から国民主権へと移行するにつれ，解散の機能として，国家機関間の紛争の解決，レファレンダムの代用，内閣の安定化が期待されるようになる。

(1) 解散の実質的決定権の所在

憲法7条3号は，「衆議院を解散する」ことを，内閣の助言と承認を要する天皇の国事行為として定めるが，天皇は国政に関する権能を有しない以上（4条1項），天皇は解散の実質的決定権を有していない。また内閣不信任決議案が可決された場合の衆議院の解散について規定する憲法69条も，衆議院の解散権について明示していない。そこで解散の実質的決定権の所在が問題となり，

第15章　内　閣

自律解散説*を除き，内閣に実質的決定権があると解するが，その根拠をめぐり争いがある。

　通説および慣行は7条に根拠を求める。この説によれば，天皇の国事行為は本来，形式的儀礼的な行為であるわけではなく，内閣が「助言と承認」(7条)を通じて実質的決定をおこなう結果として，天皇の関与が形式的儀礼的なものになるのである。

　これに対し，その他の学説はいずれも，天皇は国政に関する一切の権能を有しない以上，天皇の国事行為は本来，形式的儀礼的な行為であり，内閣の助言と承認は，国事行為に関する実質的決定権を含まないと解する点で共通する。

　69条説は，解散の実質的決定権については憲法典に欠缺があるとするが，69条から内閣不信任決議があった場合には内閣が解散を決定しうることが推測でき，行政権は憲法典上明示された権限のみ行使しうるとの立憲主義の通則からすれば，内閣は69条所定の場合にのみ解散を決定できるとする。

　また65条説は，行政権概念の控除説に立脚し，衆議院の解散は立法作用でも司法作用でもない以上，行政作用であるとして，65条により行政権を有する内閣の権限に属するとする。しかし，控除説は国民に対する関係での議論であり，解散権のような国家機関相互の関係を想定していない。

　そして制度説は，日本国憲法が採用している議院内閣制および権力分立からすれば，衆議院の倒閣権に対応して，内閣に衆議院の解散権が与えられていると解する。しかし，議院内閣制には既述のとおりさまざまな形態があることから，一義的に内閣に解散権があると結論づけることは難しいとされる。

　　＊　自律解散説は国会の最高機関性(41条)から，衆議院自らの議決による自律解散
　　　を原則とし，例外的に69条所定の場合に限って内閣による衆議院の解散が認めら
　　　れるとする。しかし，国会の最高機関性は政治的美称にすぎないし，明示の規定の
　　　ない限り，憲法上保障された議員の任期を多数決によって縮減することはできない
　　　と批判されている。

(2)　69条所定以外の場合の解散の可否
69条説を除いて，解散は69条所定の場合に限定されないと解している。そ

の理由は解散の民主的機能に求められる。すなわち，解散の趣旨は民意を問うことにあり，それゆえ，内閣不信任決議の場合に限らず，国政上の重大な問題について民意を問うためにおこなわれるべきとされる。

総司令部案は69条限定説に立っていたため，占領下の1948（昭和23）年12月におこなわれた第1回解散は，総司令部の示唆にしたがい，野党提出の内閣不信任案の可決を待って解散がおこなわれた（「なれあい解散」）が，1952（昭和27）年8月におこなわれた第2回解散では，69条所定の場合でないにもかかわらず解散がおこなわれている（「抜き打ち解散」[*]）[**]。69条所定の場合の解散はこれまで3回だけで，その他の多くの解散は69条所定以外の場合におこなわれている。

[*]　解散の違憲無効を前提に，議員としての歳費を請求した苫米地事件において，一審および控訴審判決はいずれも，解散は69条所定の場合に限定されず，「如何なる事態の下に解散を為すべきや」の判断は内閣の政治的裁量に委ねられるとした。これに対し，最高裁判決は統治行為論（→第16章）を展開した（最大判昭35・6・8民集14巻7号1206頁）。

[**]　第1回解散の詔書は，「衆議院において，内閣不信任の決議案を可決した。よつて内閣の助言と承認により，日本国憲法第69条及び第7条により衆議院を解散する」という文言であったが，第2回解散以降，解散の詔書は69条所定の場合も含め，「日本国憲法第7条により，衆議院を解散する」という文言になっている。

(3)　解散権の限界

69条非限定説の根拠が，解散の民主的機能に求められる以上，そうした機能が期待される場合に限って解散をおこなうべしとの結論が，条理上導かれるはずである。そのような場合として，ⓐ内閣と衆議院との意思が衝突した場合，ⓑ政権担当者の政治的基本性格が改変された場合，ⓒ前総選挙時に国民の承認を得ていない重大な立法・条約その他重要政策を新たにおこなう場合，ⓓ選挙法の大改正があった場合，ⓔ任期満了時期の接近などが挙げられ，内閣による解散権の行使は憲法習律上の制約を受け，党利党略による解散は不当である[*]。

[*]　議院内閣制をとる以上，内閣は自由な解散権をもつ，というわけではない。議院

第15章 内　閣

内閣制の母国たるイギリスでは，2011 年に立法期固定法（The Fixed-term Parliaments Act 2011）が制定され，内閣による解散権の行使に制約がかけられている。

（**a**）　会期外の解散　　解散時期について学説の多くは，国会の開会中に限られず，閉会中あるいは休会中の解散も許されるとする。もっとも，実際の慣行では，明治憲法下も含めて，過去の解散はいずれも国会の会期中におこなわれている。

（**b**）　衆参同日選挙　　衆参同日選挙をはじめ，衆参両院の選挙を近接しておこなうことについては，参議院の独自性を希薄化するとともに，参議院の緊急集会を著しく困難にするとして，その合憲性が議論されている。前者の問題については，国政運営の視点からむしろ積極的に評価し，後者についても，参議院のみの通常選挙においても同程度の集会の困難は生ずるとして，同日選を肯定する見解も有力である。

1986（昭和 61）年の解散に基づく衆参同日選挙に関連して，選挙期日の決定を，国会の裁量の問題とする裁判例がある（名古屋高判昭 62・3・25 判時 1234 号 38 頁）。

（**c**）　参議院が重要法案を否決した場合（郵政解散）　　解散は歴史的には，内閣と下院との対立による国政の停滞を打破するものであった。この視点からすれば，2005（平成 17）年に郵政民営化関連法案をめぐり行われた郵政解散のように，重要法案につき衆議院では可決されたが参議院では否決された場合でも，参議院の立法に関する強い権限を考慮して，衆議院の解散は許されると解しうる。総選挙の結果，衆議院での再可決に必要な 3 分の 2 の議席を政府側が占める可能性があるのみならず，政府側が過半数の議席を獲得するだけでも，参議院が態度を変更し，国政の停滞が解消される可能性があるからである。

もっとも，両院協議会（59 条 3 項）の開催，衆議院での再可決（同条 2 項）の不成立といった，憲法上規定された手続を経ないままなされる解散は拙速で，立憲主義にもとるとする批判も有力である。

V　内閣の権限

3　内閣の権限行使の手続

　内閣の権限行使の手続等について，国会や裁判所の場合と異なり，憲法は何も定めていない。内閣の自主的判断に委ねているのである。なお，内閣法は閣議について定めているが，定足数や表決数の定めはない。

　内閣の意思決定は慣行上，全員一致による。それは，内閣の一体性を確保すべく規定された，内閣の連帯責任（66条3項）に基づくものとされる。しかし，連帯責任は，あくまで最終的な内閣の決定に対し要求されるもので，決定方法としては，全員一致を要求するわけではない。現代国家においては，首相の政治的リーダーシップと迅速な閣議決定が必要であることから，多数決方式の採用を主張する見解が有力である。

第16章 裁判所

I 裁判所の地位と機能

1 「裁判」と「司法」

　私たちは日常,「裁判」という言葉を使う。ところが, 日本国憲法の第6章では「司法」の語が用いられている。「裁判」と「司法」は重なると同時にずれる概念であり, しかも裁判所の役割を正しく理解するためには, この違いを掴まえることが大切である。

(1) 社会と裁判

　人類の歴史において, 法と裁判は切っても切り離せないものとして観念されてきた。社会における紛争を解決するという裁判作用は, 近代国家よりも遙か以前からあり, むしろ政治権力の核心は裁判作用であったともいえる。ところが, 社会が発展し人間の共同生活が複雑になればなるほど, 裁判も他の社会作用から分離されることになる。こうした裁判と裁判所の自立性は, 君主主権や国民主権の体制においても不変であった。それは, 裁判が本質的に技術的・専門的なものであることに由来するのである。かくして, 主権国家はすべての社会内の暴力を独占して自力救済を禁止するとともに, すべての国民に裁判を受ける権利を保障し, その組織的裏付けとして裁判所を国家機関として維持し, あるいは創設・拡充させることになる。

(2) 近代国家と司法

　しかし近代社会における裁判作用は, やはり昔日のそれと同一ではない。近代社会は, 構成員を地域や身分によって差別せず, 自由な市民として等しく扱う社会である。したがって, 近代市民社会の「法」は, 地域や身分の差とは関

係なく（一般性），さまざまな争いを統一的に解決でき（抽象性），市民がそこから活動の基準を読み取ることができる（予測可能性）等の特徴を備えていなければならない。こうした法のあり方の変化は，立法と裁判の分離を要請する。既存の法を個別の裁判例の中から整理して統一的に体系化し，さらには社会の要請や社会の変化に応じて新しい法を作り出すことは，「立法」作用として，君主主権の下では君主が，国民主権の下では議会が，掌握することになる（→第14章 I 3(2)）。

　これに対して裁判所は，主権国家においては，主権の行使の一態様として裁判をおこなうと同時に，立法によって作られた法律を正しく解釈・適用しなければならない。このような特殊な裁判と裁判所のあり方を指すのが，「司法」ということばである。こうした司法権の独立は，イギリスの王位継承法（1701年）以来，近代立憲主義の要請の一つとして，広く承認されるようになった。日本国憲法が裁判所の権限を「司法権」と呼ぶのは，それが法律に拘束され，他の権力から独立した裁判作用であることを示している。

2　大陸型と英米型

(1)　法治国家と行政裁判所制度

　近世・近代初期の裁判官は貴族出身者が多かったため，裁判所は国王に対抗する抵抗勢力でもあった。このためフランスやドイツでは，司法は，公共の利益を実現する国王や議会，行政を妨害してはならない，司法と行政は対等のものとして分離されなければならない，という考えが支配的だった。それを受けて一般の裁判所は，刑法を適用して刑罰を科する刑事事件の裁判と，市民相互間の私法上の争いである民事事件の裁判だけを担当することになった。もっとも，これは行政によって権利侵害を受けた国民にとっては困った事態であり，そのため，救済を求める国民からの「訴願」が国王や行政府の長に集中することにもなった。19世紀のフランスでは，元首の官房機構であるコンセイユ・デタ（Conseil d'État）が，訴願を裁判類似の手続で処理するようになり，しかもそれが「法律による行政」の原理を実現する制度として評価された。こうして，民事・刑事事件を扱う司法裁判所とは別立ての，しかも行政の一般的な指揮命令系統からは独立した行政裁判所制度が生まれた。この行政裁判所のしく

みは，19世紀後半にはドイツの諸国でも採用され，法治国家の重要な要素とされた。

(2) 法の支配と司法裁判所の優位

これに対して英米法の国では，行政も私人と同じ裁判所の法に服すべきだという考えが支配的であった。「国王は何人の下にもあるべきではない。しかし神と法の下にあるべきである」という言葉は「法の支配」の原理を示したものとして広く知られているが（→第13章Ⅲ1(1)），ここでの「法」とは中世以来のコモン・ロー裁判所の判例法のことであった。そして清教徒革命と名誉革命の二つのイギリス市民革命は，議会と裁判所の連合体が協力して絶対王政を打ち破ったものという側面が強い。絶対王政の手先と批判された星室裁判所が廃止され（1641年），王位継承法において裁判官の身分保障が規定されることで，コモン・ロー（裁判所）の優位が確立したのである。この法の支配の下では，大陸法とは異なり，行政裁判も司法権の一内容であり，19世紀後半のイギリスの学者ダイシー（Albert V. Dicey）が強調したように，特別の裁判所による特別の法としての行政法は，イギリス憲法の伝統には無縁のものだった。

3 日本における司法権

(1) 明治憲法から日本国憲法へ

明治憲法は「司法権ハ天皇ノ名ニ於テ法律ニ依リ裁判所之ヲ行フ」（57条1項）と定める一方で，「行政官庁ノ違法処分ニ由リ権利ヲ傷害セラレタリトスルノ訴訟ニシテ別ニ法律ヲ以テ定メタル行政裁判所ノ裁判ニ属スヘキモノハ司法裁判所ニ於テ受理スルノ限ニ在ラス」（61条）と定め，大陸法型の司法権のあり方を採用していた*。

これに対して日本国憲法は，その制定直後から，大陸法から英米法へ，法治国家から法の支配へと日本の法体系を転換させた，と理解されていた。こうした法の支配の理解を表した条項としては，「すべて司法権は，最高裁判所及び法律の定めるところにより設置する下級裁判所に属する」（76条1項），「行政機関は，終審として裁判を行ふことができない」（同条2項後段）という規定が挙げられた。このため，民事事件・刑事事件の裁判に加えて，行政裁判も司法権に含まれるという解釈が早くから確立した。裁判所法3条1項が「一切の法

I　裁判所の地位と機能

律上の争訟」という表現をとったのも，そうした憲法解釈を前提にしている，とみることができる。日本国憲法は，裁判所の地位・権限を著しく強化・拡充したのである。

　なお行政機関が「終審として」裁判できないということは，反対解釈すれば，司法裁判所が行政機関の審判を事後に覆すことができる「前審」としてであれば，行政機関による裁判（行政審判）も許される，ということを意味する。現に国税不服審判所が審査請求に対して裁決をおこなう等しており，場合によっては裁判所に訴訟を提起する前に，審査請求を経なければならない（行訴8条1項ただし書）。このほか，人事院が公務員の懲戒処分について裁定を，公正取引委員会が独占禁止法に関する審決を行う等，独立行政委員会も準司法的な役割を果たしている。

　　＊　行政訴訟法は，行政裁判所が取り上げる事件を制限していたため（列挙主義），
　　　　国民の権利救済の途は著しく狭められていた。

(2)　日本国憲法における裁判所の機能

　以上述べてきたところを整理すれば，日本国憲法における裁判所の機能は，①争訟裁決と②法的統制にまとめられる。①は伝統的な司法の役割であり，既存の法の解釈・適用により紛争を解決し，国民の権利・利益を擁護するというものである。もっとも裁判所は，ただ法を機械的に適用するだけではなく，争訟裁決に必要な限りで法を形成したり権利を創造したりすることも，現在では認められている＊。

　②は，行政裁判や違憲審査権の行使を通じて，法の支配の維持に奉仕するという機能である。日本国憲法の裁判所は，明治憲法下とは異なり，国会・内閣等の国家機関の行為の適法性をコントロールし，抑制・均衡の一翼を担っている。こうした事態は「司法国家現象」あるいは「司法権の権力性」と呼ばれる（芦部信喜『人権と憲法訴訟』）＊＊。

　　＊　環境裁判のように，多数の関係者の利害が絡む紛争で，一般的な政策問題を通じ
　　　　て，新しい権利が生成するような訴訟が増えている。これは現代型訴訟（制度形成

317

第16章 裁判所

訴訟）と呼ばれ，伝統的な司法のあり方には必ずしもそぐわない面も有している。

＊＊　これまで裁判所が，この二つの機能を十全に果たしてこなかったのではないか という批判も有力である。司法制度改革審議会の意見書（2001〔平成13〕年）は， 法の支配が「この国の血となり肉となる」ための改革という観点から，①「国民の 期待に応える司法制度」とするため，司法制度をより利用しやすく，わかりやすく， 頼りがいのあるものとする，②「司法制度を支える法曹の在り方」を改革し，質量 ともに豊かなプロフェッションとしての法曹を確保する，③「国民的基盤の確立」 のために，国民が訴訟手続に参加する制度の導入等により司法に対する国民の信頼 を高める，という三つの提言をおこなっている。この意見に基づき，民事裁判の充 実・迅速化や裁判員制度，法科大学院制度の導入等がおこなわれた。

II　裁判所の組織と司法権の独立

1　特別裁判所の禁止

憲法は，裁判所の組織について「最高裁判所」と「その他の下級裁判所」を 区別しており，後者として高等裁判所・地方裁判所・簡易裁判所・家庭裁判所 が設置されている。事件は地裁，高裁，最高裁の順に上訴されるのが基本であ るが，少額軽微な簡易事件は，簡裁，地裁，高裁で終わる。

憲法76条2項前段は，「特別裁判所は，これを設置することができない」と 定める。軍法会議のように（明憲60条参照），通常の裁判所の系列の外に独立 の裁判所を設置することは法の支配に反する。逆に，最高裁の下に一定の類型 の事件を専門とする下級裁判所を設置することは，違憲ではない。実際に家庭 事件等を専門とする家庭裁判所が設置されており，2005（平成17）年には知的 財産権に関する争いを専門とする知的財産高等裁判所が，東京高等裁判所の特 別の支部として設けられている。

2　最高裁判所

(1)　「憲法の番人」と判例の統一

裁判機関としての最高裁は，法令の合憲性を最終的に決定する「憲法の番 人」であるとともに，判例を統一するという役割をも担っている。最高裁がこ

318

れらの機能を十全に果たすためには，最高裁の扱う事件をある程度絞り込み，負担を軽減する必要も出てくる。刑事訴訟で上告が許されるのは，下級裁判所の判決に憲法違反ないし憲法解釈の誤りがある場合，最高裁の判例と相反する判断がなされている場合等に（刑訴405条），民事訴訟ではさらに厳しく，判決に憲法違反ないし憲法解釈の誤りがある場合等に限られる（民訴312条）。民事訴訟における判例違反・法令違反については，上告受理申立ての制度が採用されている（民訴318条）。

　最高裁は長官1名と判事14名から構成され（裁5条），通常は5名からなる小法廷で審理・裁判する（最高裁判所事務処理規則2条前段）。違憲判決または判例変更の際は，大法廷での裁判が必要である（裁10条）。

(2)　規則制定権と司法行政事務

　最高裁は「訴訟に関する手続，弁護士，裁判所の内部規律及び司法事務処理に関する事項」について，規則制定権を有する（77条）。司法に関する事項について国会・内閣の干渉を排除し，裁判所の自主性を確保するとともに，裁判手続の詳細を定めるのにふさわしい機関は，裁判の実務に精通している裁判所である，という技術的な理由がある。

　明治憲法下では司法監督権は司法大臣にあったが，日本国憲法の下では最高裁が裁判官会議によって司法行政事務を行い，長官がこれを総括する（裁12条）。司法行政監督権は裁判官の裁判権に影響を及ぼさないとされているが（裁81条），実際には司法行政権と裁判官の関係は微妙である（→3）。

(3)　最高裁判所の裁判官

　高い権威と強力な権限を有している最高裁の裁判官については，通常の裁判官と異なる規律がなされている。最高裁長官は内閣の指名に基づいて天皇が任命し（6条2項，裁39条1項），同判事は内閣が任命する（79条1項，裁39条）[*]。

　最高裁裁判官は任命後初めておこなわれる総選挙の際に国民によって審査され，その後は10年経過後同様に総選挙の際に審査される（79条2項）。この国民審査制度は裁判官の任命を完成させるものではなく，既に任命された裁判官をリコールするかどうかの制度であるというのが判例である（最大判昭27・2・20民集6巻2号122頁）[**]。

　この国民審査とも関係するのが，少数意見制度である。一般に裁判の評議は

第16章 裁 判 所

公開されないが，最高裁の裁判では各裁判官がその意見を裁判書に表示する（裁11条）。これは国民審査に際して裁判官の罷免の可否を決定する際の資料になることはもちろん，判決に際してどのような議論がなされたかを推測でき，その判決の判例としての安定性や射程をはかることもできる。

* 最初の最高裁裁判官の任命は，裁判官任命諮問委員会の答申を受けておこなわれたが，その後は最高裁自身の推薦に基づき，内閣が任命する慣行が成立している。また15名の内訳として，現実には，裁判官，検察官，弁護士，行政公務員・学者といった出身枠が，ある程度固定されている。

** 国民審査の制度はアメリカのミズーリ州などの若干の州の制度にならったものであるが，実際には無駄が多く廃止するべきではないかとの意見もある。

3　司法権の独立

(1)　裁判官の職権行使の独立

公正な裁判のためには，裁判官が外部からの圧力や干渉を受けずに，その専門的能力を発揮できることが，必要である。そして司法権は国民の権利を擁護すること，特に日本国憲法の下では立法・行政の侵害から人権を保護することをも職責としているのだから，それだけ一層強く，司法の独立が求められる。このように考えると，最高裁の規則制定権の保障のように，司法部が国会・内閣から独立していることも，確かに重要ではある（広義の司法権の独立）。しかし，実際に司法権を行使するのは個々の裁判官であるのだから，その裁判官が——最高裁や司法行政上の上司に当たる裁判官からも——独立して職権を行使することこそが，司法権の独立の核心でなければならない（狭義の司法権の独立）。

憲法76条3項が「すべて裁判官は，その良心に従ひ独立してその職権を行ひ，この憲法及び法律にのみ拘束される」と定めているのは，この裁判官の職権の独立の原則を宣言したものである。ここでいう「良心」とは主観的良心か客観的良心かという有名な学説の対立があるが，結局は「裁判官としての良心」を指しているという点で大差はない（最大判昭23・11・17刑集2巻12号1565頁参照）。もっとも，上級審の下した判決に下級審の裁判所が拘束され（裁

320

II 裁判所の組織と司法権の独立

4条)，また判例に反する判決が上級審で覆されることが予測されるという意味
では，裁判官の判断が全く拘束を受けないというわけではない*。

* 2009（平成21）年から実施された裁判員制度については，国民から選ばれた裁判
 員が裁判に関与することは，職業裁判官の職権行使の独立に反する，という批判が
 ある。しかし，最高裁は，日本国憲法が国民の司法参加を許容していることを前提
 として，裁判官を刑事裁判の基本的な担い手として公正中立な裁判の実現が図られ
 ており，裁判員制度は憲法76条3項に違反しない，と述べた（最大判平23・11・
 16刑集65巻8号1285頁）。

(2) 裁判官の任免と身分保障

　裁判官の職権行使の独立を確保するために，憲法は裁判官の任免と身分保障
について規定をおいている。まず任命については「下級裁判所の裁判官は，最
高裁判所の指名した者の名簿によって，内閣でこれを任命する。その裁判官は，
任期を10年とし，再任されることができる」（80条1項）。実際の運用としても，
内閣が，最高裁の意思に反して裁判官を任命しなかった例はない，といわれて
いる*。なお，2003（平成15）年より，下級裁判所裁判官指名諮問委員会が設置
されたが，これは指名過程の透明性を高め，国民の意見を反映させるために，
国民的視野に立って多角的見地から意見を述べる機関とされている。

　裁判官は任期中，手厚い身分保障を受ける。第一に，裁判官を罷免するには，
心身の故障のために職務を執ることができない場合を除き，弾劾裁判によらな
ければならず，裁判官の懲戒処分を行政機関が行うことはできない（78条。→
第14章II1）。これまで弾劾裁判は9件あり，うち7件について罷免の判決が下
されている。裁判官の懲戒処分は，裁判官分限法にしたがい，分限裁判によっ
てなされる**。

　第二に，憲法80条2項は下級裁判所の裁判官に定期・相当額の報酬を保障
している。この規定により，個々の裁判官の報酬の減額は許されない。その反
面，2002（平成14）年に，最高裁の裁判官会議は，行政公務員の給与の引き下
げに合わせて，全裁判官の報酬を一律に減額することも違憲ではない，と判断
した。

第16章 裁 判 所

＊　裁判官の再任が問題になった事例として，1971（昭和46）年に任期を終えた宮本
　　康昭判事補が，最高裁の名簿に登載されず，再任されなかった事件が有名である。
　　最高裁は，再任は任命権者の自由裁量であるとしたが，宮本判事補が革新的団体と
　　して問題視されていた青年法律家協会の会員であったことから，最高裁による司法
　　部内の引き締めのための「見せしめ」にしたもの，と批判されている。
＊＊　寺西判事補事件では，通信傍受法案に反対するシンポジウムに出席した判事補
　　が，パネリストとしての参加は辞退する旨を述べたものの，「積極的に政治運動を
　　すること」（裁52条1号）の禁止に違反したとして，仙台高裁から戒告処分を受け
　　た。最高裁大法廷は，この処分の抗告事件に際して，裁判官の積極的政治運動の禁
　　止は憲法に違反しないと判断している（最大決平10・12・1民集52巻9号1761頁）。

(3)　司法権の独立が問題となった事例

　わが国で司法権の独立が大きな問題になった最初の事例として，1891（明治
24）年の大津事件が有名である。訪日中のロシア皇太子ニコライ（後のニコライ
2世）が，滋賀県大津で巡査津田三蔵にサーベルで斬りつけられるという事件
が起きた。当時，日本の皇族に危害を加えた場合は死刑と定められていたが，
一般の殺人未遂の最高刑は無期徒刑であった。内閣は外交関係の悪化を恐れて，
死刑とするよう事件を扱う大審院の特別法廷に圧力をかけたが，大審院長であ
った児島惟謙は，それに抵抗して事件担当裁判官を説得し，津田を無期徒刑と
したのである＊。

　日本国憲法制定後に司法権の独立が問題になったのが，1949（昭和24）年の
浦和事件である（→第14章Ⅳ2(1)）。最高裁は，参議院法務委員会が判決の量
刑を不当と決議したことは司法権の独立を侵害すると抗議し，学説の多くも最
高裁を支持した。

　司法部内部での圧力が問題になった事件も多い。たとえば1969（昭和44）年，
自衛隊の合憲性が問題になった長沼事件に関連して，当時の平賀健太札幌地裁
所長が，事件担当の福島重雄裁判長に対して，自衛隊の違憲判断を避けるべき
である旨の手紙を送った。この平賀書簡事件は，マスコミにも取り上げられ，
札幌地裁裁判官会議は平賀所長を厳重注意処分にした。また最高裁は平賀所長
を注意処分に付し，所長を解任した。なお翌年，国会の裁判官訴追委員会は，
平賀を不訴追，福島を訴追猶予としている＊＊。

322

Ⅲ　司　法　権

＊　この事件は司法権の独立が守られた事例として有名であり，児島は当時「護法の
神」と賞賛された。しかし裁判官の職権行使の独立の観点からは，事件を直接担当
していない大審院長が事件担当の裁判官を説得したことも，司法部内部の圧力とし
て許されないはずであり，児島を手放しで賞賛するわけにはいかない。

＊＊　この事件が起きたのは，多くの若手裁判官が青年法律家協会に加入していたこ
とが，与党から強く批判されていた時期と重なる。石田和外最高裁長官（在任
1969〔昭和44〕～73〔昭和48〕年）と最高裁事務総局は，宮本判事補の再任拒否
のほか，同協会に所属する司法修習生の任官拒否等の厳しい姿勢を打ち出した結果，
裁判官の脱会が相次いだ。

Ⅲ　司　法　権

1　司法権の概念

(1)　法律上の争訟

　司法権の定義については「具体的な争訟について，法を適用し，宣言するこ
とによって，これを裁定する国家の作用」という説明が一般に認められている。
ここでいう「具体的な争訟」は事件性の要件とも呼ばれ，「法律上の争訟」（裁
3条1項）と同義であるとされている。板まんだら事件最高裁判決（最三判昭
56・4・7民集35巻3号443頁）は，法律上の争訟を，「当事者間の具体的な権利
義務ないし法律関係の存否に関する紛争であつて，かつ，それが法令の適用に
より終局的に解決することができるものに限られる」としている。したがって，
単なる事実の存否や学問上・技術上の論争や，抽象的な権利義務関係の存否に
関する紛争は，法律上の争訟ではない。これに対して，具体的な権利義務関係
の存否が争われており，その判断のための前提問題として事実の存否が争われ
ているのであれば，裁判所の審判権が及ぶことになる＊。

＊　判例によれば，国や地方公共団体が，財産権の主体として財産上の権利利益の保
護を求める場合は法律上の争訟だが，行政権の主体として国民に行政上の義務の履
行を求める訴訟は法律上の争訟に当たらない（最三判平14・7・9民集56巻6号
1134頁）。

323

第16章　裁　判　所

(2)　客観訴訟・非訟事件の裁判と司法権

　もっとも裁判所法3条1項は，法律上の争訟の裁判以外にも「その他法律において特に定める権限」を裁判所は行使できると定めている。たとえば地方公共団体の公金の支出が違法かどうかを争う住民訴訟*や，遺産分割のように，権利義務の内容をどのように具体的に形成するかが争われる家事事件の審判も，法律によって裁判所の権限とされている。しかし，こうした法律上の争訟の裁決ではない権限を，裁判所に付与することに憲法上の限界はないのであろうか。

　こうした問題意識から，司法権の核心はあくまで法律上の争訟にあるが，現行法上の客観訴訟は実質的には法律上の争訟にかなり近い紛争であること，その解決が裁判所の本来的任務に馴染むものであることを理由に，憲法76条に反しないとする見解が有力に説かれている（佐藤幸治『現代国家と司法権』）。さらに最近では，事件性の要件は司法作用の対象を限定するにすぎないとして，司法権の概念規定から事件性の要件を外すことを説く見解もある（高橋和之『現代立憲主義の制度構想』）。また，客観訴訟は確かに法律上の争訟ではないが，事件性の要件は充たすとして，法律上の争訟と事件性の同一性を否定する見解も説かれている（野坂泰司「憲法と司法権」法教246号）。

　この問題は，司法権という「権限」から考えるだけでなく，裁判所という「機関」が政治プロセス全体でどのような機能・役割を果たすべきかという観点から，検討すべき問題である（→第13章Ⅵ2）。日本国憲法の権力分立が，伝統的な争訟裁決機能に加えて，立法・行政の法的統制機能をも裁判所に託していることからすれば，そうした統制機能を強化・拡充する方向で，裁判所の権限を立法により認めることも許される，と解すべきではなかろうか。

　*　住民訴訟は，法規の適用の適正を争う訴訟である客観訴訟の一つである（→第18
　　章Ⅱ2(3)）。

2　司法権の範囲

(1)　民　事　事　件

　近代国家では，私人相互間の生活関係上の紛争について，私人の自力救済を認めず，国家が第三者として紛争を解決する制度が，確立している。1で述べ

Ⅲ　司法権

た法律上の争訟の説明も，こうした民事事件の裁判を念頭においている。憲法は国民の裁判を受ける権利を保障し（32条），裁判所の裁判拒絶を認めていない（→第11章Ⅱ2）。民事裁判の手続は，民事訴訟法が詳しく定めている。

(2) 刑　事　事　件

国家権力が犯罪に恣意的に刑罰を科する危険を防ぐために，近代立憲主義は「裁判なくして刑罰なし」の原則を生み出した。わが国は，検察官の公訴に基づいて裁判所が被告人に対する国家の刑罰請求を審査するという大陸法のしくみを基本にしている。憲法は刑事事件について，公平な裁判所の迅速な公開裁判を受ける権利を保障する（37条1項）等の規定をおいており，さらに刑事訴訟法が刑事裁判の手続について詳しく規定している。先述したとおり，明治憲法の下ではこの民事事件・刑事事件の裁判だけが「司法」と考えられていた。

(3) 行　政　事　件

これに対して日本国憲法の下では，公権力によって違法に権利・利益を侵害された者と公権力の間の紛争の法的解決も，法律上の争訟に含まれる。行政事件の裁判については行政事件訴訟法が規律しており，基本類型として抗告訴訟，当事者訴訟，民衆訴訟，機関訴訟の四つを法定している（行訴2条）。このうち，公権力の行使に対する不服の申立てである抗告訴訟と，公法上の法律関係に関する訴訟である当事者訴訟は，法律上の争訟に当たる。これに対して民衆訴訟，機関訴訟は客観訴訟である。

(4) 憲　法　事　件

民事事件，刑事事件，そして行政事件の裁判と同様に，憲法上の法的紛争や法律の合憲性を直接争う訴訟を「憲法事件の裁判」として観念することができるが，これはわが国の実定訴訟制度の上では，法律上の争訟とされていない。付随的審査制のしくみの下では，実際の憲法裁判の多くは，公権力による個人の人権侵害が問題になる刑事裁判・行政裁判の中で，争われることになる。

3　司法権の限界

法律上の争訟に当たるが，事柄の性質上裁判所の審査に適しないと認められるものを，司法権の限界という。もともと事件性を充たす争訟については，裁判所は司法権を行使すべきなのが原則である。したがって，司法権の限界はそ

325

第16章 裁 判 所

の原則の例外として，憲法が明文で認めたものか，憲法の解釈によって導かれる場合でなければらない。たとえば，国会議員の資格争訟の裁判（55条）や裁判官の弾劾裁判（64条）は憲法の明文が定める司法権の限界に当たる。ここでは，解釈上の限界として問題になるものについて，検討しておこう。

(1) 議院の自律権や内閣の内部事項

国会の会期延長の議決が有効に成立したかどうかは，両議院の自律的な議事運営の問題であり，裁判所の司法権は及ばない（最大判昭37・3・7民集16巻3号445頁〔警察法無効事件〕。→第14章Ⅳ1）。

(2) 自由裁量行為

行政法規はしばしば，行政機関に公権力を行使するか否か，どの程度行使するかについて，自由な判断の余地を一定程度認めており，この余地を行政裁量と呼ぶ。行政機関の権限行使が裁量の範囲内にとどまる限り司法権は及ばず，例外的に裁量権の逸脱・濫用があった場合のみ，裁判所によって違法と判断される（行訴30条）。かつては，この裁量行為も司法権の限界に当たると理解されていた。しかし実際には，法が裁量をどの範囲で認めているかは法解釈の問題であり，裁量事項に当たるからといって直ちに司法審査が排除されるわけではない。現在では行政と司法の役割分担の問題として，裁判所は具体的な場面でいかなる裁量統制の手法や審査密度をとるべきか，という方向での議論がなされている。

現在では，立法裁量についても，立法と司法の役割分担の観点から，事の性質に応じて裁量統制の審査密度を高めたり，平等原則による統制が図られたりしている（→第9章Ⅱ3，第12章Ⅰ3等）。

(3) 統 治 行 為

統治行為論とは，直接国家統治の基本に関する高度に政治性のある国家行為は司法権の限界を超える，という考えである。砂川事件最高裁判決（最大判昭34・12・16刑集13巻13号3225頁）は，日米安保条約の合憲性がわが国の存立の基礎に重大な関係をもつ高度の政治性を有しており，その合憲性の判断は純司法的機能を使命とする司法裁判所の判断になじまず，一見明白に違憲無効であると認められない限りは司法審査の範囲外にあり，最終的には国民の政治的批判に委ねられるべきだと述べた（→第3章Ⅵ2）。この判決の論理では統治行為

326

Ⅲ　司　法　権

論と裁量論が一体化していたが，続く苫米地事件最高裁判決（最大判昭35・6・8民集14巻7号1206頁）は，三権分立原理に由来する司法権の内在的制約として統治行為論を展開し，内閣による衆議院の解散の合憲性について一見明白に違憲無効かどうかすら判断を示さなかった（→第15章Ⅴ2）。

　学説では，判例のように司法権の内在的制約という側面だけでなく，司法が政治的混乱を招かないよう自制すべきだという側面をも考慮して，統治行為論を認める見解が有力である。もっとも現在の多数説は，統治行為の概念は不明確であり，それをみだりに認めることは法の支配に反するから，例外中の例外として，限定的に考えようとしている。これに対し，日本国憲法は違憲審査制の採用と同時に政治的問題をも裁判所の法的統制に服せしめようとしたものであるとして，統治行為論を否定する学説も説かれている。

(4)　団体の内部事項

　司法権も一つの国家作用であり，人権を侵害してはならないこととの関係で，団体の内部紛争も司法権の限界に当たる，と説かれる場合がある。この問題については，政党・大学・地方議会等の内部紛争については，一般市民法秩序に触れない限り，その部分的社会特有の「法」による自律的な解決に委ねるべきであると説く「部分社会論」が，かつて有力だった。これに対して現在では，部分社会論が包括的に司法権を排除しているのは妥当ではなく，政党であれば結社の自由（21条），大学であれば学問の自由（23条）というように，個別の団体毎に，人権保障の根拠や内容から検討すべきだ，と説かれている（→第8章Ⅲ2(3)）。裁判を受ける権利の保障を踏まえれば，団体の内部事項について司法審査を一切排除することには，慎重でなければならない。判例も，たとえば政党の除名が法律上の争訟の前提問題として争われた場合には，裁判所は処分手続の適正を審査すべきであるとされている（最三判昭63・12・20判時1307号113頁〔袴田事件〕)*。

　このように検討してくると，実は，「司法権の限界」とされた事例は，法律上の争訟に当たらず司法権がそもそも及ばないものか，法律上の争訟に当たるが裁判所の審査が一定の限定を受けるかの，いずれかになる。「司法権の限界」という類型を観念するだけでなく，問題となる紛争の実質や，裁判所が適用すべき法規範の性質・内容に応じて，個別具体的に裁判所の審査の範囲や手法を

第16章 裁 判 所

考えることが，重要である。

* 　紛争の前提問題が司法権の限界に当たる場合には，当該争点にのみ裁判所の審判
権が及ばないものとした上で，紛争そのものは法律上の争訟である，とするのが判
例の一般的傾向であった。これに対して，宗教団体の内部紛争については，宗教法
人の役員の懲戒処分の無効確認や建物の明渡請求のような事例についても，それが
宗教上の教義，信仰を前提問題とする場合には，法令の適用による終局的解決に適
しないとされることがある（最三判平5・9・7民集47巻7号4667頁等）。このよ
うに，宗教団体の内部紛争が法律上の争訟ではないとすることには強い批判があり，
裁判所は宗教団体の自律的決定を尊重して紛争を解決すべきだと説く学説が，有力
である。

4　裁判の手続

憲法82条1項は「裁判の対審及び判決は，公開法廷でこれを行ふ」と定め
ており，対審・判決・公開が裁判手続の基本的な要素として示されている。

(1) 対審と判決

対審とは，当事者を対立関与させておこなう審理の場面である。法律上の争
訟の裁判には，権利義務ないし法律関係を相争う両当事者が，対等に，自己の
主張を裁判官の面前で争うことが，ふさわしい。

判決は，複数の裁判官による場合は評議でなされ，言渡しによって成立する
（裁判の方式として，決定・命令等のより簡便な方式もある。これらは口頭弁論を経る
ことを要しない）。判決は，大別して「主文」と「判決理由」から構成される。
「主文」は判決の結論で，民事訴訟であれば原告の請求を認容するかどうか，
刑事訴訟であれば被告人は有罪（この場合は刑が言い渡される）か無罪かを示す
ものである。これに対して判決理由は，主文の判断を導くに至った前提をなす
事実，争点，法の適用を示し，かつ判断の経路を明らかにするものであって，
法に拘束される裁判としての司法の本質と結びついている。国会や行政の活動
は理由を明らかにする必要がないのに対して，判決には常に理由を付けること
が求められるのである。

(2) 公 開

対審・判決の「公開」とは，具体的には一般人の自由な傍聴を認めるという

Ⅲ 司 法 権

ことである。この裁判の公開の趣旨は，裁判の公正と，裁判への国民の信頼を
確保することにある（レペタ事件——最大判平元・3・8民集43巻2号89頁）。これ
は訴訟にとっては当然の原則であるが，それをあえて憲法に規定したのは，明
治憲法下の軍法裁判のような秘密裁判を排斥するためである。憲法82条2項
が裁判の公開の例外として，「公の秩序又は善良の風俗を害する」場合には裁
判官の全員一致により対審を非公開にできるとしつつ，例外の例外として刑事
裁判については常に公開を求めるのも，その表れである。

　ところが，プライバシー意識や知的財産権保護の要請が強まるにつれて，裁
判の公開がかえって裁判の公正や国民の裁判を受ける権利を損なうのではない
か，という問題が顕在化してきた。たとえば離婚訴訟における夫婦間の機微に
わたる私事や，知的財産訴訟における企業秘密を，公開の法廷で明るみに出す
ことが強制されるならば，訴えの提起や真実の追求が困難になる。そこで人事
訴訟法等は，裁判を非公開にできる旨を定めているが，学説もこうした規定の
合憲性を認めている。

329

第17章 憲法訴訟

I 制度のあり方

1 法令等の合憲性審査の担当機関

憲法を法律と区別し，憲法の形式的効力を法律のそれの上位におくとしても，法律の憲法適合性の判断をいかなる機関が担当するかに関しては，複数の選択肢がありうる。

まず，議会がこの判断の任にあたるという制度構想がある。法律を制定する際に，議会が当該法律の憲法適合性につき審理・判断する。そしてそれ以外の国家機関は議会の判断に従う，とする選択肢である。

しかし，この立場ではうまくいかない場合が容易に想起される。たとえばある国において，A民族が人口の90％を，B民族が10％を，それぞれ占め，かつ双方の民族が互いに相手方に対して偏見をもっていると仮定しよう。この国の議会においては，A民族の側に立つ議員が圧倒的多数であろうから，A民族の選好・考え方が支配的となり，多数決の結果，B民族を差別する法律が制定されてしまうおそれがある。しかも議会内多数派は，当該法律を当然のものと考え，合理的なものであって合憲と考えてしまう可能性が相当高い。

すなわち，議会にのみ法律の合憲性審査をさせる制度構想には，人権保障上重大な欠陥が看取される。そこで，議会以外の，多数者支配から一歩隔たった機関が，法律の合憲性審査を担う必要性が浮上する。こうして裁判所がその審査の任にあたる制度がとられる。

ちなみに司法審査のはじまりは，アメリカにおける Marbury v. Madison, 1 Cranch（5 U.S.）137（1803）であり，日本国憲法81条の規定する違憲法令審査

制もこれに由来すると理解されている。当時のアメリカでは，フェデラリスト
とリパブリカンという二つの政治的グループが対立し*，1800年の選挙におい
てリパブリカンが勝利を収めて以来，リパブリカンが政治部門を掌握し，フェ
デラリストは司法部門にその勢力を温存しようとしていた。

　フェデラリストの側に立つマーベリは，治安判事に任命されたがその任命状
の発給がなされなかったため，連邦最高裁に出訴して救済を求めた。すなわち，
連邦最高裁から国務長官マディソン（リパブリカン側の立場）に対し，任命状を
発給するよう命ずる職務執行令状を出すことを求めたのである。

　二つの政治的グループが厳しく対立していた当時の政治状況の下では，たと
え連邦最高裁が国務長官に対して任命状発給を命じたとしても，国務長官は従
わなかったであろうと推測される。ところが連邦最高裁は，実に巧みな判断を
下した。

　まず結論として，職務執行令状を求めるマーベリの請求を認めなかった。こ
の点で政治部門（リパブリカン）との正面対決を回避した。しかし，結論に至
る理由づけにおいて，裁判所には違憲法令審査権があるとし，その権限を行使
したところ，マーベリの求める職務執行令状の根拠法令に該当する1789年裁
判所法13条が違憲無効だから，という。これはフェデラリストの牙城である
司法部門に正式に違憲法令審査権を認めることで，その武器（権限）を強化す
ることを意味する。この事例が示すように，司法審査はそのはじめから，政治
部門との折り合いをつけるという微妙な作業のなかで展開されたことに，着目
したい。

　＊　フェデラリストは連邦の権限を強化しようとする政治グループであり，リパブリ
　　カンは州の権限を尊重しようとする政治グループである。

2　付随的審査制と抽象的審査制

　裁判所が法令等の合憲性審査をおこなうといっても，そのあり方については
比較憲法的に二つのタイプが対比される。ひとつは付随的審査制で，具体的事
件の解決に付随して，当該事件に適用される法令の合憲性を審査する。もうひ
とつは抽象的審査制で，具体的事件を前提としないで，およそ法令が合憲か否

第17章 憲法訴訟

か審査する。

　ただし，これは理念的モデルの対比にすぎず，あまり厳格に区分けして考えるべきではない——いわゆる合一化傾向。付随的審査制の下でも，個人的利害に直接関わらない住民訴訟などの客観訴訟が認められ，そこにおいて合憲性審査がなされるので，多少なりとも抽象的審査制への接近傾向が認められる。また抽象的審査制の下でも，抽象的審査手続のほかに，事件に適用される法律の合憲性審査をおこなう具体的審査手続が認められうるので，こちらの側からもやはり，接近傾向が肯認される。

　では，違憲審査制の果たすべき役割の視点から以上のあり方を読み解くと，どうなるであろうか。そもそも違憲審査制には，各人の人権を裁判を通して保障・実現するという人権保障の役割と，憲法に反する法令を否定することによって最高法規たる憲法を保全するという憲法保障の役割とがある。

　付随的審査制をとった場合，人権保障には適合的ではあるものの，憲法保障の役割を果たすには違憲法令審査権の行使される範囲が狭くなりがちである。したがって審査範囲の拡大の要請，それに基づく抽象的審査制への接近という傾向が認められる。また逆に，抽象的審査制をとったとしても，具体的な事案における人権保障の役割は重要なので，具体的審査手続が併存することが望ましい。

　ともあれ，理論的モデルとしては二つの類型があるとして，日本国憲法の下でとられている違憲審査制はどちらのタイプであろうか。この点が争点となったのが，警察予備隊違憲訴訟（最大判昭27・10・8民集6巻9号783頁）である。当時の日本社会党の委員長，鈴木茂三郎氏が原告となって，国が警察予備隊（自衛隊の前身）の設置・維持に関して，1951（昭和26）年4月1日以降おこなった一切の行為の無効確認を求めて，直接最高裁に対して提起したのが本件訴訟である。

　この訴えに対し，最高裁は却下——本案の判断に入らない——との判断を下した。「裁判所が……具体的事件を離れて抽象的に法律命令等の合憲性を判断する権限を有するとの見解には，憲法上及び法令上何等の根拠も存しない」という。

　こうして判例上，日本国憲法は付随的審査制を採用しているとされ，それを

もとに実務は運用されている。また，具体的事件の解決，すなわち司法権の行使は，最高裁のみならず下級審裁判所においてもなされるから，司法権の行使に付随する違憲審査権も同様に，下級審裁判所においても行使されることとなる。

3　違憲審査の対象

　違憲審査の対象とされるのは，「一切の法律，命令，規則又は処分」（81条）である。では，条約はどうであろうか。憲法と条約の関係につき憲法優位説をとるならば，違憲審査の対象とはなりうるであろう。最高裁も，砂川事件判決（最大判昭34・12・16刑集13巻13号3225頁）において条約が司法審査の対象となることを基本的に前提としつつ，ただし問題となった日米安全保障条約につき，その高度の政治性からして，「一見極めて明白に違憲無効であると認められない限りは」司法審査の対象から除外されるとした。

　さらに，国・地方公共団体の私法上の行為（たとえば土地買収，物品購入など）はどうか。国・地方公共団体の行為である以上，憲法の直接の適用を受け，司法審査の対象となるはずである。しかし最高裁は，自衛隊の土地買収が争点となった百里基地訴訟（最三判平元・6・20民集43巻6号385頁）において，「国家の統治活動に対する規範は，……私法上の規範によって相対化され，民法90条にいう『公ノ秩序』の内容の一部を形成する」とし，「社会的に許容されない反社会的な行為であるとの認識が，社会の一般的な観念として確立しているか否か」が，判断の規準となると判示している。

II　憲法判断回避のルール

1　内　　容

　具体的事件に付随して憲法問題が提起されることを前提とするにしても，提起された憲法問題について，裁判所は必ず審理しなければならないのであろうか。それとも，事件を解決するために，憲法問題以外の問題点があり，その解決によって事案が処理できるのであれば，なるべくそれによるべきであって，

憲法問題に立ち入ることを避けるべきであろうか。この選択において後者の立場をとるとき，憲法判断回避のルールを認めることになる。

具体的な事例で考察してみよう。いわゆる恵庭事件（札幌地判昭42・3・29判時476号25頁）が有名である。北海道千歳郡恵庭町にある自衛隊の演習場の近くに，Y兄弟の営む牧場があった。自衛隊の演習場からの爆音のため，牧場は被害（乳牛の乳の出が悪くなるなど）を受けていたので，演習場側とY兄弟との間で交渉がもたれた。しかし問題をうまく解決する途を見出せなかったため，Y兄弟は抗議のため自衛隊の通信線を数か所切断した。そこで，この切断行為が自衛隊法121条の防衛の用に供する物を損壊する罪に該当するとして刑事訴訟が提起された。

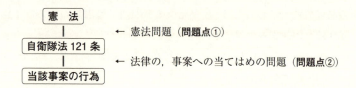

この事件における問題点は，二つありうる。第一は，自衛隊の合憲性という憲法問題である（上図①）。そして第二は，当該行為が自衛隊法121条の構成要件に該当するかという問題である（上図②）。このように二つの問題点があるが，札幌地裁は，結論的に第二の問題点だけで事案を解決した（この事件は地裁判決で終結している）。判決によれば，自衛隊法121条にいう「その他の防衛の用に供する物」とは「武器，弾薬，航空機」という「例示物件とのあいだで，法的に，ほとんどこれと同列に評価しうる程度の密接かつ高度な類似性のみとめられる物件」に限られるのであって，本件で問題になった通信線は，「その他の防衛の用に供する物」には該当しない，というのである。

こうして本件地裁判決は，自衛隊の合憲性という憲法問題と法律の事案への当てはめという問題のうち，後者だけで事案を解決し，憲法問題には意図的に立ち入らなかった。すなわち憲法判断回避のルールを適用した例とされる。

ただし考えてみれば，情報の重要性が当然とされている現代において，通信線は情報に関わるものであるから，「防衛の用に供する物」に該当しないとい

う判断は理解に苦しむ。むしろ本件は，無理な法律解釈によって憲法判断を避けた例というべきではないか，との批判が寄せられる。

ともあれ，憲法判断回避のルールの背後には，事案解決に必須の憲法問題についてのみ裁判所は立ち入るべきであって，そうではない憲法問題に軽々に立ち入ることは望ましくないという考え方がある。さらに踏み込めば，事案の解決に必須の憲法問題であってはじめて，当事者は十分な情報提供をし，裁判所もそれに基づいて熟した憲法判断を下しうる，という認識がある。

2　憲法判断回避のルールは，「ルール」か

もっとも，憲法判断回避のルールは，厳格なルールととらえられるべきではない。それは例外のありうる基本的原則とみられるべきであって，「ルール」という名称は適切でない。たとえば，重大な憲法違反の疑いが浮上しており，それによって当事者のみならず数多くの国民の権利侵害が憂慮される場合であれば，憲法問題以外の問題点で事案を解決しうる場合であっても，あえて裁判所は憲法問題に踏み込むことが，憲法保障という違憲審査制の重要な役割に奉仕するゆえんであるといえよう*。

* 　長沼事件第一審判決（札幌地判昭48・9・7判時712号24頁）は，憲法判断回避のルールにつき，十分な理由があるとして肯定しながらも，重大な憲法違反の状態が発生している疑いが生じ，当事者をも含めた国民の権利が侵害され，または侵害の危険があると考えられる場合において，当該事件の紛争を根本的に解決するために必要があるときには，国家行為の憲法適合性を判断する義務があるとしている。

III　第三者の憲法上の権利の援用

1　学　説

具体的な事件において，当事者が第三者の権利を援用し，その権利が侵害されるとして違憲主張をしようとする場合がある。はたして，そのような援用が認められるのであろうか*。

第17章 憲法訴訟

　学説においては，アメリカの判例理論を参酌しつつ，当事者は原則として自
己の憲法上の権利を援用しうるにとどまり，第三者の権利を援用することは許
されない，と論ずるものが有力である。権利侵害による憲法上の争点提示を最
もよくなしうるのは権利主体であるし，また，権利者がその制約を甘受し権利
放棄をするかもしれないのに，他者が権利を援用しそれに基づいて裁判所が憲
法判断を下すのは適切ではない，などの根拠に基づく。

　ただしこの原則にも例外がある。①当事者の訴訟における利益の程度（第三
者の権利の援用ができなければ訴訟上不利になる場合などは援用が認められやすい），
②援用される憲法上の権利の性質（表現の自由等，優越的地位にある自由が問題に
されている場合などは援用が認められやすい），③援用者と第三者との関係（当事者
と第三者との間に実質的な関係があれば援用が認められやすい），④第三者が独立に
自己の憲法上の権利侵害を主張する実際的可能性（第三者による主張の実際的可
能性が低ければ援用が認められやすい），などを考慮して，第三者の憲法上の権利
の援用が許される場合がある，と主張される（芦部信喜『憲法訴訟の理論』）。

*　特定の第三者の権利を援用する場合と，表現の自由を過度に広汎に制約する法律
　によって犠牲とされる不特定の第三者の権利を援用する場合とがある。後者は主と
　して表現の自由の問題（→第8章 I 4）であるため，ここでは前者を扱う。

2　判　　例

　関連する判例としては，いわゆる第三者所有物没収事件（最大判昭37・11・
28刑集16巻11号1593頁）が挙げられる。密輸に関わる物品につき，その所有
者に告知，弁解，防禦の機会を与えることなく没収するのは違憲である旨，被
告人（所有者ではない）が主張できるか問われた事案であるが，最高裁は，次の
ように判示し上告を認めた。「没収の言渡を受けた被告人は，たとえ第三者の
所有物に関する場合であつても，被告人に対する附加刑である以上，没収の裁
判の違憲を理由として上告をなしうることは，当然である。のみならず，被告
人としても没収に係る物の占有権を剥奪され，またはこれが使用，収益をなし
えない状態におかれ，更には所有権を剥奪された第三者から賠償請求権等を行
使される危険に曝される等，利害関係を有することが明らかであるから，上告

336

によりこれが救済を求めることができるものと解すべきである。」

　もっともその後，第三者の憲法上の権利の援用は，あまり論点とされていない。最高裁は，具体的事件を前提としつつも事案に関連する憲法問題を一般的に審査する，したがって違憲主張の適格を限定的に考えない，というあり方で司法審査を行っているのかもしれない＊。

　＊　宗教法人オウム真理教解散命令事件において，東京高裁（東京高決平7・12・19
　　判時 1548 号 26 頁）は，宗教法人が信者の信教の自由の侵害を主張しうるかという，
　　第三者の憲法上の権利主張の適格の問題に関し，第三者の憲法上の権利の性質，当
　　事者と第三者との関係，第三者が独立の手続において自らの当該憲法上の権利を擁
　　護する機会を有するかどうか，当事者に対し第三者の憲法上の権利主張の適格を認
　　めないときには第三者の権利の実効性が失われるおそれがあるか等を考慮し，一定
　　の場合にのみ適格を認めるという立場を示した。
　　　これに対し最高裁（最一決平8・1・30民集 50 巻 1 号 199 頁）は，主張適格につ
　　き特に検討せず，主張しうることを前提に憲法判断に入っている。

Ⅳ　合 憲 限 定 解 釈

1　内　　容

　具体的事件に付随して憲法問題が提起され，かつ当該憲法問題の審理に裁判所が立ち入ったとしよう。審理をおこなっていくうちに当該事案に適用される法令の合憲性に疑義が生じたとき，どうしたらよいのであろうか。裁判所としては，直ちに当該法令を違憲とするのではなく，むしろ法令の解釈によって違憲判断を避けることができるのであれば，それをすべきこととなる。こうした考え方から導出される技法が，合憲限定解釈である。

　では，先にみた憲法判断回避のルールと合憲限定解釈とは，どのような関係にあるのであろうか。憲法判断回避のルールは，そもそも合憲性の審理に入ること自体を回避する。これに対し合憲限定解釈は，合憲性の審理に入った後でも，違憲判断に至ることを回避しようとするものである。こうしてみると両者は，その作用する局面は異なるものの，ともに違憲審査権の謙抑的な行使が望

第17章　憲法訴訟

ましいという司法哲学の表れといえよう。

　合憲限定解釈の具体的な例をみてみよう。かつての関税定率法21条1項3号（現関税法69条の11第1項7号）は，「公安又は風俗を害すべき書籍，図画，彫刻物その他の物品」の輸入を禁じていた。税関検査訴訟（最大判昭59・12・12民集38巻12号1308頁）では，この規定にいう「風俗を害すべき」とは何を意味するのか不明確として，憲法21条違反ではないか，との疑義が提起された。

　最高裁は，「『風俗』という用語そのものの意味内容は，性的風俗，社会的風俗，宗教的風俗等多義にわたり，その文言自体から直ちに一義的に明らかであるといえない」ことは認めつつ，しかし「合理的に解釈すれば，……『風俗』とは専ら性的風俗を意味し，……〔当該〕規定により輸入禁止の対象とされるのは猥褻な書籍，図画等に限られるものということができ，このような限定的な解釈が可能である以上，……〔当該〕規定は，何ら明確性に欠けるものではな」い，との判断を示した。このように限定的な解釈を施すことによって最高裁は，憲法違反の疑いを回避したのである。

2　合憲限定解釈の限界

　以上のように合憲限定解釈は，最高裁によって現実に取り入れられ，しばしば利用されている技法である。ただし，その適用にあたっては注意を要する。第一に，合憲限定解釈も「解釈」のひとつである以上，「通常の判断能力を有する一般人」の理解をもとに，法令の文言から導出可能な解釈でなければならない，という当然の限界がある。この点からして，税関検査訴訟最高裁判決における限定解釈には疑義が呈される＊。

　第二に，とりわけ表現の自由の領域においては，自由制限規定の存在による萎縮的効果を早期に除去する必要があるため，合憲限定解釈の利用は限定的にすべきである。端的に法令違憲の判断を下し，立法府に対し適切な文言を用いた合憲の法令を制定し直させることが検討されてよい。

　＊　この判決における伊藤正己裁判官ほかの反対意見は，「『風俗を害すべき書籍，図
　　画』等を猥褻表現物に限るとする解釈……が通常の判断能力を有する一般人に可能
　　であるとは考えられない」として，多数意見を批判している。

V　司法審査のあり方，法令違憲と適用違憲

1　司法審査基準

　法令等の合憲性審判に入るとしても，その判断を裁判官の主観に委ねるわけにはいかない。裁判官の恣意的判断を抑止し，かつ判断の予測可能性を担保するため，判断のための物差しが必要となる。それが司法審査基準である。各種の人権について，その侵害の合憲性が争われたときの審査基準が論じられ，あるいは提唱されていることは，既に本書の各箇所で言及されているが，それに関連して立法事実と司法事実という概念に注意を喚起しておきたい。

　司法事実とは，当該事案において，誰が，誰に対して，何を，いつ，どこで，どのようになしたか，ということに関わる。いわゆる 5W1H に関わる事実といってもよい。これに対して立法事実とは，当該事件で問題になっている法律の合憲性に関わる社会的・経済的事実である。薬事法判決（最大判昭 50・4・30 民集 29 巻 4 号 572 頁）を例にとってみよう。薬事法による薬局の開設の距離制限規定については，開設制限をしなければ過当競争が生じ，その結果，一部薬局の経営不安定を来し，不良医薬品の供給につながるという，因果関係に関わる事実命題が国側から提示され，これが当該規定の合憲性を支えていると主張された。この因果関係に関わる事実命題こそが，立法事実に属する。

　立法事実については，その確証度は実に多様である。確実な社会科学データによって根拠づけられているものから，単なる推測にすぎないものまで，無限のグラデーションをなしているといってよい。そして法律の根拠となる立法事実について，どれほど確証されたものであることを求めるかは，実は司法審査基準の厳しさに関わる。司法審査基準が厳しいということは，法律の根拠をなしている立法事実が確実なものであることを求める。これに対し緩やかであるということは，法律の根拠をなしている立法事実が推定されたものであればよいことを意味する。

　薬事法判決の場合でみてみよう。当該法律における薬局開設制限規定の根拠となる立法事実は，先に言及した因果関係に関わる事実命題である。これにつき最高裁は，「単なる観念上の想定にすぎず，確実な根拠に基づく合理的な判

第17章　憲法訴訟

断とは認めがたい」とした。すなわちこの判決では，司法審査基準がある程度
厳しくなっており，その関係で，法律の根拠をなす立法事実に関しても，その
確証度はある程度高いものが要求されるところ，それだけの確証度は認められ
ない，としているのである。

　このようにして，司法審査基準は二つの要素から成ることが理解される。す
なわち①いかなる立法目的であり，そのためにいかなる手段が採用されている
のか，という要素と，②そういった立法目的および手段の根拠となる立法事実
の確証度，という要素である。したがって，審査基準が厳しいというとき，そ
の厳しさも二側面に現れる。①立法目的がやむにやまれぬもので，手段が必要
最小限のものでなければならないという点，および，②立法事実の確証度が高
いものでなければならないという点，である。

2　法令違憲と適用違憲

　さて，審査基準の適用の結果，法令それ自体が違憲と判断される場合がある。
これが法令違憲の判断であるが，その典型的な例は尊属殺重罰規定違憲訴訟
（最大判昭48・4・4刑集27巻3号265頁）である。刑法は199条において一般的
な殺人罪について，そして200条で尊属殺人罪について規定していた。親を殺
害するに至った子につき，刑法200条の尊属殺人罪で立件されたところ，刑法
200条は一般的な殺人罪に比べてとりわけ重く処罰しているので法の下の平等
に反するのではないか，という争点が提示された。そして，最高裁も刑法200
条の違憲性を認めた。このように判断すれば，この事案において刑法200条は
適用できなくなり，一般的な殺人罪に関する規定である刑法199条で処断する
ことになる。

　この事案は法令の規定（刑200条）を全体として違憲とするものであるが，
法令の規定を一部だけ違憲・無効とする手法もある。国籍法違憲訴訟（最大判
平20・6・4民集62巻6号1367頁）においては，父が日本国民であり母がそうで
ない場合，出生後に父から認知された子は，父母の婚姻により嫡出子となった
場合に限り国籍を付与するという規定（国籍3条1項）の合憲性が問われた。
最高裁は嫡出子となったか否かによる区別は憲法14条1項に反するとしたが，
その際，本件区別に係る違憲の瑕疵を是正するため，国籍法3条1項につき，

340

V　司法審査のあり方，法令違憲と適用違憲

「同項を全体として無効とすることなく，過剰な要件を設けることにより本件区別を生じさせている部分のみを除いて合理的に解釈」することができるとした。つまり，届出による国籍付与の要件を定めた3条1項のうち，父母の婚姻により嫡出子となった場合に限るとした部分のみを違憲無効とし，残りの部分は有効とすることで，父母の婚姻という要件は充足しないが，その他の要件は充足する当事者に対し，国籍付与を認め，権利救済を図ったのである。

　以上は法令に焦点を当て，その合憲・違憲の判断をするものであった。これに対し，法令の適用を受ける当該事案における行為そのものに焦点を当て，それが憲法上の保護の枠内であるのに法令は禁圧しようとしている場合，当該法令の適用を違憲とする手法がある。これが適用違憲である。

　具体例として，猿払事件第一審判決（旭川地判昭43・3・25判時514号20頁）が有名であるが，これは，国家公務員法による公務員の政治活動の自由の制限が問われた事案である。裁判所の思考を読み解けば，本件事案における行為は，「非管理職である現業公務員で，その職務内容が機械的労務の提供に止まるものが，勤務時間外に，国の施設を利用することなく，かつ職務を利用し，若しくはその公正を害する意図なしで行った……行為で且つ労働組合活動の一環として行われたと認められる」ものであり，憲法上の保護の枠内であると把握される。にもかかわらず，そういう行為に国家公務員法上の刑罰規定が適用されるため，その適用が違憲であると判断した，と理解される[*]。

　＊　大分県屋外広告物条例事件最高裁判決（最三判昭62・3・3刑集41巻2号15頁）における伊藤正己裁判官の補足意見は，風致美観の維持などのため屋外広告物を刑罰をもって規制する条例につき，条例それ自体が合憲であっても場合により適用違憲の事態を生ずることを見のがしてはならない，と指摘する。その判断にあたっては，事案の具体的な事情に照らし，「表現の価値の有する利益が美観風致の維持の利益に優越すると判断される」のであれば，条例の定める刑事罰を科することが，適用において違憲となるという（伊藤裁判官は，本件においては適用違憲とならないとした）。

第17章 憲法訴訟

Ⅵ 違憲判断の効力

1 個別的効力説と一般的効力説，判決の事実上の拘束力

適用違憲の判断があったときは，その事案における法令の適用が違憲として否定されるのみであるから，判決の効力は当該事案に限られる。これに対し，最高裁が法令違憲の判断を下したとき，その法令自体が無効となり，いわば法令集から削除される（一般的効力説）とみるべきか，それとも当該法令が違憲無効という判断の効力は，当該事案に限定される（個別的効力説）のだろうか。

通説・判例は，個別的効力説をとる。そもそも法律の改廃はそれ自体が立法行為であるから，一般的効力説をとるとき，最高裁の判決が法律の改廃の効力をもつ，つまり消極的立法をすることとなり，国会が唯一の立法機関であると定める憲法41条の趣旨に反することになる，などが理由に挙げられる。

ただし，個別的効力説をとるとしても，最高裁の法令違憲の判断があった後は，その判断を尊重する運用がなされ，法律の扱いがまちまちになる不都合を回避するよう取りはかられている。すなわち，内閣・行政各部は当該法律の執行を差し控えるし，国会は最高裁判決を尊重して当該法律の改廃作業をおこなうのが通例である。

ちなみに，わが国初の法令違憲判決となった尊属殺重罰規定違憲判決では，刑法200条の違憲判断があった後，たとえ尊属殺人に該当する事案が生じても，刑法199条の一般的な殺人罪で立件することで，検察側は刑法200条の執行を差し控えた。もっとも，個別的効力説の下では法律の改廃は国会によるしかなく，現に国会においても刑法200条の削除が課題とされたが，賛否両論があり作業は頓挫してしまった。そして判決後20年以上を経て，1995（平成7）年，刑法の口語化を機にようやく削除に至ったのである。

さて，違憲判決の効力に関し個別的効力説をとるにしても，その判断は，下級審裁判所に対して先例としての事実上の拘束力をもつ。通常はそれで問題はないが，例外的に法的安定性の見地からこれに制限を加えるべき場合もあることには注意を要する。

婚外子に対する法定相続分差別訴訟（最大決平25・9・4民集67巻6号1320頁）

342

において，嫡出でない子の法定相続分を嫡出である子のそれの2分の1としていた民法900条4号ただし書は「遅くとも平成13年7月当時において，憲法14条1項に違反していたもの」とされた。この判断は事実上の拘束力をもちうる。しかし，平成13年（当事者の相続の開始時）から平成25年（最高裁決定時）までの間になされた遺産分割に対しても影響が及ぶとすれば，著しく法的安定性を害する。そこで，当事者の「相続の開始時から本決定までの間に開始された他の相続につき，……確定的なものとなった法律関係に影響を及ぼすものではない」との判断が示された。このように事実上の拘束力の及ぶ範囲を制限することも，「憲法によって付与された違憲立法審査権に含まれる権能」（千葉勝美）とみる見解は注目に値する。

2 将 来 効

議員定数不均衡訴訟においては，一票の重みの較差が許容限度を超え，合理的期間の徒過もあったとき，定数配分規定は違憲とするものの，それに基づいておこなわれた選挙は無効としないという，いわゆる事情判決の法理が用いられている。選挙は無効としないのであるから，現実的な機能としては最高裁が違憲である旨の警告を発するにとどまる。そして通常は，この警告に応じて国会は公職選挙法の改正作業を行っている。

ところが，もし国会が最高裁の違憲警告を無視し，公職選挙法の規定を改正しないまま放置し，再度の選挙に至るような場合，どうすべきであろうか。最高裁としてはこのような場合，有効な打開策をもちあわせていない。

そこで最高裁（最大判昭60・7・17民集39巻5号1100頁）において少数意見ながら論じられており，学説上も支持が寄せられているのが，将来効的無効判決である。公職選挙法上の規定は違憲であり，この規定に基づいておこなわれた選挙は判決後一定期間経過後に，つまり将来のある時点から無効にする，という手法である。このようにこの手法は，いわゆる事情判決の法理よりも強い効力を認めることにより，国会による法律改正作業をより強く促す意味をもたせようとする試みである。

第17章 憲法訴訟

3 司法の優越か，ディパートメンタリズムか

　憲法訴訟においては，当該事案において問題となる憲法規定の解釈がまずなされ（憲法解釈のレベル），その憲法解釈をもとにして，問題とされている法令の合憲性に関する判断が下される（法令の合憲性判断のレベル）。議員定数不均衡問題を例にとれば，投票価値の平等も憲法が要求しているとするのは憲法解釈のレベルであり，定数配分規定は違憲とするのは法令の合憲性判断のレベルである。

　個別的効力説と一般的効力説の対比や将来効などは，法令の合憲性判断のレベルにかかわるものであり，この点に関しては，既にある程度の議論の蓄積がみられる。

　しかし，ひとしく司法審査を認めるとしても，憲法解釈のレベルにおいて，最高裁の解釈につき，国会など他の統治部門がどのような態度をとるかについては複数の選択肢がある。最高裁の解釈が他の統治部門の解釈に優位し，したがって他の統治部門は最高裁に従わなければならないとするなら，司法の優越を認める立場である。これに対し，最高裁の憲法解釈は司法部におけるものにすぎず，他の統治部門もそれぞれ独自に憲法解釈権限をもつとすれば，それはディパートメンタリズムの立場である。さらに基本的にはディパートメンタリズムをとりつつ，他の統治部門が最高裁の解釈に適切な敬譲を払うことが望ましい，とする立場もありうる。

　この争点は，アメリカではある程度議論がなされつつあるが，わが国ではあまり扱われてこなかったものである。今後の展開が期待される。

Ⅶ　さまざまな憲法訴訟の形態

1　国家賠償請求訴訟

　権利・利益を侵害する法律があり，その違憲無効を理由として救済を求める通常の場合をみてきた。しかしこれとは異なり，人々の権利・利益を救済するために法律が必要であるのに，それが制定されていないこと，つまり立法不作為によって人々の権利が保障されないという場合，いかに考えるべきであろう

か。たとえば，かつて公職選挙法は，在外国民に対して，一定範囲で選挙権行使を認めていなかった。法律を改正して在外国民に選挙権行使を可能ならしめる措置をとるべきであるのに，それをしていないこと（立法不作為）によって，権利行使ができなくなっているとき，どのように救済を求めたらよいのか，という問題設定である。

このような場合，立法行為——それには，作為と不作為を含む——について，国家賠償法1条の責任を問うという手法が用いられる。最高裁は，在宅投票制度廃止訴訟（最一判昭60・11・21民集39巻7号1512頁）において，立法行為は「本質的に政治的なものであって，その性質上法的規制の対象になじま」ないことなどを理由に，国家賠償法上「違法」の評価を受けるのは，「立法の内容が憲法の一義的な文言に違反しているにもかかわらず国会があえて当該立法を行うというごとき，容易に想定し難いような例外的な場合」に限定する立場を示した。

しかしその後，在外国民選挙権訴訟（最大判平17・9・14民集59巻7号2087頁）において，この例外的場合につき次のように若干，拡大した。「立法の内容又は立法不作為が国民に憲法上保障されている権利を違法に侵害するものであることが明白な場合や，国民に憲法上保障されている権利行使の機会を確保するために所要の立法措置を執ることが必要不可欠であり，それが明白であるにもかかわらず，国会が正当な理由なく長期にわたってこれを怠る場合などには，例外的に……国家賠償法1条1項の規定の適用上，違法の評価を受けるものというべきである」。

さらに最近では，再婚禁止期間違憲訴訟（最大判平27・12・16民集69巻8号2427頁）において，判例上の枠組みは次のように整理し直された。「法律の規定が憲法上保障され又は保護されている権利利益を合理的な理由なく制約するものとして憲法の規定に違反するものであることが明白であるにもかかわらず，国会が正当な理由なく長期にわたってその改廃等の立法措置を怠る場合など」において，例外的に違法の評価を受けることがある。

なお，この事案の場合，女性につき6か月間の再婚禁止期間を定めていた民法733条1項のうち100日を超える部分は，違憲ではあるが，それが平成20年当時国会にとって明白であったということはできないとして，同条項を改廃

第17章　憲法訴訟

しなかった立法不作為行為につき国家賠償法上違法の評価を受けない，と判断された。賠償請求を認めないとしながら，この種の訴訟に憲法判断提示機能をもたせたものとして位置づけられよう。

2　確　認　訴　訟

国家賠償請求は，上記のようにかなり限定される。そこで端的に，具体的な権利の確認を求め，そのなかで法律の違憲判断も求める途が検討される。上記在外国民選挙権訴訟において最高裁は，選挙権は行使できなければ意味がなく，選挙後に争っても権利行使の実質を回復できない性質のものであることや，権利に重要性があることにかんがみ，確認の訴えが有効適切な手段であると認められる限り，確認の利益を肯定すべきであると判断し注目された（行訴4条）。具体的には，次回の衆議院議員総選挙における小選挙区選挙，参議院議員通常選挙における選挙区選挙において，在外選挙人名簿に登録されていることに基づいて投票をすることができる地位が確認されている。

Ⅷ　司法のあり方

1　司法積極主義と司法消極主義

違憲審査制の制度の流れに沿って検討を進めてきた。それらの活動の背後にある，司法のあり方に関する基本的な考え方は何であろうか。

一方の極には，司法積極主義がある。この立場は，法令の合憲性審査に積極的に立ち入ることを求めるのみならず，審査に立ち入った後，法令の合憲性を入念にチェックするよう要請する。これに対し他方の極には，司法消極主義がある。法令の合憲性審査に立ち入ることをなるべく回避するのみならず，合憲性審査に立ち入った後も立法府の裁量的判断を尊重して緩やかな司法審査基準を当てはめることを求める立場である。

このように対極的な二つの立場のうち，どちらが適切か問われるが，二者択一の問題ではなく，人権の領域ごとに司法積極主義と消極主義とを賢明に使い分けることが望ましいと考えられる。いわゆる二重の基準論を受け入れること

Ⅷ　司法のあり方

を前提とする限り，精神的自由権の領域では司法積極主義が，経済的自由権の
領域では司法消極主義が，それぞれ基本にすえられることが是認される。

2　近時の最高裁判所による違憲審査のあり方

わが国の最高裁は，違憲判断に消極的であると長らくいわれてきたが，近時
ある程度積極的に合憲性審査に踏みこみ，違憲判断に至ることがみられるよう
になっている。こういった傾向のなかで，最高裁が用いる違憲審査の手法とし
て注目されるものを，既に言及した国籍法違憲訴訟を主たる素材としてまとめ
ておこう。

まず，審査のあり方であるが，合理的区別論をとり，区別扱いに合理的理由
がなければ法の下の平等に反し違憲である，という一般的立場をとりつつも，
その合理的理由の存否につき「慎重に検討する」というように，審査の密度設
定において工夫を凝らす，というあり方が注目される。

立法事実に関わっては，法律制定後の事実の変化によって法律がいわば後発
的に違憲となるという判断を，しばしば行っていることが留意される。国籍法
違憲判決においても，「出生数に占める非嫡出子の割合が増加するなど，家族
生活や親子関係の実態も変化し，多様化してきている」などの「我が国を取り
巻く国内的，国際的な社会的環境等の変化」などが考慮に入れられて，違憲判
断が下されている。このような場合，一定の時以降法令が違憲となるのであり，
違憲判断に時間的限定が付されることとなる。

さらに，違憲判断を法令の一定範囲に限定するという部分違憲の手法も注目
される。国籍法違憲訴訟における部分違憲の判断については既に言及した（→
Ⅴ2）が，これは法令の文言の一部を違憲とする部分違憲であった。また郵便
法訴訟は，書留郵便物について故意重過失による不法行為責任を免除する部分，
特別送達郵便物についてはさらに過失による不法行為責任を免除する部分をも
違憲としており（→第11章Ⅱ3(1)），これは郵便法の責任免除・制限規定の意味
するところの一部を違憲とする部分違憲といえる。

再婚禁止期間違憲訴訟も，当時の民法733条1項が6か月の再婚禁止期間を
設けていたところ，そのうち100日を超える部分につき違憲と判断しており
（→第6章Ⅳ6），やはり部分違憲の判断となっている。

347

第18章　財政・地方自治・国法の諸形式

I　財　政

1　財政国会中心主義

　中世ヨーロッパでは，国王の課税には身分制議会の同意が必要であった。ボストン茶会事件（1773年）をきっかけに，アメリカ独立戦争が起きたのは，イギリス本国が七年戦争（1756年〜1763年）の戦費を植民地住民に負担させようとしたからであった。独立運動のスローガンが「代表なくして課税なし」であったことは，この経緯をよく示している。そしてフランス革命の引き金を引いたのも，国王の財政改革が貴族等の反対によって挫折し，約170年ぶりに身分制議会が招集されたことであった。

　立憲主義は，このとおり，課税に対する臣民のコントロールの要求から出発した。そして議会制が確立した後も，財政は，政治にとって最も重要なテーマの一つである。そこで日本国憲法の第7章は，財政について定めている。その冒頭である83条は，国民の代表である国会が中心となって，財政処理に当たるという基本原則を示している*。

---

　*　19世紀後半のプロイセンでは，宰相ビスマルクが議会を無視して軍備関係の支出を数年間強行し，政府と議会が抜き差しならない対立に陥った。明治憲法はこのプロイセン憲法争議の経験を踏まえて，議会による大権支出・義務的支出の削減に制限をおき（67条），さらに議会が予算を議決しない場合には政府は前年度の予算を執行できる，と定めていた（71条）。もっとも，政府が歳出を増加させるためには結局のところ議会の同意が不可欠であるため，藩閥政府は次第に政党との連携を模

I 財 政

索するようになり，それが伊藤博文による立憲政友会の結成（1900〔明治33〕年），さらには大正デモクラシーへとつながることになる（→第1章Ⅱ3）。

2　租税法律主義

憲法84条は，「あらたに租税を課し，又は現行の租税を変更するには，法律又は法律の定める条件によることを必要とする」と定める。判例は，この租税法律主義の趣旨を，「国民に対して義務を課し又は権利を制限するには法律の根拠を要するという法原則を租税について厳格化した形で明文化したもの」と解している（最大判平18・3・1民集60巻2号587頁〔旭川市国民健康保険条例事件〕）。

同じ判例によれば，租税とは「国又は地方公共団体が，課税権に基づき，その経費に充てるための資金を調達する目的をもって，特別の給付に対する反対給付としてでなく，一定の要件に該当するすべての者に対して課する金銭給付」である。したがって，専売品の価格や各種の検定手数料等の，強制的に賦課されるが反対給付の性格を有するものは「租税」に当たらない。財政法は，これらの価格・料金を「法律又は国会の議決に基いて定めなければならない」としているが（3条）＊，現在の有力説は，これは憲法84条ではなく83条を踏まえたものと解している。

租税法律主義の第一の要請は，課税要件および租税の賦課徴収の手続の法定である。最高裁は，当初「遊戯具」に当たらないとされていたパチンコを，通達によって新たに当たるとして物品税を課することについて，「通達の内容が法の正しい解釈に合致するものである以上，本件課税処分は法の根拠に基く処分」である，とした（最二判昭33・3・28民集12巻4号624頁）。租税法律主義の第二の要請は，課税要件および租税の賦課徴収の手続が明確に定められることである。旭川市国民健康保険条例事件では，条例が国民健康保険の保険料率を定めず市長の決定および告示に委任していることの合憲性が争われたが，最高裁は，「租税以外の公課であっても，賦課徴収の強制の度合い等の点において租税に類似する性質を有するものについては，憲法84条の趣旨が及ぶ」と述べた上で，明確性が要求される程度を総合考慮によって判断している。

＊　「財政法第三条の特例に関する法律」により，財政法3条は郵便事業に関する料

349

第18章　財政・地方自治・国法の諸形式

金に限って適用されていたが，郵政民営化に伴って，実際にはこの規定は空文化している。

3　予算と決算

憲法84条が国の歳入を規律するのに対して，憲法85条は歳出の基本原則として，「国費を支出し，又は国が債務を負担するには，国会の議決に基くことを必要とする」と定めている。もっとも，国費支出や債務負担行為に対して一つひとつ国会の議決をおこなうことは煩瑣に過ぎるから，実際には，一会計年度毎に，支出・債務負担の権限を国会から行政に授権している。この授権の形式が，予算（86条）である*。

予算の法的性格については，明治憲法下では，予算は歳入歳出の見積もりであり，政府に対する法的拘束力がないものとする見解（予算行政説）が支配的であった。日本国憲法の下では，予算が法的拘束力を有すると解されているが，それを法律の一種とする説と，独自の法形式であるとする説が対立している。多数説は，予算が一般国民を直接拘束するものではないこと，予算の効力が一会計年度に限られていること，提出権が内閣に限られ，衆議院の先議権および参議院に対する議決の優越が認められる（60条・73条5号）といった憲法上特別の規律がなされていることから，予算法形式説に立っている**。

国会が内閣の提出した予算案を「議決」すると定められているのは，条約に対する「承認」よりも，国会の関与について強い表現を選んだものである（→Ⅲ）。したがって，国会は予算を否決することも，減額修正をおこなうこともできる。国会による増額修正については，かつては歳出予算の「項」の追加は許されないというのが政府見解だったが，現在では「内閣の予算提出権を損なわない範囲内において可能」であるという立場に変更されている。

予算が執行された後には，違法な支出がなされていないかどうかをチェックする必要がある。これが決算検査（90条）である。内閣から独立した機関である会計検査院が収入支出の決算を検査し，内閣は次の年度に決算と会計検査院の検査報告を国会に提出する。国会は決算を審議し議決するが，決算が否決されたとしても，決算そのものの効力には影響しない。実務上は，決算は「議案」ではなく「報告案件」として扱われている。

350

I 財 政

＊ 「予見し難い予算の不足」に備えて，国会の議決で予備費を設けることができる
（87条）。この議決は支出権限を授けるものではないから，憲法は「内閣の責任」
による支出を認めるとともに，国会の事後承諾を要求している。ただし国会が承諾
しない場合でも，既になされた支出の効力には影響しない。

＊＊ 予算と法律が一致しない場合には，①予算は成立したがそれを執行するための
法律の根拠を欠く場合，②法律を執行するための支出の裏付けとなる予算が成立し
ない場合の二通りがある。①の場合，内閣は法律が存在しない以上支出を行うこと
はできず，法律案を国会に提出すべきであるが，国会は法律を成立させる義務はな
い。②の場合，内閣は法律を誠実に執行する義務を負うので（73条1号），予備費
の支出のほか，補正予算や経費流用といった財政法上認められた方法で対処すべき
である。

4 公金支出の制限

憲法は，以上のように民主的な財政処理のしくみを定めるだけでなく，その
限界をも定めている。憲法89条は，「宗教上の組織若しくは団体の使用，便益
若しくは維持のため，又は公の支配に属しない慈善，教育若しくは博愛の事業
に対し」公金を支出することを禁止している。前段は政教分離原則の財政面に
おける表れであるが（→第7章Ⅱ3），後段については，その趣旨および「公の
支配」の意義をめぐって争いがある。

この規定の趣旨を，慈善・教育・博愛事業の自主性を確保し公権力の介入を
防止することに求める説は，「公の支配」の意義を厳格に解し，公権力が事業
を実施する団体に対して人事に関与するなどの強い権限をもつ場合に限られる
としている。この説によると，私立学校に対する国の監督は緩やかなものにと
どまるから，私学助成は憲法89条後段に違反することになる。これに対して，
現在の多数説は，憲法89条後段の趣旨を濫費の防止に求めて，公権力が業
務・会計について報告を求める程度の監督権を有していれば「公の支配」に当
たると解しており，私学助成の合憲性を認めている。

第18章　財政・地方自治・国法の諸形式

Ⅱ　地方自治

1　地方自治の意義

明治憲法には地方自治に関する規定はなく，法律・勅令レベルで地方の政治・行政のあり方が定められていた。また，内務省の官僚が知事（府・県）・長官（都・道）を務める等，中央からのコントロールが強いため地方自治として十分なものではなかった。これに対して日本国憲法は，第8章で地方自治について定めている[*]。この規定の性格については，①自治権が国法に由来するものとする国法伝来説（承認説），逆に，②地方自治体の自然権・固有権を保障したものとする固有権説，③地方自治という制度を憲法が保障していると解する制度的保障説（→第4章Ⅰ2(3)）等が説かれてきた。しかし現在では，憲法は広義の国政を中央の政治（狭義の国政）と地方（自治体）の政治に分割するという垂直的な権力分立を採用しており，そのことを憲法第8章は示している，と解すべきであろう。

憲法92条の「地方自治の本旨」は，「住民自治」と「団体自治」の二つの要素からなる，と説かれてきた。住民自治とは，地方自治が住民の意思に基づいて行われることであり，団体自治とは，地方自治が国から独立した団体に委ねられ，団体自らの意思と責任の下でなされることである。東京都区長選挙事件最高裁判決もまた，地方自治の保障が「住民の日常生活に密接な関連をもつ公共的事務は，その地方の住民の手でその住民の団体が主体となつて処理する政治形態を保障せんとする趣旨に出たもの」である，と解している（最大判昭38・3・27刑集17巻2号121頁）[**]。

---

[*]　実際には，日本国憲法施行後も，強力な中央集権体制が維持されてきた。そこで2000（平成12）年に，機関委任事務（→3(1)）の廃止等の地方分権改革が実施された。

[**]　地方分権改革により，住民に身近な行政は地方に委ね，国は外交・防衛等の国が本来果たすべき役割を重点的に担うべきである，という原則が地方自治法におかれた（1条の2・2条11項・12項）。この「国と地方公共団体との適切な役割分担」

II 地方自治

も「地方自治の本旨」に含まれる，と説く見解もある。また最近では，ヨーロッパ
地方自治憲章の定める「補完性の原理」を援用して，まず市町村に，次に都道府県
に事務を配分し，残りを国が担うべきであるという主張もなされている。

2 地方公共団体の組織

(1) 憲法上の地方公共団体

憲法 93 条は，地方公共団体の議会の議員と長が，住民の直接選挙で選ばれ
ることを定めている。この点に関して，憲法上の「地方公共団体」とは何かが
問題になる。通説は，市町村のほかに，都道府県も憲法上の地方公共団体であ
り，したがって憲法は市町村・都道府県の二層制を保障する，と解している*。

東京都特別区については，区長の公選制を廃止したことは憲法に違反しない
とした最高裁判決がある。その理由は，憲法上の地方公共団体というためには
「事実上住民が経済的文化的に密接な共同生活を営み，共同体意識をもってい
るという社会的基盤」と，「地方自治の基本的権能を附与された地域団体であ
ること」が二つの要件を充たさねばならないのに対して，東京都の特別区はそ
うではない，ということにあった（前掲東京都区長選挙事件）。しかしこの判例
を前提にしても，現在ではもはや東京都特別区は憲法上の地方公共団体である，
と考えることもできる（現在では，区長公選制が復活している）**。

*　ただし，都道府県を廃止してより広域的な「道州」へと再編することも，住民自
　治・団体自治が保障されている限り，許されると解されている。第 28 次地方制度
　調査会の答申（2006〔平成 18〕年）を契機に，道州制の導入について議論がなさ
　れている。

**　地方分権改革に伴い，国から移された事務・権限の「受け皿」となる地方公共
　団体を強化するために，市町村合併が推し進められた。その結果，1999（平成 11）
　年 3 月末に 3232 あった市町村の数は，2014（平成 26）年 4 月には 1718 にまで減
　少している（平成の大合併）。広域化による住民自治の空洞化を懸念する声もある
　が，人口の減少，少子高齢化を見据えて市町村間の連携を強化する試み（定住自立
　圏構想）も進められている。

第18章　財政・地方自治・国法の諸形式

(2)　長と議会

　国政の基本的なしくみである議院内閣制には，内閣による衆議院の解散と国会による内閣の責任追及が組み込まれることによって，内閣と国会（衆議院）が相互に連携し反発し合う関係が生まれる（→第15章Ⅱ1）。これに対して地方政治では，執行権の担い手である長と，議決機関である議会が，それぞれ直接に住民に対して責任を負う二元代表制のしくみが採られている。もっとも地方自治法は，議院内閣制的なしくみも一部導入している。すなわち，議会は特別多数決によって長に対する不信任議決をおこなうことができ，その場合には長が議会を解散できるが，選挙後の議会で長に対する不信任が議決された場合には長は失職する（地自178条）。

(3)　住民の直接参加

　地方政治と国政の第二の違いは，「地方自治は民主主義の学校」という言葉の示すとおり，地方政治では住民の直接参加が広汎に認められる点である*。憲法は，住民による長の直接公選を定めるほか，地方特別法について国会単独立法の原則を修正し（→第14章Ⅰ3(2)），住民投票による過半数の同意を要求している（95条）。地方自治法ではさらに，条例の制定・改廃の請求（74条），監査の請求（75条）**，議会解散の請求（76条），議員・長の解職の請求（80条・81条）のしくみを定めている。このほか原発施設や米軍基地の受入れ等，住民に身近な問題について，地方公共団体が住民投票を実施する例が増えている。国政については，代表民主制に反するため国民投票に拘束力を認めることはできないが，地方では住民自治に配慮して，法律で住民投票の結果に長・議会に対する拘束力を認めることも違憲ではない，と解される***。

---

*　地方自治法上の「住民」には，外国人を含むが（10条），地方選挙権をもつのは日本国籍を有する住民に限られる（11条）。最高裁は，「憲法93条2項にいう『住民』とは，地方公共団体の区域内に住所を有する日本国民を意味する」としつつ，「地方公共団体と特段に緊密な関係を持つ」定住外国人については，法律で選挙権を付与することは違憲ではない，とする（最三判平7・2・28民集49巻2号639頁。→第4章Ⅱ1(2)）。

**　住民監査請求は，長から独立した機関である監査委員に，長等の職員の財務会

354

計上の行為に対する監査を求めるものである。住民は，監査結果に不服がある場合には，職員に対する損害賠償の請求を長等に求める訴えを提起することができる（→第16章Ⅲ1(2)）。最高裁は，住民訴訟も「地方自治の本旨に基づく住民参政の一環」であるとしている（最一判昭53・3・30民集32巻2号485頁）。

***　現在の地方自治法は，住民投票条例による住民投票の拘束力を認めていない（那覇地判平12・5・9判時1746号122頁参照）。

3　地方公共団体の権能

(1)　地方公共団体の事務

　地方公共団体は総合的な統治団体であり，地域における公共的な事務すべてを処理できる*。地方自治法は，地方公共団体の事務を「自治事務」と「法定受託事務」**に分類している。地方公共団体の事務処理のあり方に対する「国の関与」を制限し透明化するために，地方分権改革により，地方自治法にさまざまな規定がおかれた（245条以下）。国の関与に関して紛争が生じた場合は，地方公共団体の申出により，第三者機関である国地方係争処理委員会が勧告等を行い（250条の7以下），さらに不服がある地方公共団体は関与の取消しを求めて出訴できる（251条の5以下）。逆に，地方公共団体が国の是正要求に従わない場合に，国が不作為の違法確認を求めて出訴するしくみも整備された（251条の7）。

*　ただし，司法権は国の独占的な事務である。

**　かつての地方自治法は，自治事務（当時は，固有事務，団体委任事務，行政事務の三種があった）のほかに機関委任事務という類型をおいていた。これは地方公共団体の機関である長に国の事務を委任するものであったが，その事務量が膨大に上る，地方議会のコントロールが及ばない，地方公共団体を国の下請けにするものである等の批判があった。そこで地方分権改革では，多くの機関委任事務を廃止して自治事務とするとともに，新たに法定受託事務を創設し，これは本来国が果たすべき役割に関わるが地方公共団体の事務である，という整理をおこなったのである。

(2)　条例制定権

(a)　条例制定権の意義　　地方公共団体は，自主法として条例を制定する

第18章 財政・地方自治・国法の諸形式

ことができる（憲94条，地自14条1項）。ここでいう「条例」は，議会の議決した条例のほか，長や各種委員会の制定する規則を含む。条例は地方公共団体の事務に関する事項しか規律できないが，国の法令の委任がなくても独自に定めることができる。条例によって他の地域との別異取扱いが生じることは当然のことであって，平等原則に違反するものではなく（最大判昭33・10・15刑集12巻14号3305頁），条例によって住民の人権を制限することも許される。ただし，国民の権利を制限し義務を課すには，議会の議決した条例によらなければならない（地自14条2項）。

(b)　条例制定権の限界①——法律留保事項との関係　憲法が明文で規律を法律に委ねた事柄（29条2項・31条・84条）について，条例で定めることができるかどうか，という論点がある。たとえば地方自治法14条3項は，条例により，「2年以下の懲役若しくは禁錮，100万円以下の罰金」等の刑罰を定めることを認めている。第一の考え方は，この規定は刑罰権を条例に委任したものであり，法律による委任があるから条例が刑罰を科しても憲法31条に反しない，と解する。第二の考え方は，条例は住民の代表者からなる議会で議決されたものであり，国の法律に準ずるものであるから，条例で刑罰を定めても憲法31条に反しない，と説く。かつて最高裁は，この二つの考え方を併用した上で，法律から条例への罰則の委任は，命令に対する場合とは異なり，「相当な程度に具体的であり，限定されておればたりる」と述べたことがある（最大判昭37・5・30刑集16巻5号577頁）。しかし，この判決当時の地方自治法では地方公共団体の事務の内容が列挙されていたが，現在では「相当な程度に具体的」な委任と読むことのできる規定は存在していない。第二の考え方を採り，条例の準法律的性格を強調して，法律留保事項についても条例で定めることができると考えるべきであろう。また，第三の考え方として，憲法31条等の趣旨は，国政を念頭において，命令ではなく法律に権限を留保しようとしたものであるから，条例にはもともと適用がない，と考える見解も主張されている。

(c)　条例制定権の限界②——国の法令との抵触　憲法94条は条例制定権を「法律の範囲内」で認められると定め，また地方自治法14条1項は「法令に違反しない限り」としている。これらの規定からすると，〈憲法→法律→命令→条例〉といったピラミッドが前提されているように見えるが，そうではない。

356

命令は前提となる法律がなければ制定できないが、既に述べたとおり条例は自主法であるから、法律がなくても制定できるものであり、単純な上下関係にはない。憲法や地方自治法の規定は、法令と条例が衝突した場合には、前者が後者に優越することを定めたルールであることに、注意しなければならない。

　では、条例が国の法令と抵触するかどうかは、どのように判断すべきだろうか。仮に、法律が既に定めている事項について定める条例は当然に法律に抵触する、と考えるならば、国よりも規制の程度の強い上乗せ条例や、規制の範囲を広げる横出し条例も、常に無効となってしまう。これでは、とりわけ地域毎の実情に応じた規制が求められる環境分野等において、地方自治を保障した意味が著しく小さくなってしまう。これに対して徳島市公安条例事件最高裁判決は、「条例が国の法令に違反するかどうかは、両者の対象事項と規定文言を対比するのみでなく、それぞれの趣旨、目的、内容及び効果を比較し、両者の間に矛盾牴触があるかどうか」という判断基準を示した。さらに、条例が法令の意図する目的と効果を阻害しない場合や、法令が「全国的に一律に同一内容の規制を施す」のではなく、「地方の実情に応じて、別段の規制を施すことを容認する趣旨」である場合には、同じ事項について条例が法律とは別の規律をおくことも、法令との抵触はなく憲法94条に反しない、との立場をとっている（最大判昭50・9・10刑集29巻8号489頁）。現在では、このように「国法先占論」を緩和した立場が、実務上採用されている* **。

* 　最高裁昭和53年12月21日第一小法廷判決（民集32巻9号1723頁）は、高知市普通河川等管理条例を実質的に河川法に違反すると判断している。
** 　この判例の考え方でも、国の法令が自治事務に関して「義務付け・枠付け」をおこなっているような場合には、条例制定権の余地は結局のところ狭められたままになる。国の法令は全国的な最低基準（ナショナル・ミニマム）を定めたもので、それを上回る規制を条例が定めることは許される、と説く見解も有力である。

(3) 自治財政権

　地方公共団体が自主的に財政処理をおこなう権限を有することは、団体自治の当然の帰結であり、憲法94条（ないし92条）は、地方公共団体に自治財政

第18章　財政・地方自治・国法の諸形式

権を保障している，と解される。また，地方公共団体の自主財源の中心は住民の租税であるから，自主課税権も認められなければならない。地方税法は地方公共団体による課税について詳しく規律しているが，最高裁は，こうした規律を是認し，地方税法の趣旨，目的に反したり，その効果を阻害したりする内容の条例は許されない，としている（最一判平25・3・21民集67巻3号438頁）。

　実際には，地方公共団体の収入のうち地方税が占める割合が三割程度のまま，国からの地方交付金や補助金に依存しなければならない状況が長く続いたため，「三割自治」と批判された。現在では，税源さらには財源の地方への移転が，大きな政治課題となってきている。

Ⅲ　国法の諸形式

　憲法が言及する国法の形式には，憲法改正，法律，予算，政令，議院規則，最高裁判所規則，条例，条約がある。ここでは，これまで本書で取り上げてこなかった，条約と憲法改正に関して，述べることにする。

1　条　約

(1)　条約の意義

　条約とは，文書による国家間の合意のことをいう。もともとは国際法の法形式であるが，日本国憲法が法律や政令と並んで公布の対象としていること（7条1号），誠実な遵守を求めていること（98条2項）からも，現在では国法の形式でもあると認められている。

　後に述べるとおり，憲法は条約について国会の承認を求めているが，すべての国家間の合意文書が国会の承認の対象ではない。条約を執行するための細部の取決めや，条約の具体的な委任に基づく取決めは「行政協定」等と呼ばれるが，これらは内閣の外交関係の処理の権限によって締結されている（73条2号）*。

Ⅲ　国法の諸形式

* 政府見解によれば，国会の承認に付される条約は，①法律事項を含む国際約束，②財政事項を含む国際約束，③「わが国と相手国の間あるいは国家間一般の基本的な関係を法的に規定するという意味において政治的に重要な国際約束であって，それゆえに，発効のために批准が要件とされているもの」である。

(2)　条約の成立手続

　条約の締結は内閣の権限であるが，他方で，事前に，時宜によっては事後に国会の承認を経ることを必要とする（73条3号）。国会の承認については，衆議院の議決の優越が認められている（61条）。

　条約の締結は歴史的には政府の専権であったが，次第に外交の民主的コントロールの要求が高まり，多くの国で条約の発効に議会の承認が必要とされるようになった。日本国憲法の規定もこうした流れに属するものであり，学説上も，条約の締結を含む外交作用を，内閣と国会の「協働行為」ととらえる理解が有力になっている（→第15章Ⅳ1(2)）。

　国会による条約の修正や部分的な承認が認められるかについては，肯定説と否定説の対立がある。しかし，条約は相手国との合意によって成立するものであり，相手国との交渉は内閣がおこなうものであるから，国会による修正ないし部分的な承認は，実際には，条約締結前であれば不承認の上で条約案の改定を交渉するよう，条約締結後であれば承認した上で条約の改定を働きかけるよう，内閣を義務づけることを意味する。

　では，条約の締結後に国会が承認を否決した場合，条約の効力はどうなるか。ウィーン条約法条約46条は，国内法違反の条約も原則有効であるが，「違反が明白でありかつ基本的な重要性を有する国内法の規則に係る」場合には国際法上も無効となる，という考え方を示している。条約承認権の意義を重視して，憲法解釈としても同旨の見解を説く学説が有力である*。

* 議会の承認を必要とする事項を具体的に列挙する憲法（フランス第5共和制憲法53条等）と異なり，既に述べたとおり，日本国憲法では国会の承認を要する条約の範囲が明確ではない。このため，国会の承認を欠く条約の多くは，国内法的には無効だが国際法的には有効である，という形で処理されることになると思われる。

359

第 18 章　財政・地方自治・国法の諸形式

　　グローバル化が進み，国際法規範が国内法的効力を有する現代では，条約交渉段
階で国会が関与する，条約以外の国際的規範について意見公募手続を導入する等し
て，国際法規範の民主的正統性を確保すべきだとの見解も説かれている（山田哲
史）。

(3)　条約の国内法的効力

　　国際法と国内法の関係については，国際法の法的性格を否認する結果になる
国内法優位の一元説を除けば，両者が次元を異にすると説く二元説と国際法優
位の一元説とが対立してきた。現在では，国際法秩序と国内法秩序は各々の領
域で最高であり法体系同士の抵触は生じないが，ある国家の行為について，国
内法には反しないが国際法に反するといったような義務の抵触が生じるとする
理論（等位理論）が有力に唱えられている。この見解を前提とすれば，日本の
国内法で条約がいかなる効力を有するかは，日本国憲法以下の国内法の定めと
その解釈・実務によって定まる問題である。

　　そしてわが国では一般に，憲法 98 条 2 項を根拠に，条約が直接的に国内法
的効力を有すると解されている。もっとも，条約の規定が自動執行力（self-
executing power）をもち，そのまま国内法として適用可能である場合を除くと，
国内で条約を実施するためには立法が必要となる*。他の国法形式との効力関
係については，条約は憲法には劣るが，法律には優位する，と解するのが一般
的である。その理由は，国際協調主義（98 条 2 項）および条約が国会の承認を
要することから，条約は法律に優位すると解すべき一方，条約が憲法にも優位
すると解したならば，憲法改正よりも容易である条約承認手続によって憲法の
実質的な改正が可能になってしまうからである**。砂川事件最高裁判決（最大
判昭 34・12・16 刑集 13 巻 13 号 3225 頁）は，憲法優位説を前提に，条約もまた違
憲審査の対象になりうるとの立場をとったものと理解されている（→第 17 章 I
3）。

　　　*　ある条約が直接適用可能であるかどうかは，条約当事国の意思（主観的基準）お
　　　　よび規定の明確性（客観的基準）から判断すべきものと解される（東京高判平
　　　　28・8・26 判時 2349 号 120 頁）。

Ⅲ　国法の諸形式

**　　政府見解は,「確立された国際法規」や降伏文書などの「一国の安危にかかわるような問題に関する件」については,条約が憲法に優越する効力を有することがありうるとの立場をとっている。また,国連憲章のような「国家形成的な条約」に憲法に優越する効力を認めるべきだとの見解も説かれている。

(4)　国際法の間接適用

　国際人権法の発展とともに,わが国の憲法訴訟においても,世界人権宣言や国際人権規約等が援用されるようになっている（いわゆる国際法の間接適用）が,その方法はさまざまである。たとえばある裁判例（徳島地判平8・3・15判時1597号115頁）は,自由権規約に適合的に旧監獄法を解釈して,刑務所長の接見制限を違法と判断したが,最高裁はそのような判断をしなかった（最一判平12・9・7判時1728号17頁）。他方,最高裁は婚外子法定相続分差別規定を違憲と判断する際に,自由権規約および自由権規約委員会の勧告を参照している（最大決平25・9・4民集67巻6号1320頁）。

　国会が一般的な法律の制定改廃によって国際人権法を実施すべきことは当然として,裁判所も個別の訴訟において,国内実定法体系の中で適切な形で国際人権法の発展の成果を活かすことが望まれる。

2　憲法の保障と変動

(1)　憲 法 保 障

　日本国憲法は,硬性憲法のしくみを採用している（→第1章Ⅰ2(4)）。これは,憲法に必要な高度の安定性と,政治や社会の変化に対応する可変性を両立させるためのしくみである。

　硬性憲法のほかに,憲法の最高法規性を確保するしくみ（憲法保障）には,違憲審査制（81条）,公務員の憲法尊重擁護義務（99条）があり,さらに抵抗権（→第4章Ⅰ1(1)）や国家緊急権が挙げられることがある*。

*　国家緊急権とは戦争・内乱や自然災害等の非常事態において,国家の存立を維持するために,国家権力が憲法秩序を一時停止して非常措置をとる権限を指す。国家緊急権は憲法秩序の保持に資する一面もあるが,逆に緊急事態を名目として憲法秩

361

第18章　財政・地方自治・国法の諸形式

序を破壊する方向で濫用される危険を常に孕んでいるため，その存在を認めるとしても実効的な統制の方策が伴っていなければならない。

　日本国憲法には国家緊急権に関する規定は存在しないものの，衆議院が解散されて国会が閉会されている間に国会の議決を要する緊急の問題が発生した場合には，参議院が国会の権能を代行することが定められている（緊急集会。54条2項）。憲法改正論の中には，衆議院議員の任期満了直前に非常事態が生じた場合に議員の任期を延長できる旨の緊急事態条項が必要だという議論があるが，この緊急集会の制度の活用により対応することも考えられる。

(2)　憲法改正の手続

　2007（平成19）年には，「日本国憲法の改正手続に関する法律」が制定され，憲法改正国民投票のための具体的な手続が定められた。まず憲法96条によると，憲法改正の発議・提案は，各議院の「総議員」の3分の2以上の賛成を要する。その前段階として，議院内部における憲法改正原案の発議には，衆議院で100人以上，参議院で50人以上の賛成を必要とする（国会68条の2）。内閣に憲法改正の発議権を認めることが許されるかどうかについては，学説の対立があるが，現在の制度では内閣の発議権を認めていない。総議員の意義については，法定議員数か，定数から欠員を引いた現在議員数かの争いがあるが，手続に慎重さを求める観点から，前者を支持する学説が有力である。

　次に憲法96条は，国会の発議に引き続き，国民投票による「過半数の賛成」を要求している。投票権者は，「日本国民で年齢満18年以上の者」とされた（憲法改正手続法3条）。国民は憲法改正案毎に票を投ずる（47条）。憲法上要求される「過半数」とは，有権者総数，投票総数，有効投票総数のうちいずれの過半数であるかが争われてきたが，憲法改正手続法は白票等無効票を除いたものを「投票総数」とした上でその過半数を超えた場合に国民の承認があったものとしており（98条2項・126条），有効投票総数説をとっている。国民投票が有効に成立するための最低投票率は，定められていない。

　国民の承認があった場合，天皇は憲法改正を公布する（憲96条2項・7条1号）。

(3)　憲法改正の限界

　多数説は，憲法制定権力（→第1章 I 1(2)）と憲法改正権を区別し，後者は前者によって作られた権力にすぎないから，憲法改正に限界があると説く。この

Ⅲ　国法の諸形式

立場をとった場合でも，何が憲法改正の限界に当たるかについて，さまざまな見方がある。一般には，憲法改正によって憲法制定権力の所在を変えることはできず，国民主権を君主主権に変更することは憲法改正の限界に当たる，と理解されている。進んで，憲法改正国民投票制もまた国民主権に関わるものであり，憲法改正によって廃止できないという主張も有力である*。個人の尊厳を日本国憲法の核心として理解する立場からは，人権宣言の基本原則の改変も許されないことになる。平和主義の原則も憲法改正の限界に当たると説く見解もあるが，戦力不保持を定める憲法9条2項の改正は可能である，という指摘もみられる。

* 憲法改正をめぐる動きの中では，憲法改正の発議に必要な両院の特別多数決要件を，単純多数決に緩和しようという議論もある。憲法制定権力と憲法改正権の区別を強調する立場，あるいは発議に際して国会の熟議を求める立場からは，このような改正は許されないことになる。

(4)　憲 法 変 遷

「憲法変遷」という言葉は，憲法の規範に違反する現実（憲法現実）が生じ，国民に支持されている事態を事実の記述として指す場合と，そこから進んで，憲法規範が改正されたのと同じ法的効果が生じたものとして主張する場合と，二通りの用法がある。前者にいう憲法変遷は当然の現象であり，また後者でも，憲法規定の枠内で，解釈（とりわけ判例）を通じて憲法規範の意味が変わることは認められる。問題は，憲法規定に反する事態が慣習として永続化した場合，期間の経過と国民の法的確信の変化を要件として，憲法慣習が憲法規定を破ることを認めるかどうかである。具体的にはこの問題は，自衛隊は当初憲法9条に違反する存在であったが，憲法の変遷により合憲となったといえるかどうかという形で議論されてきた。現在のところ，憲法の規範性を重視して，否定する見解が多数である。

363

年　表

年月日	できごと
1215	マグナ・カルタ制定（英）
1628	権利請願（英）
1642 ～ 1649	清教徒革命（英）
1651	トマス・ホッブズ『リヴァイアサン』刊行（英）
1679	人身保護法制定（英）
1688	名誉革命（英）
1689	権利の章典（英）
1690	ロック『統治二論』刊行（英）
1748	モンテスキュー『法の精神』刊行（スイス）
1762	ルソー『社会契約論』刊行（仏）
1776・ 7・ 4	アメリカ独立宣言
1787・ 9・17	合衆国憲法制定（米）
1789	権利の章典（合衆国憲法修正第1条～第10条）（米）
1789	フランス革命
1803・ 2・24	マーベリ対マディソン事件連邦最高裁判決（米）
1874・ 1・18	板垣退助ら，民撰議院設立の建白書を提出
1881・10・12	国会開設の詔勅
1889・ 2・11	大日本帝国憲法（明治憲法）公布
1900・10・19	第四次伊藤内閣発足（立憲政友会による政党内閣）
1914 ～ 1918	第一次世界大戦
1917	ロシア革命
1918・ 9・29	原内閣発足（本格的な政党内閣の誕生）
1919・ 8・11	ワイマール憲法制定（独）
1920・ 1・10	国際連盟発足
1923・ 9・ 1	関東大震災
1925・ 4・22	治安維持法公布
1925・ 5・ 5	改正衆議院議員選挙法公布（普通選挙）
1927	昭和金融恐慌
1928・ 8・27	不戦条約締結
1929	世界恐慌
1932・ 5・15	犬養首相，陸海軍将校に射殺される（政党政治の終焉）
1933・ 1・30	アドルフ・ヒトラー，首相に就任（独）

年　表

1933・3・4	フランクリン・ルーズベルト，大統領に就任，ニューディール政策（米）
1936・2・26	二・二六事件
1937〜1945	日中戦争
1938・4・1	国家総動員法公布
1940・10・12	大政翼賛会結成
1941〜1945	太平洋戦争
1945・8・14	ポツダム宣言受諾
1945・10・24	国際連合発足
1945・10・25	憲法問題調査委員会設置
1945・12・8	松本国務大臣，衆議院において憲法改正四原則表明（天皇の統治権総攬，議会の権限拡充，国務大臣の責任を国務全般に及ぼす，国民の自由・権利の保護を強化）
1945・12・17	改正衆議院議員選挙法公布（女性参政権付与，大選挙区制）
1946・2・13	GHQ，憲法改正要綱（松本試案）拒否，マッカーサー草案手交（象徴天皇制，戦争の放棄，一院制議会）
1946・3・6	政府，憲法改正草案要綱発表（国会は国権の最高機関として国の唯一の立法機関とする，国会は衆議院および参議院から構成し，国民より選挙せられ，全国民を代表する議員をもって組織する）
1946・4・10	第22回総選挙（新選挙法による第1回総選挙）
1946・6・20	帝国憲法（明治憲法）改正案を衆議院に提出
1946・8・24	衆議院，新憲法案修正可決
1946・11・3	日本国憲法公布
1947・5・3	日本国憲法施行，最高裁判所発足
1947・5・20	第1回国会召集
1947	農地改革
1950・4・15	公職選挙法公布
1950・8・10	警察予備隊発足
1950〜1953	朝鮮戦争
1951・9・8	サンフランシスコ講和条約・日米安保条約（旧安保条約）締結
1954・7・1	自衛隊発足
1955・11・15	自由党と日本民主党の合同による自由民主党の結成（55年体制の成立）
1960・1・19	日米安保条約改定（新安保条約）
1965〜1975	ベトナム戦争
1966・10・26	全逓東京中郵事件最高裁判決
1971	宮本判事補再任拒否事件（「司法の危機」）
1973・4・4	尊属殺重罰規定違憲判決
1973・4・25	全農林警職法事件最高裁判決
1974・11・6	猿払事件最高裁判決
1975・4・30	薬事法距離制限規定違憲判決

年　表

1976・ 4・14	衆議院議員定数配分規定違憲判決
1985・ 7・17	衆議院議員定数配分規定違憲判決
1987・ 4・22	森林法共有林分割制限規定違憲判決
1989	平成元年
1989・11・10	ベルリンの壁崩壊（独）
1990・10・ 3	東西ドイツ統一
1991	湾岸戦争
1991・12・25	ソビエト連邦崩壊
1993・ 8・ 9	細川内閣発足（非自民連立政権）
1994	政治改革四法
1995・ 1・17	阪神・淡路大震災
1997・ 9・23	日米防衛協力のための指針（新ガイドライン）公表
2001・ 9・11	同時多発テロ事件（米）
2002・ 9・11	郵便法免責規定違憲判決
2003・ 6	武力攻撃事態対処関連三法公布
2003〜2010	イラク戦争
2005・ 9・14	在外国民選挙権制限規定違憲判決
2007・ 5・18	日本国憲法の改正手続に関する法律公布
2008・ 6・ 4	婚外子国籍取得制限規定違憲判決
2009・ 9・16	鳩山内閣発足（民主党・社民党・国民新党による連立政権）
2011・ 3・11	東日本大震災，福島第一原子力発電所事故
2013・ 9・ 4	婚外子法定相続分規定違憲決定
2015・ 9・30	平和安全法制整備法・国際平和支援法公布
2015・12・16	女性の再婚禁止期間規定違憲判決，夫婦同姓規定合憲判決
2017・ 6・16	天皇の退位等に関する皇室典範特例法公布

参 考 文 献

□全体に関わるもの

芦部信喜（高橋和之補訂）『憲法〔第7版〕』（岩波書店，2019年）
清宮四郎『憲法Ⅰ〔第3版〕』（有斐閣，1979年）
佐藤幸治『日本国憲法論〔第2版〕』（成文堂，2020年）
渋谷秀樹『憲法〔第3版〕』（有斐閣，2017年）
高橋和之『立憲主義と日本国憲法〔第5版〕』（有斐閣，2020年）
野中俊彦＝中村睦男＝高橋和之＝高見勝利『憲法Ⅰ〔第5版〕』（有斐閣，2012年）
野中俊彦＝中村睦男＝高橋和之＝高見勝利『憲法Ⅱ〔第5版〕』（有斐閣，2012年）
長谷部恭男『憲法〔第7版〕』（新世社，2018年）
樋口陽一『憲法〔第4版〕』（勁草書房，2021年）
宮沢俊義『憲法Ⅱ〔新版〕』（有斐閣，1971年）

□「第1部　憲法総論」に関わるもの

愛敬浩二『改憲問題』（筑摩書房，2006年）
芦部信喜『憲法制定権力』（東京大学出版会，1983年）
伊藤博文（宮沢俊義校注）『憲法義解』（岩波文庫，1940年）
奥平康弘『「萬世一系」の研究』（岩波書店，2005年）
佐藤達夫『日本国憲法成立史（第1巻〜第2巻）』（有斐閣，1962年，1964年）
佐藤達夫（佐藤功補訂）『日本国憲法成立史（第3巻〜第4巻）』（有斐閣，1994年）
園部逸夫『皇室法概論〔復刻版〕』（第一法規，2016年）
針生誠吉＝横田耕一『国民主権と天皇制』（法律文化社，1983年）
深瀬忠一『戦争放棄と平和的生存権』（岩波書店，1987年）
山内敏弘『立憲平和主義と有事法の展開』（信山社，2008年）
ジョン・ロック（加藤節訳）『完訳 統治二論』（岩波文庫，2010年）

参 考 文 献

□「第 2 部　基本的人権」に関わるもの

芦部信喜『現代人権論』（有斐閣，1974 年）
阿部照哉＝野中俊彦『平等の権利』（法律文化社，1984 年）
石川健治『自由と特権の距離〔増補版〕』（日本評論社，2007 年）
市川正人『表現の自由の法理』（日本評論社，2003 年）
今村成和『損失補償制度の研究』（有斐閣，1968 年）
内野正幸『教育の権利と自由』（有斐閣，1994 年）
大石眞『憲法と宗教制度』（有斐閣，1996 年）
奥平康弘『なぜ「表現の自由」か〔新装版〕』（岩波書店，2017 年）
木下智史『人権総論の再検討』（日本評論社，2007 年）
木村草太『平等なき平等条項論』（東京大学出版会，2008 年）
後藤光男『政教分離の基礎理論』（成文堂，2018 年）
小山剛『基本権保護の法理』（成文堂，1998 年）
佐藤幸治『現代国家と人権』（有斐閣，2008 年）
曽我部真裕『反論権と表現の自由』（有斐閣，2013 年）
竹中勲『憲法上の自己決定権』（成文堂，2010 年）
辻村みよ子『「権利」としての選挙権』（勁草書房，1989 年）
戸松秀典『平等原則と司法審査』（有斐閣，1990 年）
中島徹『財産権の領分』（日本評論社，2007 年）
中村睦男『社会権の解釈』（有斐閣，1983 年）
西原博史『平等取扱の権利』（成文堂，2003 年）
西原博史『良心の自由〔増補版〕』（成文堂，2001 年）
西原博史『良心の自由と子どもたち』（岩波新書，2006 年）
野中俊彦『選挙法の研究』（信山社，2001 年）
長谷部恭男『憲法の境界』（羽鳥書店，2009 年）
長谷部恭男『憲法の理性〔増補新装版〕』（東京大学出版会，2016 年）
長谷部恭男『テレビの憲法理論』（弘文堂，1992 年）
長谷部恭男『比較不能な価値の迷路〔増補新装版〕』（東京大学出版会，2018 年）
松井茂記『裁判を受ける権利』（日本評論社，1993 年）
松井茂記『二重の基準論』（有斐閣，1994 年）
松本和彦『基本権保障の憲法理論』（大阪大学出版会，2001 年）
棟居快行『憲法学再論』（信山社，2001 年）
棟居快行『人権論の新構成〔新装第 2 刷〕』（信山社，2008 年）
毛利透『表現の自由』（岩波書店，2008 年）
矢島基美『現代人権論の起点』（有斐閣，2015 年）

参 考 文 献

□「第3部 統治機構」に関わるもの

芦部信喜『憲法訴訟の現代的展開』（有斐閣，1981年）

芦部信喜『憲法訴訟の理論』（有斐閣，1973年）

芦部信喜編『講座 憲法訴訟（第1巻～第3巻）』（有斐閣，1987年）

新正幸『憲法訴訟論〔第2版〕』（信山社，2010年）

大石眞『憲法秩序への展望』（有斐閣，2008年）

小嶋和司『憲法と財政制度』（有斐閣，1988年）

佐藤幸治『現代国家と司法権』（有斐閣，1988年）

佐藤幸治『日本国憲法と「法の支配」』（有斐閣，2002年）

杉原泰雄＝只野雅人『憲法と議会制度』（法律文化社，2007年）

高橋和之『現代立憲主義の制度構想』（有斐閣，2006年）

高橋和之『憲法判断の方法』（有斐閣，1995年）

高橋和之『国民内閣制の理念と運用』（有斐閣，1994年）

高橋和之『体系憲法訴訟』（岩波書店，2017年）

高見勝利『芦部憲法学を読む 統治機構論』（有斐閣，2004年）

高見勝利『現代日本の議会政と憲法』（岩波書店，2008年）

戸松秀典『憲法訴訟〔第2版〕』（有斐閣，2008年）

野中俊彦『憲法訴訟の原理と技術』（有斐閣，1995年）

林知更『現代憲法学の位相』（岩波書店，2016年）

原田一明『議会制度』（信山社，1997年）

樋口陽一『近代国民国家の憲法構造』（東京大学出版会，1994年）

山田哲史『グローバル化と憲法』（弘文堂，2017年）

事 項 索 引

あ

愛国心教育	120, 238
アクセス権	160
「悪徳の栄え」事件	147
上尾市福祉会館事件	171
旭川学テ事件	177, 237
旭川市国民健康保険条例事件	349
朝日訴訟	231
芦田修正	37, 306
芦田均	38
新しい人権	79, 88, 202
アファーマティブ・アクション	115
——（考慮方式）	116
——（割当方式）	116
「後向き」の——	116
「前向き」の——	116
天照大神	3, 125
アメリカ合衆国憲法	17, 102, 201
アメリカ独立宣言	102
安保条約 → 日米安全保障条約	
あん摩師等法事件	151

い

委員会中心主義	287
「家」制度	117
家永教科書訴訟	141, 237
イェリネック，ゲオルグ	63, 262
違憲主張の適格	71, 152, 335
違憲審査基準 → 審査基準	
違憲の条件の法理	166
違憲判断の効力	342
——（一般的効力説）	342
——（個別的効力説）	342
違憲法令審査制	330
「石に泳ぐ魚」事件	93

う

萎縮（的）効果	94, 142, 338
泉佐野市民会館事件	170
伊勢神宮	125
板まんだら事件	323
一木喜徳郎	175
一元的外在制約説	79
一元的内在制約説	79
一事不再理	213
一部違憲	340
一般的・中立的規制（信教の自由）	129
伊藤博文	9, 275
委任命令	282
委任立法	282, 356
イラク復興支援特別措置法	48
インターネット	165, 221

ウィーン条約法条約	359
上杉慎吉	11, 255
ウエストミンスター憲章	21
宇治橋事件	158
「宴のあと」事件	92
浦和事件	290, 322
運営自律権（議院の）	288

え

営業の自由	58, 182
営利広告	150
恵庭事件	50, 334
NHK 受信料	164
愛媛玉串料訴訟	137
エホバの証人剣道受講拒否事件	130, 242
エホバの証人輸血拒否事件	101
LRA	85, 154, 156, 188
エンドースメント・テスト	136

事項索引

お

王　会	274
王権神授説	3
押　収	209

オウム真理教解散命令事件　→　宗教法人
　オウム真理教解散命令事件

大分県屋外広告物条例事件	341
大阪空港公害訴訟	100
大津事件	322
公の施設	170
公の支配	351
沖縄代理署名訴訟	53
オブライエン・テスト	156

か

会期制	287
会期不継続の原則	287
会計検査院	350
外国移住の自由	203
外国旅行の自由	203
海賊対処法	49
外務省秘密電文漏洩事件	162
科学技術	176
学習権	177, 236
学習指導要領	240
学生無年金障害者訴訟	234
確認規定	23
確認訴訟	346
核兵器不拡散条約	44
学問の自由	174, 239, 327
加持祈祷事件	128
数の府	285
課税同意権	274
河川附近地制限令事件	198
過度に広汎故に無効の法理	151
カレ・ド・マルベール	263
川崎民商事件	207, 211
環境権	248
監獄法	78
間接的・付随的規制（制約）	87, 123, 132, 156

間接適用説	74
完全補償説	199

き

議院規則制定権	278, 288
議院自律権	288, 326
議員定数不均衡訴訟	110
議院内閣制	160, 255, 277, 296, 354
――（一元型）	298
――（二元型）	297
――の「本質」	299
議会政	273
議会統治制	297
議事手続に対する司法審査	290
規制・給付二分論	166
規制目的二分論	182
既得権益	184
岐阜県青少年保護条例事件	148
基本権訴訟	224
義務教育	237
逆差別	116
客観訴訟	324
客観法	62, 91, 126, 191
宮廷費	33
宮務法	30
教育基本法	119, 237
教育内容決定権の所在	238

教育の自由

親の――	241
教師の――	177, 239
教育を受ける権利	236

共産党袴田事件　→　袴田事件

行政改革	296
行政機関の保有する個人情報の保護に関する法律	97
行政協定	358
行政権	256, 300
――の概念	255, 300
行政国家	282
行政裁量	326
行政手続法	207

事項索引

京都府学連事件‥‥‥‥‥‥‥‥‥‥‥ 89
共和主義‥‥‥‥‥‥‥‥‥‥‥‥ 237, 266
居住・移転の自由‥‥‥‥‥‥‥ 78, 202
紀律権‥‥‥‥‥‥‥‥‥‥ 70, 172, 244
「切り札」としての権利‥‥‥‥ 61, 162
緊急集会‥‥‥‥‥‥‥‥‥‥‥ 285, 362
緊急逮捕‥‥‥‥‥‥‥‥‥‥‥‥‥ 208
緊急命令‥‥‥‥‥‥‥‥‥‥‥ 275, 285
欽定憲法‥‥‥‥‥‥‥‥‥‥‥‥‥‥ 8
勤労の権利‥‥‥‥‥‥‥‥‥‥‥‥ 242

く

苦 役‥‥‥‥‥‥‥‥‥‥‥‥‥‥‥ 205
具体的権利‥‥‥‥‥‥‥‥‥‥‥‥ 63
具体的権利説（生存権）‥‥‥‥‥‥ 229
具体的な争訟‥‥‥‥‥‥‥‥‥‥‥ 323
クック，エドワード‥‥‥‥ 19, 223, 257
国地方係争処理委員会‥‥‥‥‥‥‥ 355
区別がかかわる権利・義務等‥‥‥‥ 108
区別事由‥‥‥‥‥‥‥‥‥‥‥‥‥ 108
君主権限の名目化‥‥‥‥‥‥‥‥‥ 20
君主主権‥‥‥‥‥‥ 255, 260, 314, 363
軍部大臣現役武官制‥‥‥‥‥‥ 12, 305
君民協約憲法‥‥‥‥‥‥‥‥‥‥‥ 8

け

経済的自由（権）‥‥‥‥‥ 82, 180, 347
警察法無効事件‥‥‥‥‥‥‥ 289, 326
警察予備隊‥‥‥‥‥‥‥‥‥‥‥‥ 41
警察予備隊違憲訴訟‥‥‥‥‥‥ 50, 332
警察力‥‥‥‥‥‥‥‥‥‥‥‥‥‥ 40
刑事収容施設法‥‥‥‥‥‥‥‥‥‥ 78
刑事手続上の権利‥‥‥‥‥‥‥‥‥ 205
刑事補償請求権‥‥‥‥‥‥‥‥‥‥ 227
刑罰法規の明確性‥‥‥‥‥‥‥ 151, 206
警備公安活動‥‥‥‥‥‥‥‥‥‥‥ 179
決 算‥‥‥‥‥‥‥‥‥‥‥‥ 280, 350
結社の自由‥‥‥‥‥‥‥‥ 171, 269, 327
検 閲‥‥‥‥‥‥‥‥‥‥‥‥‥‥‥ 143
厳格審査（基準）‥‥‥‥‥‥‥ 108, 154
厳格な合理性の基準‥‥‥‥‥‥ 183, 233

現行犯逮捕‥‥‥‥‥‥‥‥‥‥‥‥ 208
現実の悪意‥‥‥‥‥‥‥‥‥‥‥‥ 149
原子力基本法‥‥‥‥‥‥‥‥‥‥‥ 44
現代型訴訟‥‥‥‥‥‥‥‥‥‥‥‥ 317
限定列挙‥‥‥‥‥‥‥‥‥‥‥ 27, 106
憲 法‥‥‥‥‥‥‥‥‥‥‥‥‥‥‥ 3
──と条約の関係‥‥‥‥‥‥‥‥ 333
──によってつくられた権力‥‥‥ 5
──の法源‥‥‥‥‥‥‥‥‥‥‥ 8
近代的意味の──‥‥‥‥‥‥‥‥ 6
形式的意味の──‥‥‥‥‥‥‥‥ 6
固有の意味の──‥‥‥‥‥‥‥‥ 6
実質的意味の──‥‥‥‥‥‥‥‥ 6
立憲的意味の──‥‥‥‥‥‥‥‥ 6
憲法改正‥‥‥‥‥‥‥‥ 7, 264, 362
──の国民投票‥‥‥ 214, 264, 279, 362
憲法改正権‥‥‥‥‥‥‥‥‥‥‥‥ 362
憲法改正草案‥‥‥‥‥‥‥‥‥‥‥ 14
憲法改正草案要綱‥‥‥‥‥‥‥‥‥ 14
憲法革命（1937 年の）‥‥‥‥‥‥‥ 17
憲法慣習‥‥‥‥‥‥‥‥‥‥‥‥‥ 363
憲法上の権利‥‥‥‥‥‥‥‥‥‥‥ 60
──の保護範囲‥‥‥‥‥‥‥‥‥ 83
憲法制定権力‥‥‥‥‥ 5, 197, 263, 362
憲法訴訟‥‥‥‥‥‥‥‥‥‥‥ 226, 330
憲法訴訟論‥‥‥‥‥‥‥‥‥‥‥‥ 157
憲法尊重擁護義務‥‥‥‥‥‥‥ 33, 361
憲法判断回避のルール‥‥‥‥‥ 50, 333
憲法附属法令‥‥‥‥‥‥‥‥‥ 8, 252
憲法変遷‥‥‥‥‥‥‥‥‥‥‥‥‥ 363
憲法保障‥‥‥‥‥‥‥‥ 332, 335, 361
憲法問題調査委員会‥‥‥‥‥‥‥‥ 13
権利請願‥‥‥‥‥‥‥‥‥‥‥‥‥ 223
権力分立‥‥‥‥‥‥‥‥ 6, 36, 253, 302

こ

合一化傾向（付随的審査制と抽象的審査制）
‥‥‥‥‥‥‥‥‥‥‥‥‥‥‥‥ 332
講演会名簿提出事件‥‥‥‥‥‥‥‥ 98
公教育‥‥‥‥‥‥‥‥‥‥‥‥‥‥ 237
公共性‥‥‥‥‥‥‥‥‥‥‥‥ 171, 266

373

事項索引

公共の福祉 …………… 17, 79, 89, 155, 187, 245
　──に基づく権利 …………………… 61, 162
公金支出の制限 …………………………… 351
合憲限定解釈 ………………… 152, 246, 337
皇室会議 …………………………………… 34
皇室財産 …………………………………… 32
皇室自律主義 ……………………………… 32
皇室典範 …………………………………… 24
高次の法 …………………………………… 4
麹町中学校内申書事件 …………………… 121
公衆浴場の距離制限 ……………………… 185
控除説（行政権の概念） ………… 255, 300
硬性憲法 ……………………………… 7, 361
交戦権 ……………………………………… 41
皇族費 ……………………………………… 33
行動を伴う言論 …………………………… 156
幸福追求権 ………………………………… 89
　── （一般的自由説） ………………… 90
　── （人格的利益説） ………………… 90
公務員 ……………………………… 78, 264
　──の労働基本権 ……………………… 245
公務就任権 ………………………………… 68
拷問 ………………………………………… 211
小売市場判決 ……………………………… 182
合理性の基準 ……………………………… 108
合理的関連性の基準 ……………… 157, 221
国際協調主義 ……………………… 67, 360
国際貢献 …………………………………… 48
国際人権 …………………………………… 60
国際連合憲章 ……………………… 36, 361
国事行為 …………………………… 25, 309
　──の臨時代行 ………………………… 29
　準── ………………………………… 28
国政調査権 ………………………… 173, 290
国籍法 ……………………………………… 65
国籍法違憲判決 ………… 65, 110, 340, 347
国籍離脱の自由 …………………………… 204
国体 ………………………………………… 12
『国体の本義』 …………………………… 4
告知聴聞 …………………………………… 206
告白の強制 ………………………………… 121

国法先占論 ………………………………… 357
国民 ………………………………………… 65
　憲法上の── ………………………… 65
国民国家 …………………………………… 261
国民主権
　…… 20, 65, 160, 214, 258, 260, 276, 302, 314, 363
国民投票（憲法改正） …………… 264, 362
国民内閣制 ………………………………… 299
国務請求権 ………………… 63, 214, 222, 228
国務大臣 …………………………………… 305
国務の総理 ………………………………… 308
国連軍 ……………………………………… 37
55年体制 …………………………………… 270
個人 …………………………………… 4, 58
個人情報の保護に関する法律 …………… 97
個人情報保護 ……………………………… 160
個人の尊厳（尊重）
　…………… 91, 117, 172, 180, 202, 232, 272, 363
国家 ………………………………………… 3
　──による法制度の設営を前提とする権利
　………………………………………… 64, 191
国会 ………………………………………… 274
　──の構成 ……………………………… 284
国会議員の資格争訟 ……………… 289, 326
国会審議活性化法 ………………………… 288
国会単独立法の原則 ……………………… 278
国会中心立法の原則 ……………………… 278
国家基本政策委員会 ……………………… 288
国家緊急権 ………………………………… 361
国家主権 …………………………………… 261
国家神道 …………………………………… 125
国家統治の基本法 ………………………… 3
国家賠償請求 ……………… 201, 226, 344
国家法人説 ………………………… 12, 262
国旗国歌法 ………………………………… 119
国教 ………………………………………… 134
国権の最高機関 …………………………… 276
個別的利益衡量 …………………………… 81
婚外子に対する法定相続分差別訴訟 …… 112

374

事項索引

さ

在外国民選挙権訴訟⋯⋯⋯⋯ 215, 216, 234, 345
罪刑法定主義⋯⋯⋯⋯⋯ 151, 206, 212, 309
最高裁判所⋯⋯⋯⋯⋯⋯⋯⋯⋯⋯ 318
最高裁判所裁判官の国民審査⋯⋯⋯ 214, 319
最高法規⋯⋯⋯⋯⋯⋯ 5, 260, 332, 361
財産権⋯⋯⋯⋯⋯⋯⋯⋯⋯⋯ 190, 235
財　政⋯⋯⋯⋯⋯⋯⋯⋯⋯⋯⋯⋯ 348
財政民主主義⋯⋯⋯⋯⋯⋯⋯⋯⋯ 308
在宅投票事件⋯⋯⋯⋯⋯⋯⋯ 216, 273
再入国の自由⋯⋯⋯⋯⋯⋯⋯⋯⋯ 67
裁判員制度⋯⋯⋯⋯⋯⋯ 209, 318, 321
裁判官
　　──の懲戒⋯⋯⋯⋯⋯⋯⋯ 256, 321
　　──の良心⋯⋯⋯⋯⋯⋯⋯⋯ 320
裁判規範⋯⋯⋯⋯⋯⋯⋯⋯⋯⋯⋯ 9
裁判所⋯⋯⋯⋯⋯⋯⋯⋯⋯⋯⋯⋯ 314
　　──の規則制定権⋯⋯⋯⋯ 278, 319
　　──の組織⋯⋯⋯⋯⋯⋯⋯⋯ 318
裁判の公開⋯⋯⋯⋯⋯⋯⋯⋯⋯⋯ 328
裁判を受ける権利⋯⋯ 209, 223, 325, 327
財務自律権（議院の）⋯⋯⋯⋯⋯⋯ 288
在留の権利⋯⋯⋯⋯⋯⋯⋯⋯⋯⋯ 67
作為請求権⋯⋯⋯⋯⋯⋯⋯⋯ 63, 228
札幌税関検査事件⋯⋯⋯⋯⋯⋯ 144, 338
差　別⋯⋯⋯⋯⋯⋯⋯⋯⋯⋯⋯ 103
　　疑わしい──⋯⋯⋯⋯⋯⋯⋯ 108
　　基本的権利についての──⋯⋯ 108
　　準・疑わしい──⋯⋯⋯⋯⋯ 108
サラリーマン税金訴訟⋯⋯⋯⋯ 110, 190
猿払事件⋯⋯⋯⋯⋯ 83, 156, 221, 283, 341
参議院⋯⋯⋯⋯⋯⋯⋯⋯⋯⋯⋯ 285
　　──による問責決議⋯⋯⋯⋯ 307
　　──の緊急集会⋯⋯⋯⋯⋯ 285, 362
残虐な刑罰⋯⋯⋯⋯⋯⋯⋯⋯⋯ 212
サンケイ新聞事件⋯⋯⋯⋯⋯⋯⋯ 160
三審制⋯⋯⋯⋯⋯⋯⋯⋯⋯⋯⋯ 224
参政権⋯⋯⋯⋯⋯⋯⋯⋯ 63, 64, 214
三段階図式⋯⋯⋯⋯⋯⋯⋯⋯⋯ 83
サンフランシスコ平和条約⋯⋯⋯⋯ 42

し

GPS⋯⋯⋯⋯⋯⋯⋯⋯⋯⋯⋯⋯ 209
シエイエス⋯⋯⋯⋯⋯⋯⋯⋯⋯ 264
自衛官合祀拒否訴訟⋯⋯⋯⋯⋯⋯ 133
自衛権⋯⋯⋯⋯⋯⋯⋯⋯⋯⋯⋯ 42
　　個別的──⋯⋯⋯⋯⋯⋯⋯ 45
　　集団的──⋯⋯⋯⋯⋯⋯⋯ 45
自衛隊⋯⋯⋯⋯⋯⋯ 42, 306, 334, 363
　　──の海外派遣⋯⋯⋯⋯⋯⋯ 48
ジェームズ1世⋯⋯⋯⋯⋯⋯⋯⋯ 19
ジェームズ2世⋯⋯⋯⋯⋯⋯⋯⋯ 36
塩見訴訟⋯⋯⋯⋯⋯⋯⋯⋯⋯⋯ 68
死　刑⋯⋯⋯⋯⋯⋯⋯⋯⋯⋯⋯ 212
事件性（司法権の定義）⋯⋯⋯⋯⋯ 323
事後規制⋯⋯⋯⋯⋯⋯⋯⋯⋯⋯ 87
自己決定権⋯⋯⋯⋯⋯⋯⋯⋯⋯ 100
自己情報コントロール権⋯⋯⋯⋯⋯ 94
自己負罪拒否特権⋯⋯⋯⋯⋯⋯⋯ 211
事後法⋯⋯⋯⋯⋯⋯⋯⋯⋯⋯⋯ 212
自作農創設特別措置法事件⋯⋯⋯⋯ 200
自主規制（学問の自由）⋯⋯⋯⋯⋯ 176
事情判決の法理⋯⋯⋯⋯⋯⋯⋯⋯ 343
事前規制⋯⋯⋯⋯⋯⋯⋯⋯⋯⋯ 87
自然権⋯⋯⋯⋯⋯⋯⋯⋯⋯⋯ 4, 57
自然状態⋯⋯⋯⋯⋯⋯⋯⋯⋯ 4, 57
事前抑制⋯⋯⋯⋯⋯⋯⋯⋯⋯⋯ 143
思想強制⋯⋯⋯⋯⋯⋯⋯⋯⋯⋯ 121
思想に基づく不利益処遇⋯⋯⋯⋯⋯ 121
思想の自由市場⋯⋯⋯⋯⋯⋯⋯⋯ 141
思想・良心の自由⋯⋯⋯⋯⋯⋯ 74, 119
　　──（信条説）⋯⋯⋯⋯⋯⋯ 120
　　──（内心説）⋯⋯⋯⋯⋯⋯ 120
事態対処法⋯⋯⋯⋯⋯⋯⋯⋯⋯ 47
執行命令⋯⋯⋯⋯⋯⋯⋯⋯⋯⋯ 282
執政説（行政権の概念）⋯⋯⋯⋯⋯ 301
私的自治の原則⋯⋯⋯⋯⋯ 58, 228, 242
幣原喜重郎⋯⋯⋯⋯⋯⋯⋯⋯ 13, 37
自　白⋯⋯⋯⋯⋯⋯⋯⋯⋯⋯⋯ 211
シビリアン・コントロール⋯⋯⋯ 38, 306
司法権⋯⋯⋯⋯⋯⋯⋯⋯ 256, 314, 323

375

事項索引

——の限界	325
——の独立	320
結社の内部紛争と——	173
司法国家	257, 317
司法事実	339
司法消極主義	346
司法制度改革	318
司法積極主義	346
司法の優越	344
市民革命	180, 252, 261, 316
指紋押捺	98
社会契約論	4, 57
社会権	67, 214, 221
社会国家	181
社会的権力	70
謝罪広告事件	120
集会の自由	168
衆議院	
——の解散	26, 309
——の優越	286
住基ネット訴訟	96
宗教上の人格権	133
宗教的結社の自由	128, 172
宗教的行為の自由	127
宗教的マイノリティの地位保護論	135
宗教法人オウム真理教解散命令事件	
	71, 132, 172, 337
住居の不可侵	209
自由権	63, 214
私有財産制度	191
自由裁量	326
衆参同日選挙	312
衆参ねじれ現象	285
自由選挙	217
集団行進の自由	169
集団的安全保障	37
集団的自衛権	43, 45
周辺事態法	46
住民訴訟	62, 138, 324, 355
住民投票	354
収用	198

重要影響事態安全確保法	46
主権	30, 260
授権規範	5
取材源の秘匿	162
取材の自由	162
首相公選制	297
受信料	164
シュミット, カール	62, 264
酒類販売免許制度	186
準国事行為	28
純粋代表	278
常会	287
消極国家	58, 181
消極目的規制	183
証券取引法判決	196
少数代表制	267
小選挙区制	219, 267
小選挙区比例代表並立制	268
象徴	21, 28
——としての地位に基づく行為	27
象徴的表現	146
証人審問権・喚問権	210
情報公開	159
条約	358
——と憲法の関係（憲法優位説）	333
将来効的無効判決	343
条例制定権	355
昭和女子大事件	179
所轄	304
職業遂行の自由	181
職業選択の自由	150, 181
——（社会的相互関連性）	187
——（人格的関連性）	188
食糧管理法違反事件	231
女性天皇論議	24
処分的法律	273
白山比咩神社訴訟	140
知る権利	158
人格	59, 76
人格権	98
人勧スト	247

376

事項索引

新規参入……………………………… 184
信教の自由…………………… 124, 173, 241
人　権……………………………… 57
　──の私人間適用……………… 73
　──の不可侵性………………… 252
　実定化前の──………………… 60
　法律上の──…………………… 60
神権学派……………………… II, 262
人権主体性………………………… 66
　外国人の──…………………… 66
　子どもの──…………………… 72
　天皇・皇族の──…………… 34, 73
　法人・団体の──……………… 69
人権宣言…………………………… 125
信仰の自由………………………… 127
審査基準…………… 81, 95, 108, 146, 183, 339
審査密度………………… 84, 189, 195
人事院………………… 246, 283, 303
人種の優位性（white supremacy）……… 102
信条説（19条）…………………… 120
身体の自由………………………… 207
神道指令…………………………… 127
臣民権……………………………… 16
新無適用説………………………… 74
森林法違憲判決………………… 185, 194

す

枢密院……………………………… 9
スティグマ（stigma）…………… 103
ステイト・アクション…………… 75
砂川事件…………… 52, 326, 333, 360
砂川政教分離訴訟………………… 138

せ

請願権……………………………… 223
政教条約（コンコルダート）…… 134
政教分離………………… 62, 134, 351
　──（完全分離説）…………… 135
　──（限定分離説）…………… 135
制限規範…………………………… 5
制憲権　→　憲法制定権力

政見放送………………… 164, 221
生産管理…………………………… 245
政　治……………………………… 295
政治活動の自由…………………… 69
政治スト…………………………… 244
政治的美称説……………………… 276
政治分断防止論…………………… 134
精神的自由（権）……… 82, 119, 143, 347
生存権……………………………… 228
　──（1項・2項分離論）……… 232
成典憲法…………………………… 7
政　党………………… 173, 221, 268, 327
制度後退禁止の原則……………… 235
制度保障………………… 62, 177, 197, 352
性表現……………………………… 147
政府言論…………………………… 166
成文憲法…………………………… 7
政務法……………………………… 30
政　令……………………………… 308
政令201号………………………… 245
世界人権宣言……………………… 361
世田谷事件　→　宇治橋事件
積極国家………………… 59, 181, 295
積極目的規制……………………… 183
接見交通…………………………… 208
摂　政……………………………… 29
絶対王政………………… 3, 58, 316
説明責任…………………………… 160
前科照会事件……………………… 96
選挙運動………………… 153, 220
選挙権………………… 68, 108, 214, 215
選挙制度…………………………… 267
全国民の代表………………… 220, 278
全司法仙台事件…………………… 246
専制君主制………………………… 19
戦争放棄…………………………… 39
全逓東京中郵事件………………… 245
せん動……………………………… 146
全農林警職法事件………………… 246
前文の法的性格…………………… 9
戦　力……………………………… 40

377

事項索引

戦力不保持 ························ 40, 363

そ

総合調整機能説 ··················· 277
捜　索 ···························· 209
創設規定 ·························· 24
相当補償説 ························ 199
組織自律権（議院の）··············· 288
租税法律主義 ······················ 349
損失補償 ···················· 198, 227
　──（補償規定を欠く法令の効力）····· 200
尊属殺重罰規定違憲訴訟 ·········· 109, 340

た

大学の自治 ···················· 176, 177
第三者所有物没収事件 ·········· 206, 336
ダイシー ······················ 257, 316
大正デモクラシー ··················· 11
大西洋憲章 ························ 37
大選挙区制 ························ 267
大統領制 ·························· 296
大日本帝国憲法 ····················· 3, 9
代　表 ···························· 263
代表制 ···························· 215
代表民主制 ···················· 264, 354
高田事件 ·························· 210
多元主義 ·························· 266
多数代表制 ························ 267
たたかう民主政治 ·················· 120
弾劾裁判 ···················· 280, 321, 326
単独所有 ·························· 197

ち

地方公共団体 ······················ 353
地方公共団体の事務 ················· 355
　──（自治事務）··················· 355
　──（法定受託事務）··············· 355
地方自治 ·························· 352
　──の本旨 ······················ 352
地方特別法 ···················· 214, 279, 354
地方分権 ·························· 352

チャタレイ事件 ···················· 147
中間審査（基準）··············· 108, 155
抽象的権利 ························ 63
抽象的権利説（生存権）·············· 229
抽象的審査制 ······················ 331
中選挙区制 ···················· 218, 267
駐留米軍 ·························· 45
超然主義 ·························· 11
徴兵制 ···························· 205
直接規制 ·························· 87
直接選挙 ·························· 217
直接適用説 ························ 74
沈黙の自由 ························ 121

つ

通常の判断能力を有する一般人 ········· 338
通信の秘密 ···················· 92, 164
津地鎮祭訴訟 ···················· 62, 135

て

定義づけ衡量 ······················ 145
抵抗権 ···························· 361
定住外国人 ························ 66
ディパートメンタリズム ·············· 344
適正処遇権 ························ 64
適正手続 ···················· 17, 169, 206
敵対的な聴衆 ······················ 171
適用違憲 ···················· 168, 341
デモクラシー ········ 159, 161, 214, 223, 265, 266
寺西判事補事件 ················ 157, 322
テロ対策特別措置法 ················· 48
伝習館高校事件 ···················· 241
天壌無窮の神勅 ················· 10, 125
天　皇 ···························· 21
　──の憲法尊重擁護義務 ············ 33
　──の行為 ······················ 27
　──の裁可 ······················ 275
天皇機関説 ···················· 12, 174, 262
天賦人権 ···················· 10, 16

378

事項索引

と

等位理論‥‥‥‥‥‥‥‥‥‥‥‥‥‥‥‥ 360
統括機関説‥‥‥‥‥‥‥‥‥‥‥‥‥‥ 276
東京都管理職選考受験訴訟‥‥‥‥ 69, 265
東京都区長選挙事件‥‥‥‥‥‥‥‥ 352
東京都公安条例事件‥‥‥‥‥‥‥‥ 169
道州制‥‥‥‥‥‥‥‥‥‥‥‥‥‥‥ 353
統帥権の独立‥‥‥‥‥‥‥‥‥‥‥‥ 12
同性間婚姻‥‥‥‥‥‥‥‥‥‥‥‥‥ 118
東大ポポロ事件‥‥‥‥‥‥‥‥‥‥ 175
「統治（アクション）―コントロール」図式
‥‥‥‥‥‥‥‥‥‥‥‥‥‥‥‥‥ 299
統治権の総攬者‥‥‥‥‥‥‥‥‥‥‥ 10
統治行為‥‥‥‥‥‥‥ 51, 52, 311, 326
投票価値の平等‥‥‥‥‥‥‥‥‥‥ 217
時・所・方法の規制（表現の自由）‥ 154
都教組事件‥‥‥‥‥‥‥‥‥‥‥‥ 246
徳島市公安条例事件‥‥‥‥ 151, 206, 357
徳島遊動円棒事件‥‥‥‥‥‥‥‥‥ 227
特定秘密保護法‥‥‥‥‥‥‥‥‥‥ 163
特別意味説（14条）‥‥‥‥‥‥‥‥ 106
特別永住者‥‥‥‥‥‥‥‥‥‥‥‥‥ 66
特別会‥‥‥‥‥‥‥‥‥‥‥‥‥‥ 287
特別権力関係論‥‥‥‥‥‥‥‥‥‥‥ 77
特別裁判所‥‥‥‥‥‥‥‥‥‥‥‥ 318
特別の犠牲‥‥‥‥‥‥‥‥‥‥‥‥ 199
独立行政委員会‥‥‥‥‥‥‥‥ 303, 317
独立権能説（国政調査権）‥‥‥‥‥ 291
独立命令‥‥‥‥‥‥‥‥‥‥‥‥‥ 275
苫米地事件‥‥‥‥‥‥‥‥‥‥ 311, 327
富山大学事件‥‥‥‥‥‥‥‥‥‥‥ 179

な

内　閣‥‥‥‥‥‥‥‥‥‥‥‥ 295, 304
　　――の助言と承認‥‥‥‥‥‥ 26, 310
　　――責任（天皇の行為）‥‥‥ 31, 34
　　――の総辞職‥‥‥‥‥‥‥‥‥ 306
　　――の組織‥‥‥‥‥‥‥‥‥‥ 304
内閣官制‥‥‥‥‥‥‥‥‥‥‥‥ 11, 298
内閣総理大臣‥‥‥‥‥‥‥‥‥‥‥ 304

　　――の指揮監督権‥‥‥‥‥‥‥ 305
内閣府‥‥‥‥‥‥‥‥‥‥‥‥‥‥ 296
内在・外在二元的制約説‥‥‥‥‥‥‥ 79
内心説（19条）‥‥‥‥‥‥‥‥‥‥ 120
内心に反する行為の強制‥‥‥‥‥‥ 122
内廷費‥‥‥‥‥‥‥‥‥‥‥‥‥‥‥ 33
長沼事件‥‥‥‥‥‥‥‥‥ 50, 322, 335
長良川事件‥‥‥‥‥‥‥‥‥‥‥‥ 150
ナシオン主権‥‥‥‥‥‥‥‥‥‥‥ 263
成田新法事件‥‥‥‥‥‥‥‥‥ 169, 207
軟性憲法‥‥‥‥‥‥‥‥‥‥‥‥‥‥‥ 7
南北戦争‥‥‥‥‥‥‥‥‥‥‥‥‥ 102

に

新潟県公安条例事件‥‥‥‥‥‥‥‥ 169
二院制‥‥‥‥‥‥‥‥‥‥‥‥ 268, 284
　　――（貴族院・庶民院型）‥‥‥ 284
　　――（民主的――型）‥‥‥‥‥ 284
　　――（連邦制型）‥‥‥‥‥‥‥ 284
二級市民（second class citizen）‥‥‥ 103
二重の危険‥‥‥‥‥‥‥‥‥‥‥‥ 212
二重の基準論‥‥‥‥ 81, 143, 187, 267, 346
二重のしぼり‥‥‥‥‥‥‥‥‥‥‥ 246
二層制（地方自治）‥‥‥‥‥‥‥‥ 353
日米安全保障条約‥‥‥‥‥‥‥ 44, 333
日米共同宣言‥‥‥‥‥‥‥‥‥‥‥‥ 46
日米相互防衛援助協定（MSA協定）‥‥ 42
日米防衛協力のための指針（新ガイドライ
　ン）‥‥‥‥‥‥‥‥‥‥‥‥‥‥‥ 46
日曜日授業参観事件‥‥‥‥‥‥ 131, 242
日産自動車事件‥‥‥‥‥‥‥‥‥‥‥ 76
瓊瓊杵尊‥‥‥‥‥‥‥‥‥‥‥‥‥‥ 10
日本国憲法‥‥‥‥‥‥‥‥‥‥‥‥‥ 13
日本新党事件‥‥‥‥‥‥‥‥‥‥‥ 269
入国の自由‥‥‥‥‥‥‥‥‥‥‥‥‥ 67
ニューディール政策‥‥‥‥‥ 16, 191, 243
任意的立法事項‥‥‥‥‥‥‥‥‥‥ 280

ね

狙いうち規制（信教の自由）‥‥‥‥‥ 129

379

事項索引

の

ノモス（法の理念）················· 15
ノルマン・コンクェスト ··········· 274
ノンフィクション「逆転」事件 ······· 93, 149

は

博多駅事件 ················· 71, 96, 161
袴田事件 ····························· 327
白紙委任 ····························· 282
漠然故に無効の法理 ················· 151
八月革命説 ··························· 15
バッキ事件 ··························· 115
鳩山一郎 ····························· 42
パブリシティ権 ····················· 93
パブリック・フォーラム ············· 167
番組編集準則 ······················· 163
反従属（anti-subordination）の視点 ···· 103
万世一系 ····························· 24
半代表 ······························· 279
半直接民主制 ······················· 279
反別異（anti-classification）の視点 ···· 103
判 例 ······························· 8
反論権 ······························· 160

ひ

ピアノ伴奏拒否戒告処分事件 ········· 122
PKO 協力法 ························· 48
非核三原則 ··························· 44
被疑者の権利 ······················· 207
被告人の権利 ······················· 209
非訟事件 ······················· 225, 324
被選挙権 ····························· 222
非嫡出子法定相続分差別訴訟 → 婚外子
　に対する法定相続分差別訴訟
必要的立法事項 ····················· 280
非武装平和主義 ····················· 40
秘密選挙 ····························· 217
百里基地訴訟 ··················· 51, 333
表現内容規制 ······················· 152
表現内容中立規制 ··················· 153

表現の自由 ················· 141, 267, 338
──（時・所・方法の規制）············· 154
──（優越的地位）··················· 82, 141
マス・メディアの── ··············· 161
平 等 ········· 65, 91, 102, 198, 233, 356
──（基本的権利型）··················· 110
隔離すれど── ····················· 104
形式的── ························· 105
実質的── ························· 105
絶対的── ························· 105
相対的── ························· 105
投票価値の── ····················· 217
法適用の── ······················· 104
法内容の── ······················· 104
平等選挙 ····························· 217
平賀書簡事件 ······················· 322
比例原則 ··················· 84, 91, 184
比例代表制 ··························· 267
広島市暴走族条例事件 ··············· 152

ふ

ファシズム ··························· 4
夫婦別姓 ····························· 118
プープル主権 ··················· 215, 263
フェデラリスト ····················· 331
福岡県青少年保護育成条例事件 ······· 152, 206
福祉国家 ····························· 225
不敬罪 ······························· 22
不作為請求権 ··················· 63, 228
付随的審査制 ··················· 85, 331
不成典憲法 ··························· 7
不戦条約 ························· 36, 39
不逮捕特権 ··························· 292
普通選挙 ····························· 216
部分規制論 ··························· 163
不文憲法 ····························· 7
部分社会論 ··············· 173, 179, 327
プライバシー ···· 92, 144, 149, 164, 202, 294, 329
プライバシー三要件 ················· 92
ブラウン対教育委員会事件 ··········· 103
ブラックストーン ··················· 143

事項索引

フランス革命·································· 261, 348

フランス人権宣言············ 6, 60, 102, 190, 254

ブランデンバーグ基準····················· 146

武力攻撃事態法······························ 47

プロイセン憲法争議····················· 348

プログラム規定························ 226, 229

プログラム規定説（生存権）············ 229

文民条項····························· 38, 306

文面上無効····························· 151

文面審査····························· 151

分離の壁（wall of separation，信教の自由）

···································· 134

へ

並行調査（国政調査権）··················· 291

ヘイトスピーチ··························· 150

平和主義····························· 36, 363

平和的生存権····························· 49

ベースライン························ 197, 235

弁護人依頼権························ 208, 211

ほ

帆足計事件····························· 203

保安隊································· 42

包括的権利····························· 89

法規説（法律事項）····················· 280

法源································· 8

法制度保障··············· 62, 177, 197, 352

放送の自由····························· 163

法治国家····························· 258, 315

法定相続分差別訴訟····················· 112

報道の自由····························· 162

法の支配··············· 77, 206, 257, 302, 316

法律

──からの保障····················· 11

──による保障····················· 11, 59

──の留保····························· 77

法律執行説（行政権の概念）············ 302

法律上の争訟························ 317, 323

法令違憲····························· 340

保護義務論····························· 74

ポジティブ・アクション··················· 115

補助的権能説（国政調査権）············ 290

ボダン································· 260

ポツダム宣言························ 13, 119

北方ジャーナル事件················ 99, 144

堀木訴訟····························· 231

堀越事件····························· 158

ポルノグラフィー························· 148

本会議中心主義····························· 287

本質性理論····························· 282

ま

マグナ・カルタ（大憲章）················· 275

マクリーン事件························ 66, 69

マス・メディア············ 70, 142, 158, 267

──の表現の自由····················· 161

マッカーサー草案············ 14, 228, 285

マッカーサー，ダグラス·········· 13, 37, 121

マッカーサー・ノート··················· 14

松本委員会····························· 13

松本烝治····························· 13

み

三井美唄炭鉱労組事件················ 222, 244

三菱樹脂事件····························· 74

南九州税理士会事件················ 124, 174

美濃部達吉············ 11, 175, 255, 262

身分制議会····························· 278

宮沢俊義····························· 15

宮本判事補事件····························· 322

民定憲法····························· 8

め

明治憲法····························· 3, 9

明治14年の政変····························· 9

明白かつ現在の危険····················· 146

明白の原則····························· 183

名誉············ 99, 144, 148, 202, 294

命令的委任····························· 278

メンガー，アントン··················· 228

免責特権························ 202, 293

381

事項索引

も

目的効果基準…………………………136
目的達成手段の審査…………………109
森川キャサリーン事件………………67
モンテスキュー………………………254

や

薬事法違憲判決………83, 181, 183, 339
夜警国家………………………………181
靖国神社………………………………125
　内閣総理大臣の――参拝問題……138
八幡製鉄事件………………………70, 269
やむにやまれぬ政府利益……………154

ゆ

唯一の立法機関…………………277, 342
優越的地位（表現の自由）……82, 141
夕刊和歌山事件………………………149
有事立法………………………………47
郵政解散………………………………312
郵便法事件………………………226, 347
ユニオン・ショップ協定……………244

よ

翼　賛………………………………10, 275
予　算……………………280, 308, 350
吉田茂…………………………………14
「四畳半襖の下張り」事件…………147
よど号ハイジャック記事抹消事件…158, 159
予備的調査制度………………………292
予備費…………………………………351
予防原則………………………………184
予防接種禍……………………………201
より制限的でない他の選びうる手段　→
　LRA
世　論…………………………………266

り

利益衡量………………………………81
リスク……………………………176, 184

理性の府………………………………285
立憲学派……………………………11, 262
立憲君主制………19, 258, 262, 280, 297
立憲主義
　…… 6, 36, 75, 77, 171, 214, 251, 254, 315, 325, 348
立憲政友会……………………………11
立候補の自由…………………………222
立法権……………………………256, 274
立法裁量
　110, 187, 195, 215, 226, 231, 243, 268, 346
立法事実……………143, 153, 189, 339
　――（社会科学データ）…………339
　――の確証度………………………339
立法不作為………………………229, 344
立法目的の審査………………………109
リパブリカン…………………………331
良心的兵役拒否………………………122
臨時会…………………………………287

る

ルーズベルト，フランクリン………16

れ

令状主義………………………………208
例示列挙…………………………27, 106
レセプト訴訟…………………………160
レッド・パージ事件…………………121
レファレンダム…………………283, 309
レペタ事件………………96, 159, 329
レモン・テスト………………………136
連合国軍最高司令官総司令部（GHQ）
　………………13, 37, 121, 127, 311

ろ

労働基本権………………………173, 243
労働組合の統制権……………………244
ロッキード事件丸紅ルート上告審判決…305
ロック，ジョン………………………254

わ

忘れられる権利………………………166

判 例 索 引

大判大 5・6・1 民録 22 輯 1088 頁 ………………………	227
最大判昭 23・3・12 刑集 2 巻 3 号 191 頁 ………………………	212
最大判昭 23・5・5 刑集 2 巻 5 号 447 頁 ………………………	209
最大判昭 23・5・26 刑集 2 巻 6 号 529 頁 ………………………	23
最大判昭 23・9・29 刑集 2 巻 10 号 1235 頁 ………………………	231
最大判昭 23・11・17 刑集 2 巻 12 号 1565 頁 ………………………	320
最大判昭 24・5・18 刑集 3 巻 6 号 839 頁 ………………………	146
最大判昭 25・9・27 刑集 4 巻 9 号 1805 頁 ………………………	213
最大判昭 25・11・15 刑集 4 巻 11 号 2257 頁 ………………………	245
最大判昭 27・2・20 民集 6 巻 2 号 122 頁 ………………………	319
最大判昭 27・8・6 刑集 6 巻 8 号 974 頁 ………………………	161
最大判昭 27・10・8 民集 6 巻 9 号 783 頁 ………………………	50, 332
最大判昭 28・4・8 刑集 7 巻 4 号 775 頁 ………………………	245
最大判昭 28・12・23 民集 7 巻 13 号 1523 頁 ………………………	200
最二判昭 29・1・22 民集 8 巻 1 号 225 頁 ………………………	199
最大判昭 29・11・24 刑集 8 巻 11 号 1866 頁 ………………………	169
最大判昭 30・1・26 刑集 9 巻 1 号 89 頁 ………………………	185
最大判昭 30・2・9 刑集 9 巻 2 号 217 頁 ………………………	222
最大判昭 30・12・14 刑集 9 巻 13 号 2760 頁 ………………………	208
最大判昭 31・7・4 民集 10 巻 7 号 785 頁 ………………………	120
最大決昭 31・12・24 刑集 10 巻 12 号 1692 頁 ………………………	227
最大判昭 32・3・13 刑集 11 巻 3 号 997 頁 ………………………	147
最二判昭 33・3・28 民集 12 巻 4 号 624 頁 ………………………	349
最大判昭 33・4・30 民集 12 巻 6 号 938 頁 ………………………	213
最大判昭 33・9・10 民集 12 巻 13 号 1969 頁 ………………………	203
最大判昭 33・10・15 刑集 12 巻 14 号 3305 頁 ………………………	356
東京地判昭 34・3・30 判時 180 号 2 頁 ………………………	52
最大判昭 34・12・16 刑集 13 巻 13 号 3225 頁 ………………………	52, 326, 333, 360
最大判昭 35・1・27 刑集 14 巻 1 号 33 頁 ………………………	184
最大判昭 35・6・8 民集 14 巻 7 号 1206 頁 ………………………	311, 327
最大決昭 35・7・6 民集 14 巻 9 号 1657 頁 ………………………	225
最大判昭 35・7・20 刑集 14 巻 9 号 1243 頁 ………………………	169
東京地判昭 35・10・19 判時 241 号 2 頁 ………………………	230
最大判昭 36・2・15 刑集 15 巻 2 号 347 頁 ………………………	151
最大判昭 37・3・7 民集 16 巻 3 号 445 頁 ………………………	289, 326
最大判昭 37・5・30 刑集 16 巻 5 号 577 頁 ………………………	356

判例索引

最大判昭 37・11・28 刑集 16 巻 11 号 1593 頁⋯⋯⋯⋯⋯⋯⋯⋯⋯⋯⋯⋯⋯⋯206, 336

最大判昭 38・3・27 刑集 17 巻 2 号 121 頁⋯⋯⋯⋯⋯⋯⋯⋯⋯⋯⋯⋯⋯⋯⋯⋯352

最大判昭 38・5・15 刑集 17 巻 4 号 302 頁⋯⋯⋯⋯⋯⋯⋯⋯⋯⋯⋯⋯⋯⋯⋯⋯128

最大判昭 38・5・22 刑集 17 巻 4 号 370 頁⋯⋯⋯⋯⋯⋯⋯⋯⋯⋯⋯⋯⋯⋯⋯⋯175

最大判昭 38・6・26 刑集 17 巻 5 号 521 頁⋯⋯⋯⋯⋯⋯⋯⋯⋯⋯⋯⋯⋯⋯⋯⋯194

最大判昭 39・2・26 民集 18 巻 2 号 343 頁⋯⋯⋯⋯⋯⋯⋯⋯⋯⋯⋯⋯⋯⋯⋯⋯237

東京地判昭 39・9・28 判時 385 号 12 頁⋯⋯⋯⋯⋯⋯⋯⋯⋯⋯⋯⋯⋯⋯⋯⋯⋯92

最大決昭 40・6・30 民集 19 巻 4 号 1089 頁⋯⋯⋯⋯⋯⋯⋯⋯⋯⋯⋯⋯⋯⋯⋯225

最大判昭 41・10・26 刑集 20 巻 8 号 901 頁⋯⋯⋯⋯⋯⋯⋯⋯⋯⋯⋯⋯⋯244, 246

札幌地判昭 42・3・29 判時 476 号 25 頁⋯⋯⋯⋯⋯⋯⋯⋯⋯⋯⋯⋯⋯⋯⋯50, 334

最大判昭 42・5・24 民集 21 巻 5 号 1043 頁⋯⋯⋯⋯⋯⋯⋯⋯⋯⋯⋯⋯⋯⋯⋯231

旭川地判昭 43・3・25 判時 514 号 20 頁⋯⋯⋯⋯⋯⋯⋯⋯⋯⋯⋯⋯⋯⋯157, 341

東京地判昭 43・7・15 判時 523 号 21 頁⋯⋯⋯⋯⋯⋯⋯⋯⋯⋯⋯⋯⋯⋯⋯⋯233

最大判昭 43・11・27 刑集 22 巻 12 号 1402 頁⋯⋯⋯⋯⋯⋯⋯⋯⋯⋯⋯⋯⋯⋯198

最大判昭 43・12・4 刑集 22 巻 13 号 1425 頁⋯⋯⋯⋯⋯⋯⋯⋯⋯⋯⋯⋯⋯⋯244

最大判昭 43・12・18 刑集 22 巻 13 号 1549 頁⋯⋯⋯⋯⋯⋯⋯⋯⋯⋯⋯⋯⋯155

最大判昭 43・12・24 刑集 22 巻 13 号 1425 頁⋯⋯⋯⋯⋯⋯⋯⋯⋯⋯⋯⋯⋯222

最大判昭 44・4・2 刑集 23 巻 5 号 305 頁⋯⋯⋯⋯⋯⋯⋯⋯⋯⋯⋯⋯⋯⋯⋯⋯246

最大判昭 44・4・2 刑集 23 巻 5 号 685 頁⋯⋯⋯⋯⋯⋯⋯⋯⋯⋯⋯⋯⋯⋯⋯⋯246

最大判昭 44・6・25 刑集 23 巻 7 号 975 頁⋯⋯⋯⋯⋯⋯⋯⋯⋯⋯⋯⋯⋯⋯⋯⋯149

最大判昭 44・10・15 刑集 23 巻 10 号 1239 頁⋯⋯⋯⋯⋯⋯⋯⋯⋯⋯⋯⋯⋯⋯147

最大決昭 44・11・26 刑集 23 巻 11 号 1490 頁⋯⋯⋯⋯⋯⋯⋯⋯⋯71, 86, 96, 161

最大判昭 44・12・24 刑集 23 巻 12 号 1625 頁⋯⋯⋯⋯⋯⋯⋯⋯⋯⋯⋯⋯⋯⋯89

最大判昭 45・6・17 刑集 24 巻 6 号 280 頁⋯⋯⋯⋯⋯⋯⋯⋯⋯⋯⋯⋯⋯⋯⋯⋯155

最大判昭 45・6・24 民集 24 巻 6 号 625 頁⋯⋯⋯⋯⋯⋯⋯⋯⋯⋯⋯⋯⋯⋯70, 269

東京地判昭 45・7・17 判時 604 号 29 頁⋯⋯⋯⋯⋯⋯⋯⋯⋯⋯⋯⋯⋯⋯⋯⋯237

最大判昭 45・9・16 民集 24 巻 10 号 1410 頁⋯⋯⋯⋯⋯⋯⋯⋯⋯⋯⋯⋯⋯⋯78

神戸地判昭 47・9・20 判時 678 号 19 頁⋯⋯⋯⋯⋯⋯⋯⋯⋯⋯⋯⋯⋯⋯⋯⋯233

最大判昭 47・11・22 刑集 26 巻 9 号 554 頁⋯⋯⋯⋯⋯⋯⋯⋯⋯⋯⋯⋯⋯207, 211

最大判昭 47・11・22 刑集 26 巻 9 号 586 頁⋯⋯⋯⋯⋯⋯⋯⋯⋯⋯⋯⋯⋯182, 183

最大判昭 47・12・20 刑集 26 巻 10 号 631 頁⋯⋯⋯⋯⋯⋯⋯⋯⋯⋯⋯⋯⋯⋯210

最大判昭 48・4・4 刑集 27 巻 3 号 265 頁⋯⋯⋯⋯⋯⋯⋯⋯⋯⋯⋯⋯⋯109, 340

最大判昭 48・4・25 刑集 27 巻 4 号 547 頁⋯⋯⋯⋯⋯⋯⋯⋯⋯⋯⋯⋯⋯⋯⋯246

札幌地判昭 48・9・7 判時 712 号 24 頁⋯⋯⋯⋯⋯⋯⋯⋯⋯⋯⋯⋯⋯⋯⋯50, 335

最一判昭 48・10・18 民集 27 巻 9 号 1210 頁⋯⋯⋯⋯⋯⋯⋯⋯⋯⋯⋯⋯⋯⋯200

最大判昭 48・12・12 民集 27 巻 11 号 1536 頁⋯⋯⋯⋯⋯⋯⋯⋯⋯⋯⋯⋯⋯74

東京地判昭 49・7・16 判時 751 号 47 頁⋯⋯⋯⋯⋯⋯⋯⋯⋯⋯⋯⋯⋯⋯⋯⋯238

最三判昭 49・7・19 民集 28 巻 5 号 790 頁⋯⋯⋯⋯⋯⋯⋯⋯⋯⋯⋯⋯⋯⋯⋯179

最大判昭 49・11・6 刑集 28 巻 9 号 393 頁⋯⋯⋯⋯⋯⋯⋯⋯⋯⋯⋯⋯⋯156, 283

最大判昭 50・4・30 民集 29 巻 4 号 572 頁⋯⋯⋯⋯⋯⋯⋯⋯⋯⋯⋯181, 183, 339

最大判昭 50・9・10 刑集 29 巻 8 号 489 頁⋯⋯⋯⋯⋯⋯⋯⋯⋯⋯⋯151, 206, 357

判例索引

大阪高判昭 50・11・10 判時 795 号 3 頁 ……………………………… 232
大阪高判昭 50・11・27 判時 797 号 36 頁 ……………………………… 100
最大判昭 51・4・14 民集 30 巻 3 号 223 頁 ……………………………… 218
最大判昭 51・5・21 刑集 30 巻 5 号 615 頁 …………………… 177, 237
最大判昭 51・5・21 刑集 30 巻 5 号 1178 頁 …………………………… 247
札幌高判昭 51・8・5 判時 821 号 21 頁 ………………………………… 51
最三判昭 52・3・15 民集 31 巻 2 号 234 頁 …………………………… 179
最三判昭 52・3・15 民集 31 巻 2 号 280 頁 …………………………… 179
最大判昭 52・5・4 刑集 31 巻 3 号 182 頁 …………………………… 247
最大判昭 52・7・13 民集 31 巻 4 号 533 頁 …………………… 62, 136
最二決昭 52・8・9 刑集 31 巻 5 号 821 頁 …………………………… 208
最一判昭 53・3・30 民集 32 巻 2 号 485 頁 …………………………… 355
最一判昭 53・5・31 刑集 32 巻 3 号 457 頁 …………………………… 162
最大判昭 53・7・12 民集 32 巻 5 号 946 頁 …………………… 191, 193
最一判昭 53・9・7 刑集 32 巻 6 号 1672 頁 …………………………… 209
最大判昭 53・10・4 民集 32 巻 7 号 1223 頁 ………………… 66, 67
最一判昭 53・12・21 民集 32 巻 9 号 1723 頁 ………………………… 357
最一判昭 54・12・20 民集 33 巻 7 号 1074 頁 ………………………… 152
東京地判昭 55・3・26 判時 962 号 27 頁 ……………………………… 236
最二判昭 55・11・28 民集 34 巻 6 号 433 頁 ………………………… 147
最三判昭 56・3・24 民集 35 巻 2 号 300 頁 …………………………… 76
最三判昭 56・4・7 民集 35 巻 3 号 443 頁 …………………………… 323
最三判昭 56・4・14 民集 35 巻 3 号 620 頁 …………………………… 96
最二判昭 56・6・15 刑集 35 巻 4 号 205 頁 ………………………… 221
最三判昭 56・7・21 刑集 35 巻 5 号 568 頁 ………………………… 221
最大判昭 56・12・16 民集 35 巻 10 号 1369 頁 ……………………… 100
最大判昭 57・7・7 民集 36 巻 7 号 1235 頁 ………………………… 231
最一判昭 57・9・9 民集 36 巻 9 号 1679 頁 ………………………… 51
最三判昭 57・11・16 刑集 36 巻 11 号 908 頁 ……………………… 169
最三判昭 58・3・8 刑集 37 巻 2 号 15 頁 …………………………… 147
最大判昭 58・4・27 民集 37 巻 3 号 345 頁 ………………………… 220
最大判昭 58・6・22 民集 37 巻 5 号 793 頁 ………………… 78, 158, 159
最大判昭 58・11・7 民集 37 巻 9 号 1243 頁 ………………………… 219
福岡高判昭 58・12・24 判時 1101 号 3 頁 …………………………… 241
東京地判昭 59・5・18 判時 1118 号 28 頁 …………………………… 202
最大判昭 59・12・12 民集 38 巻 12 号 1308 頁 ……………… 144, 338
最三判昭 59・12・18 刑集 38 巻 12 号 3026 頁 ……………… 155, 167
最大判昭 60・3・27 民集 39 巻 2 号 247 頁 ………………………… 110
最大判昭 60・7・17 民集 39 巻 5 号 1100 頁 ………………… 219, 343
最大判昭 60・10・23 刑集 39 巻 6 号 413 頁 ………………… 152, 206
最一判昭 60・11・21 民集 39 巻 7 号 1512 頁 ……………… 216, 273, 345

385

判 例 索 引

東京地判昭 61・3・20 判時 1185 号 67 頁 ……………………………… 131
最大判昭 61・6・11 民集 40 巻 4 号 872 頁 ……………………… 99, 144
最三判昭 62・3・3 刑集 41 巻 2 号 15 頁 ………………… 155, 167, 341
名古屋高判昭 62・3・25 判時 1234 号 38 頁 ………………………… 312
最大判昭 62・4・22 民集 41 巻 3 号 408 頁 …………………… 185, 194
最二判昭 62・4・24 民集 41 巻 3 号 490 頁 ……………………… 160
大阪地判昭 62・9・30 判時 1255 号 45 頁 ………………………… 201
最二判昭 63・2・5 労判 512 号 12 頁 …………………………… 121
最大判昭 63・6・1 民集 42 巻 5 号 277 頁 ……………………… 133
最二判昭 63・7・15 判時 1287 号 65 頁 ………………………… 121
最三判昭 63・12・20 判時 1307 号 113 頁 ……………………… 327
最二判平元・1・20 刑集 43 巻 1 号 1 頁 ………………………… 186
最二決平元・1・30 刑集 43 巻 1 号 19 頁 ……………………… 163
最三判平元・2・7 判時 1312 号 69 頁 ………………………… 236
最一判平元・3・2 判時 1363 号 68 頁 …………………………… 68
最三判平元・3・7 判時 1308 号 111 頁 ………………………… 186
最大判平元・3・8 民集 43 巻 2 号 89 頁 …………… 96, 159, 329
最三判平元・6・20 民集 43 巻 6 号 385 頁 …………………… 51, 333
最三判平元・9・19 刑集 43 巻 8 号 785 頁 …………………… 148
最二判平元・11・20 民集 43 巻 10 号 1160 頁 ………………… 22
最一判平元・12・14 民集 43 巻 12 号 2051 頁 ………………… 244
最一判平 2・1・18 民集 44 巻 1 号 1 頁 ………………………… 241
最三判平 2・4・17 民集 44 巻 3 号 547 頁 ……………………… 164
最二決平 2・7・9 刑集 44 巻 5 号 421 頁 ……………………… 163
最二判平 2・9・28 刑集 44 巻 6 号 463 頁 ……………………… 146
最三決平 3・3・29 刑集 45 巻 3 号 158 頁 ……………………… 227
最大判平 4・7・1 民集 46 巻 5 号 437 頁 ………………… 169, 203, 207
最一判平 4・11・16 裁判集民 166 号 575 頁 …………………… 67
最三判平 4・12・15 民集 46 巻 9 号 2829 頁 …………………… 186
東京高判平 4・12・18 判時 1445 号 3 頁 ……………………… 202
最三判平 5・3・16 民集 47 巻 5 号 3483 頁 …………………… 141
最三判平 5・9・7 民集 47 巻 7 号 4667 頁 ……………………… 328
最三判平 6・2・8 民集 48 巻 2 号 149 頁 ……………………… 93, 149
最大判平 7・2・22 刑集 49 巻 2 号 1 頁 ………………………… 305
最三判平 7・2・28 民集 49 巻 2 号 639 頁 ……………………… 68, 354
最三判平 7・3・7 民集 49 巻 3 号 687 頁 ……………………… 170
最一判平 7・5・25 民集 49 巻 5 号 1279 頁 …………………… 270
最大決平 7・7・5 民集 49 巻 7 号 1789 頁 …………………… 112
最三判平 7・12・15 刑集 49 巻 10 号 842 頁 …………………… 98
東京高決平 7・12・19 判時 1548 号 26 頁 …………………… 71, 337
最一決平 8・1・30 民集 50 巻 1 号 199 頁 ………… 71, 132, 172, 337

386

判例索引

最二判平 8・3・8 民集 50 巻 3 号 469 頁 ……………………………… 130
最二判平 8・3・15 民集 50 巻 3 号 549 頁 ……………………………… 171
徳島地判平 8・3・15 判時 1597 号 115 頁 ……………………………… 361
最三判平 8・3・19 民集 50 巻 3 号 615 頁 …………………………… 124, 174
最大判平 8・8・28 民集 50 巻 7 号 1952 頁 ……………………………… 53
最大判平 8・9・11 民集 50 巻 8 号 2283 頁 …………………………… 220
最大判平 9・4・2 民集 51 巻 4 号 1673 頁 …………………………… 137
最三判平 9・9・9 民集 51 巻 8 号 3850 頁 ………………………… 202, 294
東京高判平 10・2・9 判時 1629 号 34 頁 ……………………………… 101
最大決平 10・12・1 民集 52 巻 9 号 1761 頁 ………………………… 157, 322
最大判平 11・3・24 民集 53 巻 3 号 514 頁 …………………………… 208
最大判平 11・11・10 民集 53 巻 8 号 1441 頁 ………………………… 219
最大判平 11・11・10 民集 53 巻 8 号 1704 頁 ……………………… 221, 268
最三判平 12・2・8 刑集 54 巻 2 号 1 頁 ……………………………… 190
名古屋高金沢支判平 12・2・16 判時 1726 号 111 頁 ………………… 168
最三判平 12・2・29 民集 54 巻 2 号 582 頁 …………………………… 101
最二判平 12・3・17 判時 1710 号 168 頁 ……………………………… 247
那覇地判平 12・5・9 判時 1746 号 122 頁 …………………………… 355
最一判平 12・9・7 判時 1728 号 17 頁 ………………………………… 361
最三判平 13・2・13 判時 1745 号 94 頁 ……………………………… 224
東京高判平 13・9・5 判時 1786 号 80 頁 …………………………… 165
最三判平 13・12・18 民集 55 巻 7 号 1603 頁 ………………………… 160
最一判平 14・1・31 民集 56 巻 1 号 246 頁 …………………………… 283
最大判平 14・2・13 民集 56 巻 2 号 331 頁 …………………………… 196
最二判平 14・4・5 刑集 56 巻 4 号 95 頁 ……………………………… 196
最三判平 14・6・11 民集 56 巻 5 号 958 頁 …………………………… 200
最三判平 14・7・9 民集 56 巻 6 号 1134 頁 …………………………… 323
最大判平 14・9・11 民集 56 巻 7 号 1439 頁 ………………………… 227
最三判平 14・9・24 判時 1802 号 60 頁 ……………………………… 93
最二判平 15・3・14 民集 57 巻 3 号 229 頁 …………………………… 150
最二判平 15・4・18 民集 57 巻 4 号 366 頁 …………………………… 196
最二判平 15・9・12 民集 57 巻 8 号 973 頁 …………………………… 98
最一判平 15・10・16 民集 57 巻 9 号 1075 頁 ………………………… 164
最一判平 16・7・15 民集 58 巻 5 号 1615 頁 ………………………… 149
最一判平 16・11・25 民集 58 巻 8 号 2326 頁 ………………………… 161
最大判平 17・1・26 民集 59 巻 1 号 128 頁 ………………………… 69, 265
最一判平 17・7・14 民集 59 巻 6 号 1569 頁 ………………………… 168
最大判平 17・9・14 民集 59 巻 7 号 2087 頁 ……………………… 215, 345
最大判平 18・3・1 民集 60 巻 2 号 587 頁 …………………………… 349
最二判平 18・3・17 民集 60 巻 3 号 773 頁 …………………………… 76
最二判平 18・6・23 判時 1940 号 122 頁 ……………………………… 138

387

判 例 索 引

最一判平 18・7・13 判時 1946 号 41 頁……………………………………216

最三決平 18・10・3 民集 60 巻 8 号 2647 頁………………………………162

最二判平 18・11・27 判時 1958 号 61 頁…………………………………196

最三判平 19・2・27 民集 61 巻 1 号 291 頁………………………………122

最大判平 19・6・13 民集 61 巻 4 号 1617 頁……………………………219

最三判平 19・9・18 刑集 61 巻 6 号 601 頁………………………………152

最二判平 19・9・28 民集 61 巻 6 号 2345 頁……………………………234

最三判平 20・2・19 民集 62 巻 2 号 445 頁………………………………148

最一判平 20・3・6 民集 62 巻 3 号 665 頁……………………………86, 96

最二判平 20・4・11 刑集 62 巻 5 号 1217 頁……………………………155

名古屋高判平 20・4・17 判時 2056 号 74 頁…………………………50, 51

最大判平 20・6・4 民集 62 巻 6 号 1367 頁…………………65, 110, 340

最大判平 20・9・10 民集 62 巻 8 号 2029 頁……………………………225

東京高判平 21・1・29 判タ 1295 号 193 頁………………………………98

最一判平 21・4・23 判時 2045 号 116 頁…………………………………196

最大判平 21・9・30 民集 63 巻 7 号 1520 頁……………………………220

最大判平 22・1・20 民集 64 巻 1 号 1 頁…………………………………138

最一決平 22・3・15 刑集 64 巻 2 号 1 頁…………………………………165

福岡高判平 22・6・14 判時 2085 号 43 頁………………………………235

最一判平 22・7・22 判時 2087 号 26 頁…………………………………140

最大判平 23・3・23 民集 65 巻 2 号 755 頁………………………………219

最二判平 23・5・30 民集 65 巻 4 号 1780 頁……………………………123

最一判平 23・6・6 民集 65 巻 4 号 1855 頁………………………………123

最三判平 23・6・14 民集 65 巻 4 号 2148 頁……………………………123

最三判平 23・6・21 判時 2123 号 35 頁…………………………………123

最一判平 23・9・22 民集 65 巻 6 号 2756 頁……………………………193

最大判平 23・11・16 刑集 65 巻 8 号 1285 頁…………………………210, 321

最二判平 24・1・13 刑集 66 巻 1 号 1 頁…………………………………210

最一判平 24・1・16 判時 2147 号 127 頁…………………………………124

最一判平 24・2・2 民集 66 巻 2 号 89 頁…………………………………93

最一判平 24・2・16 民集 66 巻 2 号 673 頁……………………………140

最三判平 24・2・28 民集 66 巻 3 号 1240 頁……………………………236

最大判平 24・10・17 民集 66 巻 10 号 3357 頁…………………………220

最二判平 24・12・7 刑集 66 巻 12 号 1337 頁…………………………158

最二判平 24・12・7 刑集 66 巻 12 号 1722 頁…………………………158

東京地判平 25・3・14 判時 2178 号 3 頁…………………………………216

最一判平 25・3・21 民集 67 巻 3 号 438 頁………………………………358

最大決平 25・9・4 民集 67 巻 6 号 1320 頁…………………112, 342, 361

最大判平 25・11・20 民集 67 巻 8 号 1503 頁…………………………219

大阪高判平 26・7・8 判時 2232 号 34 頁…………………………………150

最二判平 27・3・27 民集 69 巻 2 号 419 頁………………………………203

判例索引

最一判平 27・12・3 刑集 69 巻 8 号 815 頁 ………………… 213
最大判平 27・12・16 民集 69 巻 8 号 2427 頁 ………… 72, 86, 113, 345
最大判平 27・12・16 民集 69 巻 8 号 2586 頁 ………… 86, 99, 118
東京地決平 28・3・8 判時 2364 号 6 頁 …………………… 52
東京高判平 28・8・26 判時 2349 号 120 頁 ……………… 360
最一判平 28・12・15 判時 2328 号 24 頁 ………………… 151
最三決平 29・1・31 民集 71 巻 1 号 63 頁 ……………… 165
最大判平 29・3・15 刑集 71 巻 3 号 13 頁 ……………… 209
東京高判平 29・4・13 東高刑時報 68 巻 1 〜 12 号 81 頁 … 148
最大判平 29・9・27 民集 71 巻 7 号 1139 頁 …………… 220
最二判平 29・10・23 判時 2351 号 7 頁 …………………… 98
東京高決平 29・11・15 判時 2364 号 3 頁 ………………… 52
最大判平 29・12・6 民集 71 巻 10 号 1817 頁 …………… 164

憲法学読本 第3版
Japanese Constitutional Law: Principles and Policies, 3rd ed.

2011 年 12 月 10 日	初　版第 1 刷発行
2014 年 12 月 20 日	第 2 版第 1 刷発行
2018 年 11 月 30 日	第 3 版第 1 刷発行
2022 年 1 月 20 日	第 3 版第 6 刷発行

	安　西　文　雄
著　者	巻　美　矢　紀
	宍　戸　常　寿
発行者	江　草　貞　治
発行所	株式会社　有　斐　閣

郵便番号101-0051
東京都千代田区神田神保町2-17
http://www.yuhikaku.co.jp/

印刷・萩原印刷株式会社／製本・大口製本印刷株式会社
© 2018, Fumio Yasunishi, Misaki Maki, George Shishido. Printed in Japan
落丁・乱丁本はお取替えいたします。
★定価はカバーに表示してあります。
ISBN 978-4-641-22761-3

JCOPY　本書の無断複写（コピー）は，著作権法上での例外を除き，禁じられています。複写される場合は，そのつど事前に（一社）出版者著作権管理機構（電話03-5244-5088，FAX03-5244-5089，e-mail：info@jcopy.or.jp）の許諾を得てください。